Systematisch-normative Begriffe des völkerrechtlichen Friedens in der neuzeitlichen Philosophie des Rechts

Wiener Arbeiten zur Philosophie

Reihe C: Beiträge zur Sozialphilosophie

Herausgegeben von Stephan Haltmayer

Band 2

PETER LANG

Frankfurt am Main · Berlin · Bern · Bruxelles · New York · Oxford · Wien

Ralf Bredel

Systematisch-normative Begriffe des völkerrechtlichen Friedens in der neuzeitlichen Philosophie des Rechts

PETER LANG
Europäischer Verlag der Wissenschaften

Die Deutsche Bibliothek - CIP-Einheitsaufnahme

Bredel, Ralf:

Systematisch-normative Begriffe des völkerrechtlichen Friedens in der neuzeitlichen Philosophie des Rechts / Ralf Bredel. - Frankfurt am Main ; Berlin ; Bern ; Bruxelles ; New York ; Oxford ; Wien : Lang, 2002
(Wiener Arbeiten zur Philosophie: Reihe C, Beiträge zur Sozialphilosophie ; Bd. 2)
ISBN 3-631-38701-6

Gedruckt mit Unterstützung des Dissertationsfonds der Universität Wien und des Magistrats der Stadt Wien, MA 18, Stadtentwicklung und Stadtplanung, Gruppe Wissenschaft.

Der Bildausschnitt auf der Umschlagseite stammt aus Raffaels „Die Schule von Athen“ (Stanza della Segnatura, Vatikan). Daraus der Bildhauer und Maler Michelangelo Buonarotti in der Rolle des (wie der „Jeremias“ des Michelangelo in der Sixtinischen Kapelle) grübelnden Heraklit.

ISSN 0948-132X
ISBN 3-631-38701-6

www.peterlang.de

Sonja, meiner Frau

Der Friede - das verworfene Wort
Zu Anfang von gequälten Zeiten,
Als Funke Licht die Höhle weitend,
Und Bergland, reiner Äther-Ort.
Ein Äther, den wir nicht verstanden,
Nicht atmen wollten zu der Zeit,
Mit ihrer Ziegenstimme sangen
Schalmeien, zottige erneut.

Als noch auf fetten Weiden froh
Die Ochsen grasten und die Schafe[...]
Zog sich der Deutsche seinen Adler,
Der Löwe folgt dem Briten zahm,
Und auf dem Hahnenschopf der Gallier
Schwoll mächtig an der rote Kamm [...]

Den finstren Löwen und den Hahn,
Den Adler und den sanften Bären -
Den Krieg in einen Käfig sperren,
Den Tierpelz da hineingetan [...]

Die Tiere in den Käfig rein -
Wir werden lange Ruhe schwören,
Die Wolga wird noch voller strömen,
Der Rhein wird endlich heller sein.
Der kluggewordene Mensch, er wird
Von selbst nun jeden Fremden ehren
Wie ein Halbgott, tanzend wild
Am Ufer großer Flüsse stehen.

Ossip Mandelstam, Tierschau
Tristia, Januar 1916

Inhaltsverzeichnis

ERSTER TEIL

Abschnitt I: *Systematische Betrachtung des neuzeilichen Anfangs in seiner normativen Abgrenzung zum augustinischen Mittelalter*

1.
Voluntarismus
Autorität · Rationalität

Abschnitt II: *Die von Kant systematisch in Betracht gezogenen Entwürfe der Neuzeit. Im Vorfeld der Staatsräson: Régence und Revolutionszeitalter*

2.
Realismus
Utilitarismus · Essentialismus · Historizismus

ZWEITER TEIL

‚Reine Praktische Vernunft'
Kategorischer Imperativ · Autonomie · Transzendentalität

4.
Einführung in Kants praktische Philosophie und zeitgeschichtliche Herausforderungen

5.
‚Reine Praktische Vernunft': Negativer Normativer Begriff

6.
‚Reine Praktische Vernunft‘: Positiver Normativer Begriff

SCHLUSSTEIL

Versuche über einen Normativ Ästhetischen Friedensbegriff bei Kant

7.

Ästhetizismus I: ‚Erweiterte Denkungsart'

8.

Ästhetizismus II: ‚Erhabenheit'

Vorwort

DON QUIXOTE: „Gott geleite dich, Sancho, und regiere dich in deinem Regimente, mich aber befreie er von der Furcht, daß du deine ganze Insel köpflings übereinanderkehren wirst, was ich leicht verhindern könnte, wenn ich dem Herzoge entdeckte, wer du bist, indem ich ihm sagte, daß dieser ganze Wanst und dieses ganze Kerlchen nichts sei als ein Ranzen voller *Sprichwörter* und *Bosheiten.*"

SANCHO: „[...] wenn Ihr glaubt, daß mich als Statthalter der Teufel holen wird, so will ich lieber als Sancho in den Himmel denn als Statthalter in die Hölle kommen."

DON QUIXOTE: „Bei Gott, Sancho, [...] du hast gute natürliche Anlagen, ohne welche keine Wissenschaft Wert hat."

Cervantes, Don Quixote, 27. Kapitel

Wie läßt sich eine spezifische Praxis völkerrechtlichen Friedens normativ begründen? Wie ist das Ziel einer Systematik möglicher normativer Begründungen oder Begriffe völkerrechtlichen Friedens erreichbar?

Im generösen Abstandnehmen von Cervantes' Anti-Helden bei der Erörterung der ‚Geschwätzigkeit' des Sancho Pansa liegt die Einleitung zur sorglosen Tat: „Laß nun geliebter Leser, in Frieden und zu glücklicher Stunde den wackern Sancho ziehn und erwarte zwei Scheffel voll Gelächter, die es dir verursachen wird, zu erfahren, wie er sich in seinem Amte aufführe [...]."[1] Dem Vorwort zu einer Arbeit mit dem Titel *Systematisch-normative Begriffe des völkerrechtlichen Friedens in der neuzeitlichen Philosophie des Rechts* sei bezüglich der gestellten Fragen die Gelegenheit gegeben, einige Voraussetzungen anzudeuten, die sich unter anderem als Konsequenz der Tatsache ergeben, daß - anders als im Fall des „fahrenden Ritters", der auszog, „alles Unrecht aufzuheben" - im Fall der wissenschaftlichen Friedensfrage die „Begebenheiten [... nicht] durch Bewunderung oder durch Lachen [zu] feier[n]"[2] sind.

---

[1] *Cervantes Saavedra, Miguel de:* Leben und Taten des scharfsinnigen Ritters Don Quixote de la Mancha, Berlin/Darmstadt 1952, S. 514.
[2] Ebd.

Zu den grundlegenden Voraussetzungen vorliegender Arbeit gehört, daß der argumentativen Gründlichkeit *bestehender* normativer Versuche über den Frieden mehr Bedeutung beigemessen wird als der Innovation normativer Begriffe. Friedensnormativität wird - mit Kant gesprochen - „unter den Begriff"[3] gebracht. Das Werkzeug des Argumentes ist die Logik. Ein komplexer normativer Begriff des Friedens wird als wichtig angesehen. Als mindestens genauso wichtig soll allerdings ein *System* normativer Begriffe eingeschätzt werden, in dem einzelne normative Begriffe negative Abgrenzung und selektive Bewertung durch andere Begriffe erfahren. Friedensnormativität ist - erneut mit Kant gesprochen - zugleich „auf Begriffe"[4] zu bringen.

Vier *allgemeine* normative Begriffe wird die Arbeit einleitend diskutieren: Voluntarismus, Realismus, Psychologismus und einen normativen Begriff ‚reiner praktischer Vernunft' (Abschnitt II dieses Einleitungsteils). Diese werden im Ersten und Zweiten Teil an ausgewählten Friedensentwürfen als zugleich normative Friedensbegriffe vorzustellen bzw. nachzuweisen versucht. Die Aufgabe, normative Theorien *unter* den Begriff zu bringen, hat diese zusätzliche Dimension. Im einzelnen werden damit ein voluntaristischer, ein realistischer, ein psychologistischer und ein Friedensbegriff ‚reiner praktischer Vernunft' in den allgemeinen normativen Begriffen antizipiert. In gleicher Weise wird eine Anzahl - die vier normativen Oberbegriffe des Friedens - ausdifferenzierender normativer Unterbegriffe in Varianten der entsprechenden allgemeinen normativen Begriffe vorbereitet. Einzelne Unterbegriffe der vier Gruppen normativer Friedensbegriffe ergeben erst die später analysierten Friedensentwürfe selbst. Die Aufgabe, normative Theorien *auf* den Begriff zu bringen und im Rahmen eines Systems darstellbar zu machen, erfüllt sich in diesem Sinne zuletzt.[5]

---

[3] *Kant, Immanuel:* Kritik der reinen Vernunft [1781/1787], 2 Bde., (= stw 55), Frankfurt a.M. 1974, A 78/B 104.

[4] Ebd.

[5] Am Beispiel der in normativer Hinsicht realistischen Friedensbegriffe sei in diesem Sinne festgestellt, daß sowohl Utilitarismus als auch Essentialismus bereits durch den erwähnten Einleitungsteil als normativ realistische Unterbegriffe des allgemeinen realistischen Normativitätsbegriffs zur Verfügung stehen werden. Demgegenüber wird sich eine historizistische Variante gewissermaßen erst ‚vor Ort' bei der Behandlung konkreter Friedensentwürfe herauskristalliseren.

Zur Gewissenhaftigkeit sowohl des Auf-den-Begriff- als auch des Unter-den-Begriff-Bringens gehört, daß vor allem anderen die Arbeit des ‚Nachweisens im Bestehenden' durch die Beantwortung der folgenden Frage selbst zu stützen ist: Worauf gründet sich die Annahme, daß die Normativitätsfrage des Friedens in der Philosophiegeschichte zu ‚lösen' ist?[6] Noch dazu in jenem begrenzten Zeitraum, der durch die mit dem Titel fokussierte neuzeitliche Rechtsphilosophie und durch neuzeitliche Philosophen wie Erasmus, Saint Pierre, Rousseau, Kant und andere bezeichnet ist?

Jedes der anschließenden Kapitel des Abschnittes I dieses Einleitungsteils nähert sich der Frage von unterschiedlicher Seite und unter ergänzenden Aspekten: Zuerst wird eine Abgrenzung des neuzeitlichen Friedensdenkens vom zeitgenössischen, modernen Normativitätsdiskurs vorgenommen. Die Friedensfrage wird als solche vorgestellt, die sich aus den spezifischen politischen Bedingungen des neuzeitlich-klassischen Völkerrechts ergibt (I.I-I.III). Eine Abgrenzung neuzeitlichen Friedensdenkens vom Denken der antiken und mittelalterlichen Philosophen schließt sich an. Zu diesem Zweck wer-

---

reits durch den erwähnten Einleitungsteil als normativ realistische Unterbegriffe des allgemeinen realistischen Normativitätsbegriffs zur Verfügung stehen werden. Demgegenüber wird sich eine historizistische Variante gewissermaßen erst ‚vor Ort' bei der Behandlung konkreter Friedensentwürfe herauskristalliseren.

[6] Höffe hat kürzlich kritisch Stellung zu einer der Frage enstprechenden auf die Moderne bezogenen „Entmoralisierungsthese" bezogen: „Als ein Beitrag zur Theorie der Moderne besagt die Entmoralisierungsthese, daß [... philosophische] Kontroversen schlicht anachronistisch werden. Wie auch immer man die moralische Perspektive definiere - sie antworte auf Fragen, die in dieser Form nicht mehr gestellt werden, und habe genau deshalb ihre realistische Kraft verloren. Unsere heutige Politik ist wieder einmal ein ‚Danach', nicht nur ‚nachtheologisch' und ‚nachmetaphysisch', sondern ebenfalls postmoralisch", in: *Höffe, Otfried:* Eine entmoralisierte Politik: Zur Ethik der modernen Politik, in: Politische Vierteljahresschrift, 32:2, 1991, S. 303.
Zu einer kritischen Stellungnahme zu Höffes pessimistischer Kennzeichnung vgl.: *Luhmann, Niklas:* Politik und Moral. Zum Beitrag von Otfried Höffe, in: Politische Vierteljahresschrift, 32:3, 1991, S. 497-500. Allg.: *Weiler, Rudolf:* Grundwerte der Internationalen Ordnung, in: Wiener Blätter zur Friedensforschung 44/45 (1985), S. 17-29; *Walther, Christian:* Sollen „Werte" in den Internationalen Beziehungen eine Rolle spielen? in: Wiener Blätter zur Friedensforschung 44/45 (1985), S. 29-36.

Friedensbegriff „reiner praktischer Vernunft“ bezeichneten normativen Friedensbegriffs gegeben werden. Kants praktische Philosophie wird innerhalb der Neuzeit abgegrenzt (I.VI).

In der Kritik, die Kants normativer Begriff des Friedens an den Begriffen seiner neuzeitlichen Vorgänger ermöglicht (Zweiter Teil), kommen jene philosophischen Prämissen zu Wort, die schließlich einem DrittenTeil der Arbeit die argumentativen Mittel an die Hand geben werden, Kant gegen politische Denkerinnen und Denker des späten zwanzigsten Jahrhunderts in Schutz zu nehmen, die einmal mehr Kant ‚besser verstehen wollten, als er sich selbst verstand‘. Die im Zeichen ästhetizistischer Normativitätsbegriffe vorgenommenen Darlegungen eines dem Anspruch nach Kantischen und doch in bezug auf Kant gänzlich neu bestimmten normativen Friedensbegriffs öffnen abschließend den Blick auf eine - neben den vier schon erwähnten - fünfte Gruppe normativ ästhetischer Friedensbegriffe.

Mein Dank gilt Prof. Christine M. Korsgaard (Harvard), die einen einjährigen Forschungsaufenthalt in Harvard ermöglicht und von deren systematischer Konzeption die Arbeit in ausschlaggebender Weise profitiert hat. Besonderer Dank gilt meinem Doktorvater Prof. Stephan Haltmayer (Wien) für unermüdliche sowohl inhaltliche als auch organisatorische Betreuung.

EINLEITUNGSTEIL

I.

NORMATIVES BEGRÜNDEN UND DER VÖLKERRECHTLICHE FRIEDE

> „When we seek a philosophical foundation for morality we are not looking merely for an explanation of moral practices. We are asking what *justifies* the claims that morality makes on us. This is what I am calling ‚the normative question"[7]
>
> *C. M. Korsgaard, The Sources of Normativity*

I.I EINLEITUNG

a. Moderner Normativismus in der Philosophie?

Pragmatisch gesehen ist es die im Eingangszitat implizierte Tatsache einer bereits praktischen Praxis („moral practices"), die meistens Fragen ihrer Rechtfertigung - normative Fragen - provoziert. Rechtfertigungsfragen entwickeln sich als drittes einer zwischen dem Gegenstand und seiner normativen Betrachtung stehenden bloßen Erklärung des Gegenstandes. Systematisch gesehen hat die Einleitung zu einer Arbeit mit dem Titel *Systematisch-normative Begriffe des völkerrechtlichen Friedens* zwei gleichermaßen plausible Ausgangspunkte, sich ihr Thema zurechtzulegen.

Im einen Fall wäre der Begriff des Normativen an den Anfang zu stellen, um den Begriff des Friedens eine normativ gesinnte Betrachtung gewissermaßen zum Gegenstand nehmen zu lassen. Der Friede interessiert hier normativ *unter anderem*. Gegen ein Vorgehen in diesem Sinne sprechen weniger grundsätzliche Gründe als die Gefahr, einen philosophischen Diskurs auszunützen, der gegenwärtig sehr selbstverständlich mit den Begriffen Norm, Regel und Gesetz ope-

[7] *Korsgaard, Christine M.:* The Sources of Normativity, (with G. A. Cohen, Raymond Geuss, Thomas Nagel, Bernard Williams), Cambridge 1996, S. 9f.

riert. Von den Konstrukten „moderner Normativismus“ oder „normativistische Wende“[8] ist in letzter Zeit beinahe inflationär Gebrauch gemacht worden. Der Anstoß in bezeichnete Richtung kommt überwiegend aus der (angelsächsischen) Sprachphilosophie, und Robert Brandom hat kürzlich folgende ambitionierte Selbstzuschreibung für letztere gefunden: „Our century will appear as a time when, after three hundred and fifty years, we finally saw through Descartes. It is in our time that the collection of puzzles and problems that have collected around the Cartesian dualism of body and mind has been supplanted by those associated with what now appears to be the more fundamental Humean-Kantian dualism of *fact and norm*, which appeared only darkly and misleading in its Cartesian guise.“[9] Teil dieser Selbstzuschreibung ist, daß die notwendige *Pluralität* normativer Gegenstände unterlaufen worden ist und die „Tendenz“ besteht, „den Gang der Philosophiegeschichte im Sinne eines solchen Junktims zu begradigen.“[10] Wenn die Normativität Kantischer ethischer Gesetze zur Debatte steht, hat dies zunächst wenig, schließlich möglicherweise nichts mit eventuellen Normativitäten zu tun, die sich auf Fregesche Bedeutungen im Bereich der Sprachphilosophie beziehen.

In einem zweiten Fall könnte eine Einleitung - im Sinne ihres Ausgangspunktes - genau umgekehrt verfahren, dem Begriff des F r i e - d e n s - gegenüber jenem des Normativen - einen gewissen Vorzug einräumen und am Frieden, als ihrem behaupteten Gegenstand, bestimmte und unter anderem wohl normative Perspektiven erproben. Die Unbrauchbarkeit eines solchen Verfahrens dürfte im Bereich des Normativen schnell offenbar werden. Konkret gesagt ist es wohl vor allem anderen problematisch zu behaupten, daß es *der* Friede sei, der sich philosophische Begründungen gefallen läßt - nicht, wenn diese Begründungen mit dem Anspruch auftreten wollen, normative Begründungen zu sein: Im Bereich des Normativen hat es die Philosophie nicht mit gegenständlichen und darum abgrenz- und gleichsam

---

[8] *Glüer, Kathrin:* Bedeutung zwischen Norm und Naturgesetz, in: Deutsche Zeitschrift für Philosophie, 48/3 (2000), S. 449.

[9] *Brandom, Robert B.:* http://www.ditext.com/brandom/brandom.html, (= Beitrag im Rahmen der Diskussionsgruppe „Problems from Sellars“ des University of Chicago Philosophy Project), 1999, S. 1.

[10] Glüer 2000, S. 450.

anfaßbaren Entitäten zu tun. Kant schreibt in der *Transzendentalen Dialektik* der *Kritik der reinen Vernunft* in diesem Sinne: „Das [normative] *Sollen* drückt eine Art von Notwendigkeit und Verknüpfung mit Gründen aus, die in der ganzen Natur sonst nicht vorkommt“ (A 547). Zu vermuten ist, daß dies, zumindest bedingt, auch auf den Frieden als den Gegenstand des Sollens zutrifft und der Friede darum genauso vielfältig wie seine normativen Begründungen sein wird.[11]

b. Ein dritter Anfang in der konkreten Situation

Um eine Idee zu vermitteln, welche Arten der Normativität, gleichzeitig welche Formen des Friedens, den thematischen Rahmen vorliegender Arbeit bilden, wird - ungeachtet der beiden aufgezählten - der mit dem Vorwort angekündigte, d r i t t e Anfang gewählt. Dieser folgt dem vermeintlich reduzierten Anspruch, in die konkrete politische und philosophische Situation zu treten, die sich um den Begriff der „Neuzeit“ zeichnen läßt. Folgendes wird hierdurch möglich:

Eine neuzeitliche, oder genauer, eine den Standpunkt der politischen Neuzeit nachzeichnende Betrachtung enthebt vorderhand der Notwendigkeit, Friedensbegriff und Normativitätsbegriff - in einem unübersichtlichen Feld möglicher Bestimmungen beider Begriffe - einander vorerst zuordnen zu müssen. Entsprechend der oben verwendeten Zuschreibung, daß eine den Begriff der Normativität an den Anfang stellende Betrachtung auf keine grundsätzlichen Widersprüche stößt, (sondern dem Begriff der Normativität unlängst neu erschlossene Verwendungsfelder eher Konfusionen befürchten lassen), wird damit ein distinkter, jedoch notwendig allgemeiner Normativitätsbegriff nicht historisch ‚übers Knie gebrochen‘. Dieser macht aus der Situation heraus vielmehr bestimmte allgemeine Charakteristika an sich kenntlich, die die sprachphilosophische ‚Einsilbigkeit‘ (gebietsübergreifender *facts and norms*) weitgehend übereuphorisch erscheinen lassen.

---

[11] Vgl. *Sternberger, Dolf:* Über die verschiedenen Begriffe des Friedens, in: Senghaas 1995, S. 91-105.

Die konkrete Veranschaulichung hat ihren tieferen Sinn darin, daß sie sich auf einen historisch etablierten und nach wie vor gültigen Gegenstand „Friede" richtet: den Frieden als völkerrechtliches Problem bzw. den Frieden unter der Bedingung des Völkerrechts. Ein dritter Anfang in der konkreten Situation schafft zugleich auf der Seite des gegenständlich vielgestaltigen Friedens eine bestimmte Ordnung. Gegebene Normativitäten des Friedens müssen, um begründet erscheinen zu können, zu bestimmten allgemeinen Bedingungen referieren. Schließlich sei festgestellt, daß die neuzeitliche Liaison von Friedensbegriff und Normativitätsbegriff keine Vernachlässigung älterer philosophischer Entwürfe durch die Abgrenzungskriterien ‚Völkerrecht' und ‚Neuzeit' rechtfertigen soll. Auch in dieser Hinsicht wird ein distinkter, jedoch notwendig allgemeiner Normativitätsbegriff nicht historisch ‚übers Knie gebrochen': Im Anschluß an die folgende Skizzierung der politisch-philosophischen Situation der Neuzeit wird mit Kapitel I.IV gezeigt, in welcher Form antike und mittelalterliche Begriffe der Normativität in den Kontext einer neuzeitlichen und modernen Diskussion einzubeziehen sind.

I.II DAS KLASSISCHE VÖLKERRECHT

a. Das ‚ius pacis et belli' des souveränen neuzeitlichen Staates

Die Situation der anbrechenden Neuzeit läßt sich durch die zusammenfassende Einsicht des folgenden Satzes charakterisieren: „Wenn es nicht gelang, den Krieg zu ächten, so gab es vielleicht die Möglichkeit, ihn dadurch überflüssig zu machen, daß man den Frieden organisierte."[12]

Die Neuzeit grenzt sich vom ausgehenden Mittelalter darin ab, daß sie die *auctoritas principis*, die Legitimation, Krieg zu führen, in grundlegender Weise neu bestimmt hat. Francisco de Vitoria, Dominikaner und Theologieprofessor im spanischen Salamanca, entwirft in der ersten Hälfte des 16. Jahrhunderts die Idee eines Rechts, das die gesamte Menschheit umfaßt. Das antike *ius gentium* wird bei de

[12] *Dickmann, Fritz:* Friedensrecht und Friedenssicherung. Studien zum Friedensproblem in der Geschichte, Göttingen 1971, S. 131.

Vitoria nicht, wie in den Institutionen Kaiser Justinians, als das „allen Menschen gemeinsame, von allen anerkannte und durch diese Übereinstimmung als Naturrecht erwiesene Recht“[13] definiert, sondern als *ius inter gentes*. Allgemein, und für die Frage nach den Akteuren kriegerischer Handlungen im speziellen wird mit diesem *ius inter gentes* der neuzeitliche Begriff eines *zwischenstaatlichen* Rechts etabliert.[14]

Die Neuerungen, die bei de Vitoria einen entscheidenden Bruch mit dem Denken des Mittelalters markieren, bestehen, im Begriff eines Rechts der Staaten untereinander, in folgendem: (1) Das *ius gentium* bindet sowohl Staaten als auch - wie bis dahin - Individuen an bestimmte Rechtsformen. (2) Für die Staaten wird zugleich ein Status voller Souveränität gewonnen, was näherhin bedeutet, daß diese (3) nichts und niemanden mehr über sich anzuerkennen haben. Letzteres ersetzt bei de Vitoria die „Idee einer universalen, alle Staaten sichtbar überwölbenden obersten Autorität, die dem Mittelalter unentbehrlich schien.“[15] Sowohl der Weltherrschaftsanspruch des Kaisers als auch des Papstes sind darin negiert.

In der Frage „gerechter Kriege“ waren seit de Vitoria erlaubte Kriege als rechtmäßige von verbotenen als unrechtmäßigen Kriegen eindeutig zu unterscheiden. Zur im Eingangszitat berührten Frage einer mißlingenden „Ächtung“ des Krieges führt dies insofern zurück, als das gesamte neuzeitlich-klassische Völkerrecht eine doppel-

[13] A.a.O., S. 122.

[14] Vgl. *Elbe, Joachim von:* The Evolution of the Concept of the Just War in International Law, in: American Journal of International Law, Vol. 33, No. 4 (Oct., 1939), S. 665-688. Von Elbe hat u.a. antike und mittelalterliche Auffassungen des „gerechten Krieges“ nachgezeichnet. Vom losen, philosophisch motivierten Verständnis der griechischen Antike über das formale *ius belli ac pacis* der Römer zum ersten wissenschaftlich auffaßbaren Verständnis bei Augustinus (vgl. S. 665-669).

Vgl. zur antiken und mittelalterlichen Thematik u.a. auch: *Pangle, Thomas L.:* Justice Among Nations in Platonic and Aristotelian Political Philosophy, in: American Journal of Political Science, Vol. 42, No. 2 (Apr., 1998), S. 377-397; *Schwarzenberger, Georg:* Ius Pacis Ac Belli?: Prolegomena to a Sociology of International Law, in: American Journal of International Law, Vol. 37, No. 3 (Jul., 1943), S. 460-479.

[15] Dickmann 1971, S. 122.

te Unterscheidung im Kriegsbegriff aufrechterhält: Die Redeweise von einer ‚Ächtung' des Krieges im modernen völkerrechtlichen Verständnis unserer Zeit ist, allgemein formuliert, mit einer Ächtung *jeglichen* Angriffskrieges gleichzusetzen. Bei de Vitoria und in der Zeit des klassischen Völkerrechts wurde, hiervon abweichend, der gerechte Krieg (1) als „Rechtsmittel zur Bestrafung erlittenen Unrechts"[16] aufgefaßt. Darüber hinaus wurde (2) Unrecht nicht nur als rechtswidrige Gewalt eines Aggressors bestimmt. Rechtswidrige Gewalt galt als „Sonderfall erlittenen Unrechts, der Verteidigungskrieg daher nur [als] ein Sonderfall des gerechten Krieges, aber keineswegs [als] der einzige." Angriffskriege bilden in der klassischen Neuzeit, unter gegebenen Bedingungen, den Vorstellungshorizont gerechter Kriege.[17]

[16] A.a.O., S. 124.

[17] Von Elbe 1939, hat de Vitorias neuzeitliches Konzept des „gerechten Krieges" zusammenfassend wie folgt charakterisiert und geht dabei auf das, in der Konsquenz dieses Konzeptes, virulent gewordene Problem ein, inwiefern beide feindlich gesinnten Staaten ihrem Krieg - logisch-rechtlich gesehen - das Prädikat „gerecht" zugleich verleihen können: „Each state [...],which is complete in itself, has the right to declare war; it is an essential element of its sovereignty. It may, however, be exercised only in cases where an adequate cause justifies forcible actions with their accompanying horrors and devastations. The answer as to what constitutes such cause is [...] [n]either the difference of religion, nor the expansion of empire or the promotion of the personal glory of the ruler [...]. The positive concept adopts Augustinian ideas. ‚There is a single and only cause for commencing a war, namely, a wrong received [...]'; its practical application requires a system of law [= law of nations] under which right and wrong may be distinguished, and a judgment as basis for the warlike action [...]. Such procedure, however, does not exclude the possibility that both sides may believe in the justice of their respective causes. Can a war be just on both sides? The answer to this crucial question distinguishes between ‚true' or objective justice and subjective innocence [...]" (S. 674f).

Zur bleibenden Relevanz des Problems in u.a. zeitgenössischen Kontexten vgl.: *Claude, Inis L., Jr.:* Just Wars: Doctrines and Institutions, in: Political Science Quarterly, Vol. 95, No. 1 (Spring, 1980), S. 83-96: „[...] when we adopt hyphenated designations [...], we betray our awareness of the dual nature of warfare. [...] it is essential to devide wars into their component parts, giving seperate consideration to the war of A against B and to the war of B against A, the two half-wars that constitute together A-B War" (S. 84).

b. *Die Verschlüsselung normativer Begriffe im Genre des völkerrechtlichen Friedenstraktates*

Die gezeichnete politische Situation souveräner kriegführender Staaten bildet an der Schwelle zur Neuzeit und darüber hinaus den Katalysator für eine beinah unübersehbare Anzahl von Friedenstraktaten. Gemeinsames Merkmal der meisten dieser Traktate ist, daß der ‚zu organisierende Friede' in der Form völkerrechtlicher Entwürfe abgehandelt worden ist.[18] Eine Arbeit, die ihre Aufmerksamkeit weniger auf Gesetzesparagraphen, sondern auf gesetzliche Normativität richtet, ist damit in die Situation versetzt, daß sie es weitgehend mit impliziten Friedensbegründungen zu tun hat. Implizität ist in der Tat allgemeines Charakteristikum einer neuzeitlichen Normativität, die sich bei der Behandlung ihres Gegenstandes gleichsam *verschlüsselt* hat. Jede Untersuchung mit systematischem Anliegen wird für ihren bestimmten Zweck aus der Fülle neuzeitlicher Friedenstraktate *per se* wählen müssen. Die Implizität des von ihr untersuchten systematischen Gegenstandes hat vorliegender Arbeit, mit ihrer normativen Fragestellung, die Wahl teilweise zusätzlich erschwert.

Im Sinne eines allgemeinen Charakteristikums neuzeitlicher Friedensnormativität ist deren Implizität ein rein formales. Welche notwendigen substantiellen Bedingungen oder Charakteristika machen neuzeitliche Begriffe der Normativität erstmals, unspezifisch ihrer im einzelnen systematischen Gestalt, allgemein deutlich?

[18] Zu einer allgemeinen philosophiegeschichtlichen Darstellung des Friedensdenkens von den antiken Anfängen bis ins 20. Jahrhundert vgl.: *Fried, Alfred H.:* Handbuch der Friedensbewegung, 2 Teile, 2. gänzl. umgearb. u. erw. Aufl., Berlin/Leipzig 1911; *Janssen, Wilhelm:* Friede. Zur Geschichte einer Idee in Europa, in: Senghaas 1995, S. 227-275; *Stevenson, Robert C.:* The Evolution of Pacifism, in: International Journal of Ethics, Vol. 44, No. 4 (Jul., 1934), S. 437-451.

I.III BEDINGUNGEN DES BEGRIFFS DES NORMATIVEN

a. Substantielle Bedingungen und Überlegung zur Antike

Vom neuzeitlichen Problem einer „Ächtung" des Krieges zu sprechen bedeutet, den Krieg als rechtliches, ethisches ... etc., grundsätzlich jedoch als *normatives* Problem zu betrachten. Darüber hinaus vom, unter bestimmten Umständen, „gerechten Krieg" zu reden, bringt die normative Paradigmatik bereits in rechtlicher und ethischer Sprache zur Geltung. Im Sinne einer ersten substantiellen, dabei grundsätzlichsten Bedingung setzt die Rede vom „gerechten Krieg" einen Standpunkt voraus, der es erlaubt, im Krieg mehr zu sehen als „ein unvermeidliches Durchgangsstadium in einer nach unabänderlichen Gesetzen verlaufenden"[19] Entwicklung: ein Produkt von korrigier- und kritisch hinterfragbaren Handlungen. Hannah Arendt, mit der sich vorliegende Arbeit spät, zum Ende hin, beschäftigen wird, hat diesen Gegensatz in Worten einer „einzige[n] Alternative" gezeichnet: „Wir können entweder mit Hegel sagen: ‚Die Weltgeschichte ist das Weltgericht' und das letzte Urteil dem Erfolg überlassen; oder wir können mit Kant an der Autonomie der geistigen Kräfte des Menschen und ihrer möglichen Unabhängigkeit von den Dingen, wie sie sind und wie sie geworden sind, festhalten."[20]

Um eine Systematik verschiedener gültiger Normativitätsbegriffe zu erarbeiten, wird im folgenden Abschnitt II Christine M. Korsgaards in den letzten Jahren einflußreiches Buch *The Sources of Normativity* betrachtet werden. An dieser Stelle, da die notwendigen Bedingungen eines allen einzelnen Theorien notwendig allgemeinen Begriffs der Normativität eingeleitet worden sind, ist Korsgaards Eingangsthese zur praktischen Philosophie der Antike und des Mittelalters abzuwägen - die These, daß durch beide älteren Philosophien die „Saat", das sind bestimmte Bedingungen, zugrundegelegt worden sind, mit denen beide für sich alleine genommen allerdings vor dem stehenbleiben, was Korsgaard eine neuzeitliche „Revolution" im

---

[19] Dickmann 1971, S. 79.

[20] *Arendt, Hannah:* Postscriptum, in: „The Life of the Mind", Bd. 1, 1977/78, zitiert nach Beiner 1982, S. 15.

Bereich normativen Philosophierens nennt. Die bereits genannte auf das freie Handeln bezogene grundsätzliche Bedingung normativer Urteile und Theorien teilen sowohl die antike als auch die mittelalterliche Philosophie mit der Neuzeit. Davon abgesehen sind im Falle der antiken Philosophie, sytematisch betrachtet, vor allem zwei Überlegungen von Korsgaard und anderen ins Feld geführt worden, die gegen die normative Leistungsfähigkeit antiker Theorien sprechen könnten:[21]

(1) Eine erste Überlegung oder Bedingung nimmt auf die Tatsache Bezug, *daß* wir W e r t e haben. Die antike Antwort auf die damit verbindbare *warum*-Frage besteht Korsgaard zufolge im Hinweis auf eine eigentlichere Zuordnung von Sein und Schein. In den Worten letzterer: „Plato and Aristotle came to believe that value was more real than experienced fact, indeed that the real world is, in a way, value itself."[22] Ein normativitätsbezogenes Problem entwickelt sich demnach in bezug auf ein ontologisches Wertverständnis der Antike, sofern sowohl für Platon als auch für Aristoteles hinzugefügt wird: „They came to see a world of things [...] that really are better than they seem."[23] Für Platon gelte, daß die vollkommene Natur zugleich die wahre Natur darstelle. Für Aristoteles sei die Materie lediglich die Potenz der Form. Grundsätzlich gesprochen, wird in entsprechenden Zusammenhängen argumentiert, die Antike ermangele der Bedingung, daß ihr Wertbegriff in einer Weise definiert wäre, derzufolge bestimmte Werte *genau und nur deshalb existieren, weil* sie eine unvollkommene Welt des Handelns motivieren und letzteres Handeln mit Normativität versehen sollen. Damit stimmt grundsätzlich überein, daß die Sokratische *was-ist*-Frage unter anderem sowohl einem auf Proponent und Opponent bezogenen, intellektuell-pädagogischen als auch einem isoliert epistemologischen Wissensziel dient.[24] Kants

---

[21] Vgl. in diesem Zusammenhang auch: *Korsgaard, Chrisitine M.:* Aristotle and Kant on the Source of Value, in: Ethics, Vol. 96, No. 3 (Apr., 1986), S. 486-505 sowie *Mackie, John L.:* Ethics: Inventing Right and Wrong, New York 1977.

[22] Korsgaard 1996, S. 2.

[23] Ebd.

[24] Zu einer Untersuchung der Frage, wie überzeugend für Platon ein ontologisches Verständnis des „Guten" selbst gewesen sein mag, vgl.: *Demos, Raphael:* Plato's Idea of the Good, in: The Philosophical Review, Vol. 46, No. 3 (May, 1937), S. 245-275. Demos: „‚If I could' - says Socrates to Glaucon, speaking of the Good -

Privileg ist es gewesen, bezogen auf jedes Sollen und dahinterstehende Werte, unmißverständlich zu schreiben: „[...] so gibt die Vernunft [...] mit völliger Spontaneität eine eigene Ordnung nach I d e e n." Die neuzeitliche praktische Idee dient einem Handlungsziel und die Spontaneität erklärt „sogar Handlungen für notwendig [...], die doch nicht geschehen sind und vielleicht nicht geschehen werden" (*KrV* A 548).[25]

(2) Eine zweite Überlegung oder Bedingung nimmt auf die Tatsache der Fehlbarkeit und der Widerständigkeit oder der V e r p f l i c h t u n g im Handeln Bezug. Korsgaard schreibt: „For Plato and Aristotle, being guided by value is a matter of being guided by the way

S. 245-275. Demos: „‚If I could' - says Socrates to Glaucon, speaking of the Good - ‚I would show you no longer an image and symbol of my meaning, but the *very truth* as it appears to me.' Yet he adds immediately, ‚though whether rightly or not, I may not affirm' (*Rep.* 533a). This mixture of doubt with certainty is characteristic of Plato in all his writings. His doubt is more like an undogmatic conviction; his conviction, more like a faith" (S. 247).
Den Hintergrund von Demos' Argumentation bildet ein eigenes radikalontologisches Verständnis von Wert und Moral. Dieses deutet die Aktualität einer möglichst unvoreingenommenen Auseinandersetzung mit dem antiken Wertverständnis an. Vgl. dazu: *Demos, Raphael:* Moral Value as Irreducible, Objective, and Cognizable, in: Philosophy and Phenomenological Research, Vol. 6, No. 2 (Dec., 1945), S. 163-194. Demos' Untersuchungsziele lauten hier: „This article will undertake the defense of three theses: (a) that moral value is irreducible and unique; (b) that it is real, that is to say, independent of the mind; and (c) that there is a cognition of values, and a fairly definite procedure of such cognition." Zu einer allgemeinen Geschichte des philosophischen Wertverständnisses vgl.: *Shaw, Charles Gray:* The Theory of Value and Its Place in the History of Ethics, in: International Journal of Ethics, Vol. 11, No. 3 (Apr., 1901), S. 306-320.

[25] Unabhängig von Kants „völliger Spontaneität", die gewissermaßen das andere Extrem einer Auffassung des Seins und der Genese von Wert und von Sollen bezüglich bestimmter Werte darstellt, läßt sich die Mindestbedingung eines nichtontologischen Verständnisses von Wert und Sollen formulieren. Vgl. dazu: *Compton, John J.:* Toward an Ontology of Value, in: Philosophical Quarterly, Vol. 8, No. 31 (Apr., 1958), S. 157-170. Compton hat argumentiert: „It is here that we ask what is *to be* value, what value is as existent, if, indeed, it can be said to exist at all. An answer to this reading of the question must relate value as existent to other dimensions of existence and thus show the basic conditions which give rise to value, that is the being-structure that makes it possible that value appear. It is to this [...] sense of the [...] question of value theory that we shall direct our chief attention. It is the question central to an ontology of value" (S. 157).

things ultimately are."[26] In noch radikalerer Formulierung sei dies gleichbedeutend mit der Tatsache: „to be good at being what you are."[27] Die Sollen und Sein identifizierenden Sätze heben darauf ab, die Verwirklichung menschlicher Tugend bei antiken Philosophen als reine Form der Exzellenz auszuzeichnen: „In Greek thought, becoming excellent is as natural as growing up. We need to learn virtue, but it is as we learn a language, because we are human and that is our nature."[28] Grundsätzlich gesprochen, wird in diesem Kontext argumentiert, dem antiken Normativitätsbegriff ermangele die Bedingung, daß moralisches Sich-im-Handeln-an-Normen-Orientieren Verpflichtungen einzugehen bedeutet, die im Zeichen der Selbstüberwindung stehen. Bekannt ist, daß der Platonische Sokrates die Auffassung inkorporiert, daß niemand freiwillig Unrecht tut. Im *Menon* läßt Platon Sokrates in diesem Sinne feststellen: „Offensichtlich begehren jene, welche es [das Böse] nicht erkennen, schon nicht mehr das Böse; sondern das vielmehr, was sie für gut halten" (77d,e). Kantisch gesprochen, geschieht Verflichtung im Zeichen eines „Wollen[s], dem dagegen das Sollen, das die Vernunft ausspricht, Maß und Ziel, ja Verbot und Ansehen entgegensetzt" (*KrV* A 548).[29]

Eine Behandlung substantieller Bedingungen neuzeitlicher Begriffe der Normativität unter abgrenzender oder affirmativer Einbringung antiker Philosophien stellt vor eine komplexe Aufgabe: Die Allgemeinheit der zuletzt angestellten Überlegungen kann nicht über

[26] Korsgaard 1996, S. 2.
[27] A.a.O., S. 3.
[28] Ebd.
[29] Vgl. *Aiken, Henry David:* Definitions of Value and the Moral Ideal, in: The Journal of Philosophy, Vol. 42, No. 13 (Jun. 1945), S. 337-352. Aiken hat bezüglich Aristoteles eine Einschränkung der Exzellenzparadigmatik intendiert: „Consider the view, commonly attributed to Aristotle, namely, that ‚good' (for man) is ‚identical' both with happiness and with the realization of human nature. Now in so far as this means merely that if one realizes one's potentialities as a human being one will be happy, and hence ‚good' the only possible source of disagreement concerns a purely causal question [...]. What [we] forget [...] is that Aristotle himself began his ethical investigations with the assumption that the good for man is happiness and only subsequently, after much analysis, concluded that the best way to achieve happiness is to realize one's potentialities as a human being" (S. 344).

deren vereinfachende Plakativität hinwegtäuschen. Die Literatur hat die Frage des soeben nachgezeichneten ontologischen Normativitätsverständnisses der Antike kontrovers diskutiert.[30] Sofern eine Abgrenzung des neuzeitlich-normativen Friedensdiskurses von antiken Behandlungen des Friedens gesucht wird,[31] hat diese primär das Kriterium der kodifizierten Völkerrechtlichkeit, und die darin eingeschlossene Implikation „gerechter Kriege" souveräner Staaten, vor sich, wie jenes im vorangehenden Unterkapitel, ausgehend von de Vitoria, dargelegt worden ist. Inwiefern sich aus der damit verbunde-

[30] Eine Debatte zur Frage des Befangenseins des antiken Denkens in ontologischen Paradigmen hat sich u.a. im Anschluß an E. Finks Arbeit ‚Alles oder Nichts. Ein Umweg zur Philosophie' (Den Haag 1959) neu entwickelt. Die Frage der ontologischen Interpretation des antiken Normenverständnisses erscheint hier als integrierbarer Bestandteil einer Diskussion über antike Erkenntnislehre allgemein und die Transzendentalität des „Menschengeistes" im Erkennen. Während Fink die antike Einbettung des „Menschengeistes [...] in einen universellen Seinszusammenhang" (S. 31) hervorhebt, hat E. Heintel in seiner Arbeit ‚Das Problem der Konkretisierung der Transzendentalität. Ein Beitrag zur Aporetik der daseienden Vermittlung' (in: Gesammelte Abhandlungen, Bd. 2, Zur Fundamentalphilosophie II, Stuttgart-Bad Cannstatt 1988) mit Bezugnahme auf Fink darauf hingewiesen, daß die antike Tradition auf ihre Weise in der Frage der Subjekt-Objekt Differenz „vor allem verstiegenen Transzendentalismus bewahrt" geblieben sei und darüber hinaus betont, daß u.a. bereits Aristoteles feststellt, daß „die Geistseele als forma formarum (Vermittlung) nicht in der Seele als forma corporis (in der ‚Physis') aufgeh[e]" (S. 29f). Zu einer ebenfalls auf Fink bezogenen und anhand von Platons ‚Theaitetos' durchgeführten Arbeit über das „Enthaltensein der Transzendentalität des Denkens auch schon in der griechischen Philosophie" vgl.: *Haltmayer, Stephan:* Zur ‚Konkretisierung der Transzendentalität'. Versuch eines Einschritts in eine anstehende Problematik, in: *Klein, Hans-Dieter/Reikerstorfer, Johann (Hrsgg.):* Philosophia perennis. Erich Heintel zum 80. Geburtstag, Frankfurt a.M./Berlin/Bern/New York/Paris/Wien 1993, S. 42-55. Haltmayer zeichnet das transzendentale Element bei Platon in Herausstellung der Platonischen Widerlegung des Protagoras, für den Erkenntnis Wahrnehmung bedeutet, nach. Die erkenntnismäßige „Zusammenschau" der „diversen wahrnehmenden Sinne" stelle sich bei Platon als „Leistung" einer „überhöhende[n], nicht (bloß) körperliche[n] Instanz" (S. 49ff) dar. „Auf bloße Ontologie, verstanden als durch (praxisfreie) Betrachtung gewonnenes, seinerseits inaktives ‚Ursein'" lasse sich, so Haltmayer, „Platons Lehre [...] nicht einengen" (S. 50).

[31] Vgl. zu einer solchen Behandlung vor allem: *Aristoteles*: Politik, Buch II, Kapitel 2 sowie Buch VII, Kapitel 11, 14, 15.

nen historisch-politischen Ausgangslage ein wesentliches Ausgrenzungskriterium betreffend vor-neuzeitlicher Friedenstraktate ableiten läßt, wird im folgenden Kapitel I.III behandelt. Schließlich, gilt in bezug auf die leitende Frage, welche Bedingungen des Begriffs des Normativen als substantiell anzunehmen sind und welche sich umgekehrt in diesem ausschließen: unabhängig davon, ob, wie bei Korsgaard, angenommen wird, daß antike Philosophien normativ-ontologisch fundieren, zeichnen die zuletzgenannten Punkte in mehr systematischer als philosophiegeschichtlicher Absicht das Extrem einer normativ-ontologisch Auffassung und deren Einschränkungen in bezug auf einen substantiellen Begriff des Normativen. Einleitungsabschnitt II wird deutlich machen, daß die Attraktivität ontologisch-normativer Begründungsleistungen im Bereich der praktischen Philosophie auch die neuzeitliche Philosophie in Gestalt normativ realistischer Theorien wenigstens teilweise beeinflußt hat und daß entsprechend - im Hinblick auf die Wesentlichkeit bestimmter Bedingungen des Begriffes des Normativen - ein teilweise fließender Übergang anzunehmen ist.[32]

b. Grenzbestimmung zum augustinischen Mittelalter

In Korsgaards Buch ist die Bedingung der Verpflichtung mit der alltagssprachlich tendenziell negativen Ausdeutung des Begriffs assoziiert worden: „Obligation differs from excellence in an important way. When we seek excellence, the force that value exerts upon us is attractive; when we are obligated, it is compulsive. For obligation is the imposition of value on a reluctant, recalcitrant, resistant matter."[33] Korsgaard erlaubt die negative Ausdeutung des Pflichtbegriffs, das neuzeitliche Normenverständnis in loser Form an die mittelalterliche These von der sündigen Natur des einzelnen und der ‚Gefallenheit der Menschheit' anzubinden. Erwähnt wird dies, da die simpel erscheinende Anbindung jeder Systematik philosophiegeschichtlicher Begriffe der Normativität ein offenstehendes Problem einbringen muß: Wo nämlich liegt die G r e n z l i n i e der Neuzeit in ihrem

[32] Siehe Kapitel II.III dieses Teils.
[33] Korsgaard 1996, S. 4.

Privileg auf normatives Philosophieren gegenüber dem augustinischen Mittelalter bzw. wie ist diese Grenzlinie zu definieren?

Die Antwort auf die erfragte Grenzlinie bezieht sich, wie im Falle der Antike, auf die philosophiegeschichtliche Verortung notwendiger Bedingungen, die ein allgemeiner Begriff der Normativität zu erfüllen hat. In bezug auf eine Grenzlinie von Mittelalter und Neuzeit wird gesagt werden müssen, daß diese nicht exakt gezogen werden kann. Das Problem verlagert sich notwendig in den *inneren* Bereich der normativen Thematik: Mittelalterlicher Normativität ist wenn auch nicht auf der Ebene notwendiger Bedingungen des Begriffs der Normativität eine neuzeitliche Grenzlinie gleichwohl dort vorzusetzen, wo *einzelne* normative Begründungen diskursiv zu behandeln sind. Korsgaards Buch fehlt der Teil einer - ihrer losen Anbindung folgenden - ‚konkurrierenden' Behandlung normativer Begründungen der mittelalterlichen Philosophie mit solchen der Neuzeit weitgehend.

In vorliegender Arbeit wird die *Querela Pacis* des Erasmus von Rotterdam dazu bestimmt, die erste von vier, d.i. die voluntaristische Form normativen Begründens vorzustellen, an der sich ein innerer Normativitätskonflikt zwischen Neuzeit und Mittelalter entfachen läßt. Obwohl einhellig als erster neuzeitlicher Friedenstraktat aufgefaßt, beinhaltet Erasmus' Traktat zuletzt ausschlaggebende Konzessionen an die Denkparadigmen des Mittelalters. Die Erwägung dieses programmatischen Details dient neben den einleitenden Gründen der Rechtfertigung der Vorgehensweise vorliegender Arbeit: Im Schema der durch den zweiten und dritten Teil behandelten völkerrechtlichen Friedenstraktate wird sich die *Querela Pacis* weitgehend als außenvorstehender assoziativ-kontemplativ verfaßter Moralappell anbieten.

I.IV PROGRESSION DER NEUZEITLICHEN NORMATIVITÄTSBEGRIFFE

und Kants einheitlich transzendentaler Friedensbegriff

Die Bedingungen, die in dieser Einleitung für einen allgemeinen Begriff der Normativität dargelegt worden sind, haben für normative Begründungen, die sich auf den völkerrechtlichen Frieden beziehen, die eher vage Formulierung „unter der Bedingung des Völkerrechts" eingeschlossen (Kap. I.Ib). Ihrer äußeren Form nach haben die neben

Erasmus *in extenso* behandelten Friedenstraktate von Saint Pierre, Rousseau und Kant auf die völkerrechtliche Vorgabe der Neuzeit dadurch reagiert, daß sie selber in der Form völkerrechtlicher Verträge entworfen worden sind. Im folgenden Abschnitt II wird, wie mit dem Vorwort angekündigt, den vier normativen Friedensbegriffen des darauffolgenden zweiten und dritten Teils das systematische Gerüst von vier in der praktischen Philosophie *allgemein* möglichen normativen Begründungen vorangestellt. Bevor die in diesem Rahmen angekündigte Auseinandersetzung mit Christine M. Korsgaards Buch *The Sources of Normativity* geführt wird, eine abschließende Überlegung zum erwähnten „unter der Bedingung des Völkerrechts".[34]

Korsgaard hat in ihrem Buch unter anderem zwischen zwei Kriterien unterschieden, denen eine normative Theorie im Bereich der praktischen Philosophie genügen muß: ‚justificatory adequacy' und ‚explanatory adequacy'. Alle Bedingungen, die mit Kapitel I.IV für den neuzeitlichen Begriff der Normativität dargelegt worden sind, betreffen den Aspekt der ‚justificatory adequacy'. Sie sind Bedingungen der logisch-argumentativen *Plausibilität* von Normen betreffend Handlungen, Tatsachen und Theorien. Unter ‚explanatory adequacy' greift Korsgaard die weitergehende Tatsache auf, daß es die Aufgabe von Normen für Handlungen, Tatsachen und Theorien sei, um begründet zu erscheinen, zu bestimmten Bedingungen der *gegebenen Wirklichkeit* zu referieren. In diesem Sinne hat David Hume, zum Beispiel, den Rationalisten der Neuzeit im Hinblick auf diese Bedingungen folgenden Vorwurf formuliert: „Since morals, therefore, have an influence on the actions and affections, it follows, that they cannot be deriv'd from reason; and that because reason alone, as we have already prov'd, can never have any such influence."[35]

Die Tatsache, daß Philosophen wie Saint Pierre, Rousseau und Kant ihre Friedenstraktate als völkerrechtliche Verträge entworfen haben, ist nicht *per se* schon als Teil ihrer ‚explanatory adequacy' zu verstehen. Die völkerrechtliche Form läßt die Existenz normativer

---

[34] Zu einer umfassenden geschichtlichen Darstellung des Völkerrechts vgl.: *Reibstein, Ernst:* Völkerrecht. Eine Geschichte seiner Ideen in Lehre und Praxis, 2 Bde, Freiburg/München 1963.

[35] *Hume, David:* A Treatise of Human Nature [1739-1740], edited by L. A. Selby-Bigge and P. H. Nidditch, Oxford 1978, III.1.i.

Begründungen in den Traktaten sogar nur noch implizit aufscheinen. Und doch ist es gerade die Bedingung des Völkerrechts, die den politischen Frieden der Neuzeit als Rechtszustand - als *ius inter gentes* - ermöglicht hat und umgekehrt voraussetzt. Normative Begründungen des völkerrechtlichen Friedens werden entsprechend - wenn nicht ihrer äußeren Form so doch ihrer i n n e r e n Begründungsstruktur nach - diesen rechtlichen Frieden treffen können müssen.[36] Unterscheidbar werden die vier normativen Begründungen des Friedens folglich in zweifacher Hinsicht sein: (1) In Hinsicht auf philosophische Standards der Begründung. Das betrifft den Aspekt der ‚justificatory adequacy'. (2) In Hinsicht auf das Potential, ihre Begründungsleistung als Norm für die gegebene neuzeitliche Wirklichkeit (des Völkerrechts) ins Spiel zu bringen. Das betrifft den Aspekt der ‚explanatory adequacy'.

Die Idee einer normativen P r o g r e s s i o n unter den philosophischen Friedensbegründungen der Neuzeit wird sich auf beide Hinsichten beziehen. Ziel der Arbeit ist es zu zeigen, daß Kants normativer Friedensbegriff ‚reiner praktischer Vernunft' deren Reihe in jeder normativen Hinsicht anführt. Kant hat seinem normativen Friedensproblem die Form einer „Einhelligkeit der Moral mit der Politik nach dem transzendentalen Begriffe des öffentlichen Rechts"[37] gegeben. Beide Unterscheidungskriterien - ‚justificatory adequacy' und ‚explanatory adequacy' - werden, im Falle Kants, maßgeblich auf die Frage nach der Einheit des Transzendentalsystems leiten. Wenn mit dem abschließenden dritten Teil die umfänglichen Erörterungen des Kant-Teils auf Versuche über Kant bezogen werden, soll sich schließ-

[36] Die allgemeine Verrechtlichung moderner Friedensdiskurse wird insbesondere an Debatten wie jener, in den letzten Jahren geführten, zu einem „Menschenrecht auf Frieden" deutlich. Vgl. dazu u.a.: *Baier, Friedrich J.:* Das Recht auf Frieden im Rahmen der Menschenrechte, in: Wiener Blätter zur Friedensforschung 53 (1987), S. 64-65; *Schneider, Heinrich:* Probleme eines Menschenrechts auf Frieden und seiner Verwirklichung, in: Wiener Blätter zur Friedensforschung 58 (1989), S. 19-41; *Schwarz, Jürgen:* Durchsetzung und Schutz von Menschenrechten im Internationalen System als Grundlage universaler Friedenssicherung, in: Wiener Blätter zur Friedensforschung 60 (1989), S. 8-22.

[37] *Kant, Immanuel:* Zum ewigen Frieden [1795], Werke in sechs Bänden, hrsg. v. W. Weischedel, Bd. VI: Schriften zur Anthropologie, Geschichtsphilosophie, Politik und Pädagogik, Darmstadt 1956, A 92ff.

lich die bleibende Gültigkeit Kantischer Normativität in der Frage des völkerrechtlichen Friedens erweisen. Die normativ ästhetischen Alternativen von Hannah Arendts Versuch über die „erweiterte Denkungsart“ und Jean-François Lyotards Versuch über den „Enthusiasmus“ in der *Kritik der Urteilskraft* berühren ergänzende, jedoch nicht die eigentlichen Koordinaten, die Kants einheitliches Transzendentalsystem für eine umfassend normative Begründung des völkerrechtlichen Friedens angegeben hat.

II.

Systematik allgemeiner normativer Begriffe

„Moral predigen ist leicht, Moral begründen, schwer.“[38]

A. Schopenhauer
Die Grundlage der Moral (1840)

II.I DIE PLURALITÄT DES SOLLENS

a. Vorüberlegung

Einen ersten Schritt in Richtung eines systematischen Gerüstes möglicher, normativer Begründungen des Friedens zu gehen bedeutet, in Rechnung zu stellen, daß normatives Begründen m e h r s t e l l i g ist. Es existiert nicht nur *eine* Begründung des Friedens, die den Begriff des Normativen für sich in Anspruch nehmen kann. Das gilt aus zwei Gründen: (1) *Sollen*, ganz allgemein und unabhängig der Friedensfrage, hat - mit Kant gesprochen - die Eigenart an sich, wohl „unter Naturbedingungen möglich sein“ zu müssen, selber jedoch keine Natur darzustellen. Sollen gehört nicht in den Bereich der „Kausalität in Ansehung der Erscheinungen“, sondern „drückt eine mögliche Handlung aus; davon der Grund nichts anderes, als ein bloßer B e g r i f f ist, da hingegen von einer bloßen Naturerscheinung der Grund jederzeit eine Erscheinung sein muß.“ Wenn wir Kant ein Stück weiter folgen und (2) den bereits einmal wiedergegebenen Satz wiederholen, demgemäß „das Sollen, das die Vernunft ausspricht, [... dem Wollen] Verbot und Ansehen entgegensetzt“, wird darüber hinaus deutlich: zwar mag ein bestimmtes gegebenes Wollen im Zeichen eines anderen Wollens als Sollen

---

[38] *Schopenhauer, Arthur:* Die Grundlage der Moral, in: Die beiden Grundprobleme der Ethik: behandelt in 2 akademischen Preisschriften [1840], Hamburg 1978.

eingeschränkt werden, als Begriffe sind sie jedoch vorerst plural. Bereits die Rede von Verbot und Ansehen begründet potentiell mehrstelliges Sollen (das gilt nicht für Kant selbst).[39]

In der Tat haben vergangene Systematiken des Normativen, ob bezogen auf den Frieden oder den größeren Bereich der praktischen Philosophie allgemein, bei allem nur kursorischen Charakter, immer Begründung neben Begründung gestellt. Cavallar behandelt in der Frage der Friedensnormativitäten sechs voneinander abgrenzbare Begründungen. Matzenberger findet in derselben Frage, der Begründung nach, fünf, der Zielsetzung nach, gar achtzehn verschiedene Begriffe.[40] Bei aller Gründlichkeit der Aufzählung, in diesen und anderen Fällen, ist der Versuch einer Ausschöpfung des behandelten Gegenstandes allerdings ausschließlich der notwendigen Maxime der Ganzheitlichkeit gefolgt und hat zweierlei unterlassen: (1) Matzenbergers Arbeit z.B. erschöpft sich in einer mehr oder weniger bloßen Aufzählung möglicher Begründungen. (2) Bei Cavallar z.B. sind die einzelnen normativen Begründungen weitgehend isoliert und nebeneinander behandelt worden, ohne jene wirklich miteinander in einen Diskurs zu bringen.[41]

[39] Der Charakter des Sollens, unterschiedliche und wechselnde Gestalt annehmen zu können, begründet nicht dessen apriorische Unwissenschaftlichkeit. Wie Hermann Cohen nachdrücklich festgestellt hat, liegt zwar in „dem Satze, die Ethik sei die Lehre vom Sollen, [...] eine Zweideutigkeit, die [jedoch] an dem Begriffe der Ethik irre macht." Zwar gilt: „Indem die Ethik lehre, nicht was ist, sondern was, obschon es nicht ist, sein soll, so scheint sie damit der allgemeinen Aufgabe wissenschaftlichen Erkennens entzogen, denn diese ist: das Seiende zu erforschen. Wenn das Sollen kein Sein ist, so mag es Gegenstand der Dichtung, Annex der Theologie sein [...]." Doch: „Die Zweideutigkeit in dem Ausdruck des Sollens beruht auf einer solchen in dem [mit dem Begriff des Seienden verbundenen] Ausdruck des Seins: das Sein wird mit Dasein verwechselt. Nicht das Dasein wird in dem [wissenschaftlichen] Gesetze proklamiert, sondern das Sein des Daseins." Vgl. *Cohen, Hermann:* Kants Begründung der Ethik nebst ihren Anwendungen auf Recht, Religion und Geschichte [1877], 2. Aufl., Berlin 1910, S. 137.

[40] Vgl.: *Matzenberger, Stefan:* Von der Friedensethik zur Friedenspolitik, Wien 1989, S. 12ff.

[41] Zu einer in Ansätzen diskursiven Behandlung vgl.: *Perry, Ralph Barton:* The Definition of Value, in: The Journal of Philosophy, Psychology and Scientific Me-

b. *Christine M. Korsgaards ‚The Sources of Normativity'*

Das 1996 erschienene Buch *The Sources of Normativity* von Christine M. Korsgaard (Chairwoman des Departments of Philosophy in Harvard) stellt den Versuch dar, sowohl innere Begründungstrukturen der einzelnen Normativitätsbegriffe nachzuvollziehen, als auch äußere, diskursive Begründung zu gewährleisten. Korsgaards Gegenstand ist nicht speziell der Frage des Friedens gewidmet, sondern behandelt die Ethik in ihrer Allgemeinheit. Dem Kantischen Verständnis der Sittenlehre folgend, - das keine Ausgrenzung spezifisch ethischer gegenüber rechtlich-politischen Fragestellungen vornimmt - ist Korsgaards Buch dem Bereich der praktischen Philosophie insgesamt gewidmet.

Im Rahmen ihrer Einleitung zur systematischen Betrachtung von vier unterschiedlichen normativen Begründungsstrukturen gibt Korsgaard den Ausblick auf einen möglichen e i n h e i t l i c h e n Begriff der Normativität: „I believe that a unified account of normativity is possible."[42] Der Bereich, den Korsgaard im Blick hat, ist (1) nicht einer, dem Diskurs folgenden, abschließenden Beurteilung der vier behandelten Normativitätsbegriffe untereinander zugedacht, sondern intendiert (2) den gesteckten Rahmen der praktischen Philosophie zu sprengen. Korsgaard widerspricht der weiter oben geäußerten Vorsicht in bezug auf eine mögliche Konfusion normativer Konzeptionen, wie sie in der praktischen Philosophie einerseits und der angelsächsischen Sprachphilosophie andererseits gelten könnten: „Many of the concepts that interest philosophers are normative ones: obligation, rightness, goodness, meaning, knowledge, beauty, and virtue [...]." Im Anschluß folgt die bereits wiedergegebene These.

Die von Korsgaard in Aussicht gestellte, thematische Erweiterung normativer Gültigkeiten dürfte als Referenz und möglicher Brückenschlag an die umgebende, sprachphilosophische Gemeinde zu verstehen sein. Von ausschlaggebender Bedeutung für das Ziel der vorliegenden Arbeit ist, daß der Begriff eines „unified account" bei Kors-

---

thods, Vol. 11, No. 6 (Mar. 1914), S. 141-162. Seinen Versuch bezeichnet Perry als „a critical classification of definitions of value".

[42] Korsgaard 1996, S. 21.

gaard nicht primär darauf ausgeht, das diskursive Element bis zum Punkt einer abschließenden Gewichtung der vier behandelten Normativitätsbegriffe zu führen. Für die vorliegende Arbeit wird das, in ihrem Verlauf, zwei Aufgaben schaffen. Insofern Korsgaards Buch angekündigtermaßen als systematische Schablone verwendet werden soll, ist (1) Korsgaards allgemeine normative Behandlung der Moral- und praktischen Philosophie auf die Frage des Friedens anzuwenden. (2) Wird die von Korsgaard veranschlagte Systematik normativer Begriffe einer schrittweisen Gewichtung einzelner Systematiken zugeführt werden. Der Zielsetzung des zweiten Punktes wird unter anderem die Tatsache dienen können, daß Saint Pierre, Rousseau und Kant im selben historischen Kontext der Neuzeit stehen und sich als Nachfolger jeweils auf die Vorgänger wertend bezogen haben.

Der im folgenden unternommenen Darstellung der vier systematischen Normativitätsbegriffe in Korsgaards Buch haben die letzten Ausführungen zur Klarstellung und Auseinanderhaltung eigener und fremder Zielsetzungen gedient. Die nachstehende Systematisierung wird sich entsprechend zunächst an ihre Vorlage halten und die in Aussicht gestellte Gewichtung der Begriffe vor Ort bei der Untersuchung der neuzeitlichen Friedensphilosophen selbst als leitenden Betrachtungsgesichtspunkt einbringen. Die von Korsgaard systematisch formulierten Normativitätsbegriffe sind im englischsprachigen Orginal die vier folgenden: *Voluntarism*, *Realism*, *Reflective Endorsement* und *The Authority of Reflection*.

II.II VOLUNTARISMUS

Samuel Pufendorfs und John Hobbes' Begründung aus Autorität und Rationalität

Die voluntaristische Position wird von Korsgaard in Auseinandersetzung mit den Werken von John Hobbes und Samuel Pufendorf entwickelt. Im Falle von Hobbes wird auf den *Leviathan*,[43] im Falle Pu-

[43] Unbezüglich der normativen Frage, jedoch speziell zu Hobbes' zweifelhaftem Kriegs- u. Friedensverständnis insbesondere in der Frage der Überbevölkerung (Leviathan, Kap. XXX) vgl.: *Pasqualucci, Paolo:* Hobbes and the Myth of ‚Final

fendorfs auf die Schriften *The Law of Nature and of Nations* und *On the Duty of Man and Citizen* Bezug genommen. Die Rekonstruktion wird sich auf die Punkte konzentrieren, die für eine voluntaristische Position die systematisch ausschlaggebenden sind.

Pufendorfs *The Law of Nature and of Nations* hat den grundsätzlichen Standpunkt vertreten, daß die Handlungen menschlicher Individuen, gleichwohl nicht im Sinne aller anderen Formen physischer Äußerungen der Natur physisch reduzierbar, in sich selbst moralisch indifferent sind. In diesem Sinne gilt (A1),[44] daß W e r t e, die moralisches Handeln motivieren, n i c h t in der Natur zu finden sind. Die voluntaristische Position setzt den genauen Kontrapunkt zur einleitend referierten, ontologischen Wertauffassung der antiken Philosophen und kommt darin der wesentlichen neuzeitlichen Forderung nach. Moralische Werte werden der Natur und menschlichen Handlungen zugedacht. Korsgaard spricht von der englischen Unterscheidung von ‚imposition' und ‚creation'. In Pufendorfs eigenen Worten: „Now as the original way of producing physical entities is creation, so the way in which moral entities are produced can scarcely be better expressed by the word imposition."[45]

Sowohl Pufendorf als auch Hobbes sind davon ausgegangen, daß im Bereich eines Handelns, das moralisch genannt werden soll (auch hier ist der Begriff des Moralischen indifferent gegen die Unterscheidung von ethisch und rechtlich), (A2) göttliche oder gottähnliche A u t o r i t ä t unerläßlich ist. Interessant und wichtig ist, daß beide Philosophen zu letzterer Folgerung nicht nur trotz, sondern gerade aufgrund der Tatsache kommen, daß sie - wie Korsgaard feststellt - die moderne, wissenschaftliche Weltsicht bereits übernommen haben. In

---

War', in: Journal of the History of Ideas, Vol. 51, No. 4 (Oct. - Dec., 1990), S. 647-657.

[44] Entscheidende systematische Merkmale der vier normativen Begriffe werden anhand der Punktfolgen A1, A2, ... An; B1, B2, ... Bn; C1, C2, ... Cn und D1, D2, ... Dn kenntlich gemacht. An letzteren sollen die in der Folge diskutierten normativen Friedensbegriffe im Rahmen systematischer Zusammenfassungen explizit gemessen werden.

[45] *Pufendorf, Samuel:* On the Law of Nature and of Nations [1672], Transl. by C. H. Oldfather and W. A. Oldfather, Oxford 1934, zit. nach: *Schneewind, J. B. (Hrsg.):* Moral Philosophy from Montaigne to Kant, 2 Vol., Bd. I, Cambridge 1990, S. 171.

der Unterscheidung von generisch (demiurgisch) und moralisch verorteter Autorität wird eine erste Grenzungslinie zur mittelalterlichen Weltsicht aufgeworfen.[46] Letztere Grenzlinie verschärft sich weiter mit der Art und Weise, wie der *Leviathan* oder die göttliche Autorität in Hobbes' und Pufendorfs Verständnis ihre Autorität ausüben.

Für beide Philosophen gilt (A3), daß der Inhalt moralischer Gesetzgebung unabhängig (wenn auch nicht unbezüglich) von der göttlichen Instanz und durch die V e r n u n f t[47] aufzugeben ist.[48] Die Fortsetzung des Pufendorf-Zitates über die Nicht-Natürlichkeit moralischer Werte lautet entsprechend: „[...] for [moral entities] they do not arise out of the intrinsic nature of the physical properties of things, but they are superadded, at the will of *intelligent entities* [...].“[49] Über das folgliche Verhältnis von inhaltlich gesetzgebender Vernunft und göttlicher Autorität schreibt Korsgaard: „No legislator is needed to give content, at least in a general way, to the ideas of the good and the right [...] But in the absence of God, Pufendorf wrote, the precepts of morality ‚though they might be observed for their utility, like the prescriptions doctors give to regulate health, they would not be laws‘

---

[46] Zur Stellung metaphysischer Glaubensfragen in der Philosophie von Hobbes vgl.: *Jessup, Bertram E.:* Relation of Hobbes' Metaphysics to His Theory of Value, in: Ethics, Vol. 58, No. 3, Part 1 (Apr., 1948), S. 209-217. Jessup hat hinter Hobbes' dogmatischem Materialismus („dogmatic materialism“) einen versteckten kritischen Naturalismus („critical naturalism“) argumentiert, der metaphysischen Fragen in Hobbes' Philosophie Raum läßt.

[47] Eine von Korsgaard abweichende Interpretation moralischer Verpflichtungen hat T. Nagel argumentiert. Vgl.: *Nagel, Thomas:* Hobbes' Concept of Obligation, in: The Philosophical Review, Vol. 68, No. 1 (Jan., 1959), S. 68-83. Nagel versucht nachzuweisen, daß Hobbes' Argumente im ‚Leviathan‘ maßgeblich auf die normative Kategorie des „Selbstinteresses“ reflektieren.

[48] Zum Spannungsfeld von christlichem und Nationalstaatsdenken im 17. Jahrhundert, wie es in den Begriffen „Autorität“ einerseits und „Vernunft“ andererseits aufscheint, vgl.: *Krieger, Leonard:* History and Law in the Seventeenth Century: Pufendorf, in: Journal of the History of Ideas, Vol. 21, No. 2 (Apr. - Jun., 1960), S. 199ff.

[49] Pufendorf, The Law of Nature and of Nations, zit. nach: Schneewind 1990, Bd. I, S. 171.

for ‚they get the force of law only upon the presupposition[s] that God exists.‘“[50]

Die Bedeutung der göttlichen Instanz besteht darin, eine gute oder richtige Idee in Gesetz zu verwandeln. Gesetz-Sein bedeutet für Pufendorf und Hobbes, Verpflichtung möglich zu machen. Beide Philosophen sind davon ausgegangen, daß die göttliche Instanz (A4), um Gesetze zu ermöglichen, mit der Macht versehen sein (oder werden) muß, ihre Gesetze durchzusetzen. Anders gewendet, sie muß sanktionsfähig sein. Im Rahmen der voluntaristischen Position wird durch die Sanktionsfähigkeit die Autorität der göttlichen Instanz genauso grundsätzlich begründet, wie moralische Werte grundsätzlich durch deren Autorität begründet werden.[51]

Sanktionen, die (A5) den Verpflichtungscharakter der Gesetze ermöglichen, werden sowohl von Pufendorf als auch von Hobbes zugleich kritisch betrachtet. Für Pufendorf baut Verpflichtung letztlich auf intrinsischen Motiven des Individuums auf: „A man should do, of his own accord by an intrinsic motive, the things which they demand him.“[52] Hobbes stellt im *Leviathan* entsprechend fest: „a man is obliged to do what he is commanded“ und „Command, is where a man saith, Doe this, or Doe not this, without expecting any other reason than the Will of him to say it.“[53] Korsgaard schließlich verwendet an dieser Stelle die englische Unterscheidung von ‚counsels‘ und ‚commands‘: „This makes it clear that if sanctions were supposed to provide the motives for obeying moral laws, then moral laws would be mere counsels, not commands.“[54]

---

[50] Korsgaard 1996, S. 23. Zum Pufendorf-Zitat siehe: On the Duty of Man and Citizen, S. 36.

[51] C. Johnson hat versucht, Hobbes' Selbsteinschätzung in bezug auf die vermeintliche Distanz seiner eigenen politischen Philosophie zur Aristotelischen *Politik* und einer Macht, die über den Gesetzen steht, einer Korrektur zu unterwerfen. Vgl.: *Johnson, Curtis:* The Hobbesian Conception of Sovereignty and Aristotle's Politics, in: Journal of the History of Ideas, Vol. 46, No. 3 (Jul. - Sep., 1985), S. 327-347.

[52] Pufendorf, The Law of Nature and of Nations, zit. nach: Schneewind 1990, Bd. I, S. 180.

[53] *Hobbes, Thomas:* Leviathan [1651], edited by R. Truck, Cambridge 1991, II.25, S. 176.

[54] Korsgaard 1996, S. 25.

Die voluntaristische Position in der Frage normativer Moralbegriffe zusammenfassend, kann mit Korsgaard gesagt werden: „The legislator is not invoked to supply the content of morality or even explain why people are often motivated to do what is right. The legislator is necessary to make obligation possible, that is, to make morality normative." Die Betonung ist, den beiden letzten Punkten entsprechend, auf das ‚possible' zu legen. Primär ermöglicht es die (göttliche) Autorität, *überhaupt* von Verpflichtung zu sprechen. Die Brechung, die, in bezug auf ein schlicht autoritäres Mandat oder schlicht autoritäres Prinzip der (göttlichen) Autorität, im Rahmen der genannten Punkte zum Ausdruck kommt, entfremdet die voluntaristische Position dem Denken des Mittelalters. Die Untersuchung von Erasmus' *Querela Pacis* wird veranschaulichen, wie der Voluntarismus dennoch im Zeichen der Konzessionen an das Mittelalter stehen bleibt.

II.III REALISMUS

Die zweite, als Realismus oder realistische Position bezeichnete, Normativitätskonzeption entwirft Korsgaard aus einem Szenario heraus, das mit der schon berührten naturwissenschaftlichen Weltsicht ernst gemacht hat. Unter dem Realisten begreift Korsgaard jenen Agenten, der zur Verteidigung aller moralphilosophischen Positionen eilt, die nicht akzeptieren wollen, daß die naturwissenschaftliche Sicht von den generischen und kausalen Zusammenhängen der Natur auf das Feld der Moral ausgeweitet und in denselben Zusammenhängen als gegenstandslos erklärt wird. In bezug auf realistische Normativitätskonzeptionen schreibt Korsgaard: „They are always initiated by somebody else, a self-proclaimed spokesperson for the Modern Scientific World View [...]. Armed with the distinction between facts and values [...] the spokesman [...] declares that there cannot be ethical knowledge, that we can explain the moral phenomena without positing the existence of moral entities or facts."[55]

Der Realist ist unter den Moralphilosophen, Korsgaard zufolge, genau jener, der sich darauf einläßt (B1), seine Antwort auf den Naturwissenschaftler ebenfalls epistemologisch zu formulieren. Der

[55] A.a.O., S. 47.

Realist ist jener Philosoph, der auch die Normativitätsfrage als Wissensfrage behandelt. Korsgaard bezieht sich bei ihrer Darstellung sowohl auf neuzeitliche Philosophen, wie Samuel Clarke und David Hume, als auch auf aktuelle Philosophen, wie John L. Mackie und Thomas Nagel. Systematisch gesehen, kommen zwei unterscheidbare Positionen in den Blick. Beide sind unter Bezugnahme auf folgende, von Korsgaard vorgeschlagene These behandelbar: „The realist's response is to dig in his heels. The notion of normativity or authority is an irreducible one. It is a mistake to try to explain it. Obligation is simply there, part of the nature of things. We must suppose certain actions to be obligatory in themselves."[56] Alle realistischen Positionen leben von der Annahme, daß (B2) normative Fragen nicht erklär- oder argumentierbar sind.

a. Utilitarismus oder ‚Procedural Realism': John St. Mill

Die weniger radikale Spielform, die bei Korsgaard unter dem Begriff ‚procedural realism' zusammengefaßt wird, läßt sich auf den letzten Satz des Zitates beziehen. Referenz nehmend auf Thomas Nagels Buch *The View from Nowhere*, schreibt Korsgaard: „According to Nagel, we need only determine whether certain human interests, like our interest in having pleasure and avoiding pain, have the normative character which they appear to us to have."[57] Und etwas später wird hinzugefügt: „Nothing seems more obviously normative than pleasures and pains, or desires and aversions, or our natural interests."[58] Im Begriff des natürlichen Interesses begegnet die alte Bekannte des empirischen Interesses. In der Tat wird von Korsgaard im weiteren Verlauf auf den Utilitarismus als natürlichen oder naturalistischen Realismus gezeigt: ‚how should I live' - ‚just as you like'. Verpflichtung ist im Rahmen des ‚procedural realism' (B3) alleine dem Faktum abgewonnen, *daß* wir Interessen haben, und dessen normativer Ausdeutung.[59]

---

[56] A.a.O., S. 30.
[57] A.a.O., S. 40.
[58] Ebd.
[59] Bereits 1894 hat N. Wilde auf den inneren Bezugszusammenhang von wissenschaftlichem Methodenverständnis und utilitaristischem Moral- und Wertver-

Interessant ist (B4) Korsgaards Kritik. Diese entwickelt sich nicht nur zur Kritik an jedem ‚procedural realism', sondern wirkt zugleich auf die voluntaristische Position zurück. Die Frage, warum der (göttlichen) Autorität im Fall der Fälle Autorität zukommt, hatte Pufendorf mit der Feststellung beantwortet, daß ausschlaggebend nicht die bloße Macht, sondern zugleich die Dankbarkeit sei, die ihr die unter ihr Stehenden für ihren grenzenlosen Profit („exceptional benefits") zukommen lassen.[60] Die Problemperspektive, die Korsgaard auf den Aspekt der Macht richtet, lautet: „Suppose I commit a crime and I get away with it. [...] if my obligation sprang from his [the souvereign's] ability to punish me, then I had no obligation."[61] Die genauso einleuchtende Problemperspektive auf den Aspekt des Profits und der Dankbarkeit trifft auch den ‚procedural realist': „If you lack sympathetic motives, you lack obligations."[62] Zuletzt genannter Mangel ist im Zeichen eines rein empirischen und nicht erklärenden Normativitätsbegriffs genauso wie sein Gegenteil anzunehmen oder müßte zumindest mitkalkuliert werden.

Korsgaard schließt in ihrer Kritik entsprechend auf die Notwendigkeit von Erklärungen zurück und konfrontiert vor allem den ‚procedural realist' mit einer negativen Bilanz: „We must in turn explain why [... the procedural realist's] consideration is normative [...]. Either its authority comes from morality, in which case we have argued in a circle, or it comes from something else, in which case the question arises again, and we are faced with an infinite regress."[63] In letzter Instanz müsse sich, Korsgaard zufolge, der ‚procedural realist'

ständnis hingewiesen: „the utilitarian position [...] show[s] its wholly external character, as resulting largely from the great advances made in physical science during the present century. The true scientific spirit finds expression in examining the laws of phenomena - in determining customary co-existences and sequences. The same spirit finds expression in utilitarian and evolutionary ethics." Vgl.: *Wilde, Norman:* Kant's Relation to Utilitarianism, in: The Philosophical Review, Vol. 3, No. 3 (May, 1894), S. 291.

[60] Vgl. *Pufendorf, Samuel:* On the Duty of Man and Citizen According to Natural Law [1673], edited by J. Tully, transl. by M. Silverthorne, Cambridge 1991, S. 28.

[61] Korsgaard 1996, S. 29.

[62] A.a.O., S. 30.

[63] Ebd.

auf den Standpunkt des schlichten Vertrauens und der Zuversicht („confidence") verlassen.

b. Essentialismus oder ‚Substansive Moral Realism': George E. Moore, John L. Mackies ‚Argument from Queerness'

Die radikalere Spielform des Realismus wird von Korsgaard unter dem Begriff ‚substansive moral realism' behandelt. Dieser läßt sich auf den ersten Teil des Eingangszitates beziehen, d.i. die Auffassung, daß Verpflichtungen selbst vermeintlicher Teil der Natur sind. Nicht nur leitet der ‚substansive moral realism' - wie der ‚procedural realism' - alle Grundlage von Normativität aus der Natur (aus empirischen Interessen) ab, sondern (B5) Werte und Verpflichtungen sollen selber als Gegenstände des Wissens in der N a t u r antreffbar sein.

Die Konzessionen, die der ‚substansive moral realism' in neuzeitlich-modernem Gewand erneut an die antike platonische Philosophie macht, sind deutlich wahrnehmbar. Korsgaard belegt die angezeigte Auffassung mit Bemerkungen in Harold A. Prichards Aufsatz *Does Moral Philosophy Rest on a Mistake?*[64] Populärer ist im gezeichneten Zusammenhang George Edward Moores ‚open question'-Argument in den *Principia Ethica.* Moore hat argumentiert, daß, gleichgültig welche Gegenstände eine Analyse als moralisch ‚gut' zutage fördert, es eine offene Frage bleibe, ob die herausgegriffenen Dinge in der Tat moralisch gut seien. Die Schlußfolgerung Moores lautete, daß wir nur durch erkenntnistheoretisch verstandene Intuition über das moralisch Gute Bescheid wissen.[65]

Die intuitionistische Lösung Moores muß den Eindruck verstärken, erneut einen platonischen Begriff der Normativität vor sich zu haben. Korsgaard (B6) k r i t i s i e r t jeden ‚substansive moral realism' entsprechend, indem sie auf John L. Mackies in seinem Buch *Ethics: Inventing Right and Wrong* formulierten und als ‚Argument from Queerness' bekannten Einwand verweist. Mackie hat, bei der Ableh-

---

[64] Vgl. *Prichard, Harold A.:* Does Moral Philosophy Rest on a Mistake?, in: Moral Obligation and Duty and Interest. Essays and Lectures, edited by W. D. Ross and J. O. Urmson, Oxford, 1968, S. 8.

[65] Vgl. *Moore, George Edward:* Principia Ethica [1903], Cambridge 1971.

nung des platonischen Normativitätsverständnisses, festgestellt: „If there were objective values, then they would be entities or qualities or relations of a very strange sort, utterly different from anything else in the universe. Correspondingly, if we were aware of them, it would have to be by some special faculty of moral perception or intuition, utterly different from our ordinary ways of knowing everything else [...] Plato's Forms give a dramatic picture of what objective values would have to be. The Form of the Good is such that knowledge of it provides the knower with both a direction and an overriding motive; something's being good both tells the person who knows this to pursue it and makes him pursue it."[66]

Beiden dargestellten Varianten realistisch aufgefaßter Normativität ist gemeinsam, daß sie ihre epistemologische Grundhaltung in der Normativitätsfrage (B7) durch keine absolut korrespondierende Entdeckung rechtfertigen können. Die empirisch-utilitaristische Spielform des ‚procedural realism' erschließt das natürliche Interesse als normative Leitkategorie *induktiv* und insofern mit nur bedingter Allgemeingültigkeit. Die antikisierende, transzendente Spielform des ‚substansive moral realism' gerät in die Verlegenheit, Normativität intuitionistisch dingfest machen zu müssen. Gleichgültig ob die eine oder die andere Variante veranschlagt wird, stellt Korsgaard nachdrücklich fest: „no such discovery is ever made. The realist's belief in the existence of normative entities is not based on any discovery. It is based on his confidence that his beliefs and desires are normative."[67] In der Normativitätsfrage wird die realistische Haltung zur Frage des Vertrauens und der Überzeugungen.

---

[66] *Mackie, John L.:* Ethics: Inventing Right and Wrong, New York 1977, S. 38ff. Zu einem aktuellen, unter anderem gegen Mackie gerichteten Versuch, ein realistisches Verständnis von Werten und der Moral als Ganzer neu zu beleben, vgl.: *Shaw, Charles Gray:* The Theory of Value and Its Place in the History of Ethics, in: International Journal of Ethics, Vol. 11, No. 3 (Apr., 1901), S. 306-320.

[67] Korsgaard 1996, S. 48.

II.IV PSYCHOLOGISMUS

David Humes normativer ‚Reflective Endorsement'-Begriff

Ein dritter Normativitätsbegriff, ‚reflective endorsement' bezeichnet, wird bei Korsgaard durch eine methodische Überlegung bzw. eine Regel philosophischer Methode eingeleitet: „[...] a clear statement of the problem is also a statement of the solution. If the problem is that morality might not survive reflection, then the solution is that it might."[68] Die Einbringung dieser Regel hat genau dann Sinn, wenn vorausgesetzt wird, daß (C1) das Aufspüren normativer Begriffe in der Moralphilosophie gerade nicht der epistemologisch realistischen Perzeption entspricht, die ein Subjekt über ein Objekt anstellt. Normative Wahrheit soll im Rahmen eines dritten Normativitätsbegriffs auf der Reflexion, in gewissem Sinne zuerst in der Reflexion des Subjektes gegründet werden: „The reflective endorsement method has its natural home in theories that reject realism and ground morality in human nature."[69]

Korsgaard erarbeitet das ‚reflective endorsement'-Argument vorwiegend unter Verweisen auf David Humes *A Treatise of Human Nature*. Normativität, die der reflexiven Gutheißung des Subjektes entspringt, wird im Umfeld jener Arbeiten des 18. Jahrhunderts vorgestellt, die im allgemeinen als psychologistische Positionen bezeichnet werden. Die Gründung von moralischer Normativität auf das Gefühl lautet in Humes zusammenfassenden Worten wie folgt: „Take any action allow'd to be vicious: Willful murder, for instance. Examine it in all lights, and see if you can find that matter of fact, or real existence, which you call vice. In which-ever way you take it, you find only certain passions, motives, volitions and thoughts. There is no other matter of fact in the case. The vice entirely escapes you, as long as you consider the object. You can never find it, till you turn your reflexion into your own breast, and find a sentiment of disapprobation, which

[68] A.a.O., S. 49.
[69] A.a.O., S. 50.

arises in you, towards this action. Here is a matter of fact; but'tis the object of feeling not of reason. It lies in yourself, not in the object."[70]

Die Normativität moralischer Überlegungen gründet Hume entsprechend (C2) auf einem Objekt, das nicht nur keinem äußeren Objekt entspricht,[71] sondern zugleich kein begrifflicher, sondern G e f ü h l s g e g e n s t a n d ist. Um dem Gefühlsgegenstand dennoch die Form eines allgemeinen und übersubjektiven Normativitätsbegriffs geben zu können, zeichnet Korsgaard bei Hume folgende Überlegung nach: Gefühlsmäßige Billigung und Mißbilligung geschehen für Hume (C3) insofern von einem allgemeinen Standpunkt aus, als die entsprechende Kontemplation zwei Kriterien erfüllen soll: Erstens, soll, im Sinne einer Distanzierung von den eigenen, privaten Interessen beim Urteilen, Billigung und Mißbilligung durch die grundsätzliche altruistische Sympathie reflektiert geschehen, die wir der Person, die wir beurteilen, entgegenbringen: „We are sympathetically pleased or pained by the good or bad effects of her [the person's] character."[72] Zweitens, beurteilen wir die Person entsprechend den normalen Auswirkungen („usual effects") und nicht entsprechend den aktuellen Auswirkungen („actual effects") ihres Charakters. Die Einhaltung beider Kriterien soll, Hume entsprechend, garantieren, daß wir nach „allgemeinen Regeln" urteilen.[73]

Das gefühlsmäßige Element bei der moralischen Beurteilung des Charakters von Personen soll, Korsgaard zufolge, in Humes Philosophie nicht nur in praktischen Urteilen zu normativer Geltung kommen, sondern, im Sinne einer normativen Theorie moralischen Handelns, auch die Handlungen von Personen bestimmen. Sowohl bei der Beurteilung von Handlungen, erst recht jedoch im Handeln selbst, ist der allgemeine Standpunkt (C4) in Beziehung auf ein drittes Kriteri-

[70] *Hume, David:* A Treatise of Human Nature, [1739-1740], edited by L. A. Selby-Bigge and P. H. Nidditch, Oxford 1978, III.I.i, S. 468f.

[71] Zur Verhältnisbildung von Gefühl und äußerem Objekt in Humes Moralphilosophie vgl.: *Sutherland, Stewart R.:* Hume on Morality and the Emotions, in: Philosophical Quarterly, Vol. 26, No. 102, Hume Bicentenary Issue (Jan., 1976), S. 14-23.

[72] Korsgaard 1996, S. 55.

[73] Zu einer Vertiefung der Frage der „Objektivität" Humescher Gefühlsurteile vgl.: *Swain, Corliss G.:* Passionate Objectivity, in: Nous, Vol. 26, No. 4 (Dec., 1992), S. 465-490.

um, jenes der Gesellschaftlichkeit, bestimmt. Moralisch Urteilen und moralisch Handeln bedeutet in Übereinstimmung mit der Gesellschaft zu urteilen und zu handeln. Das ‚sympathische' Handeln bringt den einzelnen in zweifache Verbindung mit der Gesellschaft: (*i*) identifiziert er sich mit dem öffentlichen Interesse und dessen Erhaltung: „Public interest causes us to disapprove of all unjust actions on account of their general tendency to bring down the system. And this sympathy grounds a general sense of duty which motivates us to avoid injustice"[74]; (*ii*) erlaubt die Annahme des ‚sympathischen' Vermögens Hume zu argumentieren, daß das gesellschaftliche Individuum sich die Demütigung („humility"), die es von den anderen, im Falle einer ungerechten Handlung, erfahren wird, zwingend zu eigen macht - gleichgültig ob es selbst seine Handlung gutheißt oder nicht.

Wie Korsgaard richtig feststellt, ist es dieser und nur dieser Punkt, der Humes Theorie vor den Verlegenheiten des ‚free-rider'-Problems bewahrt. Letzteres Problem könnte als Konsequenz jenes Falles auftreten, in dem das Humesche Individuum die Folgen einer bestimmten Handlung - obgleich diese mit dem ‚sympathisch' nachempfundenen öffentlichen Gerechtigkeitssystem kollidieren - als dieses System nicht in Gefahr bringend, einschätzen dürfte. Die Demütigung vor der Gesellschaft bleibt dem Individuum auch in diesem Fall gewiß. Ein zweites Problem vermag Humes ‚sympathischer' Interessensbegriff *bedingt* abzuwehren. Die Einschätzung dieses Problems ermöglicht, Korsgaards Normativitätsbegriff des ‚reflective endorsement' (C5) - über die anfängliche, grundsätzliche Zurückweisung des epistemologischen Paradigmas hinaus - auch in Hinsicht auf die spezielle Kategorie des utilitaristisch verstandenen Eigeninteresses vom ‚prozeduralen Realismus' abzugrenzen.

Bemerkenswerterweise ist die Problemformulierung aus dem verwandten Lager der ‚substansive moral realism'-Theorie darzubieten und lautet: „We should not practice virtue because it is in our interest, but rather for its own sake."[75] Wie das ‚free-rider'-Problem auf das Gerechtigkeitssystem, nimmt letzteres Problem auf den Aspekt Bezug, daß das Humesche Individuum die Demütigung egoistisch

---

[74] Korsgaard 1996, S. 58. Vgl. Hume, A Treatise of Human Nature, 1978, III.2.ii, S. 499f.

[75] Korsgaard 1996, S. 60.

fürchtet. Korsgaards Hume nachempfundene Antwort lautet wie folgt: „[C5(*ii*) ...] is not meant to show that morality promotes some sets of interests you already have [...].“ Sondern: über die an das öffenliche Interesse gebundenen Normen wird das private, egoistische Interesse mit Handlungsnormen versehen, die das natürliche, utilitaristische Interesse des ‚prozeduralen Realisten‘ nicht kennt. Die Kategorie der Sympathie bestimmt keinen direkten Gegenstand meines privaten Interesses, sondern stellt jenes Medium dar, über das ich mich mit Normen des gesellschaftlichen Interesses reflexiv vermittle.[76]

Von einer bedingten Abwehr des Problems wird (C6) aus zwei Gründen gesprochen werden müssen, die - wie Korsgaard hinsichtlich des ‚reflective endorsement‘-Begriffs sagt - den an Kant entwickelten normativen Begriff der ‚authority of reflection‘ als „logische Konsequenz“ aufscheinen lassen: Zum einen, bleibt den Humeschen Individuen in ihren reflexiv vermittelten Interessen und reflexiv-psychologistischen Normativitätsentwürfen folgende potentielle Zwielichtigkeit anhaften: „If they could cure themselves of their instincts [to avoid humility] they would.“[77] Zum anderen, stellt die ‚reflective endorsement‘-Paradigmatik, in Humes Verständnis der Dinge, primär jenen allgemeinen psychologischen Test dar, mit dem moralische Normativität - gegenüber dem Realismus - als bestimmten Dispositionen der menschlichen Natur (Gefühlen der Sympathie, der Geselligkeit, ... etc.) zugehörig nachgewiesen wird. Mit diesem Test wird eine Reflexionsbewegung *nachgezeichnet*, die erst in der Reflexion auf die menschliche Natur den Charakter der (einzelwissenschaftlichen) Reflexion annimmt und nicht die Reflexion vernünftiger Individuen selbst darstellt. Entsprechend dieser letzten Einschränkung wurde zu Beginn des Kapitels davon gesprochen, daß die normativen Wahrheiten Humescher Individuen in der Reflexion angesiedelt sind - al-

[76] Zu einer Studie über die Einschränkung des Interessensbegriffs auf wenige moralische Kategorien „lustbestimmter Gutheißung“ und „unlustbestimmter Schlechtheißung“ vgl.: *Huff, Thomas:* Self-Interest and Benevolence in Hume's Account of Moral Obligation, in: Ethics, Vol. 83, No. 1 (Oct., 1972), S. 58-70. Huff antwortet auf: *Wand, Bernard:* Hume's Account of Obligation, in: Philosophical Quarterly, Vol. 6, No. 23 (Apr., 1956), S. 155-168.

[77] Korsgaard 1996, S. 88.

lerdings nur in gewissem Sinne und unter anderem in jenem, in dem ein psychologischer Standpunkt untersucht, wie moralische Bewertungen und Normen zustande kommen.

II.V ‚REINE PRAKTISCHE VERNUNFT'

a. *Immanuel Kants normativer ‚freier Wille' oder ‚Authority of Reflection'*

Korsgaards vierter Normativitätsbegriff, den sie ‚authority of reflection' betitelt, wird in engem Zusammenhang mit Kants praktischer Philosophie entworfen. Das Interesse der Autorin, einen logischen, d.h. konsequent auffaßbaren, Übergang vom zuletzt gezeichneten Normativitätsbegriff zu jenem Kants zu ermöglichen, ist deutlich. Zu diesem Zweck wird in *The Sources of Normativity* in Rechnung gestellt, daß Kants eigene Theorie einigen Modifikationen („some modifications") zu unterwerfen ist. Modifikationen Korsgaards haben ihren Ursprung allerdings eher in der häufig unabhängigen Sprache der gewählten Argumente, als in der Tatsache, daß diese Argumente nicht in Kants eigene Terminologie zurückübersetzt werden könnten.[78] In groben Zügen sind drei systematische Schritte für Korsgaards Darstellung ihres vierten Normativitätsbegriffs kennzeichnend. Allen drei Schritten geht es darum, die Autorität der Reflexion in ergänzender Weise zu begründen. Ausgang wird von der Tatsache genommen, daß, auch nach Kants Auffassung, Moralität in der menschlichen Natur begründet ist. In dieser allgemeinen Form entspricht Kants Ansatz jenem des ‚reflective endorsement'-Begriffs.

Einen e r s t e n systematische Schritt, um die Reflexion oder Vernunft als engeren Ort moralischer Begriffe und moralischer Normativität zu autorisieren, sieht Korsgaard durch den Hinweis gegeben, daß (D1) auch die Wünsche oder Gefühle, die unser Handeln leiten wollen, zu Gründen des Handelns erst dadurch werden, daß die Reflexion ihnen die Form einer Maxime gibt: „If the bidding from out-

---

[78] Zu einem frühen Versuch Korsgaards, die Autorität von Kants praktischer Vernunft gegen Anfechtungen von seiten eines „motivational skepticism" in Schutz zu nehmen, vgl.: *Korsgaard, Christine M.:* Skepticism about Practical Reason, in: The Journal of Philosophy, Vol. 83, No. 1 (Jan., 1986), S. 5-25.

side is desire, then the point is that the reflective mind must endorse the desire before it can act on it, it must say to itself that the desire is a reason. As Kant puts it, we must *make it our maxim* to act on the desire."[79] Im Umfang eines Reflexionsbegriffs, der Maximen nicht nach dem Kriterium ihrer Tauglichkeit zu einer „allgemeinen Gesetzgebung" entwirft und nicht beansprucht, (reine) praktische Kantische Vernunft zu sein, ist das stimmig.[80] Korsgaard bewegt sich hier in einem Vorfeld einleitender Vermittlung zwischen Humeschen Gefühlsbegriffen und Kantischer Vernunft.

Der zweite Schritt läßt nichts an psychologistischer Konzession übrig. Korsgaard stellt fest: Kant „defines a free will as a rational causality which is effective without being determined by any alien cause. Anything outside of the will counts as an alien cause, including the desires and inclinations of the person."[81] Daß (D2) der freie Wille und die praktische Vernunft jene Instanz darstellen, die moralisch normativ handelt, hat Kant in der *Grundlegung zur Metaphysik der Sitten* aus der Tatsache begründet, daß die Freiheit, „ob sie zwar nicht eine Eigenschaft des Willens nach Naturgesetzen ist, darum doch nicht gar gesetzlos, sondern [...] eine Kausalität nach unwandelbaren Gesetzen, aber von besonderer Art" (A 98) ist. Letztere Kausalität nach unwandelbaren Gesetzen nennt Kant „Autonomie, d.i. die Eigenschaft des Willens, sich selbst ein Gesetz zu sein" (A 98). Der freie Wille wird bei Kant normativitätsfähig gemacht, indem er als Vermögen der Gesetze bestimmt wird.

Zu Korsgaards zweitem Schritt müßte genauerweise der Nachweis gehören, daß es (D3) ausschließlich der freie Wille und die praktische Vernunft sind, die moralische Normen sowohl zu begründen als auch diesen entsprechend zu handeln vermögen. Kant hat

[79] Korsgaard 1996, S. 94.

[80] Die Synthese vernünftiger und gefühlsmäßiger Begriffe zeichnet eher ein Humesches Verständnis des Zusammenhangs beider Begriffsarten nach, denn ein Kantisches. Vgl. zur Frage einer notwendigen Ergänzung gefühlsmäßiger Begriffe durch vernünftige Begriffe im Bereich moralischer Urteile: *Aiken, Henry David:* An Interpretation of Hume's Theory of the Place of Reason in Ethics and Politics, in: Ethics, Vol. 90, No. 1 (Oct., 1979), S. 66-80; *Markus, R. I.:* Hume: Reason and Moral Sense, in: Philosophy and Phenomenological Research, Vol. 13, No. 2 (Dec., 1952), S. 139-158.

[81] Korsgaard 1996, S. 97.

dies, in der *Grundlegung zur Metaphysik der Sitten*, aus der Korrespondenz des Satzes, der die menschliche Autonomie formuliert, und jenes Satzes, der den kategorischen Imperativ charakterisiert, hergeleitet: „Der Satz aber: der Wille ist in allen Handlungen sich selbst ein Gesetz, bezeichnet nur das Prinzip, nach keiner anderen Maxime zu handeln, als die sich selbst auch als ein allgemeines Gesetz zum Gegenstande haben kann. Dies ist aber gerade die Formel des kategorischen Imperativs und das Prinzip der Sittlichkeit." Kant folgert: „also ist ein freier Wille und ein Wille unter sittlichen Gesetzen einerlei" (A 98).[82]

Die Scheidelinie, die mit den Begriffen des „freien Willens" und der „reinen praktischen Vernunft" gegenüber dem Humeschen Psychologismus in der Normativitätsfrage aufgestellt wird, muß nicht nur, in obigem Sinne, „logisch" (Korsgaard) erschlossen werden, sondern kann (D4) auf eigene Ausführungen Kants Bezug nehmen. Unter dem Titel ‚Alle möglichen Prinzipien der Sittlichkeit' hat Kant in der *Grundlegung zur Metaphysik der Sitten* Hutchesons Theorie des „moralischen Sinns" kritisiert.[83] Auch Korsgaard hat Hutcheson gelegentlich des ‚reflective endorsement'-Paradigmas zitiert. Trotz der, wie in der *Metaphysik der Sitten*, auch in der *Grundlegung zur Metaphysik der Sitten* in normativer Hinsicht bedingt wertschätzenden Haltung gegenüber dem Begriff des „m o r a l i s c h e n G e f ü h l s", stellt Kant allen psychologistischen Versuchen gegenüber unmißverständlich fest: Wie „seicht auch die Berufung auf selbigen ist, indem diejenigen, die nicht denken können, selbst in dem, was bloß auf allgemeine Gesetze ankommt, sich durchs Fühlen auszuhelfen glauben, [... und wie] wenig auch Gefühle, die dem Grade nach von Natur unendlich von einander unterschieden sind, einen gleichen Maßstab des Guten und Bösen abgeben, auch einer durch sein Gefühl für andere

---

[82] Zur Frage nach der Möglichkeit eines kategorischen Imperativs vgl.: *Copp, David:* The ‚Possibility' of a Categorical Imperative: Kant's Groundwork, Part III, in: Philosophical Perspectives, Vol. 6, Ethics (1992), S. 261-284; *Guyer, Paul:* The Possibility of the Categorical Imperative, in: The Philosophical Review, Vol. 104, No. 3 (Jul., 1995), S. 353-385.

[83] Vgl.: *Hutcheson, Francis:* On the Nature and Conduct of the Passions with Illustrations of the Moral Sense [1728], introduction and annotations by A. Ward, Manchester 1999; *Ders.:* Illustrations on the Moral Sense [1747], Cambridge (Mass.) 1971; *Ders.:* A System of Moral Philosophy [1755], New York 1968.

gar nicht gültig urteilen kann" (A 91). Korsgaard stellt auch von daher richtigerweise fest: „the categorial imperative is the law of a free will."[84]

b. Der kategorische Imperativ und die ‚transzendentale Zusatzbedingung praktischer Identität'

Eine Autorisierung der Reflexion hat Korsgaard zufolge einen dritten Schritt zu gehen. Ausgang genommen wird von Kants zuletzt zitiertem Satz. Unter Bezugnahme auf diesen Satz bringt Korsgaard in ihren fortgesetzten Ausführungen eine Einschränkung zur Geltung, von der sie zugleich sagt: „Now I'm going to make a distinction that Kant doesn't make."[85] Für Kant gilt übergangslos und ohne weitere Voraussetzung, daß (D5) „Moralität [...] in der Beziehung aller Handlungen auf die Gesetzgebung, dadurch alleine ein Reich der Zwecke möglich ist" (*GMS* A 76), besteht. Gesetzliches Handeln (gesetzliche Norm) und moralisches Handeln (moralische Norm) sind miteinander identisch. Korsgaard hat diese Identifikation vor Augen, wenn sie (D6) schreibt: „the categorial imperative is the law of a free will. But it does not establish that the moral law is the law of a free will. Any law is universal, but the argument I just gave doesn't settle the question of the *domain* over which the law of the free will must range."[86] Korsgaard vermutet, daß die Gesetze des kategorischen Imperativs zu allgemein sind, als daß sie als spezifisch moralische Gesetze bezeichnet werden könnten.[87] Letztere Annahme dient Korsgaard dazu, eine transzendentale Zusatzbedingung zu erarbeiten, die bei Akten normativer moralischer Gesetzgebung erfüllt werden müsse.

---

[84] Korsgaard 1996, S. 98. Zu kürzlichen Versuchen, Gefühle in Kants Ethik zu rehabilitieren, vgl.: *Packer, Mark:* Kant on Desire and Moral Pleasure, in: Journal of the History of Ideas, Vol. 50, No. 3 (Jul. - Sep., 1989), S. 429-442.

[85] Korsgaard 1996, S. 98.

[86] A.a.O., S. 99.

[87] Vgl. in diesem Zusammenhang auch: *Amig, Margaret C.:* Kant's ‚Empty' Moral Law, in: International Journal of Ethics, Vol. 37, No. 1 (Oct., 1926), S. 94-100; *Lo, Ping-Cheung:* A Critical Reevaluation of the Alleged ‚Empty Formalism' of Kantian Ethics, in: Ethics, Vol. 91, No. 2 (Jan., 1981), S. 181-201.

Korsgaard entwickelt an diesen Stellen ein Konzept notwendig eingeschlossener praktischer Identität des Gesetzgebers in seiner Tätigkeit des Gesetze-Gebens. Konkret: „The agent must think of herself as a Citizen of the Kingdom of Ends."[88] Die Begründung hierfür ist plausibel: „the principle or law by which you determine your actions is one that you regard as being expressive of yourself."[89] Die Folgerung für einen die Reflexion autorisierenden Begriff der Normativität lautet: „obligations spring from what [...] identity forbids."[90] Korsgaard nimmt an, daß die praktische Identität für ein und denselben Agenten in unterschiedlichen Vollzugsbereichen unterschiedlich definiert ist. Im Sinne *moralischer* praktischer Identität wird Kants „Idee der Menschheit" identifiziert.[91]

Mit ihrem Konzept praktischer Identität scheint Korsgaard Kants praktische Philosophie in gewissem Sinne (D7) ‚auf die Erde holen' zu wollen. Kants Absage an Gefühle und Neigungen hat die normative Autorität der Vernunft begründet. Die Vernunft muß sich bei Korsgaard gefallen lassen, nur insofern normative Autorität zu haben, als sie auf einen notwendigen Begriff der praktischen Identität bezogen wird. Letztere Identität muß für uns selbst bereits normativ verpflichtend sein, um handlungsbezogene Normativität zu ermöglichen. „If we do not treat our humanity [Menschheit] as normative identity, none of our other identities can be normative."[92] Es ist Korsgaard (D8) zuzustimmen, daß wir nur im Rahmen der Tatsache, daß wir uns selbst verpflichtet sind, zu Bürgern in einem aufbauenden „Reich der Zwecke" („Citizens of the Kingdom of Ends") werden (*GMS* A 74ff). Kants „Idee der Menschheit, als Zweck an sich selbst" ist als erstes auf den moralisch Handelnden selbst zu beziehen.

---

88 Korsgaard 1996, S. 100.

89 Ebd.

90 Ebd.

91 Siehe u.a. Kant, Grundlegung zur Metaphysik der Sitten, (A 67). Zu einer Erörterung, was eventuell genau in Kants Begriff der „Menschheit" bezeichnet sein soll, menschliche Personen oder Eigenschaften von Personen, vgl.: *Hill, Thomas E., Jr.:* Humanity as an End in Itself, in: Ethics, Vol. 91, No. 1 (Oct., 1980), S. 84-99.

92 Korsgaard 1996, S. 129.

Einspruch ist dagegen zu erheben, daß Korsgaard ihre Konzeption praktischer Identität (D9) der kategorische Imperative reflektierenden Vernunft für sich alleine betrachtet abstreiten möchte. Hiervon wird - wie gezeigt - ausgegangen, insofern Korsgaard den kategorischen Imperativ als *per se* zu allgemein auffaßt, um moralische Normativität alleine zu begründen. Der Einspruch rechtfertigt sich wie folgt: In der Tat ist der kategorische Imperativ bei Kant im Sinne eines gänzlich allgemeinen Gesetzesbegriffs angelegt. Nichtsdestoweniger ist gerade der kategorische Imperativ von Kant aus der Perspektive der, von Korsgaard eingeklagten, normativen Verpflichtung des Individuums sich selbst gegenüber entworfen worden. In der *Grundlegung zur Metaphysik der Sitten* entwickelt Kant den kategorischen Imperativ aus folgenden Sätzen: „Die vernünftige Natur existiert als Zweck an sich selbst. So stellt sich notwendig der Mensch sein eigenes Dasein vor; so fern is es also ein subjektives Prinzip menschlicher Handlungen. So stellt sich aber auch jedes andere vernünftige Wesen sein Dasein, zufolge eben desselben Vernunftgrundes, der auch für mich gilt, vor; also ist es zugleich ein objektives Prinzip, woraus, als einem obersten praktischen Grunde, alle Gesetze des Willens müssen abgeleitet werden können" (A 66).

Im Sinne einer ‚transzendentalen Zusatzbedingung' ist das Konzept praktischer Identität bei Kant auf alle gesetzliche Normativität anzuwenden, die der kategorische Imperativ *per se* formuliert. Der kategorische Imperativ muß nicht ‚auf die Erde geholt werden', um schließlich in einzelnen praktischen Vollzugsbereichen (Moral, etc.) wirksam zu werden. Kants „handle nach der Maxime, die sich selbst zugleich zum allgemeinen Gesetze machen kann" (A 81), bildet die Wurzel jeglicher normativen Praxis. Der Grund, warum dies an dieser frühen Stelle gegenüber Korsgaard betont worden ist, hat mit dem Grundanliegen der Arbeit zu tun: Es soll schließlich gezeigt werden, daß Kants Normativitätsbegriff - in der speziellen, angewandten Frage des ewigen Friedens -, obwohl rechtsphilosophisch formuliert, in Verbindung mit Kants Moralphilosophie gesehen werden muß. Kants normative Begründung des Friedens ist - wie bereits angedeutet wurde - aus der Einheit seines transzendentalen Systems zu verstehen.

ERSTER TEIL

Abschnitt I

Historisch-systematische Betrachtung des neuzeitlichen Anfangs in seiner normativen Abgrenzung zum Augustinischen Mittelalter

1.
VOLUNTARISMUS AUTORITÄT • RATIONALITÄT

„By the northwest coast of England [...] there's a college of canons, to whom, however, the Latins add the title of Regulars: an order midway between monks and the canons called Seculars. You tell me of amphibians, such as the beaver. Yes, and the crocodile. But details aside, I'll try to satisfy you in a few words. In unfavorable matters, they're canons; in favorable ones, monks."[93]

Erasmus, Colloquies (1526)

1.1 EINLEITUNG

a. Wo steht die anbrechende Neuzeit normativ gesprochen? Erasmus' ‚Querela Pacis'

In bezug auf die Darstellung eines voluntaristischen Friedensbegriffs und seiner normativen Implikationen bietet sich eine inhaltliche Auseinandersetzung mit der 1517 verfaßten *Querela Pacis*[94] des Erasmus von Rotterdam an. Erasmus - als erster neuzeitlicher Friedensdenker überhaupt - versammelt in sich eine Gemengelage scheinbar inkohärenter philosophischer Einflüsse, die sich schließlich verstehen lassen, sofern diese zugleich aus den normativen Befindlichkeiten von Mittelalter und Neuzeit erklärt werden. Der eigentliche Normativitätskonflikt, den Mittelalter und Neuzeit in Erasmus' Traktat hervorgebracht haben, repräsentiert in sich ein normatives Porträt des Friedens, in dem die mittelalterliche Seite nur noch gebrochen zum Vorschein kommt. Genau darin werden die

---

[93] Zitiert nach: *DeMolen, Richard L.:* Erasmus' Commitment to the Canons Regular of St. Augustine, in: Renaissance Quarterly, Vol. 26, No. 4 (Winter, 1973), S. 437.

[94] *Erasmus von Rotterdam:* Klage des Friedens, der bei allen Völkern verworfen und niedergeschlagen wurde [1517], zitiert nach: Raumer 1953.

Koordinaten eines spezifisch voluntaristischen Friedensbegriffs greifbar.

Eine besondere Abwägung der neuzeitlichen Gewichte in Erasmus' Traktat dient neben der Darstellung des voluntaristischen Friedensbegriffs dazu, jene Bringschuld zu erfüllen, die die Einleitung in Frageform aufgestellt hat: Wie grenzt sich die Neuzeit - sofern ihr dies gegenüber der Antike vergleichsweise leichter zu fallen scheint - normativ vom augustinischen Mittelalter ab? Ganz gleich wie der philosophische Wert der *Querela Pacis* einzuschätzen sein mag, ist es die zeitgeschichtliche Verortung an der historischen Schnittstelle von Mittelalter und Neuzeit, die die *Querela Pacis* für den Kontext vorliegender Arbeit mit systematischer Bedeutung versieht. Aus dem Gesagten ergibt sich, daß, bei der Erarbeitung des implizit voluntaristischen Friedensbegriffs in besonderer Form auf die historischen Umstände und Motive der Entstehung des Traktates einzugehen ist. Die in der Folge analysierten Schriften Saint Pierres, Rousseaus und Kants werden vergleichsweise das Phänomen verdeutlichen, daß sich Friedensdenken als systematische Antwort auf vorheriges und andersartiges Friedensdenken artikuliert. Dem Streit der verschiedenen Meinungen liegt bereits ein bestimmter neuzeitlicher Begriffskonsens zugrunde, auf dessen Fundament an bestimmten, geschichtlich einfließenden Bedingungen ‚vorbei' argumentiert werden kann. Der tiefgreifende Verständniswandel, der sich demgegenüber im historischen Übergang von der mittelalterlichen Fürstenherrlichkeit zum rationalen, neuzeitlichen Nationalstaat herausbildet, trifft die *Querela Pacis* ungleich grundsätzlicher.

b. Normative Konfusion und Bereitung des Feldes

Eine rein systematische Betrachtung der *Querela Pacis* würde, besonders wenn dem Beginn des Traktates gefolgt wird, schnell auf vermeintliche normative Widersprüche stoßen. Erasmus läßt den Frieden, nach dem Vorbild antiker Abhandlungen, mit eigener Stimme sprechen: „Wäre es für die Menschen vorteilhaft, sich von mir, dem Schuldlosen, abzuwenden, mich zu verstoßen und niederzuschlagen, so würde ich nur den mir zugefügten Schaden und die Ungerechtigkeit jener beklagen. Da sie mich aber niederschlugen, verschließen sie sich letzthin die Quelle aller menschlichen Seligkeit und beschwören ein Meer voll Unheil herauf. So muß ich mehr über ihr Unglück als das mir angetane Unrecht weinen."[95] Vorteilhaftigkeit, Seligkeit und Ungerechtigkeit bzw. Gerechtigkeit sind drei wesentliche Begriffe dieses Eingangssatzes und in allen dreien zugleich könnte eine Begründung für den sich selbst preisenden Frieden liegen. Entsprechend wird der Friede wenig später durch die vielen Prädikate belegt, in einem „Quell, Schöpfer, Ernährer, Mehrer, Beschützer" zu sein, und zwar „alles Guten im Himmel und auf Erden."[96]

Vorteilhaftigkeit hat einen empirischen Sinn, Bezug nehmend darauf, daß „ohne [... den Frieden] nichts [...] den Menschen angenehm" sein kann; Seligkeit hat einen vergleichsweise theologischen Sinn. Für Erasmus bedeutet letzteres nicht weniger, als daß ohne den Frieden „nichts [...] den Himmlischen wohlgefällig" sei: Entsprechend sei der Krieg „ein so unheilig Ding, daß er für alle Frömmigkeit und Religion zur schlimmsten Pest der Gegenwart wird." Erasmus' Friede spricht in diesem Sinne gleichermaßen mit einer „Götter- und Menschenstimme". Was den dritten Begriff der Ungerechtigkeit bzw. Gerechtigkeit betrifft, bündelt er, mehr als irgendein anderer, das Pathos der folgenden *querelae* in einem einzigen Begriff und lenkt auf die ganz allgemein unterliegende moralische oder moralphilosophische Argumentationsebene des Traktates. Zuguterletzt läßt Erasmus' Friedenskonzept epistemologische Fragen zu, wie sie für die einleitend vorgestellte Exzellenzparadigmatik der Antike kennzeichnend ist. Den Frieden versieht das mit einer Art Wahrheitsfunktion. Wenn der Renaissance-Denker Erasmus über die Unvernunft der Menschen im Hinblick auf die „außergewöhnlichen Vorteile" des Friedens - weil „Wohlstand"[97] bringend - philosophiert, nimmt das empirische Gründe auf. Indem für die Menschen „der erste Schritt zur Gesundung [alleine schon] darin bestehen soll, die Größe ihrer Krankheit zu erkennen",[98] scheint dahinter allerdings das realistische Wertverständnis der Antike auf. Erasmus' Imperativ ‚seid friedlich' wird sinngemäß einem sokratischen Imperativ der Form ‚strebt nach der Wahrheit' verstehbar.

---

[95] A. a. O., S. 211.
[96] Ebd.
[97] Ebd.
[98] Ebd.

In der Tat enthält die normative Vielgesichtigkeit der *Querela Pacis* eine antike Komponente. Bevor hieraus die Frage der Grenzlinien der Neuzeit zur älteren Philosophie neu aufgeworfen wird, ist allerdings zu zeigen, daß der Friedensentwurf des Erasmus von Rotterdam nur zu verstehen ist, wenn er entlang der vorgeschlagenen Koordinaten von Mittelalter einerseits und Neuzeit andererseits verfolgt wird. Im wesentlichen ist die *Querela Pacis* wie folgt aufgebaut: Wird gemeinsam mit von Raumer auf Erasmus' Geisteshaltung in der Form einer „natürlichen Zugehörigkeit des christlichen Humanisten in ein universales Reich des Geistes“[99] referiert, so sind darin die beiden großen, normativen Motive eines voluntaristischen Friedensbegriffs eingeschlossen: Autorität in der From mittelalterlicher Katholizität des Glaubens hier und Rationalität als neuzeitliche Verallgemeinerung des Vernunftsstandpunktes dort. Beide Aspekte werden in der Folge nacheinander und miteinander diskutiert. Schließlich wird sich dieser Konstellation beinah zwangsläufig das anschließen, was ebenfalls von Raumer Erasmus' „tiefe [...] Fremdheit des Moralisten gegenüber dem Politischen“[100] genannt hat.[101]

1.2 AUTORITÄT

Mittelalterliche Katholizität des Glaubens

Das im Rahmen des Aspektes der Katholizität des Glaubens für Erasmus zentrale Motiv in der *Querela Pacis* ist der christliche Topos der Nachfolge Christi. Dieser bedeutet, wie von Raumer betont

[99] *Raumer, Kurt von:* Ewiger Friede. Friedensrufe und Friedenspläne seit der Renaissance, Freiburg i. B./München 1953, S. 1.
[100] Ebd.
[101] Zu einem ähnlichen, a priori gespaltenen Bild von Erasmus' Denken vgl.: *Caspari, Fritz:* Erasmus on the Social Functions of Christian Humanism, in: Journal of the History of Ideas, Vol. 8, No. 1 (Jan., 1947), S. 78-106. Caspari schreibt: „Certain basic contradictions between the Christian and the pagan worlds are glossed over rather than resolved in both his aim and his methods. This burdens his argument. A further difficulty is his lack of concern with the forms of actual social and political organization [...]. These factors explain the practical limitations of his influence, but they do not detract from the greatness of his vision [...]. Erasmus' difficulties [...] are still with us, and therefore relevant for us“ (S. 79).

hat,[102] im Christus des Evangeliums einen Prüfstein aufzustellen, an dem menschliches Handeln schließlich zu messen ist.

Erasmus' einleitende und grundsätzliche Autorisierung der Religion in Friedensdingen hat sich ihr Feld darin bereitet, daß sie dieses zunächst zeitgeschichtlich deskriptiv erfaßt hat. Das klingt in den Worten des Traktates wie folgt: „Höre ich [der Friede] das Wort ‚Mensch', so eile ich geschwind herbei wie zu einem mir verwandten Wesen voll Vertrauen, dort Ruhe finden zu können; höre ich den Namen ‚Christen', fliege ich noch schneller heran, in der Hoffnung, bei ihnen meine Herrschaft aufrichten zu dürfen."[103] Der Christus des Evangeliums gibt dieser Ruhe Normativität, indem er bei Erasmus in der Form des Gebotes wirkt, das darüber hinaus ein einziges sein soll: „Unzählig sind die Anweisungen der Philosophen, [...] unübersehbar die Erlasse der Könige", demgegenüber steht jetzt das einfache „liebet einander".[104] In Friedens-tauglicher Terminologie will Erasmus darin die Aufforderung zu „Eintracht und Einmütigkeit"[105] ausgedrückt wissen.[106] In einem Umkehrschluß soll darin, genauso wie der Ruhe Normativität ermöglicht wird, in Sachen Begründungsfragen, der Normativität Ruhe gegeben sein.

In einem Wechselspiel erwogener Optionen und enttäuschter Erwartungen hat der Rotterdamer zuvor die Friedensfrage als normati-

---

[102] Raumer 1953, S. 1ff.

[103] Erasmus, Klage des Friedens, S. 215f.

[104] A.a.O., S. 222.

[105] A.a.O., S. 223.

[106] Sowohl die Formel des einen, einzigen Gebotes als auch dessen Anwendung auf die Friedensfrage sind als die methodischen Grundkonstanten von Erasmus' ‚Rückgang zu den Quellen' interpretiert worden. Vgl. dazu: *Garber, Klaus:* Die Friedens-Utopie im europäischen Humanismus: Versuch einer geschichtlichen Rekonstruktion MLN, Vol. 101, No. 3, German Issue (Apr., 1986), S. 516-552. Garber hält fest: „Der immer wieder konstatierte, weil durchgängig von Erasmus praktizierte Rückgang zu den Quellen erlaubt [...] ein doppeltes methodisches Verfahren: 1. Die Konfrontation eines Ursprunges mit einer nur noch in vermeintlichem Recht auf ihn sich zurückbeziehende Kanons- und Institutionsgeschichte. Und 2. die Reduktion des ursprünglichen wie des überlieferungsgeschichtlichen Zeugnisses auf dessen manifestes oder verborgenes Zentrum. Was immer Erasmus an Beispielen aus dem Alten und dem Neuen Testament beibringt, konvertiert in dem einen christlichen Prinzip schlechthin, dem obersten Gebot der Eintracht, der Liebe, des Friedens" (S. 535f).

ves Problem auf diesen Punkt konzentriert: „Ich erblicke eine Stadt“ als den Ort derer, „welche von den gleichen Mauern umschlossen, von den gleichen Gesetzen beherrscht sind.“ Ich „ziehe mich an die Fürstenhöfe [...] zurück“ als zu jenen, die „weiser sind als das gemeine Volk.“ Weiter: Sofern die Möglichkeit des Friedensdenkens an der Weisheit bemessen werden soll, „will ich mich zu den Gelehrten flüchten“, für die gleichwohl untereinander nichts besseres gilt: Es "durchbohren sich die Streitenden doch mit vergifteten Schreibgriffeln, zerfleischen sich gegenseitig auf dem Papier, wobei einer auf den guten Leumund des anderen die tödlichen Pfeile seiner Zungenfertigkeit abzuschnellen sucht.“[107] Schließlich wandelt sich der Friede selber: „Endlich habe ich mir gewünscht, wenigstens im Herzen eines einzigen Menschen eine Bleibe zu finden.“[108]

„Was bleibt weiter übrig als der heilige Anker der Religion.“[109] Religion scheint in diesem Sinne das Eigentliche und Unabdingbare des Erasmusschen Friedensdenkens auszumachen. Und dennoch sind an den „religiös-mystischen Zug“ der *Querela Pacis* andere normative Begriffe gebunden, die, wie von Raumer betont hat, „den christlichen Sinn dieses Pazifismus“, zugleich seine mittelalterliche Verankerung, „mehr als in Frage stellen.“[110] Der Sache nach legitimiert sich diese Überlegung in folgendem: Den bewegendsten Ansatz im Denken und Handeln der mittelalterlich-katholischen Kirche stellt, wie von Raumer festgestellt hat, die Überzeugung von der eigentlichen Verfallenheit des Irdischen, von der Erlösungsbedürftigkeit des sündigen Menschen dar, aus der allein göttliche Gnade herausführen könne. Die Verdienstlichkeit guter Werke vermag, „bei allem Gewicht eines heiligmäßigen Lebens [...], immer nur den einzelnen Menschen zu verwandeln.“[111] Entscheidend ist: Der Welt als Ganzer bleibt diese Wandlungsfähigkeit, der Lehre gemäß, versagt. Bei Erasmus wird an genau dieser Stelle „hinter der christlichen eine naturrechliche Argumentation sichtbar, die [...] nicht alleine subsidiären Charakter

[107] Erasmus, Klage des Friedens, S. 216f.
[108] A.a.O., S. 219.
[109] A.a.O., S. 217.
[110] Raumer 1953, S. 2.
[111] Ebd.

trägt, sondern die sich nahezu völlig emanzipiert."[112] In den Blick kommt eine weitreichende Ermächtigung der menschlichen Natur.

1.3 RATIONALITÄT

a. Die Ermächtigung der menschlichen Vernunftsnatur

„Der menschliche Geist kann, was er will." Die Ermächtigung, die der Satz aus dem *Handbuch eines christlichen Streiters* der menschlichen Natur generell ausspricht, impliziert auch in der Frage des Friedens, daß dieser nicht auf einen Frieden mit G o t t - und also einen Frieden der Seelen - beschränkt bleibt, sondern als Friede in der Welt zu suchen ist. Über das „Glück der Erdenkinder" hat sich das Evangelium ausgeschwiegen. Erasmus' emphatisch wiederholtes: „Dein Wille geschehe, wie im Himmel also auch auf Erden" - und die darin implizierte Tatsache „Gott will den Frieden"[113] - sind nicht diesem Glück verpflichtet, sondern berühren den Frieden als Teil allgemeinen ‚Gottesdienstes'.

Der Prüfstein der Nachfolge Christi, an dem menschliches Handeln für Erasmus zu bemessen ist, stellt - wie von Raumer hervorgehoben hat - für letzteren dagegen als Vorbild ein „höchst *menschliches* Vorbild"[114] dar. Als solches ist dieses nicht so sehr als menschliches, im Sinne eines humanitären Vorbildes festgehalten, sondern in seiner zunächst schlichteren Funktion als Vorbild für Menschen. Insofern darin für Erasmus eine Ermächtigung der menschlichen Natur zum Ausdruck gebracht wird, existiert diese eigentlich in der Form, daß der Begriff „Nachfolge Christi" in seinem Aufforderungscharakter der menschlichen Natur k e i n e Einschränkungen formuliert.[115] Insofern

---

[112] A.a.O., S. 3.

[113] Erasmus, Klage des Friedens, S. 232.

[114] Raumer 1953, S. 3.

[115] Zu einer entsprechenden Einheit von „Gottesdienst" und Ermächtigung der menschlichen Natur vgl.: *Rice, Eugene F., Jr.:* Erasmus and the Religious Tradition, 1495-1499, in: Journal of the History of Ideas, Vol. 11, No. 4 (Oct., 1950), S. 387-411. Rice: „[for Erasmus] a moralized secularism and a Christianity drained of its mysticism [...] meet comfortably on the common ground of ethics. For the finest achievment of secularism is an ethic: the living of an ideal rather than its contemplation, a hope in the present rather than an expectation for the future,

der Begriff der Natur schließlich mit dem erwähnten Begriff des Naturrechts in Einklang gebracht wird, beinhaltet dieser ein Abstandnehmen von aller Einschränkung weltlicher Erwartungen.

Die Distanz, die Erasmus im Punkt der weltlichen Friedensfrage gegenüber dem katholischen Mittelalter gewinnt, wird deutlicher, wenn der christlichen Transzendenz der Frage des Friedens in der Welt nicht nur eine Fixierung auf den einzelnen Seelenfrieden vorgehalten wird, sondern die mittelalterlichen M o t i v e dieser Transzendenz interpretiert werden. Eine solche Interpretation ergibt sich unter anderem genau dann, wenn der Gegenbegriff des Friedens, der Begriff des Krieges, in seiner mittelalterlichen Perzeption dargestellt wird. Grundsätzlich gilt hierbei: Eine auch nur theoretische Verdammung des Krieges hat das Mittelalter nicht gekannt. Zwei Sachverhalte sind es, die diese Haltung maßgeblich beeinflussen. Der eine hat das christliche Verständnis in seinem Selbstbezug getragen, der andere das christliche Verständnis in seinem Fremdbezug bestimmt.

Der erste Sachverhalt besteht in der Tatsache, daß, gleichwohl der Krieg auch nach mittelalterlicher Auffassung ein Übel darstellen muß, dieses trotz allem als solches angesehen wurde, „das der sündigen Natur der Menschheit nur zu sehr entsprach und mit dem Gott die Menschheit s t r a f t e."[116] Die mittelalterliche Transzendenz des weltlichen Friedens ist demnach nicht nur folgerichtige Konsequenz seiner Irrelevanz oder des Unvermögens aller einzelnen in ihrer Summe, sondern mehr noch: Gott-gewollte Konsequenz. Der zweite Sachverhalt, der einer mittelalterlichen Verdammung des Krieges entgegensteht, wird durch den Begriff *bellum iustum* angedeutet. Seiner auch später bei Francisco de Vitoria und in der Neuzeit noch gültigen Definition nach bezeichnet der Begriff ‚bellum iustum' einen Strafkrieg, der einer gewaltsamen Erzwingung des Rechts dient. Für das katholische Mittelalter stellt der gerechte Krieg in verschärfter Form „ein Rechtsinstitut innerhalb einer in keiner Weise mit der Moderne vergleichbaren Wirklichkeit [dar]. [Er ...] dient in Wahrheit einem Ordnungsziel." Dieses O r d n u n g s z i e l ist vor allem auf eines gerichtet: den Schutz der Kirche gegen die Heiden. Letzterer ist

---

while the imitation of Christ can always be recommended as an ethical injunction by the least mystical" (S. 387).

[116] Raumer 1953, S. 4.

„höchste Verpflichtung des Glaubens“, dieser Glaube wiederum keineswegs „Sache einer von ihm losgelösten Politik“.[117]

Erasmus' polemisierende Einwendung in der *Querela Pacis* richtet sich genau gegen diesen Sachverhalt: „Was haben die Mitra mit dem Helm, der Krummstab mit dem Schwert, das Evangelienbuch mit dem Schild zu schaffen? Wie verträgt es sich, das Volk mit dem Zeichen des Friedens zu begrüßen und die Welt zu den heftigsten Kämpfen anzureizen?“[118] An späterer Stelle schließlich: „Als Petrus, bisher noch halber Jude, sich anschickte, seinen plötzlich in Lebensgefahr schwebenden Herrn und Meister zu beschützen, tadelte ihn der so Verteidigte und hieß ihn, das Schwert in die Scheide zu stecken. Die Christen aber haben das Schwert sofort bei den geringfügigsten Anlässen, noch dazu gegen Glaubensgenossen gezogen!“[119] Und kurz darauf: „Du magst alle christlichen Schriften, sei es das Alte oder das Neue Testament, lesen, sie predigen nichts als Friede und Eintracht; und das ganze Leben der Christen handelt von nichts als von Kriegen? Ist dies nicht eine mehr als tierische Wildheit, welche so viele Gründe weder überwinden noch besänftigen können? Diese Leute mögen entweder lieber aufhören, sich des Christennamens zu rühmen, oder die Lehre Christi durch Eintracht erweisen. Wie lange soll das Leben der Christen noch mit ihrem Namen streiten?“[120]

Noch vor und parallel zu diesen Ausführungen, die in einem Zusammenhang mit der katholischen Lehre vom „gerechten Krieg“ zu sehen sind, hat Erasmus die Reihe der von ihm durchexerzierten Friedensfeinde um die Priesterkaste erweitert. Nachdem Fürsten und Gelehrte bereits erwogen worden sind, heißt es schließlich: „Eine Klasse von Menschen bleibt noch übrig.“[121] Jene, die sich zur Religion „besonders [...] durch Titel, Kleidung und Zeremonien [...] (bekennen), welche vom Volke mit dem Namen ‚Priester‘ geehrt werden.“[122] Aller Zynismus richtet sich gegen der letzteren Streitereien: „Freilich mag man vielleicht darüber hinwegsehen: sind sie doch be-

[117] Ebd.
[118] Erasmus, Klage des Friedens, S. 230.
[119] A.a.O., S. 224.
[120] Ebd.
[121] A.a.O., S. 218.
[122] A.a.O., S. 217.

reits durch lange Übung fast in die Gesellschaft der Laien herabgestiegen, nachdem sie die gleichen Güter besitzen wie jene. Mögen sie ruhig von ihrem Recht Gebrauch machen, welches sie sich lediglich unter irgendeinem Vorwand anmaßen."[123] Der Streit der Religionen wird von Erasmus zuletzt auf die ganze Materialität seiner Ursachen geführt.

b. Normativität der Vernunft

Die *Querela Pacis* läuft trotz der lautstark vorgenommenen Kirchenkritik auf eine darum zwar nicht mehr inner-religiöse, gleichwohl aber in theologischer Sprache darstellbare Alternative hinaus. Die ermöglichenden Anstöße, die diese Alternative erhält, sind zu erklären. Wird vor dem Hintergrund der gezeichneten, (kirchen)geschichtlichen Ausgangslage, aus der das Erasmussche Friedensdenken sich ganz offensichtlich bereits merklich herausentwickelt hat, gefragt, wie dieser Umschwung in einem Denker wie Erasmus seinerseits geschehen konnte, ist die Antwort hierauf sicherlich mehrschichtig. Es wurde bis dahin gezeigt, daß im christlichen Humanisten die Katholizität des Glaubens nur noch bedingt als Motiv bürgen kann, an gleicher Stelle aber die ersten Anzeichen einer allgemeineren Vernunft normativ verpflichtend geworden sind. In der Reihe der von Erasmus angeführten Argumente für den Frieden hat - einmal abgesehen von der am Anfang stehenden Verstrickung der verschiedenen Argumentationsstränge - die *Querela Pacis* schließlich mit einer Emporhebung dessen begonnen, worauf sie selbst zu setzen gedenkt: die „Kraft des Geistes"[124] im Menschen. Die Finalität weltlicher und also menschlicher Friedenssuche erhält ihre Legitimation von dieser besonderen menschlichen Disposition her.

Die dem Frieden zugefügte geschichtliche „Schmach" ist, so Erasmus, mit Blick auf die Vernunftbegabung des Menschen nicht der „Natur zu(zu)schreiben" und entsprechend nicht mit deren „Unwissenheit (zu) entschuldigen": „Da erzeugte die Natur ein einziges, mit Vernunft begabtes, für den göttlichen Geist empfängliches Lebewe-

---

[123] A.a.O., S. 218.
[124] A.a.O., S. 212.

sen, einzigartig an Gutwilligkeit und Einigkeit - und dennoch finde ich eher eine Stätte bei den wilden Tieren oder dem unvernünftigen Vieh als bei den Menschen."[125] Der Gutwilligkeit und Einigkeit hätten die Menschen, so Erasmus, nicht nur „am dringendsten be-[durft]", sondern beides hätte sich für diese vor allem am meisten „geziemt". Die wesentlichen Prädikate, die Erasmus der menschlichen Vernunft in diesem Zusammenhang heraushebt, sind ihre Fähigkeit der Erfahrung, die den Umgang mit vergangenem Unheil auf eine Kultur der Nächstenliebe der Gegenwart und Zukunft führen sollte; die Tatsache, daß dem Menschen „als einzigem Lebewesen [...] die Gabe der Sprache verliehen" wurde, für Erasmus die „vornehmste Mittlerin der Freundschaft"[126] überhaupt; schließlich ihre allgemein angeborene, „gütige und sanfte, zu gegenseitigem Wohlwollen geneigte Sinnesart", welche zum einen „das Geliebtwerden fördern" und zum anderen „die Befriedigung gewähren soll, anderen Leuten selbstlos Gutes zu erweisen."[127] Letztere ist es, die Erasmus' Vernunft maßgeblich definiert, „es wäre denn, daß ein Mensch, durch böse Begierden wie durch den Zauber der Circe verdorben, zum unvernünftigen Tier entartete."[128]

Erasmus selbst hat zuletzt in einer philologischen Wendung den unmittelbaren Zusammenhang von Vermögenserkundung und normativer Thematik formuliert.[129] In diesem Sinne „erklär[e] das Wort ‚Menschlichkeit' nicht etwa nur unsere [vernünftige] Natur als solche, sondern bezeichn[e] die der Natur des Menschen angemessene Sittlichkeit."[130]

[125] Ebd.
[126] A.a.O., S. 213.
[127] A.a.O., S. 213f.
[128] A.a.O., S. 214.
[129] Caspari 1947, hat entsprechend festgestellt: „*Ratio*, reason, was in his [Erasmus] mind almost synonymus with ‚goodness' and ‚kindness'. The rule of reason, achieved through education, would therefore result in men's living together in universal peace and harmony in accord with the lessons of Christ's Sermon on the Mount" (S. 80).
[130] Erasmus, Klage des Friedens, S. 214.

c. *Die geschichtlichen Voraussetzungen des Vernunftsdenkens*

Nachdem der Vernunft eine Erasmussche Definition gegeben und deren Normativität angedeutet worden ist, bleibt die Frage, aus welchen Antrieben sich dieser Umschwung zur Vernunft in Erasmus' Denken speist. Die Koordinaten, in denen sich das Friedensdenken des Erasmus entwickelt hat, sind in diesem Sinne als genauso politisch-geschichtlich zu betrachten wie die Geschichtlichkeit, von der sie sich emanzipieren.

Einem ersten Antrieb wohnt die Ambivalenz inne, daß er den vernünftigen Frieden in der ‚vernünftelnden' Einsicht einer mittelalterlichen Friedensauffassung vorbereitet, die sich, in politischer Absicht, schließlich mehr als nur beiläufig auf die Paradigmatik des Friedens-in-der-Welt eingelassen hat. Mittelalterliches Friedensdenken hat sich in jener historischen Form entwickelt, die die Furcht vor dem Einbruch der Türken in die christliche Welt mit sich gebracht hat: „Was bis dahin nur eine Bedrohung gewesen war, war [...] zur Wirklichkeit geworden."[131] Die mittelalterliche Autorität des „ius bellum" stellte die neue Wirklichkeit nicht nur nicht in Frage, sondern verstärkte deren Legitimität vor dem Hintergrund der „mittelalterlichen Deutung des christlichen Berufs in der Welt."[132] Auch Erasmus ist in den Umständen seiner Zeit befangen, wenn er schreibt: „Wenn [...] das menschliche Herz so unabänderlich krank ist, daß es gänzlich ohne Krieg nicht bestehen kann, warum läßt man dieses Übel nicht lieber gegen die Türken los? Trotzdem wäre es besser, diese durch Belehrung, Wohltaten und einen lauteren Lebenswandel für den Glauben Christi zu gewinnen, als sie mit Waffengewalt anzugreifen. Ist aber, wie gesagt, der Krieg schlechterdings nicht zu vermeiden, so wäre ein Krieg gegen die Ungläubigen sicher ein geringeres Übel, als wenn sich die Christen so gottlos untereinander bekämpfen und gegenseitig verderben."[133]

Worauf es in unserem Zusammenhang ankommt ist, daß, im Zuge des türkischen Einbruchs, der Gedanke (und die ‚vernünftelnde' Ein-

---

[131] Raumer 1953, S. 5.
[132] Ebd.
[133] Erasmus, Klage des Friedens, S. 238.

sicht) einer inneren Befriedung der europäischen Parteien wirkmächtig werden konnte.[134] Erasmus: „Führt sie die Nächstenliebe nicht zusammen, so verbindet sie gewiß der gemeinsame Feind; und es wird immerhin ein Zusammenwirken, wenn auch die wahre Eintracht fehlt."[135] Vorderhand ist es diese historische Konstellation, die einen normativen Imperativ folgern läßt: „Was meint ihr, wie eure Zwietracht den Türken Mut macht? Denn nichts ist leichter, als Streitende zu überwinden. Wollt ihr den Türken Furcht einflößen? Dann seid einig!"[136] Andernfalls dem Gegner „kein Opfer wünschbarer ist, als daß ein Christ den anderen schlachtet [...]. Dann nämlich erfreuen sich die bösen Geister an der doppelten Opfergabe, da gleichermaßen Schlächter wie Geschlachteter ihr Opfer werden."[137] Von Raumers allgemeine Charakterisierung des mittelalterlichen Friedensdenkens hat ersichtlicherweise auch in Erasmus, wenigstens im Sinne eines ersten Antriebes, einen normativ darstellbaren Platz: „Der Gedanke übernationaler europäischer Gemeinschaft ist in einer Zeit, in der er durch das Aufkommen des absoluten Fürstentums und den geistigen und organischen Zerfall der kirchlichen Einheit immer mehr bedroht wurde, durch kein zweites Element so sehr gefördert worden wie durch die Türkenabwehr [...]. Kreuzzugsgedanke und Friedensgedanke stehen damit, merkwürdig genug, für das Denken der Menschen und für die politische Wirklichkeit damals in einem kaum lösbaren Zusammenhang."[138]

Der zweite Antrieb für ein schließlich vom Mittelalter abgelöstes, neuzeitliches Friedensverständnis verdeutlicht zugleich, wie zufällig, weil politisch bedingt, die Koalition der mittelalterlichen Welt mit dem Friedensgedanken noch gewesen ist. Auch im Rahmen dieses zweiten Antriebes ist die fortschreitende Geschichte der politischen Entwicklungen an Erasmus nicht spurlos vorübergegangen. Die Rede

[134] Zu Erasmus' teilweise, und gerade in der Türkenfrage, recht unterschiedlicher Haltung in der Frage des ‚gerechten Krieges' vgl.: *Fernandez, José A.:* Erasmus on the Just War, in: Journal of the History of Ideas, Vol. 34, No. 2 (Apr. 1973), S. 218ff.

[135] Erasmus, Klage des Friedens, S. 238.

[136] A.a.O., S. 245.

[137] A.a.O., S. 233.

[138] Raumer 1953, S. 6

ist vom Aufstieg des neuzeitlich r a t i o n a l e n Staates in Europa als dem Nachfolger des absoluten Fürstentums selbst. Im Zeichen dieses Aufstieges ist der Friedensgedanke gegenüber dem Mittelalter weniger *aus* Geschichte - das heißt konkreten politischen Umständen - hervorgegangen, sondern stellt politische Geschichte gewissermaßen selbst dar. Gemeint ist folgendes: Der Aufstieg des neuzeitlich rationalen Staates ist mit jenem anderen Phänomen, der Emanzipation der Vernunft, überhaupt gleichgesetzt worden. Beiden wurde bescheinigt, „zwei verschiedene Äußerungsformen einer und derselben geschichtlichen Wende"[139] zu sein.

Vernunft - insofern diese als Vernunft des neuzeitlichen Staates betrachtet wird - hat zu Erasmus' Zeit bereits „Anfänge von Kapitalismus und Fiskalismus, die ersten Schritte zu einem staatlichen Beamtentum und einer Verwaltungsorganisation",[140] hervorgebracht. Zugleich wird eine Abstraktionsleistung von personaler Autorität eingefordert, sofern diese auf bloßer Tradition oder falscher Anmaßung beruht. Erasmus partizipiert an genau diesem neuzeitlichen Verständnis von Autorität, wenn er mit Bezug auf die Figur des christlichen Fürsten feststellt: „Dieser hat einen verjährten und anrüchigen Rechtstitel gefunden oder erdichtet: als ob wirklich so viel daran gelegen wäre, wer ein Reich verwaltet, wenn nur für das öffentliche Wohl hinreichend gesorgt wird."[141] Im Sinne eines - neben dem Christus des Evangeliums - entscheidenden Antriebes für das Erasmussche Friedensdenken stellt von Raumer richtig fest, daß die Vernunft, auf dem Umweg über die geschichtlichen Veränderungen seiner Zeit, „Wesen und [...] Aufbau des Erasmusschen Friedensgedankens bis ins einzelne bestimmt."[142] Nachdem bereits gesagt worden ist, daß Vernunft nicht nur eine Form der Abschilderung des Traktates selbst ausmacht, sondern darüber hinaus eine normativitätsfähige Disposition der *conditio humana* im Allgemeinen anspricht, stellt sich die Frage, wie die *Querela Pacis* diese vernünftige Natur der Menschen genauer angesprochen hat.

---

[139] Ebd.
[140] A.a.O., S. 10.
[141] Erasmus, Klage des Friedens, S. 227.
[142] Raumer 1953, S. 7.

1.4 ZUSAMMENHÄNGE

a. Autorität und Rationalität

Die *Querela Pacis* legt den Menschen zugrunde, wie er sein soll und nicht, wie er ist. In der Zuweisung von Sittlichkeit zur menschlichen Natur über die semantische Ausdeutung des Begriffs „Menschlichkeit" hat sich das bereits angedeutet. Erasmus erfüllt darin mehr als nur die Mindestbedingung allen normativen Philosophierens. Als Gegenbild kann erneut die mittelalterliche Kirchendoktrin herangezogen werden.

„Gewissensschärfung, [im Sinne eines] tiefsten Mementos gegen eine Haltung, die die Leidenschaften der Welt zum Maßstab des eigenen Handelns macht",[143] hat die Haltung der mittelalterlichen Kirche bestimmt. Die Moralpredigt des Erasmus bringt sich dem katholischen Mittelalter in zweifacher Hinsicht als vernunftdefinierte Kritik entgegen: (1) Die katholische Gewissensschärfung ist Teil der „unermüdlichen Darstellung und Predigt einer [...] Stufenlehre [des Sittlichen], innerhalb derer nicht der Held, der in der Welt siegt, sondern der Heilige, der sie überwindet, den höheren Rang besitzt."[144] Erasmus' Kritik an dieser Art der Transzendenz wurde bereits oben dargestellt. Der antiken Variante einer realistisch aufgefaßten, eigentlicheren Welt der Werte (Ideen) setzt die mittelalterliche Kirche ihre Version der ‚Werte ohne Welt' entgegen.[145] Erasmus' Vernunftsnormativität konstituiert jenen grundlegenden Handlungsraum der Verpflichtungen, auf dessen Voraussetzung Kant später in der Form eines „Sollens" referieren wird, daß „eine mögliche Handlung aus[drückt], davon der Grund nichts anderes, als ein bloßer Begriff ist, [... die] allerdings unter Naturbedingungen möglich sein" (*KrV* A 547)

[143] A.a.O., S. 9.

[144] Ebd.

[145] Der Primat des Individuums bezieht sich bei Erasmus auf jede Einheit, ob religiös oder weltlich, welche als sekundär verstanden werden. Vgl. hierzu Caspari 1947: „The core of Erasmus' interest was the individual, and his image of man as expressed in his ideas on education must therefore be our first concern [...]. Organized forms of human life such as states are not seen as ends in themselves, but are always subordinated to needs of the individual as posulated by the humanist" (S. 80).

muß. (2) Sofern dennoch politisch involviert, hat die mittelalterliche Friedensauffassung Raum für eine Definition von Frieden über die „Begrenzung [von Krieg] auf die rechte Sache, rechte Absicht, den rechten Fürsten, der den Krieg erklärt, und die rechten Mittel"[146] zugelassen. All dies ist Teil eines Denkens, in dessen Rahmen, wie von Raumer feststellt, „die Obrigkeit das ihr von Gott übertragene Schwert zu Recht trug."[147]

Die Einschränkungen, denen Erasmus' Philosophie im Zeichen der Konzessionen an das Mittelalter dennoch unterliegt, beziehen sich auf die für die Neuzeit unerlässliche Frage: An wen richtet sich die Erasmussche Gesinnungspredigt, wer ist folglich erstes Subjekt moralischen Handelns für Erasmus. Die Beantwortung dieser kritischen Frage hat Erasmus in der *Querela Pacis* ex negativo vorbereitet: „Würde das einfache Volk so handeln, könnte man es mit seiner Unwissenheit erklären. Wären es junge Leute, würde man es mit der Unerfahrenheit der Jugend entschuldigen. Wären es Gottlose, so würde die Beschaffenheit ihrer Person die Schrecklichkeit der Tat ein wenig mildern. Nun sehen wir aber, daß ganz besonders diejenigen die Saat des Krieges ausstreuen, deren Rat und Mäßigung es zukäme, die Unruhen des Volkes beizulegen."[148] Erst zum Schluß hat die *Querela Pacis* ihre Gesinnungsappelle im Anruf der von ihr Angesprochenen gipfeln lassen: „Euch Fürsten rede ich an, von deren Wink das Wohl der Menschen am meisten abhängt, die ihr das Bildnis des Fürsten Christus unter den Sterblichen verkörpert. [Ihnen] soll [...] das Volk soviel zukommen lassen, als es für die allgemeine Wohlfahrt nützlich ist."[149]

Die Ermächtigung des Fürsten in seiner Rolle als „ein[es] Vater[s] gegen seine Kinder"[150] macht deutlich, inwiefern Erasmus mit seiner Erhebung neuzeitlicher Vernunft auf halber Etappe angekommen ist. Das Subjekt, auf welches Erasmus moralisches Handeln bezieht - die allgemeine Wohlfahrt -, ist zumindest tendenziell unterschieden von

---

[146] Raumer 1953, S. 9.

[147] Ebd.

[148] Erasmus, Klage des Friedens, S. 229.

[149] A.a.O., S. 246.

[150] A.a.O., S. 235.

jenem Subjekt, das diese allgemeine Wohlfahrt herstellen soll.[151] Für Kant wird, im Falle seines kategorischen Imperativs in der *Grundlegung zur Metaphysik der Sitten*, aus dem „subjektiven Prinzip", sich selber „Zweck an sich selbst" zu sein, und dem „objektiven Prinzip" (A 66), daß dies auch für alle anderen gilt, ganz selbstverständlich die eigene, aber auch die moralische Verpflichtung (und Autorität) aller anderen abzuleiten sein. Für Erasmus - wenn für diesen subjektives und objektives Prinzip Kants Geltung gehabt hätten - gilt letzteres nicht.

b. Rationalität und falsch verstandene ‚Rationalität': Die anti-politische Struktur des Vernunftsimperativs

Die historisch-politische Vernunft des aufsteigenden, neuzeitlichen Nationalstaates bürgt im Denken des Erasmus für den anti-transzendenten Teil der Erasmusschen Friedensvernunft. Für den moralischen Impetus der *Querela Pacis* bürgt die historisch-politische Vernunft indessen nicht. Unabhängig davon, ob - im Gegenzug zu einer Erklärung des Anti-Transzendenten aus einer Vermittlungsrolle des neuzeitlichen Staates bei Erasmus - umgekehrt auf eine Vermittlungsrolle des Christlich-Moralischen in Erasmus' Kritik am neuzeitlichen Staat reflektiert wird, gilt: Vernunft des modernen Staates bedeutet für Erasmus vor allem auch R a t i o n a l i t ä t des modernen Staates, und zwar im negativen Sinne des Wortes. Neben dem Aufkommen einer allgemeinen Verwaltungsorganisation geht mit dieser Rationalität „vor allem [...] die folgenschwere Einschlagung des Weges zum Militärstaat"[152] in Europa einher. Im Zuge dieser Entwick-

[151] Zur Konzeption des Fürsten in Erasmus' *Narrenlob* vgl. auch: *Born, Lester K.:* Some Notes on the Political Theories of Erasmus, in: The Journal of Modern History, Vol. 2, No. 2 (Jun., 1930), S. 229ff. Zur christlichen Konzeption des Fürsten in Erasmus' *Institutio Principis Christiani* vgl.: *Born, Lester K.:* Erasmus on Political Ethics: The Institutio Principis Christiani, in: Political Science Quarterly, Vol. 43, No. 4 (Dec., 1928), S. 526ff. Zur humanistischen Konzeption des Fürsten allgemein vgl.: *Gilbert, Felix:* The Humanist Concept of the Prince and the Prince of Machiavelli, in: The Journal of Modern History, Vol. 11, No. 4 (Dec., 1939), S. 449-483.

[152] Raumer 1953, S. 10.

lung kommt es erstmals „zu einer systematischen Ausschöpfung der Volkskraft in wirtschaftlicher, finanzieller und biologischer Hinsicht für die Bedürfnisse des Staates und seiner Kriegsführung.“[153] Die Annahme eines, auch unabhängig von einer transzendenten Fundierung, „gerechten Krieges“ wurde nun durch die Zeugschaft dessen, was täglich geschah, unwiderleglich *ad absurdum* geführt. Die in Erasmus' Zeit einsetzende Diskussion über Krieg und Frieden erhält ihren Anstoß daher zuallererst durch die Empirie des Alltagserlebens. Erasmus: „Ich will die jammervolle Geschichte der alten Kriege übergehen. Erinnern wir uns nur der Vorgänge innerhalb der letzten zehn Jahre: wo wurde von den Völkern nicht aufs grausamste zu Lande und zu Wasser gekämpft [...]? Welcher Fluß, welches Meer wurde nicht durch Menschenblut gerötet?“[154]

An der Spitze dieser Entwicklung steht schließlich, wie von Raumer festhält, - ganz abgesehen von der allgemeinen Technisierung des Krieges - die Generierung eines neuen soziologischen Typus, der sich, seit dem Aufkommen des *miles perpetuus* auf der Höhe des 15. Jahrhunderts, immer mehr durchgesetzt hatte - der S ö l d n e r. Für Erasmus nichts anderes als ein „Verbrecherhaufen angeworbener Landsknechte.“[155] Von Raumer schreibt: „Es ist nicht mehr der Ritter wie im Mittelalter, erst recht nicht das Angebot freier Mannen, die sich zur Verteidigung von Land und Stadt, Hof und Herd zusammenschließen, sondern es ist der miles mercenarius, der um Lohn und Beute die Kriege der Mächtigen führt.“[156] Erasmus: „Der gottlose Soldat, für eine Handvoll Geld zu Gemetzel und Mord geführt, trägt das Kreuzzeichen voran [...]. Was hast du mit dem Kreuz zu schaffen, verbrecherischer Soldat? Zu solcher Gesinnung, zu solchen Taten fanden sich Drachen, Tiger und Wölfe zusammen.“[157]

Zeitgleich ist es nicht die personale Verdammungswürdigkeit des Söldnerhandwerkes, die Erasmus' Anklage formuliert, sondern die darin eingeschlossene P e r v e r t i e r u n g sozialer Dimensionen: „Sehen wir nicht unter jenen unchristlichen Kriegsgesellen, die um ein

---

[153] Ebd.
[154] Erasmus, Klage des Friedens, S. 227.
[155] A.a.O., S. 241.
[156] Raumer 1953, S. 10.
[157] Erasmus, Klage des Friedens, S. 231f.

Sündengeld zum Mord zusammenkommen, eine so große Eintracht nur deshalb herrschen, weil sie unter dem gleichen Feldzeichen dienen? Sollten nicht ebenso viele Bande diejenigen zusammenfügen, die sich zum christlichen Glauben bekennen?"[158] Des Erasmus' Friedenssuche gilt demjenigen, was „alle Dinge zur Einigkeit bringt." Auf seine eigene Zeit geblickt, muß Erasmus allerdings konstatieren, daß, anstelle des normativen Christus, die „gleichen Verpflichtungen", der „gleiche [...] Sold", die „gemeinsame Belohnung",[159] vom selben Fürsten oder Staat ausgehend, in der Frage einer inneren „Eintracht" mehr zu bewegen vermögen. Die Pervertierung des Sozialen besteht für Erasmus in bezug auf eine Perspektive, die bloße Materialität abseits einer tieferen normativen Begründung von Einigkeit zum Maßstab erklärt.

c. *Rationalität und Antike*

Die Rationalität des emporstrebenden modernen Staates enthält für Denker wie Erasmus genauso die Gründe ihrer Ablehnung. Es ist an genau dieser Stelle - neben Erasmus' zwiespältigem Verhältnis zur Religion - auf dessen zwiespältiges Verhältnis zur Vernunft hingewiesen worden. Woraus nährt sich das spezifisch Vernünftige bei Erasmus schließlich? Drei Schritte können veranschlagt werden:

(*i*) An der Vernunft seiner Zeit partizipiert Erasmus - wie weiter oben festgestellt wurde - insofern, als der moderne Staat im selben Maße als eine Äußerungsform der Vernunft zu sehen ist, wie umgekehrt die Vernunft als Rationalität eine Äußerungsform des modernen Staates darstellt. Beide repräsentieren dieselbe geschichtliche Wende. Die Vernunft partizipiert nicht nur an der historisch politischen Wirklichkeit, sondern repräsentiert in umfassenderem Sinne eine geistige Haltung der Zeit. Ausdruck dieser geistigen Haltung ist und wird im weiteren, unter anderem, der Zusammenbruch der kirchlichen Einheit im Zuge der Reformation sein.

(*ii*) Was den Vernunftsstandpunkt des Erasmus über die bereits im vorangehenden Kapitel genannten Punkte hinaus ausmacht, läßt sich

[158] A.a.O., S. 225.
[159] A.a.O., S. 225.

in beiden Koordinaten - Politik und Kirche - insofern darstellen, als ein letztes Mal in Erasmus' Vergangenheit geblickt und gefragt wird, was an dieser mittelalterlichen Vergangenheit für Erasmus - wenn nicht in der Frage des Friedens - so doch an ihrer allgemeinen geistigen Haltung gilt und nicht gilt: Die Friedensfrage ist für Erasmus keine primäre oder exklusive Frage des Friedens mit Gott, gleichwohl ist sie eine geistige Größe. Das bedeutet: Friede ist für Erasmus zwar eine in der Welt zu lösende Frage, jedoch keine ausschließlich konkrete Frage mehr. Wie Carl Schmitt einmal geschrieben hat, bedeutet Friede im Mittelalter „stets Reichsfrieden, Landfrieden, Kirchenfrieden, Stadtfrieden, Burgfrieden, Marktfrieden, Dingfrieden" und ist insofern immer „konkret geortet".[160] Friede ist im Mittelalter „kein raumloser, normativistischer Allgemeinbegriff."[161] Genau letzteres ist der Friede jedoch bei Erasmus. Friedensdenken bedeutet für Erasmus' Denken in normativistischen Allgemeinbegriffen. Wenn also von einer Friedensvernunft des Erasmus gesprochen wird, so beinhaltet dies auch, daß der Friede bei letzterem genau deshalb ein normatives Problem darzustellen vermag, weil er nicht aus der konkreten Situation heraus, sondern allgemein entworfen ist. Hier fällt neuerlich Kants Definition des „Sollens" in der *Kritik der reinen Vernunft* im Sinne „eine[r] mögliche[n] Handlung" ein, „davon der Grund nichts anderes als ein bloßer Begriff ist."

(*iii*) Nachdem gefragt worden ist, an welchen historisch-politischen Umschichtungen der Vernunftsbegriff des Erasmus partizipiert und wie dieser Vernunftsbegriff schließlich formal zu definieren ist, sollte zuletzt gefragt werden, aus welchen philosophischen Resourcen die *Querela Pacis* schöpft: Bekannt geworden ist Erasmus' Ruf: ‚Zurück zu den Quellen!' Sowohl was die Denkformen als auch die Denkinhalte betrifft, ist unter anderem behauptet worden, daß die *Querela Pa-*

---

[160] *Schmitt, Carl:* Der Nomos der Erde im Völkerrecht des Ius Publicum Europaeum, Köln 1950, S. 28.

[161] Ebd. Vgl. dazu auch: *Kernic, Franz:* Anmerkungen zu einer Ideengeschichte des Friedens, in: Wiener Blätter zur Friedensforschung 40/41, Nov./1984, S. 88-101: „‚Friede' ist im mittelalterlichen Sinne nur innerhalb einer Rechtsgemeinschaft möglich; er begegnet konkret als ‚Pax specialis' (Sonderfriede), wodurch es zu einer Vielzahl von unterscheidbaren ‚Frieden' kommt: Haus-, Dorf-, Stadt-, Land-, Gottesfriede, usw. Friede ist seinem Inhalt nach funktionell abhängig von der jeweiligen Rechtsordnung" (S. 95).

cis, wo nicht „spezifisch christliche Elemente in der Argumentation des Erasmus sind, so gut wie ganz antikes Überlieferungsgut" sei. In bezug auf die Denkform ist festgestellt worden, daß „schon der äußere Kunstgriff, mit dem Erasmus den Frieden selbst sprechend und seine Sache verteidigend einführt, [...] ohne antiken Einfluß kaum denkbar [ist]: er findet in der römischen Personifizierung des Friedens in der *Ara Pacis* ebenso seine Anknüpfung wie in dem Auftreten der Milde in Senecas *De clementia*."[162] Wichtiger als die antike Ausstrahlung auf die Denkform sind mitunter die Denkinhalte, die die *Querela Pacis* vom Altertum leiht. „Der Harmoniegedanke, wonach der Kosmos als vernünftig und darum friedlich gedacht ist und auch die Tiere einer Gattung sich nicht bekämpfen, ist ebenso stoischen Ursprungs wie die von Erasmus so in den Vordergrund gerückte Humanitätsidee und das ganze Maß rationaler Klugheitsregeln, die gegen den Krieg aufgeboten werden."[163]

In der Tat hat Erasmus seinen Appellen immer wieder Nachdruck in antiken Bildern verliehen.[164] Zum einen geben diese Stellen Auskunft über die historischen und geistigen Quellen, aus denen das Friedensdenken des Erasmus schöpft. Zum anderen und darüber hinaus verdeutlicht gerade die Prädikation der „zwar heidnischen, jedoch frommen" Römer, wie sehr die christliche Sprache der *Querela Pacis* - neben ihrem christlichen Anspruch, „Posaune des Evangeliums"[165] sein zu wollen - eigentlicher Teil einer moralischen Grundhal-

---

[162] Raumer 1953, S. 8.

[163] A.a.O., S. 8f.

[164] In bezug auf die für Frieden und allgemeinen Wohlstand so wichtig eingeschätzte Dienstbarkeit seines Vernunftsfürsten, schreibt Erasmus unter anderem gelegentlich: „Bei den zwar heidnischen, jedoch frommen Römern herrschte folgender Brauch: derjenige, welcher die Würde des Pontifex Maximus antrat, schwor, seine Hände von allem Blut rein zu halten, sich nicht einmal für erlittene Verletzungen rächen zu wollen. Diesen Eid hat der Heidenkaiser Titus Vespasianus gewissenhaft gehalten, wofür ihn ein heidnischer Schriftsteller preist." An einer anderen Stelle heißt es zur gleichen Thematik: „Wer regierte jemals über ein größeres und prächtigeres Reich als Kaiser Augustus? Aber auch er hätte am liebsten seine Herrschaft niedergelegt, hätte er nur einen für das Kaisertum tauglicheren Regenten erblickt" (Erasmus, Klage des Friedens, S. 230).

[165] Ebd.

tung ist, die aus Erasmus' Vernunftsstandpunkt gefolgert ist.[166] Trotz der antiken Anleihen wäre es zu weit gegriffen, aus dem Renaissancephilosophen Erasmus einen tatfernen Gelehrten machen zu wollen, dessen Sorge gewissermaßen „einer Störung der [antiken] *bonae litterae*“ gilt. Erasmus' „Ideal einer Erneuerung des spätantiken christlichen Humanismus wird zwar durch die Leidenschaft des Gelehrten genährt, aber kaum bestimmt: die *bonae litterae* haben ihren Sinn nicht in sich selbst, sondern in der Humanität, die von ihnen ausstrahlt.“ Erasmus geht es, wie von Raumer feststellt, um ein „über Wissenschaft und Literatur hinausweisende[s] allgemeine[s] Anliegen.“[167]

1.5 PHILOSOPHISCHE BEWERTUNG

‚Querela Pacis‘ und Völkerrecht

In der Formel des „allgemeinen Anliegens“ ist erneut jener Begriff enthalten, der zuvor zur formalen Charakterisierung von Erasmus' Vernunftsbegriff verwendet wurde: der Begriff der Allgemeinheit. Ein zweiter Begriff drängt sich indessen auf, wenn schließlich an eine philosophische Bewertung des Friedensdenkens von Erasmus' *Querela Pacis* gegangen wird: der Begriff der Abstraktheit. Es muß nach dem politischen Wirklichkeitssinn gefragt werden, der bei Erasmus vorausgesetzt werden darf. Die Bewegung fort von der Ver-

[166] Das spezifische Verhältnis von antikem Gedankengut und christlicher Einstellung in Erasmus' Denken beschreibt Caspari 1947 wie folgt: „In arriving at this conception of Christian *humanitas* Erasmus assumed that the pagan writers of antiquity had contributed to its growth, and that there was nothing unalterably opposed to Christianity in their writings. It was the task of the Chrisitian humanist, as he conceived it, to find the philologically exact meaning of their writings and of the Bible, to interpret them accurately, and to derive from them the true philosophy of Christ by entirely rational means. This method had two consequences: 1) his ‚Christian philosophy‘ contained many truly pagan elements and was not much concerned with questions of Christian doctrine, such as the problems of the Trinity and of Transubstantiation; 2) philosophical discrimination and rational understanding became more important than repentance and prayer“ (S. 85).

[167] Raumer 1953, S. 7.

wurzelung in ausschließlich konkret verstandenen Friedensbegriffen, wie sie für das Mittelalter kennzeichnend gewesen sind, wurde in der *Querela Pacis* nachvollzogen und an gleicher Stelle Erasmus' allgemeines und darum normatives Friedensverständnis betont. Die Allgemeinheit, die aus Erasmus' Friedensverständnis spricht, hat dennoch nicht nur ihre positive, sondern eine zweite, negative Seite. Eines fehlt der *Querela Pacis* fast vollkommen: Weder hat sie ihren Gegenstand in den Rahmen einer tieferen Problemanalyse der politischen Gegebenheiten gestellt, noch könnte, bezogen auf eine solche, gar von einer „richtungsweisende[n] Durchleuchtung zur praktischen [...] Bewältigung“[168] des Friedensproblems gesprochen werden. Gerade was die Lehre vom „gerechten Krieg“ betrifft, konnten daher „andere politische Denker und Lehrer, indem [und gleichwohl] sie an ihr [...] festhielten, tiefer auf die staatliche Wirklichkeit“[169] einwirken. Als wichtiges Beispiel sei der einleitend behandelte Francisco de Vitoria genannt.[170] Erasmus bleibt in seinem Friedensdenken daran gemessen a b s t r a k t.

Gerechterweise wird gesagt werden müssen, daß diese Abstraktheit der *Querela Pacis* ihre Motive in dem hat, was einleitend die „Fremdheit des Moralisten gegenüber dem Politischen“ genannt worden ist. Sowohl die Scheinheiligkeit, die das Kreuzzugsdenken der mittelalterlichen Priesterkaste repräsentiert, als auch die rationale Mechanik, die der neuzeitliche Söldnerstaat in seiner Kriegsführung etabliert, distanzieren Erasmus von den politischen Geschäften. Charakteristikum und gegenläufige Einsicht der v ö l k e r r e c h t l i c h e n Friedenstradition der fortschreitenden Neuzeit wird es sein, daß ein Abstandnehmen von gewissermaßen persönlichen Motiven im Recht der Paragraphen unabdingbarer Teil ihrer Effektivität darstellt. Auch von dieser Erkenntnis zeugt die im Einleitungsteil gedeutete Aussage: „Wenn es nicht gelang, den Krieg zu ächten, so gab es vielleicht die Möglichkeit, ihn dadurch überflüssig zu machen, daß man den Frieden organisierte.“[171]

---

[168] Raumer 1953, S. 13.
[169] A.a.O., S. 12.
[170] Vgl. hierzu Kapitel I.III des Einleitungsteils.
[171] *Dickmann, Fritz:* Friedensrecht und Friedenssicherung. Studien zum Friedensproblem in der Geschichte, Göttingen 1971, S. 131.

1.6 VOLUNTARISTISCHE FRIEDENSNORMATIVITÄT

Zusammengefaßt

Abgesehen von ihrer zeitgenössischen und auch für die Folgejahrhunderte kennzeichnend gebliebenen, politischen und philosophischen Einflußlosigkeit, behauptet die *Querela Pacis* des Erasmus ihren Platz, insofern sie in einem System normativer Friedensbegriffe betrachtet wird. Es ist bereits deutlich geworden, daß die großen historischen Determinanten, Mittelalter und einbrechende Neuzeit, die *Querela Pacis* in unmittelbare Nähe zur allgemeinen voluntaristischen Position des zweiten Einleitungskapitels gerückt haben.[172]

Unter Bezugnahme auf Korsgaards Analyse der Schriften von Samuel Pufendorf und Thomas Hobbes ist dort ein normativer Begriff erarbeitet worden, der hauptsächlich die Annahme einer göttlichen oder gottähnlichen A u t o r i t ä t impliziert hat (=A2), welcher der Inhalt moralischer Gesetzgebung nichtsdestotrotz von der V e r n u n f t aufzugeben ist (=A3). Vergleichbar fungiert in Erasmus' Friedenstraktat der Christus des Evangeliums als autoritätssichere Referenzgestalt. Der Imperativ der ‚Nachfolge' appelliert insofern an die menschliche Vernunftsnatur, als der Christus des Erasmus als ‚menschliches Vorbild' entworfen ist. Gleichwohl Erasmus als Renaissance-Philosoph sein pazifistisches Anliegen in der *Querela Pacis* immer wieder mit antiken Bildern und überhaupt mit einem Frieden versieht, der nach dem Vorbild der *Ara Pacis* der Antike sein Ansuchen selbst formuliert, ist der platonisch-aristotelische Exzellenzbegriff in weite Ferne gerückt. W e r t e, die moralisches Handeln begründen, finden sich, in Erasmus' Verständnis, n i c h t in der Natur, bilden keine eigentlichere Welt (=A1).

Am ehesten wird eine Disparität zwischen Erasmus und seinen philosophischen Nachfolgern Pufendorf und Hobbes an der Stelle der Macht- und Sanktionsfrage deutlich. Wo die neuzeitlichen Philosophen Pufendorf und Hobbes Autoritäts- und Machtfrage untrennbar im *Leviathan* oder neuzeitlichen Staat konzentrieren (=A4), trennt Erasmus zwischen göttlicher Autorität und Fürstenmacht. In seiner Rolle als „ein[es] Vater[s] gegen seine Kinder" ist letzterer allerdings

[172] Vgl. Kapitel II.II des Einleitungsteils.

nicht mehr, in mittelalterlichem Verständnis, als Minister Gottes auf Erden entworfen. Allgemeine voluntaristische Position und voluntaristische Friedensnormativität des Erasmus treffen sich zuletzt erneut, wenn der Frage der normativen Verpflichtungen nachgegangen wird. Trotz seiner Konzentrierung auf den Fürsten („Euch Fürsten rede ich an [...]") ist klar, daß der frühneuzeitliche Vernunftsimperativ der *Querela Pacis* und die im „Wort ‚Menschlichkeit' bezeichnet[e], [...] der Natur des Menschen angemessene Sittlichkeit" jedes vernünftige Individuum ansprechen. Verpflichtung ist auch bei Erasmus letztlich eine Frage i n t r i n s i s c h e r Motive (=A5). An der Schnittstelle von katholischem Mittelalter und rationaler Neuzeit ist Erasmus' *Querela Pacis* in der angewandten Frage des normativen Friedens als voluntaristische Position verstehbar.

Abschnitt II

Die von Kant systematisch in Betracht gezogenen Entwürfe der Neuzeit. Im Vorfeld der Staatsräson: *Régence* und Revolutionszeitalter

2.

Realismus
Utilitarismus · Essentialismus
Historizismus

„Zum Glück sehn' wir nur ein stummes
Portrait des Abts in diesem Saal,
Denn hätten wir das Or'ginal,
Da hörten wir gewiss was Dummes."

Voltaire

2.1 EINLEITUNG

a. Saint Pierres ‚Projet pour Rendre la Paix Perpétuelle en Europe' Rezeptionsgeschichtliche Vorüberlegung

Für die Darlegung eines normativ realistischen Friedensbegriffs wird das *Projet pour Rendre la Paix Perpétuelle en Europe* des Abbé Charles Irénée Castel de Saint Pierre betrachtet. Während Erasmus, zeitgeschichtlich gesehen, als erster neuzeitlicher Friedensdenker zu bezeichnen ist, ist es, rein philosophisch betrachtet, das *Projet*, das gemeinhin als e r s t e s großes Friedensprojekt gilt. In der Folge seiner Veröffentlichung im Jahr des Utrechter Friedens 1713 ist von einer eigentlichen ‚Demokratisierung der Friedensidee' in Europa gesprochen worden: „Zum ersten Mal in der Geschichte des Friedensproblems wandelt sich die Idee zur Bewegung." Eine Unzahl weiterer Friedensprojekte erscheint in den darauffolgenden Jahren und Jahrzehnten, expliziter- oder impliziterweise auf das *Projet* bezogen. Der heutig vollkommenen, als solcher allerdings schon ab dem 18. Jahrhundert einsetzenden Vergessenheit von Saint Pierres *Projet* ist zugute gehalten worden, daß „unsere Kenntnis der Geistesgeschichte der Aufklärung traditionell so sehr auf die Spätzeit, den Vorabend der Französischen Revolution, fixiert [ist], daß die führenden Geister der intensiven politischen Diskussion aus der Zeit der *Régence* zu Unrecht weniger beachtet werden."[173] Recht oder Unrecht dahingestellt, ist gerade im Falle des *Projet* festzuhalten, daß Historie und philosophische Gedankenführung nicht in dem einfachen Sinne aufeinander abgebildet werden können, als daß die gegebenen historisch-politischen Umstände und ihre etwaige geschichtliche Bedeutsamkeit ein Urteil über den philosophischen Rang der sie begleitenden Werke sprechen würden. Konkret wäre dies aus gleich zwei Gründen falsch:

(1) Saint Pierres Philosophie ist in dem Sinne gegenüber einer exklusiven Verhaftung in der *Régence*-Zeit zu ‚entzeitlichen', als sie, rein philosophisch gesehen, in ihren vorbereitenden Zügen für die bekannteren philosophischen Entwürfe Montesquieus und insbesondere Rousseaus erfaßt werden muß. (2) In der Tat kommen beide Philosophen des Revolutionszeitalters dieser Annahme insofern entgegen, als bezogen auf jener Denken geschrieben worden ist, daß Saint Pierre dieses „in seinen Voraussetzungen eher verständlich macht, als dies in der von der Großen Revolution bestimmten Perspektive möglich ist."[174] Umgekehrt wäre es auch im Falle Rousseaus und Montesquieus problematisch, von einer exklusiven, wie auch immer gerichteten, Abbildung von politischer Geschichte und Denken zu sprechen.

Unabhängig von philosophiegeschichtlichen Erwägungen stimmt eine Untersuchung von Saint Pierres *Projet* mit dem Charakter der gestellten Aufgabe überein: Eine historische Verortung von Erasmus' *Querela Pacis* in den Bedingungen der frühen Neuzeit, (die sie mitbegründen hilft), hat einerseits der systematischen Intention gedient, neuzeitliches Normativitätsverständnis von mittelalterlichem Normativitätsverständnis abzugrenzen; andererseits hat der Traktat diese Forderung, im Sinne eines geordneten normativen Verständnisses, gewissermaßen selber gestellt. Mit den die weiteren normativen Friedensbegriffe entwickelnden Kapiteln über Saint Pierre, Rousseau und Kant schließlich wird dem ersten Abschnitt die in engerem Sinne systematische - und in dieser Hinsicht ausschließlich das implizite normative Potential einzelner Werke erwägende - Arbeit bereits dieses zweiten Abschnittes gegenübergestellt. Dem kommt entgegen,

[173] *Hömig, H./Meißner, F.-J.:* Abbé de Saint Pierre und die Französische Aufklärung, in: Castel de Saint Pierre, Abbé 1988, S. 43.
[174] Ebd.

daß sowohl Rousseau als auch Kant sich auf ihre Vorgänger-Schriften direkt bezogen und damit die Basis für eine zumindest auch theorieimmanente Betrachtung der Traktate zum ewigen Frieden gelegt haben.

b. Geschichte als begriffliche Determinante des Projet

Es wird dennoch auch in bezug auf Saint Pierre in Rechnung gestellt werden müssen, daß das *Projet* seine Zeit, und also historische Umstände, in bestimmter Hinsicht wiederspiegelt. Weder die eine noch die andere der folgenden Überlegungen widerspricht dem, was zuvor bezogen auf die weiterreichende systematische Bedeutung von Saint Pierres Philosophie gesagt worden ist.

(1) In der einen Hinsicht ist bereits aus dem *Projet* eine Begleiterscheinung des französischen Machtverfalls herausgelesen worden. Die Nation war, wie von Raumer herausgestellt hat, „des Krieges und seiner Opfer müde, sie verfluchte Ludwig XIV., dessen ‚glorie' ihr so teuer gekommen war, und sie suchte die Bilanz eines Jahrhunderts Krieg unter Bedingungen zu ziehen, die dem erschöpften Frankreich noch einigermaßen günstig waren."[175] Unter den Angriffskriegen Richelieus und Ludwigs XIV. waren die Grenzen „zu einem flüssigen Element" geworden und diese, mehr als alles andere, galt es zu sichern. Während am Beginn des *Grand Dessin* von Saint Pierres Landsmann Sully noch eine „Generalrevision der europäischen Landkarte" intendiert werden konnte,[176] beginnt das *Projet* an entsprechender Stelle mit einem Defensivplan zur „Stabilisierung Europas auf der Basis von 1713", d.i. auf der Basis des schon erwähnten Utrechter Friedens.[177]

---

[175] *Raumer, Kurt von:* Ewiger Friede. Friedensrufe und Friedenspläne seit der Renaissance, Freiburg i. B./München 1953, S. 131.

[176] *Sully, Maximilien de Béthune de:* Mémoires: Principal Ministre de Henrice-Grand/Maximilien de Béthune de Sully [1638/1662], Paris 1788.

[177] T. E. Kaiser hält entsprechend fest: „The task Saint-Pierre took upon himself was the reinvigoration of the monarchy through a searching critique of its organization" Vgl.: *Kaiser, Thomas E.:* The Abbé de Saint-Pierre, Public Opinion, and the Reconstitution of the French Monarchy, in: The Journal of Modern History, Vol. 55, No. 4 (Dec., 1983), S. 619.

(2) In der anderen Hinsicht wird der weitere Verlauf des Kapitels herausarbeiten, daß Saint Pierres *Projet* einen Beitrag zur Normativitätsfrage des Friedens liefert, der in bestimmtem Sinne ein Produkt des gesamten Charakters des Philosophen darzustellen vermag. Saint Pierre war seiner Zeit in besonderer Form zugewandt. Das schlimme Wort über den Abbé als eines ‚Apothekers von Europa' bezeichnet dessen pedantische Hinwendung zur Empirie des Alltagsgeschehens. Die historisch-politische Konstante spiegelt in Saint Pierres Denken weniger dessen konkreten Beitrag zu den politischen Geschäften der *Régence*, sondern hat für jenen ganz allgemein normativen Charakter.

Inbesondere letzterer normativer Charakter des Geschichtlichen wird abzuwägen sein, wenn abschließend an eine normative Einschätzung des *Projet* in der Friedensfrage gegangen wird. Vorerst sollen die Überlegungen zur geschichtlichen Verankerung des Traktates um eine sehr kurze Einleitung in die Grundidee und die Darstellungsweise dieser Idee ergänzt werden, mit der das *Projet* auf die historischen Tatsachen seiner Zeit geantwortet hat: In unmittelbarem Zusammenhang mit den abgeschlossenen Friedensverhandlungen von Utrecht 1713 schreibend - die er als Sekretär des französischen Gesandten de Polignac miterlebt hat - plädiert Saint Pierre für die Errichtung einer europäischen Föderation zur „Erhaltung des Friedens".[178] Das *Projet* referiert zur einleitend gefundenen Formel der ‚Friedensorganisation'. Den völkerrechtlichen Versuchen seiner Zeit entsprechend, entwirft der Traktat eine Bundesverfassung für den von ihm selbst „vorgeschlagene[n] Völkerbund", bestehend aus zwölf ‚Grundartikeln' und sieben ‚Wichtigen Artikeln'. Die einzelnen Artikel werden im weiteren fakultativ zu Rate gezogen werden. Ihre Andeutung an dieser Stelle soll den äußeren Wandel veranschaulichen, der sich in der Darstellungsweise von Erasmus' Gesinnungspredigt und Moralappell zum *Projet* vollzogen hat. Im Sinne der normativen Frage ist - abseits des organisatorischen Inhalts der von Saint Pierre vorgelegten Artikel - ungleich grundsätzlicher, d.h. unter anderem mit Saint Pierres allgemeiner philosophischer Methode zu beginnen.

---

[178] *Saint Pierre, Charles Irénée Castel de:* Der Traktat vom ewigen Frieden [1713], hrsg. u. mit einer Einl. vers. v. Wolfgang Michael, dt. Bearb. v. Friedrich v. Oppeln-Bronikowski, (= Klassiker der Politik Bd. 4), Berlin 1922, S. 11.

2.2 DESCARTES' ‚IDÉES CLAIRES ET DISTINCTES'

und die Theologie

Seit etwa 1687 ist Saint Pierre bemüht, die cartesianische Methode auf ethische und politische Probleme anzuwenden. Er greift hierbei vor allem auf Descartes' *Les Passions de l'Ame* und *Le Traité de l'Homme* zurück. Ziel dieser methodischen Versuche ist es, deren Prinzipien mit Saint Pierres eigenen Erkenntnissen aus den empirischen (politischen) Wissenschaften zu verbinden.[179] Wie ernst diese methodologischen Versuche Saint Pierres zu nehmen sind, wird deutlich, wenn den Detail-Studien von Perkins[180] gefolgt wird. Hömig/Meißner haben in diesem Zusammenhang sogar von einem „Pseudo-Cartesianismus"[181] Saint Pierres gesprochen. Ganz abgesehen davon, wie die Ergiebigkeit dieser Versuche, die Methode Descartes' im Bereich der praktischen Wissenschaften zu etablieren, einzuschätzen sein mag, ist für unseren Kontext die Frage wichtiger, welche etwaigen Schlüsse sie, bezogen auf die normative Verortung von Saint Pierres Friedensdenken, zulassen.

In erkenntnistheoretischer Sprache ausgedrückt, ist zu diesem Zweck die Frage der Geltung von Wissen über jene seiner Genese zu stellen. Definitionsartig gesprochen bedeutet das folgendes: Während die generische Frage feststellt, welche allgemeinen Bedingungen unsere Erkenntnisleistung erfüllen muß, um Wissen hervorzubringen, geht es der Geltungsfrage um die grundsätzlichen Bedingungen, denen der Wissensgegenstand genügen muß, um Wissensgegenstand sein zu können. Während an erstere Stelle normalerweise der Gegensatz von Rationalismus und Empirismus gesetzt wird, betrifft letztere Frage jenen von Idealismus und Materialismus. Die Beantwortung beider Fragen ist normativ. Die Frage der Geltung von Wissen ermöglicht in unserem Zusammenhang zu fragen, welche Disziplin

[179] Hömig/Meißner 1988, S. 52.

[180] Siehe: *Perkins, Merle L.:* The Moral and Political Philosophy of the Abbé de Saint-Pierre, Genève 1959; *Perkins, Merle L.:* Civil Theology in the Writings of the Abbé de Saint-Pierre, in: Journal of the History of Ideas, Vol. 18, No. 2 (Apr., 1957), S. 242-253; *Perkins, Merle L.:* An Unpublished Letter from Saint-Pierre to Daguesseau, in: Modern Language Notes, Vol. 70, No. 2 (Feb., 1955), S. 110-113.

[181] Hömig/Meißner 1988, S. 52.

(welchen Gegenstandsbereich) Saint Pierre bei einer normativen Behandlung der Friedensfrage zugrundelegt. Genauer: Aus welchen unterschiedlichen Disziplinen schöpft er?

Für Saint Pierre ist Descartes' Prinzip der „idées claires et distinctes" verpflichtend. In erkenntnishistorischer Hinsicht kommt er damit den Forderungen der damals allgemein vorherrschend cartesianisch geprägten Philosophie nach. In Hinsicht auf seine wissenschaftlichen Interessen bedeutet das für den jungen Saint Pierre: „Idées claires et distinctes" waren, wie Hömig/Meißner festgestellt haben, „in der Theologie nicht zu erwarten, und das hinderte ihn daran, sich stärker mit theologischen Fragen zu beschäftigen."[182] Saint Pierre unterscheidet sich damit in einem ersten wichtigen Sinne von Erasmus. Zu fragen bleibt, inwiefern vorausgesetzt werden darf, daß die methodisch un-theologische und in nicht-theologischer Sprache formulierte Philosophie des Abbé untheologisch auch im Sinne ihrer zugrundeliegenden und gegebenenfalls leitenden Motive für den Frieden ist. Immerhin wird Saint Pierre im Dezember 1702 zum Abbé von Tiron ernannt.[183] Insbesondere vor letzterem Hintergrund ist es wichtig, Argumente zu finden, die die theologische Frage in dessen Philosophie klären:

(1) Hömig/Meißners Bemerkung zur philosophischen Methode Saint Pierres fällt dort in den Zusammenhang einer Verständigung über „die Frage, welche religiösen Überzeugungen Saint Pierre hegte." Die Ablehnung theologischer Methodik hat bei Hömig/Meißner ihren Platz im Kontext einer Suche nach den biographischen Umständen, die Saint Pierres Philosophie beeinflussend begleiten, und reicht insofern über ein rein methodenkonzentriertes Urteil hinaus und zugleich in die Dimension abfragbarer normativer Motive hinein. Eine der deutlichsten Stellungnahmen zu Saint Pierres religiösen Überzeugungen und Motiven hat Rousseau im *Emile* ausgesprochen, wo Saint Pierre nachgesagt wird, „daß er das mit seinem geistlichen Stand verbundene Zölibatsgelübde nicht sehr ernst nahm und erklärt [...] Saint Pierres Stellungnahme gegen den Zölibat aus dessen persönlichen Lebensumständen."

---

[182] A.a.O., S. 48.

[183] Ob Saint Pierre zum Priester geweiht wurde, bleibt unklar.

(2) Es ist nicht eigentlich eine Erklärung gegen jegliche, eventuell theologische Normativität im Friedensdenken Saint Pierres, wenn zumindest festgestellt wird, daß weder das *Projet*, noch die *Polysinodie*, noch die *Réflexions sur l'Antimachiavel* explizite theologische Normativität enthalten. Für eine in engstem Sinne systematische Arbeit wäre aus dieser Unexplizitheit möglicherweise die Konsequenz ableitbar, daß solche Normativität im Denken Saint Pierres folglich nicht existiert. Da sich die Arbeit bis dahin - wie insbesondere das Erasmus-Kapitel verdeutlicht - immer wieder außerhalb eines rein systematischen Zusammenhanges bewegt hat, indem sie die historischen Umstände der Philosophen mitberücksichtigt, soll nicht der Schluß gezogen werden, daß theologische Bedingungen in Saint Pierres Friedensdenken rundweg nicht existieren. In der Form referenzfähiger Normativität sind sie allerdings vernachlässigbar.[184]

Auf die Ausgangsthese dieses Abschnittes zurückkommend, daß unter Aspekten der Wissensgeltung in der Philosophie Saint Pierres auf normative Antworten zu schließen ist, läßt sich zusammenfassen: Nachdem für Saint Pierre nachweislich gilt, daß die Theologie in methodischer Hinsicht keine „idée claires et distinctes" zu garantieren vermag und Saint Pierres Philosophie darüber hinaus keine explizit theologische Argumentation aufweist, läßt dieser erste Schritt *ex negativo* ausschließen, daß Saint Pierres Friedensnormativität in der Form theologischer Begründungen erfolgt.

2.3 UTILITARISMUS

a. Die Konzentration auf den empirischen Standpunkt der ‚bienfaisance'

Im Anschluß an die bisher *ausschließende* Arbeit bezüglich der Normativität von Saint Pierres Friedensphilosophie wird eine positive

[184] Die Abwägung der theologischen Gewichte in der Philosophie Saint Pierres ist auch insofern wichtig, als bereits Voltaire Saint Pierre die folgenden Sätze zugeschrieben hat, die ihn als einen Vertreter natürlicher Religion und einen Deisten erscheinen lassen: „Je crois en Dieu le père tout-puissant, parce qu'il est père commun de la nature, de tous les hommes" Vgl.: *Voltaire:* Oeuvre complètes, Bd. XX, Paris 1877-85, S. 466. Zu den Einwänden gegen die sehr fragliche Zuschreibung durch Voltaire vgl.: Perkins 1957, S. 242ff.

Bestimmung der Begründungsfrage versucht. Im Denken des Erasmus war der Vernunftsstandpunkt in abgrenzender Funktion gegen ein vermeintlich ‚dunkles' Mittelalter herauszustellen. Für den Aufklärungsphilosophen Saint Pierre ist klar, daß Erkenntnis *per se* als (cartesianische) Vernunftserkenntnis definiert ist. Auf diesem Standpunkt angekommen, wird vernünftig erkannt, daß der Friede politisch, moralisch, ökonomisch [...], wie auch immer, geboten ist. Im Rahmen der cartesianischen „idées claires et distinctes" besitzt die Vernunft allerdings eine Vielfalt vernünftiger Begründungsoptionen.

Ringier zitiert folgenden Satz Saint Pierres in bezug auf eine m o r a l p h i l o s o p h i s c h e Ausrichtung von dessen Philosophie. Indirekt mit Blick auf das Ideal der cartesianischen „idées claires et distinctes" formuliert, hat dieser bekannt: „Ich liebte dieses Studium (der Physik) sehr, aber ein Gedanke von Pascal ließ mich dasjenige der Moral höher schätzen."[185] Um welchen Gedanken Pascals es sich hierbei handelt wird nur vermutet werden können. Wichtiger ist: Der Gegensatz, den Saint Pierre zwischen Physik und Moralphilosophie zeichnet, ist nicht als Gegensatz der Methoden anzunehmen: (1) Es ist nachgewiesen worden, daß sich Saint Pierre zumindest während der ersten Jahre in Paris, wohin er nach Abschluß seiner Studien gezogen war, intensiv mit ethischen Studien beschäftigt hat.[186] Inhaltlich gesehen, gehen damit - wie Saint Pierres Bekenntnis im übrigen selber festhält - die Beschäftigung mit Physik und Moral miteinander einher. Noch wichtiger ist, daß (2) Saint Pierres Philosophieren, wie Hömig/Meißner festhalten, sowohl in dieser als auch der folgenden Zeit von der Absicht getragen ist, die „Kategorien der exakten Wissenschaft auf moralisch-politische Fragestellungen zu ü b e r t r a g e n."[187] Es besteht für Saint Pierre - insofern beide von ihrer Methode her aufgefaßt werden - nicht nur kein Gegensatz zwischen Physik

[185] Zitiert nach: *Ringier, J. E.:* Der Abbé de Saint-Pierre: Ein Nationalökonom des 18. Jahrhunderts, Karlsruhe 1905.S. 10f.

[186] Saint Pierre gehört in dieser Zeit einem losen Kreis intellektuell gleichgesinnter Freunde an, der außer ihm aus Varignon, Vertot und Fontenelle bestand. Saint Pierres Haus am Faubourg Saint Jacques, in dem man sich traf und teilweise wohnte, ist, wie Hömig/Meißner 1988 referieren, als „Wiege des 18. Jahrhunderts" (M. Fague) bezeichnet worden und darf als Vorgänger des berühmten *Club de l'Entresol* gelten. Vgl. dazu Hömig/Meißner 1988, S. 51f.

[187] Hömig/Meißner 1988, S. 53.

und Ethik, sondern letztere soll, ihren Methoden nach, auf ein Ideal theoretischer Wissenschaften - Descartes' „idées claires et distinctes" - eingeschworen werden.

Wichtig ist es festzuhalten, daß für Saint Pierre, in Hinsicht auf die Methode, kein Widerspruch zwischen Ethik und Descartes' „idées claires et distinctes" besteht. Trotzdem wird die Gedankenführung des Franzosen in der Frage des Friedens nicht als ethisch-normativ angesehen werden können. Im weiteren Verlauf dieser Erörterungen sollte sehr klar werden, daß das *Projet* der *Querela Pacis* in dieser Hinsicht diametral gegenübersteht. Das Friedensdenken des Erasmus - soweit dieses als moralphilosophisch argumentiert angesehen werden kann - entsprang zugleich einem prononcierten Reflex des Theoretikers gegen Fragen der *per se* als unmoralisch aufgefaßten politischen Beschäftigung. Im Gegensatz dazu ist auf die bis dahin übergangene, gemeinschaftliche Formulierung „moralisch-politisch" des zuletzt verwendeten Zitates einzugehen. Die Fortsetzung dieser Betrachtung wird, gleichzeitig einer Stellungnahme zur Ethik in der Friedensfrage bei Saint Pierre, schließlich auf den eingangs angeführten Begriff der „bienfaisance" und mit ihm auf eine vollgültig positive Bestimmung der normativen Determinanten von dessen Friedensdenken führen können.

Gleichwohl bei Saint Pierre, in Fragen der Moral und der Politik gleichermaßen, die Kategorien der exakten Wissenschaften veranschlagt werden sollen, stellt der methodologische doch nur e i n e n der Standpunkte dar, auf denen dessen Philosophie gründet. Ein letztes Mal zu diesem Punkt Saint Pierre selbst: „Was mich angeht, so wünsche ich sehr, daß die politischen Erörterungen [...] auf das arithmetische Kalkül reduziert würden, so wie die politische Arithmetik William Pettys oder die *Dime royale* Vaubans oder meine Schrift über den Wegezoll ..., sodaß man das Für und Wider abwägen könnte."[188] Auch im Bereich der Politischen Wissenschaften und im Bereich des Politischen selbst war - wie Joseph Drouet festgestellt hat - „Saint-Pierre das Wort persuader fremd [...], da er dem Ideal mathematischer Rationalität huldigte."[189] Ein w e i t e r e r Standpunkt tritt hin-

---

[188] *Saint Pierre, Charles Irénée Castel de:* Annales Politiques [1758] (zitiert nach: Hömig/Meißner 1988, S. 55).
[189] Zitiert nach: Hömig/Meißner 1988, S. 55.

zu, wenn der Pascal-Passage bei Ringier weiter gefolgt wird. Unmittelbar im Anschluß an seine Hommage an Pascal und die daraus resultierende Wertschätzung der Moral schreibt Saint Pierre weiter: „[...] als ich später den Nutzen der guten Moralbücher mit dem Nutzen guter Gesetze und Einrichtungen verglich, mußte ich das Studium der Politischen Wissenschaft demjenigen der Moral vorziehen.“[190]

Abweichend von beider mehr oder weniger vorhandenem Methodenkonsens dreht Saint Pierre des Erasmus Urteil in Hinsicht auf die Gegenstände der Philosophie genau um. Ebenso wie Erasmus eine Beschäftigung mit den Geschäften der Tagespolitik selbst als unmoralisch befindet, ist Saint Pierre die Moral - sofern es um deren bloß theoretisches Studium geht - zu unpolitisch. Hinter der Vokabel des Politischen bzw. Unpolitischen steht jenes maßgebliche Kriterium, von dem aus das *Projet*, wie im übrigen das Gesamtwerk Saint Pierres, schließlich entworfen ist: die „bienfaisance“, sowie die in ihrem Sinne veranschlagte Kategorie gesellschaftlichen Nutzens.

b. *‚Pazifistischer Utilitarismus‘*

„Schon Molinari sah in ihm [Saint Pierre] einen Utilitaristen, der als Vorläufer Benthams gelten könne.“ Die Normativität die durch solche und ähnliche Bemerkungen in der Frage des Friedens bei Saint Pierre garantiert wird, soll im einzelnen nachvollzogen werden: zuallererst im wahrsten Sinne des Wortes. Eine Anekdote sagt über den philosophischen Charakter Saint Pierres folgendes: „Bei einem Wagenunfall, als der Bruch der Achse ihm nicht bloß unfreiwillig Muße verschaffte, in inländischer Abgeschiedenheit über die Unvollkommenheit der menschlichen Dinge nachzudenken, sondern dieses Nachdenken des Nützlichkeits-Apostels mit einer gewissen Eindringlichkeit auf das Problem einer Verbesserung der schlechten Straßen konzentrierte [...]. Diese Frage beantwortete sich dem, der gewohnt war, im moralischen wie im wirtschaftlichen und politischen Leben alles auf seine berechenbaren und einfachen Ursachen zurück-

[190] Zitiert a.a.O., S. 49.

zuführen, mit dem Hinweis auf die vielen Kriege, die den Staat daran hindern, sein Geld in zivilisatorische Werke umzusetzen.“[191]

Was die Anekdote verdeutlichen soll, ist folgendes: Ein normatives In-den-Grund-Gehen, bezogen auf die Frage des Friedens und seiner Begründung, setzt bei Saint Pierre mit einer Kette analytisch erkannter Ursachen an, die vollständig den größeren und kleineren Problemen seiner Zeit und ihrer Abhilfe verpflichtet sind. Noch bevor die vergleichsweise anspruchsvollere Konzeption einer utilitaristischen Weltsicht in Frage kommt, befindet sich Saint Pierres Philosophie gewissermaßen bereits in der empirischen Situation. Systematisch gesehen, verdeutlicht Saint Pierres Philosophie eher einen extrem p r a k t i s c h e n, denn theoretisch-utilitaristischen Standpunkt. Hömig/Meißner: „Diskussionen über Fragen, die einen greifbaren ‚Nutzen‘ für das tägliche Leben oder für das Gemeinwesen bringen konnten, interessierten ihn von Anfang an mehr als spekulative philosophische und theologische Probleme.“[192]

Die eingangs angestellte Überlegung zur historischen Verwurzelung der Philosophie Saint Pierres nimmt auf genau diesen praktischen Sachverhalt Bezug. Saint Pierres Denken ist insofern in die Geschichte seiner Zeit involviert, als diese in der Form einer allgemeinsten empirischen Bedingung für philosophische Arbeit wahrgenommen wird und diese Arbeit motiviert. Die historisch-politische Konstante spiegelt in Saint Pierres Denken weniger dessen konkreten Beitrag zu den politischen Geschäften der *Régence*, sondern hat für jenen ganz allgemein normativen Charakter. In den Koordinaten seines extrem praktischen Standpunktes - und ohne den Versuch einer utilitaristischen Verallgemeinerung - besteht diese Normativität zugegebenermaßen in wenig mehr als einer pedantischen Hinwendung zur Empirie des A l l t a g s g e s c h e h e n s. Unter methodischen Gesichtspunkten läßt sich gleichwohl hinzufügen, daß die weiter oben herausgearbeitete Distanz Saint Pierres zur Theologie auf eine zusätzliche Argumentationslinie geführt worden ist: Die - gegenüber dem zumindest theoretisch fixierten Projekt einer methodischen Revision der Ethik - vergleichsweise totale Ablehnung der Theologie ist bei Saint Pierre nicht nur methodischer Reflex, sondern vom Stand-

[191] Raumer 1953, S. 129f.
[192] Hömig/Meißner 1988, S. 48.

punkt des täglichen Lebens her gewonnen. An diesem Punkt wird die scheinbare Willkürlichkeit, die bis dahin in der Frage der methodischen Cartesianisierung von Ethik einerseits und Theologie andererseits mitgeschwungen hat, um ein Kriterium bereichert.

Saint Pierres philosophische Schriften haben den empiristischen Standpunkt teilweise weniger in die Tiefe, sondern in die Breite geführt.[193] Es stellt keinen Widerspruch zum gerade Festgestellten dar, wenn - im Sinne einer Überblickung des weiten philosophischen Spektrums, dem sich diese Schriften gewidmet haben - unter anderem die Religion zu nennen ist. Ringier hat anhand von Saint Pierres *Annales Politiques* neun Schwerpunkte seiner Philosophie festgehalten und dabei die Religion gleich an erster Stelle genannt: 1. Geistlichkeit und Religion, 2. Der Adel, 3. Das europäische Schiedsgericht und der Ewige Friede, 4. Steuern und Finanzen, 6. Die Ursachen der Stärke und des Reichtums der Nation, 7. Erziehung und Unterricht, 8. Armee und Marine und 9. Regierung und innere Politik.[194] Es besteht insofern kein Widerspruch zwischen empirischer Grundhaltung und religiöser Thematik bei Saint Pierre, als die religiöse Thematik nicht auf theologische Systematik, sondern kirchenpraktische Organisation referiert. Selbst die inhaltliche Ausprägung dieser Organisation ist vom Standpunkt des täglichen Lebens her gewonnen. Hömig/Meißner schreiben in diesem Zusammenhang: „Er [Saint Pierre] ist ein Verfechter gallikanischer Grundsätze, nach denen beispielsweise Kardinäle keinen höheren Rang als Minister besitzen. Das staatliche Interesse steht über dem kirchlichen, das er folgerichtig nach rein utilitaristischen Gesichtspunkten betrachtet.“[195]

Damit ist erneut der Begriff „Utilitarismus“ gefallen. Getreu dem Motto, Saint Pierres empiristisch geprägten Ansatz im Einzelnen zu

---

[193] T. E. Kaiser hat in ungewöhnlich positiver Wahrnehmung von Saint Pierres holistischem Ansatz argumentiert: „Saint-Pierre's program of reform, shall be argued, can best be understood not as an eclectic amalgam of utopian proposals, but as an internally consistent plan for the reconstruction of the French monarchy. Although idiosyncratic and unsystematic in form, it was guided by a political logic according to which the exchange of information among rulers and subjects could be harnessed for the purpose of rationalizing the state's procedures and policies.“ Vgl.: Kaiser 1983, S. 620f.

[194] Ringier 1905, S. 43, 134.

[195] Hömig/Meißner 1988, S. 48f.

erörtern, soll schließlich die Ergiebigkeit der Zuschreibung „pazifistischer Utilitarismus“ durch die Forschungsliteratur diskutiert werden. Zum Abschluß des *Vierten Hauptstücks* im *Projet* hat sich Saint Pierre in seinen „Erläuterungen“ des siebten und letzten ‚Wichtigen Artikels‘ zur Goldenen Regel bekannt: „Was Du nicht willst, das man Dir tu', das füg' auch keinem andern zu“ (Mat. 7,12). Was Saint Pierre sein „Grundgesetz der natürlichen Billigkeit“ nennt, wird als solches bestimmt, „von dem [sich] alle anderen gemachten Gesetze ableiten.“[196] Nur die Verträge werden, in Saint Pierres Sicht der Dinge, von Dauer sein, die auf jener Billigkeit beruhen. Die Autorität der natürlichen Billigkeit gründet für Saint Pierre auf der (wohl illusorischen) Annahme, daß „alle Herrscher und alle Leiter von Freistaaten zu ihrem eigenen Glück und zu ihrer eigenen Sicherheit viel beitragen, wenn sie stets der Billigkeit folgen.“[197] Gleichgültig, wie realitätsfremd Saint Pierres Einschätzung in Hinsicht auf ihren Erfolg gewesen sein mag, stellt Cavallar richtig fest, daß der Abbé „immer nur an das Interesse, nie an den guten Willen der Beteiligten appelliert“[198] hat. Wenigstens in dieser Hinsicht wird Saint Pierre zugute gehalten werden müssen, daß er die Realitäten seiner Zeit nicht verkannt hat. In normativer Hinsicht steht er in der Friedensfrage und ihrer Begründung nichtsdestoweniger als „Nützlichkeitsapostel“ da. Die Zuschreibung eines „pazifistischen Utilitarismus“ ist von Saint Pierres dargestelltem „Grundgesetz der natürlichen Billigkeit“ und seinen theoretischen Implikationen her gerechtfertigt. Unter der, freilich gewichtigen, Einschränkung, daß Saint Pierre die Kategorien des Nutzens und der „bienfaisance“ direkt nur für das Interesse der Herrscher in Stellung bringt, kann das *Projet* als früher Vorläufer von Benthams „Glück der größtmöglichen Zahl“ angesehen werden.[199]

---

[196] Saint Pierre, Traktat, S. 111.

[197] Ebd.

[198] *Cavallar, Georg:* ‚Zum ewigen Frieden‘: Immanuel Kants philosophischer Entwurf im Zusammenhang mit seiner Transzendentalphilosophie, den Friedensideen Saint Pierres und Rousseaus und dem zeitgeschichtlichen Hintergrund, Wien 1986, S. 7.

[199] Zu Benthams utilitaristischem Friedensbegriff vgl.: *Bentham, Jeremy:* Grundsätze für Völkerrecht und Frieden [1786/89], in: Raumer 1953.

Die abschließende Beantwortung der dem *Projet* zugrundeliegenden Normativitätskonzeption in der Friedensfrage wird indessen das, bis dahin nur andeutungsweise ausgebreitete, empirische Feld der philosophischen Aktion selbst auf seine konkretere Perzeption bei Saint Pierre untersuchen müssen. Es steht hierbei - in Übereinstimmung mit dem oben dargestellten Begriff einer entkonkretisierten Historie - keine geschichtliche Auffassung der *Régence* in ihren detaillierten, politischen Umständen zur Frage, sondern eine allgemeinere Ebene geschichtsphilosophischer Interpretation bei Saint Pierre. Das in diesem Szenario entscheidende Wahrnehmungs-Paradigma wird durch den Begriff der „perfectibilité" festgehalten und im folgenden näher beschrieben.

2.4 ESSENTIALISMUS UND HISTORIZISMUS

a. Das anthropologische und geschichtsphilosophische Konzept der ‚perfectibilité'

Es sollte bis dahin deutlich geworden sein, daß Saint Pierres Philosophie die möglichen Felder philosophischen Denkens zwar cartesianisch beurteilt, zugleich aber von einem Standpunkt ausgeht, der eher versucht, diese Philosophiefelder einer bestimmten Methode zu assimilieren, als Philosophiefelder überhaupt entsprechend dieser Methode zu bestimmen. Saint Pierres Philosophie ist Wissenschaft des politisch Gegebenen. Im Bereich der praktischen Philosophie ist sie Wissenschaft des politisch Gegebenen und nicht Ethik, weil sie zugleich dem Ideal der „bienfaisance", der Wohltätigkeit der Menschen in der Gesellschaft, gewidmet ist. Indem Saint Pierres Philosophie in diesem praktischen Sinne zuerst gegen die Theologie, dann gegen die Ethik abgegrenzt wurde, ist ein d i r e k t e r Schluß genaugenommen noch nicht gezogen worden: Es wurde zwar die Bedeutung tragender und nicht tragender Gesetze für eine methodische Beschreibung des Zusammenlebens der Menschen referiert, jedoch nicht bestimmt, daß gewisse solcher Gesetze *selbst* es sind, die das Glück der Gesellschaft bei Saint Pierre ermöglichen sollen: Eine bestimmte, gesetzmäßige „idée claire et distincte" ist selbst *conditio sine qua non* der „bienfaisance". Der genaue Sinn solcher Bestimmungen bei Saint Pierre muß untersucht werden.

In einem ersten Schritt ist eine Konkretisierung der gesetzbeschreibenden „idée“ zu erfragen. Diese ist keine andere, als die eingangs angekündigte Idee der „perfectibilité“. Ihrem Ursprung und ihrem Inhalt nach nimmt letztere auf folgendes Bezug: Im Sinne ihres Ursprunges ist die Idee der „perfectibilité“ Reflexion oder eher Reflex einer Aufklärung, die die Möglichkeit der Vernunftserkenntnis als philosophische Grundhaltung und philosophische Weltsicht absorbiert hat. Über Erasmus hinausgehend beansprucht die Aufklärungsphilosophie, nicht nur Philosophie der Vernunft (*genitivus subjectivus*), sondern zugleich Philosophie der Vernunft (*genitivus objectivus*), d.i. einer vernünftig geordneten Welt zu sein. Die Idee der „perfectibilité“ wird - wie Hömig/Meißner herausgestellt haben - bei Saint Pierre als eines jener aufklärerischen, „nach naturwissenschaftlichen Grundsätzen gewonnene[n] Postulat[e]“[200] angenommen. Ihrem Inhalt nach bezeichnet die Idee der „perfectibilité“ die Vernunft in ihrem Fortschreiten in der Welt. Sie ist die Idee des vernunftgeleiteten Fortschritts und seiner Möglichkeit. Es ist hervorgehoben worden, daß Saint Pierre in seinem Verständnis von „progrès“ - sofern dieser als „progrès de la raison humaine“ angenommen wird - den Philosophien Diderots und d'Alemberts entspricht.[201] Zwar stellt Saint Pierre in Rechnung, daß die „Neigung zur Zwietracht, die im Menschen liegt“,[202] den allgemeinen Fortschritt theoretisch zu verlangsamen vermag, dennoch zweifelt er nicht daran, „daß er kommen wird, wenn die Menschen ihre wahren und bleibenden Interessen erst einmal erkannt haben“,[203] die vernünftige Interessen sind. Wo des Erasmus *Querela Pacis* den Menschen ‚nicht wie er ist, sondern wie er sein soll‘ zugrundelegt,[204] beansprucht das *Projet* von den Menschen „wie sie sind, und nicht wie sie sein sollen“[205] auszugehen.

Seinem Standpunkt von der philosophischen Bedeutung des politisch Gegebenen entsprechend, ist Saint Pierres Idee der „perfectibilité“ der Vernunft näherhin als die Vervollkommnung des Men-

[200] Hömig/Meißner 1988, S. 50.
[201] A.a.O., S. 53.
[202] Saint Pierre, Traktat, S. 149.
[203] Cavallar 1986, S. 8.
[204] Vgl. Kapitel 1.4a dieses Teils.
[205] Saint Pierre, Traktat, S. 124-127.

schen in und der Gesellschaft selbst definiert. Historisch-politisch konkretisiert sich diese Vervollkommnung darin, daß Saint Pierre glaubt, in einem Zeitalter der anbrechenden Vernunft zu leben; in einem ‚silbernen' Zeitalter, das bald in ein ‚goldenes' übergehen werde. Saint Pierre selbst: „Wir sind also genau genommen in einem silbernen Zeitalter, welches auf der einen Seite etwas vom goldenen Zeitalter enthält, denn unsere Vernunft ist schon so weit entwickelt, daß wir danach streben, die Kriege zu beendigen und die Friedenszeiten zu verlängern."[206] Neben der allgemeinen Ausrichtung vernünftiger Vervollkommnung auf eine solche von Mensch und Gesellschaft ist es schließlich der e w i g e F r i e d e, der sich der *conditio humana* ganz am Ende als deren vollkommenstes Produkt anbietet.

Die „bienfaisance" der Menschen, in der Form ihrer Bestimmung als durch die wohltätige Wirkung tragender gesellschaftlicher Gesetze ermöglicht, erfüllt sich in einem z u k ü n f t i g e n goldenen Zeitalter. Hömig/Meißner halten bezeichnenderweise fest: „Für ihn [Saint Pierre] stand fest, daß die Moderne gegenüber der ‚falschen Autorität' der Alten, die den Fortschritt der Menschheit behinderte, überlegen war. Das Goldene Zeitalter lag nach Saint-Pierre nicht in der Vergangenheit, sondern in der Zukunft."[207] Des Erasmus leitendes politisches Motiv mit seiner Überwindung mittelalterlicher Autorität setzt sich in Saint Pierre fort, indem es eine zusätzliche theoretische, geschichtsphilosophische Dimension erhält. Das philosophische Motiv des Erasmus mit seiner teilweisen Erneuerung antiker Denkweisen schließt sich für den Aufklärer Saint Pierre dagegen aus.

Eine besondere Note ergibt sich, wenn die eingangs als ihrer eigenen Zeit in besonderer Form zugewandt charakterisierte Persönlichkeit Saint Pierres im Lichte dieses Projektes der Vernunft gesehen wird: „Der notwendig offenen, gewissermaßen ‚utopischen' Zukunftsperspektive, [...] die es in der Auseinandersetzung mit der Geschichte zu gestalten gelte, entsprach die Vielzahl seiner [Saint Pierres] Projekte, die man deshalb als Vorschläge für die Zukunft verstehen kann."[208] Die weitgehende Vergessenheit der philosophischen Schriften Saint Pierres wurde zu Beginn, zumindest teilweise, aus deren

[206] Ringier 1905, S. 108.
[207] Hömig/Meißner 1988, S. 54.
[208] Ebd.

unbedingter Zeitbezogenheit erklärt. An dieser Stelle angekommen, rechtfertigt Saint Pierre seine eigene Vergessenheit gewissermaßen philosophisch. Den Zusammenhang von fortschrittlich zu gestaltender, vernünftiger Empirie und den demselben Prinzip gewidmeten Schriften hat Saint Pierre im *Projet Pour Perfectionner le Gouvernement des Etats* letztlich auf sich selbst und seine Philosophie angewandt. Saint Pierre erklärt hier, daß seiner Ansicht zufolge die politische Philosophie seit der Antike immer vollkommener geworden sei.[209] Wie Hömig/Meißner schreiben, beanspruchte Saint Pierre, daß „seine Ideen in dieser Entwicklungslinie lagen."[210] Insbesondere das *Projet Pour Rendre la Paix Perpetuelle* reiht sich in diese Selbstwahrnehmung ein.

Aus Karl Poppers Werken *Das Elend des Historizismus* und *Die offene Gesellschaft und ihre Feinde*[211] ist der diesem § 2 unter anderem als Titel gesetzte Begriff „Historizismus" geläufig. Auf eine Darstellung der Implikationen des Begriffs innerhalb der allgemeinen normativen Systematik des Einleitungsteils ist verzichtet worden, da - grundsätzlich gesprochen - historizistische oder geschichtsphilosophische Begründungen nur schwer als selbständige Unterkategorien normativ realistischen Begründens gelten dürften: Die für historizistische Theorien paradigmatische Sichtweise, praktische Zusammenhänge weniger danach zu betrachten, wie etwas sein *soll*, sondern lediglich wie etwas sein *wird*, blendet weitgehend aus, daß bestimmte Handlungen überhaupt mit Normativität zu versehen sind. Es ist von daher *per se* korrekter, von historizistischen Elementen normativen Begründens als von ergänzenden Teilaspekten zu sprechen, die bestimmten Unterkategorien normativ realistischer Begründungen inhärieren und vor allem in geschichtlich-politischen - bzw. Friedens-Zusammenhängen relevant werden, ohne daß sie im praktischen Bereich der Ethik allgemein anzusiedeln sind.

---

[209] Referiert a.a.O., S. 58.
[210] Ebd.
[211] *Popper, Karl R.:* Das Elend des Historizismus, (= Die Einheit der Gesellschaftswissenschaften, Studien in den Grenzbereichen der Wirtschafts- und Sozialwissenschaften, Bd. 3), Tübingen 1987. *Ders.:* Die offene Gesellschaft und ihre Feinde, Bd. I: Der Zauber Platons, Bd. II: Falsche Propheten. Hegel, Marx und die Folgen, Tübingen 1992.

Popper hat in seiner ausführlichen Platon-Kritik implizit gezeigt, wie historizistisch-perfektionistische „Sozialtechniken" gelegentlich in Koalition mit anderen normativen Paradigmen - etwa eingangs behandeltem Exzellenzparadigma der Antike - aufgetreten sind.[212] Nach dem bis dahin Gesagten verdeutlicht auch Saint Pierres Idee der „perfectibilité" eine entsprechende Einbettung geschichtsphilosophischer Elemente in die gezeigten Koordinaten normativ realistischen Friedensbegründens.

b. Das Nicht-Hegelsche Element

Die Idee der „perfectibilité" konkretisiert jene „idée claire et distincte", mit deren Hilfe die gesellschaftliche Realität durch ein fortschrittliches Gesetz erfaßbar wird. In Saint Pierres Denken stellt sie die *conditio sine qua non* dar, seinem normativen Standpunkt der „bienfaisance" Plausibilität zu verleihen. In einem letzten Punkt zu diesem Themenbereich ist abschließenderweise zu erörtern, auf welchen Stellen der begrifflichen Verhältnissetzungen die normativen Gewichte bei Saint Pierre liegen. Die Frage läßt sich in einer Weise beantworten, die bereits in der Hinführung zu ihr selbst liegt: An Saint Pierres eigener Person bzw. dessen Handeln, konnte nachvollzogen werden, wie die aufklärerische Haltung dem neuzeitlichen Menschen nicht nur eine nach Gesetzen geordnete gesellschaftliche Natur vernunftmäßig gegenüberstellt, sondern diesem selbst eine gleichzeitige Ermächtigung zuschreibt. Diese Ermächtigung besteht darin, den Fortschritt *durchzuführen.* Wie Hömig/Meißner festgestellt haben, ist für die frühaufklärerischen Philosophen wie Saint Pierre die Tatsache verpflichtend, daß die „Möglichkeit zur Selbstvervollkommnung [...] gleichbedeutend [ist] mit Selbsterlösung durch ‚Religion ohne Gott'."[213] In Hinblick auf die Verwirklichung der Möglichkeiten des aufklärerischen Selbstes in gesellschaftliche Realität, liegt die Betonung auf dem ‚Selbst'. Eine abschließende Folge sowohl zurück- als auch weitergreifender Punkte verdeutlicht dies:

[212] Vgl. etwa: Popper 1992, Bd. I, Kap. 9.
[213] Ebd.

(1) Sofern Selbstvervollkommnung nicht nur als Selbsterlösung, sondern zugleich als Religion ohne Gott und transzendente Perspektive geschehen soll, bestätigt sich Saint Pierres Ablehnung der Theologie erneut. Der Rahmen und Umfang dieser Ablehnung umfaßt die Theologie nun nicht nur in dem Sinne, daß diese weder methodisch standhält noch als Gegenstand vom Standpunkt praktischer Relevanz zureichend ist, sondern zugleich in folgender Hinsicht: Der Gott der Theologie ist bei Saint Pierre in der Praxis nicht mehr in der Form einzurechnen, daß er - wie es noch bei Erasmus der Fall gewesen es - bezogen auf den Frieden eine Aktion motivieren könnte. Er fällt in der Friedensfrage schließlich in explizit normativem Sinne aus.[214]

(2) So sehr die Philosophie Saint Pierres in der Frage des Friedens utilitaristisch geprägt sein mag, ist sie dies doch nur in bestimmter Hinsicht. Zwar gilt für Saint Pierre, daß die „bienfaisance“ für den gesellschaftlich zu erringenden Frieden eine Größe mit unbedingt normativer Kraft darzustellen vermag. Das Friedensdenken des Franzosen wendet sich insofern einer normativen Begründung in der Form einer am gesellschaftlichen und individuellen Nutzen orientierten Fundierung zu. Gleichzeitig muß hier allerdings darauf aufmerksam gemacht werden, daß von diesem Standpunkt aus eine Forderung, den Frieden zu verwirklichen, nur und ausschließlich aus der Nützlichkeitsformel resultiert. Für Saint Pierres Denken ist demgegenüber herausgearbeitet worden, wie normative Forderungen an Individuum und Gesellschaft, auch in der Frage des Friedens, zugleich aus einer Möglichkeit zur Selbstvervollkommnung hergeleitet werden. Saint Pierres Selbstvervollkommnungskonzeption ist zwar unmittelbar mit dem Konzept der aus ihr ermöglichten „bienfaisance“ verbunden, dennoch geht erstere nicht gänzlich in einem Ziel ‚Wohltätigkeit durch Selbstvervollkommnung‘ auf. Die „perfectibilité“ ist dieser Wohltätigkeit zwar ‚nützlich‘, aber nicht deren Nutzen. Die aufklärerisch verstandene Selbstvervollkommnung ist damit dasjenige perzeptive Element des empirischen Feldes - in der Natur

[214] M. E. Perkins schreibt entsprechend: Saint Pierres „new ‚arbitrator‘ is not an instrument of divine law, a prince naturally endowed with right reason. He is an ‚invention‘ of man, designed to create an artificial law [...]. He does not rule by divine right with responsibility to God, but only by an authority granted to him by the majority through contract.“ Vgl.: Perkins 1957, S. 245.

des Menschen selbst nämlich -, welches eine Forderung, den Frieden zu verwirklichen, aus einem rein utilitaristischen Verständnis herauslöst.

(3) Unbezweifelbar ist, daß der Friede bei Saint Pierre, um in der normativen Forderung zur Selbstvervollkommnung Platz zu finden, im Sinne einer Etappe der zu realisierenden Vollkommenheit definiert sein muß (wie gesehen als Schlußetappe). Der Friede hat damit einen gesellschaftlichen Ort, der sowohl in bezug auf andere gesellschaftliche Zustände als auch in Rücksicht auf eine zeitlich-geschichtliche Dimension bestimmt ist. Letzteres darf insofern festgestellt werden, als - wie gesehen - Saint Pierres Begriff der Vollkommenheit als das in der Zukunft zu Erreichende festgelegt ist. Es wird im Rahmen dieser Koordinaten zwar ein Ausblick auf den geschichtsphilosophischen Friedensbegriff Hegels sichtbar, das alles unterscheidende Element in Saint Pierres Friedensdenken ist allerdings schon klar bezeichnet worden: Im Spannungsfeld der drei Begriffe „Selbstvervollkommnung", „Selbsterlösung" und der „Religion ohne Gott" bringt der Begriff der Selbsterlösung diese Unterscheidung auf den Punkt. Das möglicherweise noch objektiv verstehbare Selbst im Begriff der Selbstvervollkommnung wird im Begriff der Selbsterlösung endgültig subjektfähig. Weiter oben wurde in diesem Sinne von der Tatsache gesprochen, daß es den Fortschritt *durchzuführen* gilt. Die entscheidende Abgrenzung zu Hegels deterministischer Friedensphilosophie wird bei Saint Pierre also schließlich im den Frieden verwirklichenden, aufklärerischen Selbst erbracht.

2.5 PHILOSOPHISCHE BEWERTUNG

Der Anspruch als Reformschrift und die Weltfremdheit

Der Aufforderung an seine Zeit, den Fortschritt durchzuführen, ist Saint Pierre selbst vorangegangen, indem er eine nahezu unüberblickbare Anzahl an Traktaten zu Detailproblemen des gesellschaftlich-politischen Lebens der *Régence* verfaßt hat. Der Anspruch dieser Schriften ist derjenige von Reformschriften. Das Ziel der Reform, obwohl zumeist klein gewählt oder penibel in der Durchführung, verhehlt nicht die umfassenden Ansprüche, die Saint Pierre mit Schriften wie dem *Projet* oder den *Reflexions* selber verband. Wird abschließend an eine philosophische Bewertung der untersuchten Schriften gegangen, ist der Standpunkt, der Saint Pierre von seiner eigenen Zeit entgegengebracht worden ist, von einer grundsätzlicheren Bewertung heute zu unterscheiden. Eine grundsätzliche Bewertung wird genau dann möglich, wenn - wie hier geschehen - vom Gesichtspunkt der praktischen Wirkmächtigkeit der Reform abstrahiert wird und Saint Pierres Schriften mit einem, diesen womöglich eher äußerlichen, systematischen Anliegen verbunden werden - sprich, der Frage der positiven normativen Begründungsleistung in bezug auf den Frieden der Gesellschaften.

Der Blickwinkel, unter dem Saint Pierre seiner eigenen Zeit erschien, wird besonders deutlich, wenn Saint Pierres Selbsturteil mit dessen kontrastierender Wahrnehmung durch einflußreiche Persönlichkeiten der *Régence* in Beziehung gesetzt wird. In bezug auf eine Selbsteinschätzung des Abbé mag vor allem folgende Passage erhellend wirken, mit der Saint Pierre über sein eigenes Verständnis von Philosophie und dessen Beziehung zur Sphäre des politisch Praktischen Auskunft gegeben hat: „So habe ich, da ich durch den gegenwärtigen Zustand unserer Monarchie und wegen meines geringen Talents zur Schmeichelei nicht Minister werden konnte, eine besondere Aufgabe darin gefunden, jeden Tag morgens fünf oder sechs Stunden nachzudenken, um aus verschiedenen Themen den Königen und künftigen Ministern das Ziel zu zeigen, nach dem sie streben, und die Mittel, die sie zu diesem Zweck verwenden sollten, um ihr Glück und das Glück der Familien, die sie regieren, zu erhöhen.“[215] Die heroische Ratgeberrolle,[216] die sich Saint Pierre zuschreibt, ist von dessen Suspendierung als Mitglied der *Academie Française* am 5. Mai 1718 geprägt und definiert weniger des Abbés grundsätzliche Haltung zum

---

[215] Zitiert nach: Hömig/Meißner 1988.

[216] Die Ausführungen im Zitat folgen Saint Pierres Beschreibung seines Verhältnisses zum reichen und angesehen Kardinal Dubois. Beide, Saint Pierre und Dubois unterstanden dem Herzog von Orléans und lebten dreißig Jahre im selben Haus. Saint Pierre hat jeden Neid gegenüber dem Kardinal heftig bestritten. Über das gleichwohl nicht sehr herzliche Verhältnis vgl.: *Wade, Ira O.:* The Abbé de Saint-Pierre and Dubois, in: The Journal of Modern History, Vol. 2, No. 3 (Sep., 1930), S. 430-447.

Verhältnis von Philosophie und Politik.[217] Wichtiger als das nur biographisch bedingte Verhältnis, ist die durchschlagende, inhaltliche Weisungsfähigkeit, die Saint Pierre an dieser Stelle der Philosophie gegenüber der Politik bei der Realisierung ihrer Ziele zurechnet. Seit 1724 hat Saint Pierre entsprechend an den Sitzungen des bereits erwähnten *Club de l'Entresol*[218] teilgenommen, in dem die maßgeblichen Reformdiskussionen der Regentschaft geführt wurden und die für Saint Pierre eine Art Ersatz für die verlorene Stelle an der königlichen Akademie darstellten.

Interessant ist es, dieser Selbstwahrnehmung die Fremdurteile entgegenzuhalten, die Saint Pierres Zeit über diesen formuliert hat. Unter diesen Urteilen berühmt geworden ist dasjenige des Kardinals Fleury. Fleury war 1715 zum Erzieher Ludwigs XV. ernannt worden, fungierte darüber hinaus als Kanzler der Akademie und wachte zugleich über die Aktivitäten des Clubs.[219] Um den Kardinal seiner eigenen Person sowie dem Club gegenüber gnädig zu stimmen, sandte Saint Pierre jenem einen Abriß seiner außenpolitischen Auffassungen in fünf Artikeln. Die Antwort Fleurys fiel vernichtend aus und ist bezeichnend mit Blick auf die zeitgenössische Bewertung von Saint Pierres Reformschrift-Gedanken: „Sie haben, Monsieur, einen Präliminarartikel als Grundlage der fünf, mir vorgeschlagenen Artikel vergessen. Zunächst muß man, ehe man sie in die Praxis umsetzt, damit beginnen, eine Truppe von Missionaren auszusenden, um den

[217] Zu den Umständen des Ausschlusses Saint Pierres von der königlichen Akademie in der Sitzung vom 5. Mai 1718 ist folgendes zu sagen: Das Erscheinen der *Polysinodie* im April desselben Jahres hatte einen Entrüstungssturm ausgelöst. Der Grund hierfür bestand in der Tatsache, daß Saint Pierre mit seiner Schrift nicht alleine kritische Absichten in bezug auf die Regierung Ludwigs XIV. vorgeworfen werden konnten, sondern er zugleich auch das Ansehen der Akademie selbst getroffen hatte, die zu dieser Zeit, wie Hömig/Meißner schreiben, „geradezu einen Kult mit dem Andenken des Sonnenkönigs, ihres einstigen Protektors, trieb" (Hömig/Meißner 1988, S. 62).
Saint Pierre hat in der Folge zwar jede kritische Absicht zu leugnen versucht, indem er seine Schrift als allein „hypothetisch gedachtes, bisher nach seiner Ansicht nicht realisiertes Modell darzustellen" (a.a.O., S. 60) suchte, dies half ihm aber alles nichts.

[218] Vgl. dazu Anmerkung 186.

[219] Vgl. zu diesen historisch-biographischen Umständen auch Hömig/Meißner 1988, S. 62ff.

Geist und das Herz der vertragschließenden Fürsten vorzubereiten und Sie in der Approbation eines Apothekers von ganz Europa zu bestätigen, Beruhigungs- und Besänftigungsgetränke zu bereiten, um die flüssigen und festen Säfte im richtigen Gleichgewicht zu halten." Nicht nur das *Projet*, auch die *Reflexions* haben eine entsprechende Kritik ihres utopischen Charakters hervorgerufen. In letzterem Fall war es sogar der zum Missionar im obigen Sinne auserkorene Friedrich II. selbst, der die Betrachtungen über seinen *Antimachiavel* karrikierte: Einer Realisierung des Friedensdenkens Saint Pierres stehe - heißt es in einem Brief an Voltaire - nichts im Wege, es sei denn, daß diesem die „Zustimmung Europas und einige weitere Kleinigkeiten dieser Art"[220] fehlen würden.

Der Grundtenor dieser Bemerkungen zu Saint Pierres Friedensprojekten ist der ihrer unbedingten Weltfremdheit. In der tagespolitischen, heute historischen Perspektive betrachtet, ist dem zuzustimmen. Vom Standpunkt der Machbarkeiten aus gesehen, sind Saint Pierres Schriften in der Tat schwerlich als Reflexionen und Projektierungen schlicht zu realisierender Möglichkeiten der Regentschaft auffaßbar. Vor dem Hintergrund der aus tagespolitischer Perspektive überwiegend negativen Urteile der Zeitgenossen - inklusive der schon bald nach ihrer Abfassung einsetzenden Vergessenheit der Reformschriften Saint Pierres - ist eine Bewertung aus systematischer und enthistorisierter Perspektive um so wichtiger. Legitimation und Sinn findet die systematische Perspektive in den späteren Behandlungen der Schriften Saint Pierres durch Rousseau und Kant.

2.6 REALISTISCHE FRIEDENSNORMATIVITÄT

Zusammengefaßt

Während der normativ voluntaristische Friedensbegriff in seiner charakteristischen Kombination von Autorität und neuzeitlicher Rationalität anhand von Erasmus' Traktat nachgewiesen worden ist, hat die vorangehende Auseinandersetzung mit Saint Pierre dazu gedient,

---

220 *Voltaire/Friedrich der Grosse:* Aus dem Briefwechsel, hrsg., vorgest. u. übers. v. Hans Pleschinski, Zürich 1992.

eine friedensspezifische Repräsentation der allgemeinen realistischen Positionen des zweiten Einleitungskapitels zu erfragen.[221] Die Differenzierung von ‚procedural' und ‚substansive moral realism' an dortiger Stelle bekommt durch den gebrochenen und nur unzulänglich im Rahmen einer rein utilitaristischen Theorie erfaßbaren, zugleich essentialistisch-historizistischen Friedensbegriff Saint Pierres Kontur.

Korsgaards Realist hat unter den Moralphilosophen genau jenen dargestellt, der sich darauf einläßt, seine Antwort auf eine Herausforderung durch den Naturwissenschaftler ebenfalls in epistemologischer Sprache zu formulieren (die Herausforderung dort betraf die vollständige Subsumption spezifisch moralischer Fragestellungen unter naturwissenschaftliche Zusammenhänge) (=B1). Saint Pierres Friedensdenken bewegt sich, methodisch gesehen, in denselben Koordinaten. Es läßt sich naturwissenschaftlich herausfordern und lehnt die letzte Konsequenz der Tilgung moralischer Fragen zugleich ab: Die möglichen Felder philosophischen Denkens werden zwar cartesianisch beurteilt, dennoch geht Saint Pierre von einem Standpunkt aus, der eher versucht, diese Philosophiefelder der cartesianischen Methode zu assimilieren, als Philosophiefelder überhaupt entsprechend dieser Methode zu bestimmen.

Auch für Saint Pierre sind normative Fragen in zweifacher Hinsicht nicht argumentierbar (=B2). In der einen Hinsicht vertritt Saint Pierre - gleich dem ‚prozeduralen Realisten' - einen rein empirischen Standpunkt, der sich, vom Kriterium der „bienfaisance" ausgehend, über einen extrem praktischen und im kleinen operierenden Philosophieansatz zum utilitaristischen „Grundgesetz der natürlichen Billigkeit" entwickelt. Saint Pierres normativer Friedensbegriff ist in diesem Umfang als „pazifistischer Utilitarismus" zu bezeichnen (=B3). [222] In seiner unhinterfragten Spiegelung der tagespolitischen

---

[221] Im sechsten Hauptstück des *Projet* hat Saint Pierre, auch gegen Erasmus verwendbar, formuliert: „Befindet sich unter meinen Beweggründen [...] die Lehre des Evangeliums? Ein solches System freilich könnte nur durch Wunder der göttlichen Gnade gelingen, und seine Ausführung würde fast unmöglich erscheinen." Traktat, S. 135.

[222] Bezüglich Saint Pierres utilitaristischer Grundhaltung hat T. E. Kaiser geschrieben: „Saint-Pierre's political and social theories derived directly from his principles of psychology. Admirer of La Rochefoucauld and student and friend of Pierre Nicole, Saint-Pierre held it as virtually axiomatic that desire for pleasure

Voraussetzungen der expansionistischen *Régence* macht dieser Teil womöglich die Schwäche von Saint Pierres Friedensansatz aus, da er auf diese Voraussetzungen schlicht zuversichtlich vertraut. In ähnlicher Hinsicht hat auch der ‚prozedurale Rea-list' jegliche Rechtfertigungen seiner Position verweigert (=B4).

In einer zweiten Hinsicht ist Saint Pierres Friedensdenken nicht argumentierbar. Ähnlich dem ‚substansive moral realist' sind für den Abbé Werte und Verpflichtungen des einzelnen in der Natur anzutreffen (=B5). Saint Pierres *Projet* spricht zwar nicht eine platonisch-aristotelische, eigentlichere Welt der Werte an - die auch George Edward Moores Intuitionismus reflektiert hat -, wendet sich jedoch an ein werthaftes Gesetz in der menschlichen Natur. In der „perfectibilité" der Vernunft werden die Menschen „wie sie sind, nicht wie sie sein sollen" zugrundegelegt. John L. Mackies gegen die platonische Philosophie gerichtetes ‚Argument from Queerness' trifft auch Saint Pierre als Kritik. Ähnlich dem antiken Exzellenzbegriff versieht auch die „perfectibilité" die normative „bienfaisance" mit gesetzmäßigen Realisierungschancen, die die widerständigen Elemente sowohl in der menschlichen als auch der äußeren, historizistisch aufgefaßten politischen Natur („utopische Sozialtechnik")[223] zu wenig berücksichtigen (=B6). Zur Verteidigung Saint Pierres ist allerdings zu sagen, daß der geschichtsphilosophische Rahmen der Saint Pierreschen Argumentation Raum für normative, d.h. verpflichtende Forderungen an den einzelnen läßt: Die „perfectibilité" ist sowohl mit Blick auf die „bienfaisance" als auch in selbständiger Hinsicht nicht nur gesetzförmig bestimmt, sondern normatives Gesetz. Der Satz, der Fortschritt ist zu *verwirklichen*, hat für Saint Pierre imperativischen Charakter.

Die Frage, die sich letztlich alle realistischen (Friedens-)Positionen - und also auch Saint Pierre - gefallen lassen müssen, ist, wie die Deskription vermeintlicher gesellschaftlicher Gesetze (z.B. die Idee der „bienfaisance" oder auch der „perfectibilité", welche ja anhand von geschichtlichen Zeitaltern empirisch bestimmt werden) normative Präskription ermöglichen. Grundsätzlich gefragt: Wie läßt sich an-

---

on the one hand and the fear of pain on the other are the two general forces which motivate all men in society." Vgl.: Kaiser 1983, S. 626.

[223] Popper 1992, Bd. I, S. 187.

hand einer bestimmten Erkenntnis der Welt rechtfertigen, was in dieser Welt sein *soll*? Humes Argumentation gegen den ‚empiristischen Fehlschluß' liegt in greifbarer Nähe. Auch Saint Pierres epistemologischer Realismus läßt auf keine der intendierten Norm (der „bienfaisance" sowie der „perfectibilité") absolut korrespondierende Entdeckung hoffen (=B7).

3.

Psychologismus
Erziehung · Gewissen · Amour de l'Ordre

3.1 Einleitung

Rousseau. ‚Extrait' und ‚Jugement' - ‚Contrat Social' und ‚Emile' und die Frage nach der Einheit

Die Auseinandersetzung eines normativ psychologistischen Friedensbegriffs wird an der praktischen Philosophie Jean Jacques Rousseaus vorgeführt. Wie der historizistische Unterbegriff des realistischen Friedensbegriffs - aufgrund seines suplementären und nicht-selbständigen normativen Charakters - nicht als Ableitung aus entsprechenden Unterbegriffen des allgemein realistischen Normativitätsbegriffs (siehe Einleitungsteil) erarbeitet worden ist, sind auch die normativen Unterbegriffe ‚Erziehung', ‚Gewissen' und ‚Amour de l'Ordre' an eine direkte Darstellung im Kontext der normativen Friedensfrage gebunden. Im Falle letzterer Unterbegriffe ist nicht ein eingeschränkt normativer Charakter in Rechnung zu stellen, die aufeinander bezogenen Unterbegriffe drücken vielmehr mit ihren anti-intellektualistischen Implikationen systematisch betrachtet Radikalisierungen von Humes psychologistischem Normativitätsbegriff aus. Als weiterer Umstand für eine Einführung der Unterbegriffe ‚vor Ort' fällt ins Gewicht, daß, als Folge einer bestimmten Komplexität von Rousseaus praktischer Philosophie, der Zusammenhang von normativer Friedensfrage und anderen normativen Fragestellungen im Werk des Franzosen umstritten ist. Anders als im Falle von Kants komplexer Philosophie entfällt die Möglichkeit, *a priori* von einem, für sich betrachtet, eindeutigen allgemeinen Normativitätsbegriff ‚reiner praktischer Vernunft' zu einem friedensspezifischen normativen Äquivalent fortzuschreiten.

Die in bezug auf die Komplexität von Rousseaus Werk grundsätzlichste Kontroverse dreht sich traditionell um die Frage der Einheit oder Gespaltenheit von politischem, moralphilosophischem und pädagogischem Ansatz des Revolutionsphilosophen. Jean Starobinskis Buch *J.J. Rousseau - la Transparence et l'Obstacle*[224] hat kürzlich - in Hinsicht auf Rousseaus Gesamtwerk - versucht, dessen Dissonanz aus der inneren Gespaltenheit des Philosophen nachzuweisen. Auch in Hinsicht auf die einzelnen Ansätze in sich - und insbesondere auf Rousseaus ethisches Konzept - zeichnet die Forschung ein gespaltenes Bild: Während Paul Natorp des Franzosen Ethik als „reine Gefühlsethik"[225] charakterisiert hat, sieht Ernst Cassirer in derselben die „entschiedenste Form der reinen Gesetzes-Ethik, die vor Kant ausgebildet worden"[226] ist.[227] Anläßlich einer Erörterung von Rousseaus Normativitätsbegriff in der Friedensfrage wird die These zugrundegelegt, daß dessen kurze Friedensschriften, *Extrait* und *Jugement*, in einem inneren Bezugszusammenhang mit den Hauptwerken *Contrat Social* und *Emile* zu verstehen sind. Entsprechend soll in der normativen Friedensthematik gelten, was Fetscher für den *Contrat Social* alleine festgestellt hat, daß nämlich „jede Abstraktion von [... bestimmten] Momenten [...] zu einer Fehldeutung [...] führen"[228] muß.

Die Legitimation, die die Untersuchung des weiteren Kapitels aus dieser Tatsache schöpft, ist zweifach: Zum einen wird die Untersuchung an jenem grundsätzlichen Punkt angesetzt, der die Überlegungen des Saint Pierre-Kapitels maßgeblich geleitet hat, d.i. die Frage der philosophischen Methode. Die Konzeption des *Contrat Social* verdeutlicht diese Methode. Zum anderen wird trotz des Absehens von einem speziellen Anfang in Rousseaus unbekannteren Friedensschriften (*Extrait* und *Jugement*) der Anspruch erhoben, bereits in deren Sinne zu sprechen. Klarerweise haben *Extrait* und *Jugement* dem Übergang von einer methodischen Betrachtung Saint Pierres zu

---

[224] Dt.: *Starobinski, Jean:* Eine Welt von Widerständen, München 1988. Zu einer frühen Bearbeitung der Thematik - Rousseau „the sick healer" - siehe außerdem: *Starobinski, Jean:* The Illness of Rousseau, in: Yale French Studies, No. 28, Jean-Jacques Rousseau (1961), S. 64-74.

[225] *Natorp, Paul:* Gesammelte Abhandlungen zur Sozialpädagogik, Erste Abteilung, Stuttgart 1907.

[226] *Cassirer, Ernst:* Das Problem Rousseau, in: Archiv für Geschichte und Philosophie, Bd. XLI, S. 489.

[227] Vgl. zu dieser Kontroverse: *Fetscher, Iring:* Jean Jacques Rousseau: Ethik und Politik, in: Neue Hefte für Philosophie, Nr. 29, Göttingen 1989, S. 1-23.

[228] Fetscher 1989, S. 10.

einer solchen Rousseaus die philosophiegeschichtliche Basis hergestellt. Nach dem Tod des Abbé war es eine gewisse Mme. Dupin, die Rousseau gebeten hatte, die „totgeborenen Werke ihres Freundes" einer Sichtung zu unterziehen. Erstes Ergebnis dieser Sichtung hat Rousseaus Versuch dargestellt, die voluminösen und ausufernden Detailanalysen Saint Pierres in einem kurzen Traktat, dem *Extrait* (1756), zu bündeln (dt. *Auszug aus dem Plan des ewigen Friedens des Herrn Abbé de Saint Pierre*, 1761). Im Sinne einer eigenen Beurteilung des *Projet* ließt Rousseau schließlich im selben Jahr sein *Jugement* bezüglich des *Projet* folgen (dt. *Urteil über den ewigen Frieden*, 1782). Ein erster Vergleich der philosophischen Methode beider Philosophen gestaltet die ‚Beurteilung' des Abbé ungleich grundsätzlicher.

3.2 METHODE

a. Logisches Gesetz und gesellschaftliches Gesetz: Der ‚ordo geometricus' und seine geschichtsphilosophischen Folgen

Saint Pierres Philosophie war Gesetzesphilosophie in einem epistemologisch-physikalistischen Sinne. Was läßt sich über Rousseaus Gesetzes-Begriff weniger in politischer als vielmehr methodischer Hinsicht sagen? Zur Einleitung sei der französische Sozialphilosoph Emile Durkheim zitiert. Dieser hat in seiner Vorlesung über die *éducation morale* aus den Jahren 1902/03 ein Porträt des Revolutionsphilosophen Rousseau insgesamt gezeichnet, das schließlich in philosophischen Grundsatz- und Methodenfragen ausläuft:

„Für Rousseau, den man als den überragenden Theoretiker dieser Zeit ansehen kann, gibt es nichts Wirkliches in der Gesellschaft als das Individuum. Um zu wissen, was sie zu sein hat, beschäftigt er sich keineswegs damit, die Geschichte zu befragen, zu untersuchen, wie sie begründet ist, in welchem Sinn sie sich entwickeln will, usw. Es genügt ihm, sich zu fragen, was der Mensch will, daß sie sei. In seinen Augen ist die soziale Ordnung nicht das Ergebnis einer historischen Evolution, die man nur in dem Maß leiten kann, in dem man ihre Gesetze bestimmt hat; sie ist ein Akt individueller Willensäußerungen, die untereinander durch einen Kontrakt verbunden sind und als Klauseln frei ausgehandelt werden, dem ‚contrat social' oder Gesellschaftsvertrag. Um zu wissen, was die Menschen machen müssen, müssen sie sich folglich nur ihrer selbst bewußt werden und in ihren Entschlüssen fest sein. Allerdings wurde diese Tendenz zum Teil durch eine Gegentendenz in Schach gehalten. Die französische Gesellschaft hatte damals schon ein lebhaftes Gefühl ihrer selbst und von ihrer Einheit. Darum konnten wir sagen, daß die Revolutionsbewegung zum Teil eine große Bewegung der nationalen Konzentration war, wie es der Abscheu beweist, den die großen Männer der Revolution vor allem hatten, was moralischer und politischer Partikularismus war. Niemals hatte man ein deutlicheres Gefühl für die Vorherrschaft der kollektiven Interessen über die Individualinteressen; niemals ein lebhafteres Gefühl für die Souveränität des Gesetzes, das mit seiner ganzen Majestät die Menge der Individuen beherrscht. Dieses Gefühl findet man bei den Theoretikern wie bei den Staatsmännern der Epoche. Rousseau träumt von einem Gesetz, das auf alle Bürger mit der gleichen Notwendigkeit wirkt wie die physischen Gesetze, von einem unpersönlichen Gesetz, das mit derartiger Kraft ausgestattet ist, daß es jeden individuellen Willen bricht, so wie es die Kräfte der Natur tun."[229]

Die zusammenfassende Charakterisierung von Rousseaus politisch-ethischem Denken durch das Durkheim-Zitat konzentriert sich auf den Punkt eines gesellschaftlichen Gesetzes, das „mit der gleichen Notwendigkeit wirkt wie die physischen Gesetze." Die Verbindung von praktischer Philosophie und methodischer Strenge der theoretischen Wissenschaften ist wesentlicher Bestandteil des Saint Pierre-Kapitels gewesen. Das Ideal der cartesianischen „idées claires et distinctes" wurde dazu verwendet, Saint Pierres Philosophie unter anderem gegen theologische Deutungen derselben abzugrenzen.[230] Von den inhaltlichen Implikationen und Forderungen der Methode Descartes' ist dabei fast gänzlich abgesehen worden. Eine hinreichend knappe Verständigung über diesen Gehalt wird unumgänglich, soll der philosophisch-methodische Ansatz Rousseaus von demjenigen Saint Pierres abgegrenzt werden.

---

[229] *Durkheim, Emil:* Erziehung, Moral und Gesellschaft, (= Soz. Texte Nr. 86), Neuwied 1973, S. 293.

[230] Vgl. hierzu Kapitel 2.2 dieses Teils.

Soweit Saint Pierres Philosophie auf Descartes referiert, ist der teilweise Dilettantismus dieser Aneignung nicht verschwiegen worden. Trotzdem wird dem *Projet* zugestanden werden müssen, daß es sich um eine Umsetzung des Kernstückes der Methode Descartes' bemüht hat, wie es jener in seinen *Prinzipien der Philosophie*[231] darlegt, selber aber nie verwirklichen konnte. Die Rede ist von der mathematischen Methode des ordo geometricus. Eine Umarbeitung der *Prinzipien der Philosophie* im Sinne ihrer eigenen Methode blieb schließlich Spinoza und dessen Schrift *Descartes' Prinzipien der Philosophie auf geometrische Weise begründet*[232] vorbehalten. Der *ordo geometricus* als methodisches Verfahren der Beweisführung in der Philosophie hat - allgemein gesprochen - die Forderung aufgestellt, Wahrheit, aus einer bestimmten Anzahl eingangs angegebener Definitionen und Axiome, in einer Kette von Syllogismen als Lehrsätze herzuleiten. Da im Rahmen eines *ordine geometrico* entworfenen Textes somit gilt, daß dem Anfang dieses Textes der Status eines allgemeinsten Satzes entspricht (von dem ausschließlich logisch abzuleiten ist), stehen die *conclusiones* in ihren Prämissen und am vollkommensten also in der ersten Prämisse fest, weil sie in dieser bereits enthalten sind.

Die bereits zeitgenössisch geführte Debatte um die Wahrheitsansprüche der geometrischen Methode und das Verdikt des *mathesis sacra non sacra*[233] interessieren hier nicht. Unmaßgeblich ist es auch,

---

[231] *Descartes, René:* Die Prinzipien der Philosophie, Übers., erläutert u. mit einer Lebensbeschreibung versehen v. J .H. v. Kirchmann, Leipzig 1887 (=Philosophische Bibliothek Bd. 28).

[232] *Spinoza, Baruch de:* Descartes' Prinzipien der Philosophie auf geometrische Weise begründet, Anhang, enthaltend Metaphysische Gedanken, Übers. u. hrsg. v. Arthur Buchenau, Leipzig 1922 (=Philosophische Bibliothek Bd. 94).

[233] Dem Inhalt nach ging es bei diesen Debatten um die Frage nach einem „überspitzten, der Sache fremden Mathematismus" (Vgl. W. Risse, Die Logik der Neuzeit, 2. Bd. 1640-1780, Stuttgart-Bad Cannstatt 1970, S. 138f). Mit der *Sache* war für Spinozas wissenschaftliche Zeitgenossen dabei nichts anderes bezeichnet als der Gegenstand theologischer Erkenntnis überhaupt, nämlich Gott. Die Logik, so hieß es von seiten dieser - sowohl Theologen als auch zahlreiche Philosophen und Physiker einschließenden - Kritik, gelte, wenn überhaupt, so nur „in formaler Handhabung und nur in den Außenbezirken des eigenen Glaubens, sowie generell zur Widerlegung fremder Glaubensartikel" (a.a.O., S. 142). Gleichzeitig wurde gefordert, „man solle vor dem äußeren, der Mathematik entlehnten Schema-

Saint Pierres Versuche, in der gezeichneten methodischen Richtung, auf ihren tatsächlichen logischen Wert im Einzelnen zu erproben. Nichtsdestoweniger richten die allgemeinen Bemerkungen über den *ordo geometricus* die Grenzlinie ein, an der sich Rousseaus praktische Philosophie von jener Saint Pierres methodisch letztlich trennen läßt. Zu den bisherigen Ausführungen ist in diesem Sinne auf eine weitere generelle Annahme der geometrischen Methode aufmerksam zu machen: Logische Wahrheit, wie der zeitgenössische *ordo geometricus* sie garantieren wollte, war - grundsätzlich gesprochen - nicht als die Wahrheit der empirisch aussagefähigen Wissenschaften zu verstehen. Philosophische Texte galt es in seinem Rahmen nicht in ihrer Korrespondenzfunktion zu analysieren, sondern im Hinblick auf interne Eigenschaften, d.i. ihre Kohärenz.

Exakt letztere Regel oder Einschränkung hat Saint Pierres Philosophie in ihrem Verständnis der geometrischen Methode hinter sich gelassen. Saint Pierre - im übrigen nicht als einziger -[234] beansprucht in seinen Ausführungen nicht weniger, als der Empirie des historisch -politischen Geschehens ein Gesetz vorschreiben zu können. Nicht nur die konklusionale Wahrheit der geometrischen Methode, sondern die Logik ihres ganzes Verfahrens selbst wird auf die Realität übertragen. Bei Saint Pierre geschieht dies in jener antizipatorischen Versprechung, daß, insofern seinen logischen Einsichten nur praktisch Folge geleistet werde, das gesellschaftliche Ziel - und sei es der Friede - genauso logisch zu erreichen sei. Die „gewaltige geistesgeschichtliche Verschiebung",[235] von der von Raumer in seinen Erläuterungen zu Saint Pierre und Rousseau gesprochen hat, hat ihre Wurzel in der bei Saint Pierre im Methodischen inhärent beanspruchten Anmaßung über die Sphäre des gesellschaftlich Realen.

---

tismus des Beweises nicht dessen Inhalt vergessen, sondern stets nach evidenten Sachgründen fragen." (a.a.O., S. 138).

[234] Auch Spinoza selbst ist in dieser Reihe zu nennen. Zumindest der dritte Teil von dessen *Ethica. Ordine Gometrico Demonstrata* ist der erste von drei weiteren Teilen des Werkes, der in seiner umfänglichen Behandlung der menschlichen Affekte diese Regel einer bloß textimmanenten Wahrheit bereits nicht mehr eingehalten hat.

[235] *Raumer, Kurt von:* Ewiger Friede. Friedensrufe und Friedenspläne seit der Renaissance, Freiburg i.B./München 1953, S. 142.

Am anderen Ende der im Zitat ausgesprochenen geistesgeschichtlichen Verschiebung steht die Aneignung gesellschaftlicher Realität, wie sie für den keine fünfzig Jahre später publizierenden Revolutionstheoretiker Rousseau kennzeichnend ist. Wird dieser Verschiebung in der Tat ein Maß angelegt, durch welches hindurch die Haltung zur gesellschaftlichen Veränderung - zugleich zum Frieden - bereits innerhalb eines methodischen Standpunktes aufscheinen können soll, gibt es hierfür kaum treffendere Worte, als von Raumer sie formuliert hat: Die geistesgeschichtliche Verschiebung, die von der Regentschaft zur Revolution vollzogen wird, ist jene, die „von der unbestrittenen Geltung der deduktiven Methode zur Selbstbescheidung in der analytischen Wirklichkeitssicht“ geführt hat. Die geschichtsphilosophische Kritik, die aus einer schon in methodischer Hinsicht vergleichsweise pessimistischeren Wahrnehmung der gesellschaftlichen Empirie in der Spätaufklärung an der optimistischen und durch und durch vom frühaufklärerischen Fortschrittsglauben getragenen Friedensphilosophie Saint Pierres erfolgt, wird später berührt. Hier genügt es festzustellen, daß sich ein naturwissenschaftlicher Fortschrittsglaube in Rousseaus Friedensdenken bereits weitgehend verflüchtigt hat. Eine Anzahl entsprechender Konsequenzen für Rousseaus Philosophie ist daraus ableitbar.

b. Notwendigkeit vs. Saint Pierresche Wahrheit und die Offerte gegen Grotius, Hobbes und Pufendorf

Eingangs dieses Abschnittes wurde jener Punkt aufgenommen, auf den sich das Durkheim-Zitat schlußendlich konzentriert hat. Die Rede war von einem gesellschaftlichen Gesetz, auf das die praktische Philosophie Rousseaus hinstrebt; ein Gesetz, das „mit der gleichen Notwendigkeit wirkt wie die physischen Gesetze.“ Der Quasi-Physikalismus im Denken Saint Pierres hat aus diesem (politischen) gesellschaftlichen Gesetz ein Gesetz gemacht, nach dem sich die Gesellschaftsentwicklung vollzieht. Als methodische Repräsentation letzteren Gesetzes wurde bis dahin die geometrische Methode erörtert, die dieses gesellschaftswirksame Gesetz weniger finden, denn eigentlich selbst abbilden soll.

Nicht nur Saint Pierres gesellschaftliches Gesetz ist ein Gesetz der Gesellschaftsentwicklung, auch Rousseaus Philosophie baut auf einer gesetzlichen Geschichtstheorie auf. Wird - im Anschluß an die festgestellte, methodische Selbstbescheidung in einer analytischen Weltsicht der Spätaufklärung - ebenfalls nach dem Charakter des entsprechenden Gesetzes in Rousseaus Gesellschaftsphilosophie und Friedenstheorie gefragt, gilt für dieses folgendes: Nach der physikalistischen Deutung gesellschaftlicher (politischer) Gesetze hat Durkheim Rousseaus Gesetzesverständnis mit dem Begriff eines „unpersönlichen Gesetzes" versehen. In Hinsicht auf politische Gesetze ist darin die vom indviduellen, sprich persönlichen Interesse in der Gesellschaft absehende „volonté générale" Rousseaus berührt. In Hinsicht auf gesellschaftliche Entwicklungsgesetze wird in der Begriffswahl des „Unpersönlichen" und ihrer kollektivistischen Implikation die Signifikanz einer darum nicht im „Entpersönlichten" und einfach materialistisch Physikalistischen endenden Gesetzlichkeit gewahrt.

Natürlich hat auch Saint Pierres Gesellschaftsverständnis mit den Methoden der exakten Wissenschaften nur im Sinne eines *analogon* geliebäugelt. Dennoch ist der menschliche Faktor, mit Einschränkung, im Sinne quasi-physikalischer *causae* erfaßt worden. Saint Pierres maßgebliches Zugeständnis an eine nicht-deterministische Gesellschaftsphilosophie bestand in der Möglichkeit einer gewissermaßen immer wiederkehrenden Option des Gesellschaftsmenschen, *prima causa* zu sein. Im vorangehenden Kapitel wurde entsprechend von der Notwendigkeit gesprochen, den gesellschaftlichen Fortschritt durchzuführen. Eine für Rousseau adäquate Definition von „Gesetzlichkeit" in der Gesellschaftsentwicklung läßt sich von diesem Verständnis Saint Pierres folgendermaßen abgrenzen. Der Habitus des *Régence*-Denkers ist in zweifacher Form präsentistisch gewesen:

(a) Für *primae causae* in einem eigentlicheren als dem genannten Sinne hat sich Saint Pierre annähernd überhaupt nicht interessiert. Wo immer es der gesellschaftlichen Realität ein Gesetz zu unterlegen galt, bedeutete dies für den Abbé, daß von der Wahrheit dessen, was ist - von der Empirie aus -, Wahrheit über die Zukunft zu sprechen ist. Cavallar hat von Saint Pierres eigentlich „unhistorischer Geschichtsauffassung"[236] gesprochen. Der Friede hat für diesen als wahr zu erkennende, präsentistische Bedingungen, die es schlicht zu verwirklichen gilt. In genau demselben Maße hat der Friede keine philosophisch erörterten und gegebenenfalls einschränkenden Bedingungen in der Vergangenheit. Unter anderem problematischer Teil dieser Auffassung ist die Tatsache, daß Saint Pierre - wo er zurückschaut - sich in einer „barocken Geschichtskonstruktion"[237] ergehen konnte. Das *Corps Germanique*, das Heilige Römische Reich deutscher Nationen, „wird in diesem Wunschdenken so gesehen, wie es [gewesen] sein müßte, um als Vorbild"[238] für den künftigen Frieden dienen zu können.

Gegenüber dieser Verkürzung baut sich Rousseaus praktische Philosophie gänzlich aus einer ersten Reflexion auf die Initiierung des Gesellschaftszustandes auf. Gewicht ist auf die Tatsache zu legen, daß Rousseau in der Erörterung dieses Zustandes ein gesellschaftliches Entwicklungsgesetz gewissermaßen rückwärts schreibt. Wo Saint Pierre unhistorisch agiert oder Geschichte in einem Sinne konsultiert, daß diese Wahrheit über den angenommenen Fortschritt sprechen muß, erörtern die einzelnen Stadien in Rousseaus Entwicklungsgesetz philosophisch angenommene *Notwendigkeit*. Rousseaus Philosophie erörtert geschichtsphilosophische Bedingungen. Entsprechend der „hypothetische[n] Konstruktion"[239] des Naturzustandes bezeichnet Rousseau diesen als einen „état qui n'existe plus, qui n'a peut-etre jamais existé, qui probablement n'existera jamais, et dont il est pourtant nécessaire d'avoir des notions justes pour bien juger de notre état présent."[240]

---

[236] *Cavallar, Georg:* „Zum Ewigen Frieden": Immanuel Kants philosophischer Entwurf im Zusammenhang mit seiner Transzendentalphilosophie, den Friedensideen Saint-Pierres und Rousseaus und dem zeitgeschichtlichen Hintergrund, Wien 1986, S. 5.

[237] *Michael, Wolfgang:* Einleitung, in: Saint Pierre, Der Traktat vom ewigen Frieden, S. 21.

[238] Cavallar 1986, S. 5.

[239] Fetscher 1989, S. 2.

[240] *Rousseau, Jean Jacques:* Diskurs über den Ursprung und die Grundlagen der Ungleichheit unter den Menschen, neu ed., übers. u. komment. v. Heinrich Meier, Paderborn 1984, Zweiter Teil.

Nicht nur in bezug auf die von ihr bedingungsmäßig angenommene Vergangenheit, sondern auch in ihren Aussagen über die Zukunft ist Rousseaus Gesellschaftsphilosophie in ihrer Abfassung weniger ‚wahrheitsträchtig'. Der Friede existiert folglich nicht als bloße zukünftige Tatsache, sondern hat - im Rahmen einer analytischen Wirklichkeitssicht - notwendige, aber kritische B e d i n g u n g e n. Die Verpflichtungen, die diese kritischen Bedingungen zu diktieren vermögen, machen den Frieden überhaupt erst zu einem normativen Problem. In p o l i t i s c h e r Hinsicht kommt das Philosophieren über notwendige Bedingungen der Vergangenheit insbesondere gelegentlich von Rousseaus Erörterung des „Urvertrages" im *Contrat Social*[241] zum Ausdruck. Seine Überlegung richtet Rousseau nicht an Saint Pierre, sondern an Hugo Grotius: „Ein Volk kann sich einem Herrscher hingeben, sagt Grotius. Nach ihm ist also ein Volk bereits ein Volk, ehe es sich einem Fürsten hingibt."[242] Eine solche Annahme übergeht nach Rousseau folgende Bedingung: „Diese Hingabe ist ein Rechtsakt; er setzt eine Volksabstimmung voraus. Ehe man also den Akt untersucht, mit dem ein Volk einen König wählt, müßte man erst den Akt untersuchen, durch den ein Volk ein Volk wird. Denn dieser Akt geht notwendigerweise dem anderen voraus und ist die wahre Begründung der Gesellschaft."[243] In e t h i s c h e r Hinsicht rühmt sich Rousseau, im *Zweiten Diskurs* bei der Konstruktion seines Naturzustandes gründlicher vorgegangen zu sein, als Thomas Hobbes und Samuel Pufendorf. Während ersterer dem Naturmenschen die konkurrenzierenden Leidenschaften des Gesellschaftsmenschen angedichtet habe, habe letzterer den Naturmenschen mit der Vernunft des Gesellschaftsmenschen beladen. Hiergegen setzt Rousseau seine „bonté naturelle", die noch vor aller Unterscheidung von moralisch gut und moralisch böse liege.[244]

---

[241] Kapitel 5 des Ersten Buches des *Contrat Social* behandelt genauerhin das Thema „Alle Verträge gehen auf einen Urvertrag zurück."

[242] *Rousseau, Jean Jacques:* Vom Gesellschaftsvertrag oder Prinzipien des Staatsrechtes, in: Politische Schriften, Bd. 1, Übers. u. Einf. v. Ludwig Schmidts, Paderborn 1977, Erstes Buch, 5. Kapitel, S. 71.

[243] A.a.O., S. 71f.

[244] Vgl. hierzu Fetscher 1989, S. 2f.

(b) Präsentistisch ist Saint Pierres Philosophie gegenüber jener Rousseaus in einem zweiten Sinne: Die quasi-logisch ablesbare und entsprechend perfektionistisch verstandene Frage des zu gründenden Friedens ist für Saint Pierre ebenso perfektionistisch durchzuführen. Zu diesem Zweck hat der Abbé den Modus einer empirischen Detailsucht gewählt und seine Bemühungen - wie gesehen -[245] letztendlich vorwiegend in die Breite und weniger in die Tiefe geführt. Von Raumer trifft den Punkt, wenn er an einer Stelle vom „Doktor der Friedensprojekte, [...] in seiner Blutleere und wirklichkeitsfernen Pedanterie"[246] spricht. Die verallgemeinernde und auf das Notwendige im Sinne des W e s e n t l i c h e n konzentrierte Art, in der Rousseau die Ausführungen des Abbé im *Extrait* zusammengekürzt hat, deuten die Anti-Position bereits an. In welcher Hinsicht sich Rousseau ein ähnlich pedantisches Verfahren von vornherein verbieten mußte, ist in den zwei folgenden Abschnitten zu erörtern.

3.3 ERZIEHUNG

a. Die Möglichkeit, der Notwendigkeit Wahrheit zu geben durch die Erziehung zur Gesellschaft

Rousseaus Friedensschriften fallen in die Hauptphase seines philosophischen Schaffens. Letztere ist auch unter Beiseitelassung von *Extrait* und *Jugement* durch eine enge innere Bezugsdichte der in ihr entstandenen Schriften gekennzeichnet. Rousseau hat am *Emile* und am *Contrat Social* nicht nur gleichzeitig gearbeitet, sondern beide sind darüber hinaus im selben Jahr veröffentlicht worden. Die E i n h e i t, die diese Tatsache rein äußerlich andeutet, weist auf ihren eigentlichen philosophischen Gehalt hin. Es ist hier der Punkt, auf den einleitend angesprochenen, inneren Bezugszusammenhang von Rousseaus Schriften zurückzukommen. Kurz gesagt soll folgendes erarbeitet werden: Nachdem anhand der Punkte (a) und (b) des vorangehenden methodischen Abschnittes verdeutlicht worden ist, daß Rousseaus gesellschaftsphilosophischer Ansatz analytisch um weites kom-

[245] Vgl. hierzu Kapitel 2.3b dieses Teils.
[246] Raumer 1953, S. 142.

plexer, in praktischer Hinsicht jedoch viel weniger perfektionistisch angelegt ist als jener Saint Pierres, ist zu zeigen, wie sich der ausgebreitete, methodische Rahmen anhand von *Contrat Social* und *Emile* konkretisieren läßt.[247] Zu verdeutlichen ist, daß gerade der *Emile* der gesellschaftlichen Entwicklung die w i c h t i g s t e der oben allgemein behandelten, notwendigen Bedingungen diktiert, die bei Rousseau ein gesellschaftliches Fortkommen, unter anderem in der Friedensfrage, ermöglichen sollen. Normative Forderungen ergeben sich als Folge von Rousseaus pädagogischer Gesellschaftskonzeption.

In *einem* philosophischen Kontext betrachtet, befinden sich *Contrat Social* und *Emile* in einer Relation der Art: ‚Der Mensch in der Gesellschaft und die Erziehung des Menschen, die ihn erst zu einem Gesellschaftswesen macht.' Sofern es Rousseau um den großen Komplex einer *Erziehung* zur Gesellschaft geht, sind die Forderungen, die der *Emile* im Sinne einer Entwicklung der Gesellschaft zum Frieden hin diktiert, tatsächlich als Geflecht theoretisch-analytischer und nicht bloß rein pragmatisch-praktischer Bedingungen der Entwicklung zu verstehen. Es ist wichtig, dies zu betonen, da Rousseaus *Emile* in einem isolierten Kontext, der lediglich auf eine detailliert ausgeführte Erziehung des Kindes absehen würde, ein ähnlich pedantischer Duktus nachgewiesen werden könnte, wie dies in bezug auf Saint Pierre geschehen ist.[248]

---

[247] Als Beispiel eines nicht-philosophischen, isoliert therapeutischen Verständnisses des *Emile* sei, der Vollständigkeit halber, die Arbeit von J. V. Harari erwähnt: „I do not think it is necessary, or even helpful, to derive Rousseau's pedagogical reflection from his philosophical system [...]." Siehe: *Harari, Josue V.:* Therapeutic Pedagogy: Rousseau's Emile, in: MLN, Vol. 97, No. 4, French Issue (May, 1982), S. 789. Die für vorliegende Arbeit grundlegende Gegenposition hat P. Coleman gezeichnet: „P. D. Jimack's study of the genesis of *Emile* has shown how Rousseau's original intention was to write a treatise of moral philosophy. The theme of education can be seen, essentially, as a way of communicating a positive system of moral development [...]." Siehe: *Coleman, Patrick:* Characterizing Rousseau's Emile, in: MLN, Vol. 92, No. 4, French Issue (May, 1977), S. 766.

[248] Etwas archaisch anmutende Teil-Titel, wie jener vom „Wicklen, Nähren, Abhärten" im ersten Buch und andere, könnten einer solchen Wahrnehmung gegebenenfalls Vorschub leisten. Vgl.: *Rousseau, Jean Jacques:* Emile oder Über die Erziehung, neue dt. Fassung v. Ludwig Schmidts, Paderborn 1971, S. 16ff.

Eine Andeutung des größeren gesellschafts- und immanent friedensbezogenen Komplexes, wird schon dann ersichtlich, wenn auf die Folgerichtigkeit der Tatsache hingewiesen wird, daß das 5. Buch des *Emile* den *Contrat Social* in einem seiner Kapitel inhaltlich gestrafft eingearbeitet hat. Deutlicher wird die größere Perspektive auf die Gesellschaft als Ganze im Vorwort zum *Emile*. Rousseau setzt seine eigene Schrift in Beziehung zur Literatur und Wissenschaft des Jahrhunderts: „Trotz den vielen Schriften, die, wie man sagt, nur das öffentliche Wohl im Auge haben, wurde das Notwendigste vergessen: die Kunst der Menschenbildung."[249] Die neuerliche Emporhebung des „Notwendigsten" entspricht unserer Kennzeichnung der Philosophie Rousseaus in ihrem methodischen Verhältnis zu jener Saint Pierres. Aufbauen möchte der *Emile* nach eigener Auskunft und nicht, wie sonst üblich, nur zerstören.[250] Als wichtigstes Element eines solchen Aufbauens soll die Erziehung behandelt werden, die Rousseau als *der* Z u g a n g in der Sphäre des Sittlichen bzw. in der Sphäre zum Sittlichen gilt. Ein letztes kontextimmanentes Zitat zum Verhältnis Rousseau/Saint Pierre gibt dem Verhältnis den Charakter einer abgrenzenden Selbsteinordnung Rousseaus: „[M]an darf nur untersuchen, was unter der Einwirkung der Sitten und durch das natürliche Gefälle der Regierung geschieht. Nur diese Mittel haben einen bleibenden Erfolg. Es war die Politik des guten Abbé de Saint-Pierre, für jedes Einzelübel immer ein kleines Heilmittel zu suchen, statt zur gemeinsamen Quelle zurückzugehen und zu erkennen, daß man alle bloß auf einmal heilen kann. Man kann nicht jedes Geschwür einzeln heilen, sondern man muß das ganze Blut reinigen, das sie alle erzeugt."[251]

Es ist erneut der methodische Rahmen, an den das Zitat rührt. Sein Ort im 5. Buch in Sichtweite des Endes des *Emile* verschafft diesem die Sicherheit eines Entwurfes, der seinen Gegenstand schon hinlänglich behandelt hat: die Erziehung in der Gesellschaft im Maßstab ihrer einheitlichen Bedeutung sowohl für die Sitten, als auch für die Regierung betrachtet. Der innere Bezugszusammenhang von politischem, moralphilosophischem und pädagogischem Ansatz ist in

[249] A.a.O., S. 5.
[250] Ebd.
[251] A.a.O., S. 517f.

Rousseaus Philosophie sowohl einleitenderweise als auch resümierend abgesteckt worden und kann im weiteren näher betrachtet werden.

Die Einläutung einer gesellschaftlichen Perspektive in der Erziehung beginnt im *Emile* mit den letzten Kapiteln des 4. Buches. Rousseaus Zitat über Saint Pierre im 5. Buch bildet bereits den Abschluß eines weiteren Schrittes: Rousseaus Betrachtung der Gesellschaften in ihren Verhältnissen zueinander. Letzterer Schritt ist es, der sich - seiner Perspektive entsprechend - dem Krieg und den „Mitteln, die man gegen diese Mißstände gesucht hat",[252] widmet und insofern zur Friedensfrage referiert. Im Zusammenhang genau dieser Erörterungen ist auch der *Contrat Social* in gestraffter Form wiedergegeben worden. Aus dem Aufbau dieser Perspektiven im 4. und 5. Buch des *Emile* läßt sich die für unseren Zweck einer Normativität in der Friedensfrage wichtige Konzentrierung der Erörterungen Emiles *in* der Gesellschaft auf ihren schließlichen Ausblick auf die Frage des inter-gesellschaftlichen Friedens herauslesen.

Der größere Zusammenhang der Erörterungen Emiles in der Gesellschaft setzt mit dem vorletzten Kapitel des 4. Buches, betitelt *Emile und die Gesellschaft* ein. Rousseau schreibt: „Emile ist nicht dazu geschaffen, um immer einsam zu bleiben. Als Glied der Gesellschaft muß er ihre Pflichten erfüllen. Weil er mit Menschen leben muß, muß er sie kennenlernen. Er kennt den Menschen im allgemeinen; er muß noch Individuen kennenlernen. Er weiß, was in der Welt geschieht: er muß jetzt lernen, wie man darin lebt."[253] Im Rahmen seines philosophischen Gesamtkonzepts geht Rousseau mit diesen grundlegenden Bemerkungen auf den Vorgang einer „Vergesellschaftung" des Individuums Emile *in der* Gesellschaft ein, der von dem konstitutiven Akt einer ursprünglichen „Vergesellschaftung" aller - wie sie mit dem Gesellschaftsvertrag geschieht - unterschieden ist. Sofern Rousseaus Friedensdenken entlang einer Reihe sowohl rückwärts als auch in der Zukunft nachvollziehbarer Bedingungen aufgefaßt wird, erörtert die Erziehung Emiles in der Gesellschaft also eine der notwendigen Folgebedingungen zur ersten „Vergesellschaftung" des *Contrat Social.*

---

[252] A.a.O., S. 515.
[253] A.a.O., S. 352.

Die Rede von Bedingungen und notwendigen Folgebedingungen bringt konditionale Sprache zur Anwendung. Warum allerdings ‚muß' Emile die Menschen als Individuen kennenlernen und warum ‚muß' er lernen, wie man in der Welt lebt? Rousseaus Erziehungskonzeption formuliert Imperative an Emile und verwendet in diesem Sinne nicht nur konditionale, sondern normative Sprache. Woraus ge-nau ergibt sich, daß bzw. in welcher Form Emile der Gesellschaft und die Gesellschaft Emile gegenüber in ihrem Lernen und Handeln verpflichtet sind?

b. Die Verpflichtung zur Erziehung aus ihrem Charakter als eigentlicher Selbsterziehung

Wie gesehen ist Emile bereits in der Einleitungssequenz zum *Emile* als „Glied der Gesellschaft" bestimmt, das deren Pflichten zu erfüllen hat. Die Grundlage für ein normatives Verständnis der gesellschaftlichen Teilhabe ist im *Contrat Social* gelegt worden, sofern die (erste) „Vergesellschaftung" dort einen „Moral- und Kollektivkörper"[254] ergeben hat, dessen „Teilhaber [...] in der Gemeinschaft Volk und als einzelne Bürger (*citoyens*) [heißen], wenn sie an der Staatsautorität teilhaben, und Untertanen (*sujets*), wenn sie den Staatsgesetzen unterworfen sind."[255] Emile, wie jedes andere gesellschaftliche Individuum, ist - je nach unterschiedlichen gesellschaftlichen Aufgaben - sowohl Bürger als auch Untertan der Gesellschaft. In welcher Funktion spricht Rousseaus vermeintlicher Imperativ der gesellschaftlichen Erziehung Emile an? In seiner Funktion als Bürger oder als Untertan?

In der Folge seiner anschließenden Erörterungen im 4. Buch des *Emile* hat Rousseau von der „Kunst (gesprochen), die der Mensch und der Bürger am nötigsten braucht, nämlich mit seinesgleichen leben zu können."[256] Die doppelte Wortwahl - Mensch und Bürger - ist insofern korrekt gewählt, als sich die Notwendigkeit dieser Kunst sowohl auf das vorgesellschaftliche (den Menschen) als auch auf das in der

[254] Rousseau, Vom Gesellschaftsvertrag, S. 74.
[255] A.a.O., S. 75.
[256] Rousseau, Emile, S. 353.

Gesellschaft lebende Individuum (u.a. den Bürger) bezieht. Das ‚u.a.' soll andeuten, daß Rousseaus Mensch/Bürger-Paradigmatik, in Hinsicht auf den innergesellschaftlichen Teil jener Kunst, mit seinesgleichen leben zu können - die Erziehung -, keine exklusive Zuschreibung der gesellschaftlichen Erziehung zum *Bürger* Emile bedeutet, die darum vom *Untertan* Emile zu subtrahieren wäre. Umgekehrt und wichtiger bedeutet die Kunst der Erziehung genauso wenig eine Verpflichtung oder einen Imperativ, den Emile ausschließlich als Untertan zu erfüllen hätte.

Der Grund einer letztlich doppelten Verpflichtung zur Erziehung - die sowohl den Bürger und den Untertan Emile betrifft - liegt im Akt der ersten „Vergesellschaftung" selbst begründet. Im 5. Buch des *Emile* schreibt Rousseau bezüglich dieses Aktes: „Wir stellen fest, daß dieser Akt der Vergesellschaftung eine gegenseitige Verpflichtung zwischen dem Gesamt und dem einzelnen einschließt und daß jeder einzelne sozusagen den Vertrag mit sich selbst schließt und daher doppelt verpflichtet ist, als Glied der Oberheit dem einzelnen gegenüber und als Glied des Staates der Oberheit gegenüber."[257] Der Sachverhalt einer doppelten Verpflichtung ist letztlich kein anderer als der einer Selbstverpflichtung Emiles. Er befolgt als Untertan die Staatsgesetze, die er sich selbst als Bürger gegeben hat.[258] Rousseaus über die bloße Befolgung der Staatsgesetze hinausgehender Schluß im *Emile* ist jener, daß der Bürger Emile der ersten Vergesellschaftung den Untertan Emile zu einer zweiten Vergesellschaftung verpflichtet, die in dessen Erziehung dazu, wie man mit anderen lebt, besteht. Obwohl möglicherweise nicht formulierter Teil der Staatsgesetze, ist die Erziehung immanenter Teil des Vertragsgedankens.[259]

---

[257] A.a.O., S. 508.

[258] Rousseaus Betonung der Doppelfunktion des Individuums in Hinsicht auf die Befolgung der Staatsgesetze ermöglicht, das traditionelle Problem des Verhältnisses von individuellem und Gemeinschaftsinteresse einer bestimmten Lösung zuzuführen. Vgl. in diesem Zusammenhang auch: *Dyke, C.:* Collective Decision Making in Rousseau, Kant, Hegel, and Mill, in: Ethics, Vol. 80, No. 1 (Oct., 1969), S. 21-37.

[259] Vgl. u.a.: *Cook, Terrence E.:* Rousseau: Education and Politics, in: The Journal of Politics, Vol. 37, No. 1 (Feb., 1975), S. 108-128. Cook schreibt: „Long before the study of political education was recast as ‚political socialization', Rousseau taught

Rousseaus leitender Grundsatz für beide Vergesellschaftungen ist jener, „daß niemand an eine Verpflichtung gebunden ist, die er nicht sich selbst gegenüber eingegangen ist."[260] Die Redeweise von einer Selbstverpflichtung, im engeren Sinne einer Verpflichtung, die nicht nur *durch* das gleiche Individuum (Bürger/Untertan) geschieht, sondern zugleich garantiert, daß diese *als* dasselbe Individuum in unterschiedlicher Funktion geschieht, hat Rousseau mitbedacht. Der einzelne gibt sich im Anschluß an seine bürgerliche Gesetzestätigkeit in der bloßen Gesetzesbefolgung nicht auf. Rousseau kann dies behaupten, indem er im *Contrat Social* folgende Grundsätze zugrundelegt: (a) Da der Vertragsschluß „ausschließlich auf die Erhaltung der Kräfte und der Freiheit jedes einzelnen abzielt"[261] und die „Naturfreiheit" schließlich nur durch die „Vertragsfreiheit" ersetzt wird, wird er *inhaltlich* um des einzelnen selbst willen geschlossen. (b) Noch wichtiger, was den *Akt* des einzelnen Vertragsschließenden betrifft, gilt: „Wenn sich schließlich jeder allen überäußert, überäußert er sich niemandem."[262] Da das Verhältnis der Vertragsschließenden vollkommen gleichseitig ist und demselben Interesse entspringt, schließt jeder den Vertrag mit sich selbst in seiner anderen Gestalt als Volk.

Rousseau erklärt die Erziehung seines Emile als dessen eigene bürgerliche Pflicht, die jener nicht nur als Untertan empfängt. Ohne daß er - wie Saint Pierre - den Sprung von der bloßen Fähigkeit der Selbstvervollkommnung („perfectibilité") zu deren G e b o t e n h e i t unerklärt lassen müßte, schafft Rousseau es, diesen Schritt (*i*) aus dem Selbstinteresse des einzelnen zu erklären und (*ii*) jenen zugleich, in normativer Hinsicht, als anti-autoritär zu gestalten. Während ersterer Punkt selbstverständlich auch in Saint Pierres (empirischem) Sinne anzunehmen ist, fehlen diesem dennoch die theoretischen Mit-

that political behavior - like most behavior - is *learned* behavior. But education is more than socialization: Rousseau demanded that we go beyond mere observation of the political learning experience and judge it. A politics divorced from ethics and the primacy of the pedagogical mission was a politics of ruin." (S. 108f). Vgl. im selben Zusammenhang: *Knippenberg, Joseph M.:* Moving Beyond Fear: Rousseau and Kant on Cosmopolitan Education, in: The Journal of Politics, Vol. 51, No. 4 (Nov., 1989), S. 809-827.

[260] Rousseau, Emile, S. 508.

[261] Rousseau, Vom Gesellschaftsvertrag, S. 72f.

[262] A.a.O., S. 74.

tel, einen Imperativ, den Fortschritt durchzuführen, genau dort zu legitimieren, wo Uneinigkeit über die Gestaltung dieses Fortschrittes bestehen könnte. Saint Pierres Physikalismus entlastet ihn natürlich solcher Zweifel.

Sowohl für Saint Pierre als auch für Rousseau findet der innergesellschaftliche Fortschritt seine Fortsetzung in der intergesellschaftlichen Friedensfrage. Dieses Kapitel zusammenfassend darf gesagt werden: Im Hinblick auf die Möglichkeit, solchen intergesellschaftlichen Frieden zu begründen, reflektiert Rousseaus Gesellschaftsbegriff die Fähigkeit, autoritätsgestützte Friedensnormen, welche möglicherweise, wie die des Erasmus, noch autoritär agieren könnten, nicht nur, wie Saint Pierre, durch grundsätzlich anti-autoritäre zu ersetzen, sondern anti-autoritäre Normen (im Zweifelsfall) zugleich radikal anti-autoritär zu gestalten. Fetscher hat darauf hingewiesen, daß „[s]obald eine Mehrheit von Bürgern weder tugendhaft noch genügend patriotisch ist, um die vernünftigen Gesetze zu wollen, die dem Gemeinwillen entsprechen, Rousseau keine Rettung mehr“[263] sieht. Alphonse de Lamartine stellt fest, daß der Gesellschaftsvertrag unter diesen Bedingungen „das schrecklichste Hilfsmittel aller Arten des Despotismus“[264] sei. Léon Duguit sieht im selben Zusammenhang in Rousseau „den Vater des jakobinischen Despotismus, der cäsaristischen Diktatur und, wenn man genau hinsieht, den Inspiratoren der absolutistischen Lehren von Kant und Hegel.“[265]

Die Folgerichtigkeit letzter Überlegungen baut auf der Voraussetzung auf, daß Rousseaus philosophisches Gesamtkonzept vom Philosophieren über notwendige Bedingungen in den Kontext seiner tat-

---

[263] Fetscher 1989, S. 23.

[264] *Lamartine, Alphonse de:* J. J. Rousseau, son faux Contrat Social, 1926, S. 19.

[265] *Duguit, Léon:* Rousseau, Kant et Hegel, Paris 1918, S. 19. Zum Vorwurf an Rousseaus Philosophie, dem Despotismus vorzuarbeiten, vgl u.a. auch: *McAdam, James I.:* Rousseau and the Friends of Despotism, in: Ethics, Vol. 74, No. 1 (Oct., 1963), S. 34-43; *Nisbet, Robert A.:* Rousseau and Totalitarianism, in: The Journal of Politics, Vol. 5, No. 2 (May, 1943), S. 93-114.
Zu einer weniger einseitigen, abwägenden Wahrnehmung bezogen auf denselben Kontext vgl.: *McKenzie, Lionel A.:* Rousseau's Debate with Machiavelli in the Social Contract, in: Journal of the History of Ideas, Vol. 43, No. 2 (Apr. - Jun., 1982), S. 209-228.

s ä c h l i c h e n Realisierungschancen übertragen wird. Hier ging es ungleich grundsätzlicher darum zu zeigen, wie Rousseaus konditionales Philosophieren in normatives Philosophieren zu übersetzen ist. Der Kontext aktualer gesellschaftlicher Bindung an die Norm betrifft einen anderen Zusammenhang, der besser anläßlich Rousseaus Begriff der „Revolution“ in Kapitel 3.4a betrachtet wird. Daß die Erziehung Emiles zur Gesellschaft, im Zusammenhang der Suche nach normativen Begründungen, anti-autoritären Selbsterziehungscharakter beanspruchen kann, wird durch zwei Tatsachen gestützt: Die eine besteht in einem, aus historisch-pädagogischer Perspektive, revolutionären Pädagogikbegriff Rousseaus, die andere in den Prinzipien, die bei der gesellschaftlichen Erziehung Emiles selbst zur Geltung kommen.

c. *Essentielle, existentielle Pädagogik und die Pädagogik der Verständigkeit*

Die methodische Charakterisierung von Rousseaus Sozialphilosophie als - im Vergleich zu jener Saint Pierres - im selben Maße analytisch komplexer, wie in praktischer Hinsicht weniger pefektionistisch angelegt, gilt besonders mit Blick auf die pädagogische Erziehung zur Gesellschaft. Ludwig Schmidts hat bezeichnenderweise festgehalten: „Rousseau war ein Kind seiner Zeit, und seine Zeit war die Aufklärung. Zum ersten Mal stellt ein Philosoph, der, wie andere Philosophen vor ihm, über die Pädagogik meditiert, seine pädagogischen Überlegungen auf eine einheitliche und unabhängige philosophische Grundlage. Wenn wir mit Jacques Maritain annehmen, daß die Pädagogik ein Teil der Philosophie ist und daß die Philosophie die Grundhaltung einer Gesellschaft bestimmt - der Rationalismus für Rousseau und seine Zeitgenossen, wie der Marxistische Materialismus für die kommunistische Gesellschaft z.B. -, so können wir daraus zwei Schlüsse ziehen: Jede vergangene, gegenwärtige und zukünftige Pädagogik steht auf einer philosophischen Konzeption; eine neue Pädagogik ist nur möglich, wenn eine neue philosophische Konzeption bereits vorhanden ist und der pädagogischen Reform als Fundament dient."[266]

Unter der Allgemeinheit und etwas geringen Trennschärfe der Ausführungen wird es schwer, eine aufklärerisch gesinnte Philosophie - wie sie zweifelsohne auch jene Saint Pierres darstellt - zu kategorisieren. Verständlich sind die Ausführungen Schmidts', wenn der Übergang der angedeuteten philosophischen Pädagogiken als über ein Zwischenstadium ihrer jeweils vollen Entfaltung verlaufend angenommen wird und zugleich die geringfügig konzeptionelle und stückwerksartige, praktische Ausrichtung der Philosophie Saint Pierres mitbedacht wird. Die Umgrenzung eines philosophisch-pädagogisch uneindeutigen Zwischenstadiums wird denkbar, wenn, mit Schmidts, zwei große Pädagogiken veranschlagt werden: „Seit es die Philosophie gibt, gibt es zwei Richtungen, die dauernd um die Vorherrschaft gerungen haben: Die Essenz- und die Existenzphilosophie."[267] Die der Essenzphilosophie entsprechende, essentielle Pädagogik deutet erneut auf die im Einleitungskapitel behandelte Exzellenz-Paradigmatik der Antike: „Die Essenz- und Idealphilosophie Platons war für die Pädagogik des Abendlandes bis in die Neuzeit bestimmend. Sie wollte den geistigen Menschen nach dem Ideal ausrichten, nach den ewigen Ideen, und überließ den körperlichen Menschen der ‚Welt der Schatten'."[268]

Existentielle Pädagogik entwickelt sich am Ausgang der Neuzeit in einer Überwindung dieses erzieherischen Menschenbildes über ein Zwischenstadium utopischer und anderer Pädagogiken, die sich intendiertermaßen vom Mittelalter abgrenzen: Rabelais' ‚in ein Narrenkleid gehüllte Pädagogik', Montaignes ‚Elfenbeinturm-Essays', Cormenius, etc. Eine Definition existentieller Pädagogik - zugleich eine Definition von Rousseaus Pädagogik als deren erster und wichtigster Vertreter - läßt sich, Schmidts zufolge, so formulieren: „Zum ersten Mal handelt es sich nicht mehr darum, einen Menschen zu einem vorgegebenen Ziel zu führen, sondern darum, einen Menschen nach seinen [individuellen] Fähigkeiten zu erziehen, seine Gaben

[266] *Schmidts, Ludwig:* Jean Jacques Rousseau, der Philosoph und Pädagoge, in: Rousseau, Emile, S. 537.
[267] Ebd.
[268] A.a.O., S. 537f.

zu erkennen und sie zur Entfaltung zu bringen. Diese Pädagogik ist eine Pädagogik des Aufstandes gegen die herkömmlichen ‚ewigen' Lehrmeinungen und Lehrdogmen"[269] essentieller Menschenbildung. Der Sprung von der Ausrichtung auf vorgegebene Ziele hin zu einer Erziehungskonzeption der geförderten Begabungen reflektiert die oben erarbeitete „Selbsterziehung" Emiles mittelbar. Diese beinhaltet - wie gesehen - weder, daß jeder für sich alleine, noch daß jeder nach eigenem Belieben bestimmen könnte, wie seine Erziehung aussehen soll:

(a) Die Erziehung hat für Rousseau, in konzeptioneller Hinsicht, den Stellenwert einer auf den Grundbedingungen des Gesellschaftsvertrages aufbauenden allgemeinen Bedingung der „Vergesellschaftung". In normativer Hinsicht erhöht ihr Charakter einer allgemeinen Verpflichtung, die als Selbstverpflichtung geschieht, die pädagogischen Anforderungen sogar. Rousseaus Gesellschaftsphilosophie baut - konzeptionell gesprochen - zuallererst auf einer Begabung zur Gesellschaft und einer Begabung zur gesellschaftlichen Erziehung, denn auf einer Erziehung nach individueller Begabung auf.

(b) Ein affirmativer Konnex von theoretischem Konzept der Selbsterziehung und einer existentiell verstandenen Erziehung nach Begabung wird greifbar, wenn verdeutlicht wird, welche Grundvoraussetzung aller Erziehung in Rousseaus *Emile* in immer neuen Worten stark gemacht worden ist. Eine der plakativsten Stellen im Kapitel über *Emile und die Gesellschaft* lautet wie folgt: Eine Erziehung zur Gesellschaft sei mit dem Zweck zu verfolgen, daß er, Emile, „sie [die Gesellschaft] nicht mehr wie ein Grünschnabel bewundern, sondern mit scharfem und geradem Geist beurteilen"[270] wird. Später heißt es in verwandtem Sinne: „Gebt mir ein Kind von zwölf, das noch nichts weiß, und ich gebe es euch mit fünfzehn genauso klug zurück wie das Kind, das ihr von Anfang an unterrichtet habt; mit dem Unterschied, daß eures alles nur auswendig kann, während meines verständig ist."[271] Rousseaus Abgrenzung zu einem zeitgenössischen Erziehungsideal, das sich an einem Ideal der Erziehung orientiert, wird an diesen Stellen greifbar. Sowohl der Zweck der gesellschaftlichen Erzie-

[269] Schmidts 1971, S. 538.
[270] Rousseau, Emile, S. 352.
[271] Ebd.

hung als auch die anzuwendenden Mittel zielen auf eine Verständigkeit in Emile ab, mit der er die Gesellschaft letztendlich zu beurteilen lernt. Rousseaus anti-autoritäre Gesellschaftsnormen konkretisieren sich insbesondere in der gesellschaftlichen Erziehung. Mit der Frage der Mittel zu diesem Zweck spürt Rousseau den „Erziehungsmethoden" seines Zöglings nach: „Wenn meine Methode durch ein einziges Objekt allen Ansprüchen genügt und wenn sie einer Unzulänglichkeit vorbeugt, indem sie eine andere abwendet, dann darf ich sie gut nennen."[272] Gemeint ist folgendes: Wie im großen Maßstab der Gesellschaftsentwicklung überhaupt, hat auch bezogen auf Emile „[j]ede Lehre ihr bestimmtes Alter", dessen Erfolg als *Bedingung* der weiteren Entwicklung zugrunde liegt. Werden in diesem Sinne „zu fern liegende Zwecke"[273] oder diese, zumindest zeitlich, nicht individuell genug gewählt, muß die Gesellschaftsentwicklung bereits in ihren einzelnen Mitgliedern scheitern.[274] Rousseaus Pädagogik der Verständigkeit ist, in methodischer Hinsicht, an eine konditional verstandene Sukzession nicht-perfektionistisch aufgefaßter Erziehungsetappen gebunden und beugt auch insofern der totalitären Konzeption eines einzigen Erziehungsideals und seiner autoritären Durchsetzung vor.[275]

(c) Schließlich ist es Rousseaus Gesellschaftsvertrag selbst, der (trotz der aus ihm folgenden, normativen Selbsterziehungsverpflichtung) jedes Exzellenzideal in der Erziehung kontrapunktiert. Der Gesellschaftsvertrag ist im Rahmen von Rousseaus Geschichtstheorie nichts anderes als das Produkt eines „Sündenfalls"[276] in den Beziehungen der vorgesellschaftlichen Menschen. Gegenüber Hobbes und der Annahme, daß der Mensch eine natürliche Neigung zum Bösen besitze, zeichnet Rousseau das ursprüngliche Bild eines

---

[272] A.a.O., S. 353.

[273] A.a.O., S. 35.

[274] Zur Paradigmatik einer schrittweisen Erziehung sowie zu einer diesbezüglichen Abgrenzung Rousseaus von Lockes *Some Thoughts concerning Education* vgl. näherhin: *Ferguson, Frances:* Reading Morals: Locke and Rousseau on Education and Inequality, in: Representations, No. 6 (Spring, 1984), S. 76ff.

[275] An einer späteren Stelle heißt es im *Emile* entsprechend: „[S]ehen sie [die Erzieher] denn nicht, daß sie ihre Autorität untergraben, wenn man sie durchsetzen will" (S. 360).

[276] Fetscher 1989, S. 7.

Naturmenschen und seiner „bonté naturelle". Jener Naturmensch lebt, was Rousseau „amour de soi" nennt und als „ruhiger Egoismus" anzusehen ist[277]. In seiner vor-ethischen Bezogenheit auf andere ist der Naturmensch von dem geleitet, was Rousseau als „commisération" bezeichnet und als ursprüngliche Form von Mitleid („pitié") gelten kann. Die Ruhe („repos") in den Beziehungen der Naturmenschen wird genau in dem Moment gestört, wo das Bevölkerungswachstum die ersten (vorvertraglichen) sozialen Vereinigungen hervortreibt und der einzelne seine emotionale Unabhängigkeit verliert: „Die Menschen bemühen sich um gegenseitige Achtung, Zuneigung, Wertschätzung, Liebe. Und um diese seelischen ‚Dienstleistungen' entsteht ebenso Streit wie um materielle Güter."[278] Es entsteht, was Rousseau „amour propre" und in ethischer Sprache „le moral de l'amour" nennt. Für Rousseau begründet genau diese Situation die Notwendigkeit des Gesellschaftsvertrages. Die gefühlsmäßige „bonté naturelle" ist dem einzelnen als Disposition abhanden gekommen, und der Vertrag, sowie alle Fragen der Erziehung, ergeben sich als unumgängliche Substitute. Jegliche Exzellenz und jeglicher Perfektionismus des Gesellschaftsindividuums wird bereits vor dem Hintergrunde dieses ursprünglichen Verlustes konterkarriert.[279]

Ziel der beiden letzten Kapitel war es zu veranschaulichen, in welchem genaueren Sinne Rousseaus gesellschaftsphilosophischer Ansatz, gegenüber jenem Saint Pierres, als analytisch konzeptioneller und im gleichen Umfang als weniger praktisch-perfektionistisch zu gelten hat. Es ist dazu dem theoretischen Konzept einer Erziehung zur Gesellschaft gefolgt worden und diesem ein genauerer Ort im Rahmen eines umfänglichen Philosophierens nach Bedingungen aller „Vergesellschaftung" eingeräumt worden. Hinter den innergesellschaftlichen Erörterungen im 4. Buch des *Emile* stand - angekündig-

---

[277] A.a.O., S. 6.

[278] A.a.O., S. 9.

[279] Überwindet die Gesellschaft den Naturzustand oder ist die Gesellschaft, gemessen an der ursprünglichen „bonté naturelle", permanentes Defizitärstadium? Zur Problematik von Rousseaus dissonanter Geschichtskonzeption vgl.: *Clark, John A.:* The Definition of the General Will, in: Ethics, Vol. 53, No. 2 (Jan., 1943), S. 80ff; *Melzer, Arthur M.:* Rousseau's Moral Realism: Replacing Natural Law with the General Will, in: The American Political Science Review, Vol. 77, No. 3 (Sep., 1983), S. 633-651.

termaßen - die intergesellschaftliche Frage einer Vergesellschaftung des Friedens bei Rousseau. Klar ist, daß eine solche grundsätzlich aus Rousseaus Philosophie der Erziehung zu folgen hat. Das 5. Buch des *Emile* zeigt die intergesellschaftliche Paradigmatik zwar an, entwickelt diese allerdings nicht *en detail.* Über die Unschärfe in Hinsicht auf die konzeptionelle Durchführung einer Erziehung zum Frieden hinaus bzw. noch bevor diese relevant wird, sind in Rousseaus Philosophie Gegenkräfte am Werk, die genau an der im Konzept der Vergesellschaftung implizierten Kontinuierlichkeit der Entwicklung gerührt haben.

3.4 GELÄUTERTER GESCHICHTSBEGRIFF

Absage an die ‚raison perfectionnée' - die Revolution

Im Vorwort zum *Emile* hat Rousseau eine jede Idee des Gesellschaftlichen, und indirekt seine eigene Philosophie, nicht alleine auf die Kunst der Menschenbildung, sondern auf zwei Maximen verpflichtet: „Bei jedem Plan muß man zweierlei erwägen: erstens, ob er wirklich gut ist, und zweitens, wie man ihn ausführen kann."[280] Letztere Maxime der Ausführung und der ihr entsprechende Kontext sind es, die die angedeutete Frage der Kontinuierlichkeiten aufwerfen.

Die Fortentwicklung menschlichen Zusammenlebens ist bei Rousseau - wie bei Saint Pierre - bestimmten Gesetzlichkeiten unterworfen, die über die bloße Formulierung theoretischer Notwendigkeiten hinausgehen. Im 6. Kapitel des *Contrat Social* setzt die Erörterung des durch den Gesellschaftsvertrag zu gründenden Zustandes entsprechend mit den zwingenden Motiven an, die seine Schließung begründen mußten: „Meine Annahme ist, daß die Menschen an jenem Punkt angelangt sind, wo die Hindernisse, die dem Verharren im Naturzustand entgegenstehen, jene Kräfte übersteigen, die der einzelne einbringen kann, um in diesem Zustand zu verbleiben. Das Menschengeschlecht würde zugrunde gehen, wenn es seine Lebensweise nicht änderte."[281] Trotz der gesetzmäßigen Koordinaten ist Rousseaus

[280] Rousseau, Emile, S. 6.
[281] Rousseau, Vom Gesellschaftsvertrag, S. 72.

Vergesellschaftungsansatz nicht nur von positiven Notwendigkeiten beeinflußt, sondern auch im Kontext seiner Ausführung von Bedingungen abhängig. Inwiefern Bedingungen, die nicht unmittelbar als Einschränkung zu verstehen sind, ein Gesetz der Entwicklung formulieren, ist in zurückweisender Hinsicht anhand des „Urvertrages" und Emiles Erziehung zur Gesellschaft veranschaulicht worden. Die kontinuierliche „raison perfectionnée" Saint Pierres bleibt dieser Sicht zumindest teilweise erhalten.[282]

Ganz anders in einem Rahmen, der nicht philosophische Gesellschaftskonzeptionen, sondern die politische Alltagserfahrung der Revolutionszeit zum Maßstab nimmt. In diesem Rahmen ist bei Rousseau von der methodischen „raison perfectionnée" wenig oder eigentlich nichts übriggeblieben. In von Raumers Worten: Es „vereinigen sich bereits im *Extrait* zwei Antriebe, die im Grunde feindliche und unvereinbare Elemente darstellen: der wohlmeinende und optimistische Reformwille des Abbé, der über alle Enttäuschung hinweg an den Fortschritt der Zivilisation glaubt, und die Unbedingtheit eines Erneuerungstriebes von vulkanischer Kraft, ein schwarzgalliger, haßerfüllter Umsturzwille, den der Haß, aber auch verdrängte Liebe hellsehender und wirklichkeitsgesättigter gemacht haben."[283]

Beide Elemente finden sich bei Rousseau. Im großen Zusammenhang seiner durch *Contrat Social* und *Emile* umspannten Gesamtkonzeption ist es einerseits der kontinuierlich verstandene Fortschritt, der Rousseaus Gesellschaftsphilosophie kennzeichnet. Der nicht-optimistische, unbedingte[284] Erneuerungstrieb umspannt andererseits nicht nur die „wirklichkeitsgesättigte" Perspektive, die Rousseau auf eine Zeit der Revolution wirft, sondern auch das grundsätzlichere philosophische Verständnis von Geschichte.[285] In diesen Hinsichten bedeutet Fortschritt Wechsel, der in der Frage des Friedens

---

[282] Mit Einschränkungen, die sich, wie gesehen, vor allem anderen auf die verlorene „bonté naturelle" beziehen.

[283] Raumer 1953, S. 139.

[284] Dies ganz im oben dargelegten Sinne einer gesetzmäßigen Auffassung von Bedingungen verstanden. Das Unbedingte würde in diesem Sinne den Fall bezeichnen, in dem das Gesetz bricht.

[285] Vgl. erneut die Erörterungen zum Verlust der „bonté naturelle" in Kapitel 3.3c dieses Teils.

grundlegend mit einer gesellschaftlichen Realität der „impolice et de guerre" zu brechen hat.[286] Eine sich aus dieser Ambivalenz ergebende Herausforderung stellt sich maßgeblich für eine Bearbeitung der Rousseauschen Philosophie, die deren Einheit betont. Neben den Standpunkt der Einheit und der *kontinuierlich* verstandenen Erziehung des einzelnen zur Gesellschaft, die auch zur Friedensfrage fortschreitet, tritt der Standpunkt der, mit Blick auf Gesellschaft und Frieden, durchzuführenden *Revolution*. Der Ausblick auf eine Einigung der beiden Standpunkte wird in der Friedensfrage nur dann möglich, wenn nach dem genauen philosophischen Ort gefragt wird, den der der Frieden innerhalb von Rousseaus Vergesellschaftungskonzeption einnimmt.

a. Der philosophische Ort der Friedensfrage: Erste Relation

Zwei mögliche Richtungen des Zusammenhanges von Vergesellschaftung und Frieden hat Rousseaus Philosophie vorgezeichnet: In der einen möglichen Richtung übernimmt die Vergesellschaftung, in der Form innergesellschaftlicher Handlungen, eine bedingende Funktion für den Frieden. Eine nähere Betrachtung der konditionalen Relation zwischen Frieden und Vergesellschaftung in dieser Richtung gewinnt Tiefe vor allem durch eine Herleitung aus den historischen Umständen der großen Revolution und kann insofern weit über Rousseau hinausreichende Plausibilität beanspruchen: „Gemeinsam waren der Französischen Revolution und Rousseau zumal die Zwiegesichtigkeit, die beider Verhältnis zu Krieg und Frieden charakterisiert; gemeinsam war beiden die grundlegende Überzeugung, die allem anderen voranging: daß erst die europäische Wirklichkeit, der Staat und die Gesellschaft, aus der Tiefe verändert werden müßten, bevor die Forderung des Ewigen Friedens verwirklicht werden könne."[287] Welches Mittel der innergesellschaftlichen Veränderung ist es,

[286] In den Worten von G. A. Kelly: „The moralizing Rousseau found it almost impossible to grasp any connection between history and virtue, change and wellbeing", in: *Kelly, George Armstrong:* Rousseau, Kant, and History, in: Journal of the History of Ideas, Vol. 29, No. 3 (Jul. - Sep., 1968), S. 349.
[287] Raumer 1953, S. 128.

das Rousseau mit Blick auf den ewigen Frieden favorisiert wissen möchte?

In der Einleitung zum Saint Pierre-Kapitel ist gelegentlich der *Grand Dessin* Sullys erwähnt worden.[288] Der Begriff eines „l e t z t e n Krieges" hat im *Grand Dessin* die Bedeutung eines finalen Angriffskrieges für die französische Sache getragen, dessen unmittelbares Ziel es sein sollte, die Dominanz Habsburgs zu brechen, um mittelbar einen endgültigen Frieden der Großmächte zu ermöglichen. Saint Pierre stellte mit seinem *Projet* einen Defensivplan zur ausschließlichen Zementierung des europäischen *status quo* der Ära Ludwigs XIV. dagegen. Sullys Begriff eines „letzten Krieges" modifiziert seine Bedeutung - gegenüber Saint Pierre - ungleich grundsätzlicher, wenn er schließlich im Kontext von Rousseaus Gesellschaftsphilosophie betrachtet wird. Von Raumer hat in diesem Sinne festgestellt, daß für Rousseau die Rede von einem „letzten Krieg" entschieden die Bedeutung eines „i n n e r e [n] Krieg[es], ein[es] Krieg[es] der Hütten gegen die Paläste [...] und nicht an erster Stelle ein[es] auswärtige[n] Krieg[es]"[289] tragen sollte. Auf die Mittel der innergesellschaftlichen Veränderung geblickt, die für Rousseau den ewigen Frieden bedingend vorbereiten, resultiert der Begriff eines „inneren Krieges". Den Frieden stößt der Begriff eines „inneren Krieges" in genau dem Maße zurück, als nicht kontinuierliche Vergesellschaftung, sondern kriegerisch-revolutionäre Umwälzung in der einzelnen Gesellschaft zu seiner Bedingung erklärt wird.

In der Tat geht es Rousseau mit der Verwendung des Begriffs eines „letzten Krieges" nicht um eine Auslotung dessen, was im *Anblick* des Friedens noch zu rechtfertigen ist, sondern um eine Perspektive des *Hinblicks* auf den Frieden und wodurch dieser letztlich herzustellen ist. Der revolutionär verändernde Gestus darf sich gerade deshalb als diskontinuierlicher und kriegerisch-revolutionärer äußern. Der Satz: ‚was der Allgemeinheit nützt, kommt nur durch Gewalt auf', bringt die maßgebliche, politische Alltagserfahrung in Rousseaus Zeit auf den Punkt. [290] Es ist, in bezug auf die Spätaufklärung, bezeichnen-

[288] Vgl. hierzu Kap. 2.1b dieses Teils.

[289] Raumer 1953, S. 128.

[290] Zu einem einheitlichen Verhältnis von revolutionärem und nicht-revolutionärem Denken vgl. außerdem: *McNeil, Gordon H.:* The Anti-Revolutionary Rous-

derweise von einem nur „theoretischen Pazifismus der Großen Revolution"[291] gesprochen worden. Eine Haltung, die auch Rousseaus eigene Schriften mit Einschränkungen dokumentieren, insbesondere wenn auf die inhaltliche Fortentwicklung des *Jugement* zu dessen Ende hin geachtet wird.

Eine Entwicklung der Gesellschaft nimmt - bei Rousseau - genau dann die diskontinuierlichen Züge einer Revolution an, wenn der zwischengesellschaftliche Friede als l e t z t e s Z i e l der Vergesellschaftung definiert werden soll und dieser einen möglichen Richtung des Zusammenhangs von innergesellschaftlichem Wandel und Friedensfrage nachgegangen wird. Die Einheit in Rousseaus Philosophie bricht in dem Moment auseinander, wo die kontinuierlich verstandene, pädagogische Vergesellschaftung um die Friedensfrage erweitert wird. Die v e r l o r e n e Einheit in Rousseaus Philosophie ist nur, und genau dann, zurückzugewinnen, wenn der anderen möglichen Richtung eines bedingungstellenden Zusammenhanges von zwischengesellschaftlichem Frieden und innergesellschaftlicher Entwicklung in dessen Sozialphilosophie gefolgt wird. Der Friede erhält hierbei einen gänzlich neuen philosophischen Ort. Die Tatsache, daß in diesem schließlich der eigentliche philosophische Ort im Prozeß der Vergesellschaftung bei Rousseau zu sehen ist, bringt zugleich neue Sicherheit in die Normativitätsfrage. Die Betrachtung der zweiten Richtung des bedingungsstellenden Zusammenhanges von Vergesellschaftung und Friede ist am *Jugemement* - Rousseaus eigentlicher Friedensschrift - entlangzuführen.

---

seau, in: The American Historical Review, Vol. 58, No. 4 (Jul., 1953), S. 808-823. McNeil stellt in bezug auf Rousseau fest: „The prophet did not make the Revolution; the Revolution created the prophet. The nonpolitical Rousseau transformed in the public mind into the political Rousseau, and soon the revolutionaries were citing him as one of the principal founders of their Revolution" (S. 809). Vgl. außerdem: *Jouvenel, Bertrand de:* Rousseau the Pessimistic Evolutionist, in: Yale French Studies, No. 28, Jean-Jacques Rousseau (1961), S. 83-96.

[291] Raumer 1953, S. 128.

b. Der philosophische Ort der Friedensfrage: Zweite Relation

Die den *Jugement* in seinen Teilerörterungen durchziehende Vokabel ist die des „Vorteils" des Friedens. Eine Perspektive auf den Frieden als Bedingung der innergesellschaftlichen Vergesellschaftung kommt in den Blick, wenn begleitend die Frage gestellt wird: ‚Vorteil wofür?' Rousseaus Ausgangspunkt im Begriff des Vorteils ist - im Anschluß an den *Extrait* - dem vom Begriff des Nutzens bestimmten *Projet* Saint Pierres entlehnt, dessen „lautere Seele einzig und allein auf das allgemeine Wohl bedacht, die Pflege, die sie den Dingen widmete, nur nach dem Grad ihrer Ersprießlichkeit bemaß."[292] Ganz deutlich nimmt Rousseau Saint Pierres *Projet* aus der eingeschränkten Perspektive eines lediglich utilitaristisch verstandenen Realismus wahr. Der Vorteil des Friedens wird einer Frage nach dem Glück, insoweit dieses den Frieden betrifft, synonym gesetzt werden können, als Rousseau bisweilen auch vom vermeintlichen „Glück des Krieges"[293] gesprochen hat, und das Glück des Friedens mit dieser Vermeintlichkeit aufräumt. Die inhaltliche Distanz, die Rousseau zu einem utilitaristisch verstandenen Vorteil hat, wird womöglich bereits im Glücksbegriff angedeutet.

Der eigentliche Gedankengang des *Jugement* ist entsprechend dadurch gekennzeichnet, daß Rousseau seine Schrift eine aufeinander aufbauende Erörterung von Subjekten durchführen läßt, denen der Vorteil oder das Glück des Friedens angetragen wird. Die Suggestivfrage: ‚Vorteil wofür?' erhält darin erste Bestimmungen. Im gleichen Umfang hält sich Rousseau nicht damit auf, den Vorteil - wie Saint Pierre - in detailliertester Form zu preisen. Zuerst wird die ‚subjektive' Perspektive der Herrschenden eingenommen, anschließend eine solche ihrer Untertanen.

(a) Im Hinblick auf die Herrscher des damaligen Europas ist es ein zweifacher Fehlschluß, den Rousseau in einer Betrachtung der Vorteil- oder Nachteilhaftigkeit des Friedens vermieden wissen möchte: Den Vorteil des Friedens gilt es, erstens, nicht an seiner E r r e i c h -

---

[292] *Rousseau, Jean Jacques:* Urteil über den ewigen Frieden [1782], in: Raumer 1953, S. 369.
[293] A.a.O., S. 371.

barkeit zu bemessen. Die Ausführungen, die Rousseau in dieser Hinsicht im *Jugement* wählt, sind zum einen einer Rehabilitierung Saint Pierres zugedacht, dessen allgemein verhöhnte Wahrnehmung als eines ‚Apothekers von Europa' dargestellt worden ist.[294] Zum anderen reflektieren sich in denselben Ausführungen die politischen Verhältnisse der Revolutionszeit und die ganze Aussichtslosigkeit, den Frieden tatsächlich durch einen europäischen Bundestag dauerhaft herbeizuführen.[295] Den Vorteil des Friedens gilt es, nach Rousseau, neben der fälschlichen Bemessung an seiner eventuellen Erreichbarkeit, zweitens, nicht an der Tatsache der allgemeinen Unerkanntheit dieses Vorteils zu messen. Rousseaus Frage, „[w]arum vernachlässigen sie [die Staatsoberhäupter Europas] ihren eigenen Vorteil, wenn dieser Vorteil ihnen so überzeugend dargelegt wird",[296] ist ledig rhetorisch gemeint. Die verbreitete Uneinsichtigkeit der Herrscher in der Frage des Friedens wird tatsächlich ihrer eigenen, kognitiven Defizienz angerechnet. Konkret gesprochen seien es die „Hitze der Leidenschaften" und die Unproportioniertheit der Weisheit im Vergleich zu ihrem überwältigenden Ehrgeiz, die diese kognitive Defizienz der Herrschenden hervorbringen.

Die Formel, die im *Jugement* die Unabhängigkeit des Vorteils des allgemeinen Friedens von beiden genannten Punkten - Erreichbarkeit und Unerkanntheit - schließlich bekräftigen soll, bezieht sich auf diesen Vorteil in der Form seines „wirklichen Nutzens": „Wir wollen also in der Politik wie in der Moral den wirklichen Nutzen von dem nur scheinbaren unterscheiden. Der erste würde sich in dem ewigen Frieden finden. Das wird in dem Plan aufgezeigt. Der zweite findet sich in dem Zustand der absoluten Unabhängigkeit, der die Staatsoberhäupter von der Herrschaft der Gesetze befreit, um sie

---

[294] Vgl. dazu Kapitel 2.6 dieses Teils.

[295] Die aus damaliger Sicht völlige Aussichtslosigkeit eines schiedsrichterlich herzustellenden Friedens markiert Rousseau in plastischen Worten: „Werden sich die Herrscher bei ihren Streitigkeiten rechtlichen Gesichtspunkten unterwerfen, wenn alle Härte der Gesetze nicht einmal Privatpersonen hat zwingen können, die ihrigen einzuhalten? Ein einfacher Edelmann, der beleidigt worden ist, verschmäht es, seine Klagen dem Tribunal der Marschälle von Frankreich vorzulegen; und sie wollen, daß ein König seine Klagen dem europäischen Bundestag vorträgt? " Rousseau, Urteil, S. 371.

[296] A.a.O., S. 370.

derjenigen des Zufalls zu unterwerfen."[297] Beide Begriffe - sowohl der des Vorteils als auch der des wirklichen Nutzens - drücken, wie schon gesagt, keine utilitaristische Option in der Normativitätsfrage aus, sondern dienen der Herausarbeitung des Begriffs des wahren Vorteils der Herrscher. Auch dem Subjektwechsel auf die regierten Untertanen ist dieses Verständnis inhärent.

(b) Genauerweise sind es dieselben Erörterungen des Vorteils des Friedens aus der Perspektive der Herrschenden, die, im *Jugement*, immer wieder eine tendenzielle Perspektive der Untertanen eingeschlossen haben. Sowohl der praktische Sinn als auch die philosophische Bedeutung dieser Implizität sind hinterfragt worden und lenken auf eine schließliche Beantwortung der Suggestivfrage: *Vorteil* des Friedens *wofür* und den Frieden in seiner bedingenden Funktion für die innere Vergesellschaftung bei Rousseau.

Es ist nicht der Vorteil des Friedens für das subjektfähig gemachte, einfache Volkes selbst, den Rousseau beleuchtet.[298] Das Übel des Krieges wird für das einfache Volk nur bedingt nachvollzogen. Ganz deutlich ist der Vorteil des Friedens für die Untertanen im Hinblick auf den mittelbaren Vorteil dieses Friedens für den Herrscher entworfen. Darin besteht der praktische Sinn der Friedensfrage aus Untertanen-Sicht. Zum Beispiel, wenn Rousseau schreibt: „Endlich erkennt jeder zur Genüge, daß eroberungslustige Herrscher ihren eigenen Untertanen mindestens ebensosehr den Krieg machen wie ihren Feinden und daß sich die Sieger in keiner besseren Lage befinden als die Besiegten."[299] Verständlicherweise liegt Rousseau bei ähnlichen Überlegungen nichts ferner, als das Macht- und Machtsicherungsstreben der zeitgenössischen europäischen Herrscher zu adeln. Die am Ende von Kapitel 3.3b zitierten, kritischen Äußerungen zu Rousseaus vermeintlichem Despotismus beziehen sich weitgehend auf

[297] Ebd.

[298] Etwa in dem Sinne, wie dies die folgenden Sätze suggerieren: „Die Vorteile, die sich aus seiner Verwirklichung für alle Völker und für das gesamte Europa ergeben würden, sind ungeheuer groß, augenfällig und unschätzbar. [...] Verwirklichen wir seine Republik nur einen einzigen Tag, es würde genügen, ihr dauernde Beständigkeit zu sichern; so sehr würde jeder durch die eigene Erfahrung seinen besonderen Vorteil in dem allgemeinen Wohlergehen finden." Rousseau, Urteil, S. 369.

[299] A.a.O., S. 371.

Rousseaus Austausch mit Mirabeau und dessen Formel eines „despotisme légale“ als letzter Lösung, um den Gesellschaftsvertrag aufrechtzuerhalten. Aus genau diesem Grund ist auf die implizite philosophische Bedeutung der Überlegungen zu einem uneigentlichen Subjektwechsel im *Jugement* hinzuweisen. Die Überlegungen zu einem uneigentlichen Subjektwechsel verhelfen, den Eindruck herzustellen, daß Rousseau an den bezeichneten Stellen in der Weise einer zwar bipolaren, jedoch innergesellschaftlichen Argumentation philosophiert (Herrscher/Untertanen und nicht Herrscher/Herrscher). Einem tatsächlichen Subjektwechsel - im Sinne einer Fokussierung auf die Lage der Untertanen Europas - wird in genau dem Maße die Internationalität und Zwischengesellschaftlichkeit geraubt, wie in diesem Wechsel die innergesellschaftliche Perspektive des Vorteils des Herrschers gegenüber seinen Untertanen aufscheint. Bevor die entsprechenden Schlüsse für das Bedingungsverhältnis von Vergesellschaftung und Friede aus der innergesellschaftlichen Perspektive Rousseaus in der Friedensfrage gezogen werden, ist deutlich zu machen, daß, entsprechend den Voraussetzungen seines *Contrat Social*, auch im *Jugement* in der Tat weder der Herrscher noch dessen Vorteil im Mittelpunkt der Erörterungen stehen, wenn es um den Frieden geht.

3.5 REVIDIERTER INTERESSENSBEGRIFF

a. Das Gemeinschaftsinteresse

Der Friede der Gesellschaften untereinander, vor allem aber der Friede in der Gesellschaft ist nach Rousseau so lange ausgeschlossen, wie der Wille in der Form des „persönlichen Interesses“ wahrgenommen wird. Für den Frieden würde es, nach Rousseau, vielmehr nötig sein, „daß die Summe der persönlichen Interessen nicht den Sieg über das gemeinsame Interesse davontrüge und daß jeder in dem Wohlergehen aller selbst den größten Vorteil zu sehen glaubte, den er für sich erhoffen kann.“

Rousseaus weiter oben verwendete Rede von einem „wirklichen Nutzen“ hat an seiner Stelle keine utilitaristische Festlegung der Philosophie Rousseaus bedeutet. Dies wurde bereits gesagt. Hinzuzufügen ist, daß er mit Blick auf Rousseaus Konzept eines Interesses in der Gesellschaft, gemeinsames Interesse - die „volonté générale" - und nicht Privatinteresse artikulieren soll. Wirklicher Nutzen ist an wahres und als solches eigentliches Interesse gebunden. Eigentliches Interesse zielt bei Rousseau nicht auf eine Modifikation der Interessen einzelner, sondern auf eine letztgültige Änderung des Subjektes des Interesses. Das eigentliche Subjekt des wirklichen Nutzens und auch des Vorteils des Friedens ist für Rousseau das „Volk", das sich im Gesellschaftsvertrag als solches konstituiert hat und das in seinen einzelnen Gliedern in deren Doppelfunktion als Bürger und Untertanen angesprochen wird. Sowohl in der Gesetzgebung als auch in der Gesetzesbefolgung sind der Bürger und der Untertan erfragt. In bezug auf den Zweck des Gesellschaftsvertrages ist es das Gemeinschaftsinteresse des Volkes.

b. Das Allgemeinwohl und die Delegitimierung des Friedens

Jeder „wirkliche" Interessensgegenstand muß bei Rousseau sein Subjekt als das des „Volkes" garantieren können. Rousseaus These lautet, daß der Friede als Interessensgegenstand diese Voraussetzung nur bedingt erfüllt. Der Friede entspringt nicht dem exklusiven Interesse des „Volkes". Letzteres wird am meisten anhand der Ausführungen deutlich, die Rousseau im *Jugement* Sullys - im Namen Heinrichs IV. verfaßten - *Grand Dessin* gewidmet hat. Die *raison d'être* des *Grand Dessin* hat darauf beruht, anläßlich des herzustellenden allgemeinen Friedens die Möglichkeit eines Konsenses zu erörtern, innerhalb dessen jeder der europäischen Parteien der für diese selbst vorteilhafteste Part angepriesen worden war:[300] „Heinrich hatte das

[300] Die Aussicht eines ewigen Friedens, innerhalb dessen jede der beteiligten Mächte sich ihren Vorteil erwarten konnte, hat Rousseau anhand der politischen Landkarte zu Zeiten Heinrichs IV. nachdrücklich beschrieben: „Der König von England mußte sich von den fortgesetzten Verschwörungen der Katholiken seines Königsreiches befreien, die alle von Spanien geschürt wurden. Er fand außerdem einen großen Vorteil in der Befreiung der Vereinigten Provinzen, deren Unterstützung ihm große Kosten verursachte und ihn täglich an den Rand des Krieges brachte, den er fürchtete oder den er lieber einmal mit allen anderen zusammen gemeinsam ausgefochten hätte, um sich endgültig davon zu befreien. Der König von Schweden wollte sich den Besitz Pommerns sichern und in

Geheimnis besessen, ihnen allen diesen [ihren] Vorteil auf sehr anziehende Art deutlich zu machen."[301] Mit anderen Worten: Im Streben nach dem Frieden ist den Agierenden die Möglichkeit gewahrt, ausschließlich in der Form von Privatinteressen aufzutreten.[302] In letzter Konsequenz ist der Friede, bezogen auf sein eigenes Subjekt, so wenig garantiefähig, daß er hergestellt werden könnte, ohne als solcher überhaupt intendiert zu sein. Rousseau: „Was begünstigt also diese allgemeine Bewegung [eines politischen Ausgleichs zur damaligen Zeit]? Etwa der ewige Friede, den niemand vorhersah und um den sich wenige gekümmert hätten?" Der Friede präsentiert sich zuletzt als Zufallsgestalt. Den Schlußpunkt dieser Karrikatur des Friedens hat Rousseau im *Jugement* dadurch gesetzt, daß er auf den ausgezeichneten Interessensgegenstand des Gemeinschaftsinteresses zurückkommt. Anschließend der gerade wiedergegebenen Passage fragt Rousseau in bezug auf die zeitgenössische Bewegung eines politischen Ausgleichs und dessen Begünstigung provokativ: „Oder das Allgemeinwohl, das sich niemals mit dem des einzelnen deckt?"[303]

Die mit Kapitel 3.4 aufgenommene Frage nach dem philosophischen Ort des Friedens ist in jener Relation, in der der Friede eine bedingende Funktion für die Vergesellschaftung übernimmt, durch Kapitel 3.4b nur andeutungsweise beantwortet worden. Mit den Ausführungen der Kapitel 3.5a und 3.5b ist die präzise Grundlage gelegt

---

Deutschland Fuß fassen. Der Kurfürst von der Pfalz, damals Protestant und Führer der Augsburgischen Konfession, hatte Absichten auf Böhmen und stimmte mit den Gleichgerichteten des Königs von England überein. Die deutschen Fürsten mußten die widerrechtlichen Besitzergreifungen des Hauses Habsburg unterbinden. Der Herzog von Savoyen erhielt Mailand und die Krone der Lombardei, die er brennend begehrte. Selbst der Papst war der spanischen Gewaltherrschaft müde und gehörte der Partei an, mit Hilfe des Königreichs Neapel, das man ihm versprochen hatte. Die Holländer wurden besser bezahlt als alle übrigen und erhielten das Versprechen ihrer Freiheit." A.a.O., S. 376.

[301] Ebd.

[302] Der Schlußsatz im *Jugement* lautet bezeichnenderweise wie folgt: „[...] wer von uns könnte infolgedessen zu sagen wagen, ob dieser europäische Bund zu wünschen oder zu fürchten ist? Er würde vielleicht mit einem Schlage mehr Unheil anrichten, als er für Jahrhunderte verhindern könnte." A.a.O., S. 378.

[303] Dieses und das vorangehende Zitat: Rousseau, Urteil, S. 376.

worden, die Frage im Sinne dieser Relation abschließend zu beantworten.

c. *Die Mediatisierung des Friedens als innerpolitischen Begriff*

Zeitgleich für Rousseau eine Akkumulierung der isolierten Privatinteressen keinen Garanten für den Frieden abzugeben vermag, ist in den Begriffen des „gemeinsamen Interesses“ und „Allgemeinwohls“ die Stoßrichtung für den philosophischen Ort des Friedens vorgegeben worden. Zwei Teile kristallisieren sich für eine Beantwortung heraus.

(1) Von Raumer stellt zurecht fest, daß „genau wie im ‚Contrat Social‘ die Unterordnung des einzelnen unter die Volonté générale keinen Freiheitsverlust für den einzelnen bedeutet, weil er diese Volonté générale, in die sein eigener Wille eingegangen ist, ja selbst mitdarstellt, so bedeutet die Unterordnung der Staaten unter den Völkerbund [oder allgemeiner den Frieden] keinen Souveränitätsverlust, weil diese Staaten ja selbsthandelnde und autonome Teilhaber des europäischen Gemeinschaftsinteresses sind, das durch sie erst verkörpert wird.“[304] Die vertragliche Regelung des intergesellschaftlichen Friedens stellt theoretisch ein S y n o n y m zur Aushandlung des Gesellschaftsvertrages durch die „volonté générale“ dar. Die Völker werden hierbei in die Situation internationaler Bürger und Untertanen versetzt. Die Vorbehalte und Einschränkungen, die Rousseau gegenüber diesem synonymen Verständnis gehegt hat, sind durch Kapitel 3.5b und die historisch einleuchtende Möglichkeit, daß der Friede als Produkt egoistischer Privatinteressen aufzutreten vermag, dargestellt worden.

(2) Die „volonté générale“ bleibt in Rousseaus Gesellschaftskonzeption schließlich an die einzelne Gesellschaft gebunden. Der zwischengesellschaftliche Friede stellt, so gesehen, eine notwendige Bedingung, nicht aber das intendierte Ziel auf dem Weg zur vollendeten „Vergesellschaftung“ dar. Der Friede bei Rousseau ist Durchgangspunkt eines gesellschaftlich zu erreichenden Letzten. Im *Extrait* hat Rousseau sich, in dieser Hinsicht, bereits auf der ersten Seite ‚verra-

[304] Raumer 1953, S. 137.

ten', indem er programmatisch feststellt: „Man braucht nicht allzulange über die Mittel nachgedacht zu haben, irgendeine Regierung zu vervollkommnen, um Hindernisse und Widerstände zu bemerken, die weniger in ihr selbst als in ihren auswärtigen Beziehungen liegen."[305] Eigentliches Ziel von Rousseaus Gesellschaftsphilosophie ist die Innenpolitik.[306] Im Sinne einer vorausliegenden und gegebenenfalls einschränkenden Bedingung zu diesem Ziel ist „das Fehlen des Friedens [...] das wirksamste Hindernis für die innere Reform."[307] Die andere konditionale Relation von Friede und Vergesellschaftung - wie sie in Kapitel 3.4a dargestellt wurde -, in der die innere Revolution der Gesellschaft, der Aufstand der Hütten gegen die Paläste, als grundlegende Bedingung des zuletzt erreichbaren Friedens in Rousseaus Philosophie erwogen wurde, wird schließlich umgewendet.

Deutlich sollte sein, daß die Tatsache einer Gültigkeit beider Relationen - jene, die die innergesellschaftliche Veränderung zur Bedingung des intergesellschaftlichen Friedens erklärt als auch die umgekehrte - in Rousseaus Philosophie keinen systematischen Widerspruch darstellt. Beide Relationen könnten sich im Sinne unterschiedlicher Schritte auf dem Weg zur vollendeten Vergesellschaftung ergänzen und Rousseaus Philosophie ihre Einheit erhalten. Eine Passage in den *Confessiones* deutet eine entsprechend einheitliche Systematik an. Dort heißt es: „Ich fand, daß das erste Förderungsmit-

[305] *Rousseau, Jean Jacques:* Auszug aus dem Plan des Ewigen Friedens des Herrn Abbé Saint-Pierre [1761], in: Raumer 1953, S. 344.

[306] S. Hoffmann hat die Bipolarität inner- sowie intergesellschaftlicher Perspektiven in Rousseaus Friedensphilosophie plastisch beschrieben und die letztliche Fokussierung auf die einzelne Gesellschaft andeutungsweise festgehalten: „How to be both a good citizen of a nation, and a good citizen of the world [...] these have become major issues for political thinkers today. Rousseau considered those issues at some length, and thought he could resolve the dilemma: the formula which he devised, in the *The Social Contract*, in order to rescue man from the fall into which the passing of the state of nature had plunged mankind, was also supposed to put an end to international disorder. However, the philosopher who was the sharpest critic of man's plight in society (both domestic and international) provides ‚a way out' of the international jungle he had so brilliantly described, only if ‚a way out' means an escape, not a solution." Vgl.: *Hoffmann, Stanley:* Rousseau on War and Peace, in: The American Political Science Review, Vol. 57, No. 2 (Jun., 1963), S. 317.

[307] Raumer 1953, S. 137.

tel der Moral die Politik sei, daß, man möge die Sache auch angreifen, wie man wolle, der Charakter eines Volkes sich immer nach der ihm eigenen Regierungsform bilden würde. In dieser Hinsicht schien mir die große Frage nach der besten Staatsform sich zurückführen zu lassen auf diese: wie muß eine Regierungsform beschaffen sein, um ein Volk zum tugendhaftesten, aufgeklärtesten, weisesten, mit einem Wort in vollem Sinne b e s t e n zu bilden?"

Bereits die Realisierung der entsprechenden Regierungsform integriert zumindest theoretisch die Option, bei Rousseau die Gestalt eines „letzten Krieges" anzunehmen; und zwar in der Form, wie letzterer - in, gegenüber Sully, grundlegend modifiziertem Sinne - als innerer Krieg der Hütten gegen die Paläste bestimmt worden ist. Ein „letzter Krieg" ist nicht nur mögliche Bedingung der geeigneten Regierungsform, sondern auch des intergesellschaftlichen Friedens. Während die Frage der inneren Regierung den Gesellschaftsvertrag und das „Volk" überhaupt begründet, wird in der äußeren Regierung eine Mittelbedingung des schließlich in seinem Charakter zu veredelnden Volkes formuliert. Der Friede hat in Rousseaus Philosophie den philosophischen Ort eines an Bedingungen zu messenden Zieles, das gleichwohl selbst als *conditio sine qua non* der Vergesellschaftung zum „besten Volk" hin fungiert.

Die Frage ist, ob ein „letzter Krieg" in Richtung Frieden zwar keinen systematischen, jedoch einen k o n z e p t i o n e l l e n Widerspruch in Rousseaus einheitlicher Gesellschaftsphilosophie darstellen muß. Mit Kapitel 3.4 wurde angenommen, daß eine Vergesellschaftung des Friedens nicht nur oder nicht primär auf der Gewalt und dem „theoretischen Pazifismus" eines „letzten Krieges" beruhen kann, sondern auch hier bereits Erziehungsziele wirksam werden. Die Frage des Friedens ist im *Emile* entsprechend erst ganz zum Ende hin berührt worden. Erneut stellt sich - zumindest für den Frieden als Etappenziel auf dem Weg zum „besten Volk" - das Problem dar, wie kontinuierlich verstandene Erziehung und Revolution in Einklang zu bringen sind. Eine Lösung dieses, gleichwohl nicht systematischen, jedoch konzeptionellen Widerspruches wird sich wohl nur dann ergeben, wenn Rousseau in der Tat ein zweifacher Blick zugutegehalten wird. Der eine umspannt die Koordinaten seiner kontinuierlich entworfenen philosophischen Geamtkonzeption, in der die Erziehung zur Gesellschaft die zentralste Rolle spielt. Der andere, mehr politische, hadert mit dieser Konzeption genau insoweit, als jene durch die Erfahrungen des Alltagserlebens in der Zeit der Französischen Revolution konterkarriert wurde.

3.6 GEWISSEN UND ‚AMOUR DE L'ORDRE'

Rousseaus normativer ‚vertu'-Begriff

Unabhängig davon, ob der Friede in seiner Ausführung (Rousseaus zweites Kriterium einer guten Theorie) mit der Erziehungskonzeption des *Emile* zeitweilig in Konflikt geraten mag, ist dennoch klar, daß der Friede, insofern er eine der Bedingungen auf dem Weg zum „besten Volk" darstellt, in jene systematisch eingebettet ist (Rousseaus erstes Kriterium einer guten Theorie). Das ist gezeigt worden. Entsprechend dieser Einbettung in die Vollendung des Charakters einer Gesellschaft werden auch die Normativitäten, die diese pädagogische Vollendung leiten, auf die Friedensfrage zu übertragen sein. Für Rousseau ist - wie gesehen - das „erste Förderungsmittel der Moral die Politik". Die Moral stellt in der Erziehung den schließlichen Prüfstein für die Vollendung des Charakters von Rousseaus Gesellschaft dar. Entsprechend ist der Gesellschaftsvertrag, in geschichtsphilosophischer Sicht, gegründet worden, um von der „moral de l'amour" und dem „se rendre plus aimable" fortzukommen. Der kurze geschichtstheoretische Abriß in Kapitel 3.3c hat gezeigt, wie die ersten (vor-vertraglichen) gesellschaftlichen Vereinigungen den „amour de soi" des Naturmenschen durch den egoistischen „amour propre" des sozialen Menschen ersetzt haben. Emiles Erziehung erhält ihre besondere Herausforderung aus den selbstsüchtigen Handlungsmotiven des „homme civilisé".

Fetscher hat festgehalten, daß die moralische Vollendung des Charakters des einzelnen, sowie der Gesellschaft als ganzer in Rousseaus Ethik in der Herausbildung von „vertu" besteht. „Vertu" ist definiert als die „habituell gewordene [...] Fähigkeit, durch eigene Anstrengung den „amour propre" unter Kontrolle zu halten."[308] Die rationale Tugendethik, die Rousseau um die Begriffe dieser Definition

[308] Fetscher 1989, S. 10.

entwirft, in den für die normative Frage wichtigsten Zügen dargestellt, sieht wie folgt aus: In der Kontrolle des „amour propre" kommen für Rousseau zwei ergänzende Vermögen in Betracht: das Gewissen und die Vernunft. Die Vernunft als exklusive Errungenschaft des Gesellschaftsmenschen, welche dem Naturmenschen noch völlig fremd ist, stellt die Basis für die überragende ethische Funktion des G e w i s s e n s dar. Das Gewissen hat „für den in entwickelten Gesellschaften lebenden Menschen eine ähnliche Funktion wie der Instinkt der „commisération" im ursprünglichen Naturzustand."[309] Es setzt die Vernunft voraus, ist aber von Kants reiner praktischer Vernunft in mehreren Hinsichten noch völlig verschieden:

(a) Im *Emile* fällt der zentrale Satz für das Verhältnis von Vernunft und Gewissen: „Das Gute kennen heißt noch nicht das Gute lieben, denn diese Erkenntnis ist dem Menschen nicht angeboren. Sobald er es aber durch die Vernunft erkennt, treibt ihn das Gewissen, es zu lieben. Dieses Gefühl ist ihm aber angeboren." [310] Rousseau geht davon aus, daß der einzelne die Möglichkeit hat, seine Vernunft in zweifacher Form zu gebrauchen: Im einen Fall kann „er [...] seine Vernunft einmal in den Dienst des ‚amour propre' stellen [...]. Das ist die ‚instrumentelle Vernunft', die David Hume alleine kennt, wenn er davon spricht, daß die Vernunft nie etwas anderes ist und sein sollte, als die Sklavin der Leidenschaften'"[311] [„Reason is and ought to be a slave of the passions and can never pretend to any other office than serve and obey them"[312]].

(b) Im anderen Fall dient die Vernunft dem Gewissen. Warum bzw. wie ist das Gewissen - nachdem die Vernunft das Gute einmal erkannt hat - bei Rousseau als die Liebe zum Guten bestimmbar? Rousseau setzt das Gute mit der O r d n u n g gleich. Das entspricht seinem gesellschaftstheoretischen Ansatz, der auf die kollektive Einheit des „besten Volkes" dringt und die Moral komplett als Instrument dieser Einheit oder Ordnung versteht. Die Liebe zum Guten oder der „amour de l'ordre" hat ihren Sitz in der Seele, genauso wie

---

[309] A.a.O., S. 11.
[310] Rousseau, Emile, Viertes Buch S. 305.
[311] Fetscher 1989, S. 12.
[312] *Hume David:* A Treatise of Human Nature [1739-1740], edited by L. A. Selby-Bigge and P. H. Nidditch, Oxford 1978, II.ix.

das sinnliche Streben seinen Sitz im Körper hat. Insofern das Gewissen die Instanz der Seele ist, ist sie es, die für Rousseau die individuellen Handlungen auf moralische Bahnen lenkt.

(c) Fetscher hat betont, daß das Gewissen des „homme civilisé" in der Tat eine „Analogie"[313] zur „commisération" des Naturmenschen konstituiert. Beide sind gefühlsgeleitet. Das „Gefühl (eben das Gewissen)", von dem weiter oben die Rede war, bestätigt Rousseau als solches im *Emile* im ‚Glaubensbekenntnis des savoyischen Vikars'. Dort heißt es: „Es gibt eine moralische Ordnung überall dort, wo es Gefühl und Einsicht",[314] mit anderen Worten, Gewissen und Vernunft gibt. In strengem Sinne genommen, stellt die „commisération" keinen moralischen Standpunkt dar. Der Naturmensch lebt vereinzelt und ist von daher - entsprechend dem ausschließlichen Ordnungssinn der Ethik bei Rousseau - in seinen Handlungen weder als moralisch noch als unmoralisch bezeichenbar. Beiden moralischen/moralanalogen Gefühlen ist gleichwohl zu eigen, daß sie - ganz im Gegensatz zu Kant - Arten der Eigen- oder Selbstliebe nicht ausschließen. Während der „amour de soi" allerdings in keiner Form mit der „commisération" des Naturmenschen konfligiert, ist es Aufgabe des Gesellschaftsmensch seinen „amour propre" mit der Liebe zur (öffentlichen) Ordnung in Ausgleich bringen. Rousseau im *Emile*: Während „der Gute sich in bezug auf das Ganze einordnet [s'ordonne par rapport au tout], [möchte] der Böse das Ganze in bezug auf sich einordnen."[315]

Der Fortschritt in Richtung auf eine Vollendung des Charakters der Gesellschaft ist an die gelebte „vertu" ihrer einzelnen Glieder gebunden. In der pädagogischen Erziehung zur Gesellschaft ist sie das letzte Ziel. Der äußere Friede ist für Rousseau nicht mehr als eine der Verwirklichungsbedingungen der „vertu". Das entspricht (*i*) dem Mißtrauen und der geringen Hoffnung, die Rousseau in eine Verhandlung des Friedens setzt, die im Sinne des „Gemeinschaftsinteresses" der Völker und nicht als „Privatinteresse" verfolgt wird. Das entspricht (*ii*) den generell innenpolitischen Zielen der Rousseauschen Philosophie. Trotzdem ist anzunehmen, daß auch der Friedensbegriff Rousseaus normative Begründungskraft aus den Verpflichtun-

[313] Fetscher 1989, S. 11.
[314] Zitiert ebd.
[315] Zitiert ebd.

gen einer „moralischen Ordnung" erhält: In der Konsequenz von (*i*) greift Rousseau gelegentlich nach der Revolution. Eine Anwendung der „vertu" in der Frage des Friedens wird dadurch nicht grundsätzlich diskreditiert, sondern bescheinigt Rousseaus gleichzeitigen Blick auf die eingeschränkten Machbarkeiten seiner Zeit.

In der Konsequenz von (*ii*) könnte zwar vermutet werden, daß ein jeder Friede, der nur eine ungehinderte Verwirklichung der innergesellschaftlichen Ziele ermöglicht, für Rousseau annehmbar gewesen wäre. Dem steht entgegen, daß das „Angezogenwerden von der ‚Schönheit' einer von der Vernunft erkannten [und vom Gewissen gefühlsmäßig nachvollzogenen] Ordnung"[316] zwar ein spätes Entwicklungsziel im Leben Emiles und des einzelnen Individuums darstellt. In der Entwicklung einer Gesellschaft sind dieses „Angezogenwerden" und „sich in bezug auf das Ganze einordnen" *per definitionem* bereits in der ersten Phase der Vergesellschaftung des Gesellschaftsvertrages Verpflichtung. Die zweite pädagogische Vergesellschaftung bezieht sich immer nur auf Individuen. Es wäre von daher sinnlos zu sagen, daß sich der Friede einer Gesellschaft als moralische Verpflichtung erst s p ä t auftut oder diese von einer zwischengesellschaftlichen Perspektive gänzlich unabhängig wäre. Historisch-politisch mag die konkrete Gesellschaft den Wert des Friedens erst spät erkennen. Rousseaus methodischer Ansatz einer unhistorischen, „hypothetischen Konstruktion" von rückwärtsgerichteten Notwendigkeiten und kritischen Bedingungen der Zukunft bewahrt ihn vor solchen Einschränkungen.

3.7 PSYCHOLOGISTISCHE FRIEDENSNORMATIVITÄT

Zusammengefaßt

Während im Umfeld der normativ realistischen Position Saint Pierres normativer Friedensbegriff - in seiner Kombination von utilitaristischer Begründung und physikalistischem Fortschrittsverständnis - untersucht worden ist, haben die Überlegungen in dieses Kapitel Rousseau in die Nähe des im Einleitungsteil an dritter Stelle behan-

---

[316] A.a.O., S. 14.

delten allgemeinen Normativitätsbegriffs gerückt. Das ‚reflective endorsement'-Argument wurde dort im Umfeld der englischen Gefühlsethiken des 18. Jahrhunderts eingeführt und speziell an David Humes *A Treatise of Human Nature* dargestellt. Unabhängig des philosophiegeschichtlichen Verhältnisses von englischer und französischer Spätaufklärung kann verdeutlicht werden, daß Rousseau das Verständnis des von Korsgaard gezeichneten ‚reflective endorsement'-Begriffs in der speziellen Frage der Friedensnormativitäten in wichtigen Punkten teilt.[317]

Der ‚reflective endorsement'-Theoretiker hat sich vom Realisten dadurch methodisch abgegrenzt, daß er voraussetzt, daß das Aufspüren normativer Begriffe in der Moralphilosophie gerade *nicht* der epistemologisch realistischen Perzeption entspricht, die ein Subjekt über ein Objekt anstellt (=C1). Entsprechend kritisiert Rousseaus Gesellschaftstheorie die unbestrittene Geltung der deduktiven Methode in der Philosophie Saint Pierres und führt zu dem, was methodisch eine „Selbstbescheidung in der analytischen Wirklichkeitssicht" genannt worden ist. Der Friede der Gesellschaften ist für Rousseau nicht logisch ableitbar und entsprechend der Zukunft weder garantier- noch diktierbar. Saint Pierres Philosophie war genauso präsentistisch wie empiristisch. Rousseau erörtert kritische Bedingungen, die sich auf die Vergangenheit der Gesellschaftsentwicklung im Sinne einer „hypothetischen Konstruktion" beziehen und von einem angenommenen Akt erster Vergesellschaftung (Gesellschaftsvertrag) Verpflichtungen für die Zukunft gewinnen. Diese Verpflichtungen sind umfassend pädagogischen Charakters und können als fortgesetzte oder zweite „Vergesellschaftung" (*Emile*) der Gesellschaftsindividuen

[317] Zur seit 1762 brieflich geführten Kontroverse zwischen Rousseau und Hume vgl: *Goodman, Dena:* The Hume-Rousseau Affair: From Private Querelle to Public Process, in: Eighteenth-Century Studies, Vol. 25, No. 2 (Winter, 1991-1992), S. 171-201. Hume schreibt 1762 erstmals, aus Anlaß der Bannung des *Emile* durch das Pariser Parlament und den angeschlossenen Haftbefehl gegen Rousseau, an den Franzosen. Goodman hat versucht, den schrittweise öffentlichen Charakter der Kontroverse zwischen beiden Philosophen nachzuzeichnen. Daneben wird die zunehmende Eskalation im Tonfall der gewechselten Briefe bemüht. In inhaltlich philosophischer Hinsicht zeigt sich der Briefwechsel als recht unergiebig und dreht sich zumeist um aktuelle Themen von tages- und gesellschaftspolitischer Relevanz.

aufgefaßt werden. Die zweite Vergesellschaftung ist kritisch, weil sie einem existenz-pädagogischen Konzept der Erziehung nach Begabung entsprechend entworfen ist und das essenz-pädagogische Ideal des antiken Exzellenzbegriffs ablehnt.

Für den ‚reflective endorsement'-Theoretiker haben moralische Überlegungen in der Gesellschaft auf einem gefühlsmäßigen Gut- und Schlechtheißen beruht (=C2). Für Rousseau stellt die Moral den letzten pädagogischen Pflichtschritt auf dem Weg zum „vollendeten Charakter einer Gesellschaft" und zum „besten Volk" dar. Im Falle des Franzosen ist es das „G e w i s s e n", verstanden als „Liebe zum Guten", das der bloß vernunftsmäßigen „Kenntnis des Guten" gefühlsmäßige Sicherheit verschaffen soll.

Um den Anspruch erheben zu können, *per* Gefühl von einem allgemeinen Standpunkt der Beurteilung aus zu handeln und zu urteilen, hat der ‚reflective endorsement'-Theoretiker in der „Sympathie" mit dem Beurteilten ein Absehen von persönlichen Interessen des Urteilenden versichert (=C3) und die Gesellschaftlichkeit des moralisch Handelnden betont (=C4). Für Rousseau ist sowohl in der gefühlsmäßigen, moralischen Beurteilung als auch im gefühlsmäßigen, moralischen Handeln ein allgemeiner Standpunkt seines „homme civilisé" ähnlich und noch zwingender argumentierbar. Wo der ‚reflective endorsement'-Theoretiker den Begriff der Sympathie setzt, bringt Rousseau die Implikationen seines „Gewissens"-Begriffs in Stellung: Die durch das Gewissen garantierte „Liebe zum Guten" ist für Rousseau gleichbedeutend mit einer „Liebe zur O r d n u n g" („amour de l'ordre"). Das „Gewissens"-Urteil ist mit dem Blickwinkel einer allgemeinen gesellschaftlichen Beurteilung *a priori* identisch. Wo der ‚reflective endorsement'-Theoretiker die Geselligkeit seines Agenten hervorhebt, pointiert Rousseau das „Gemeinschaftsinteresse". Letzterem ist der Rousseausche Gesellschaftsmensch insofern verpflichtet, als er sich - entsprechend dem Gesellschaftsvertrags-Gedanken - als Bürger die Gesetze gegeben hat, die er als Untertan befolgt. Rousseaus Begriff einer „doppelten Verpflichtung" läuft auf die Idee einer Selbstverpflichtung hinaus.

In bezug auf das populäre ‚free-rider'-Problem ist es letztere Idee einer Selbstverpflichtung, mit der Rousseau eine Lücke im Gesellschaftsinteresse überbrückt. Wo der ‚reflective endorsement'-Theoretiker sein Gesellschaftsindividuum auch in den Fällen moralisch handeln läßt, die das Gesellschaftsinteresse und die Gesellschaftsordnung nicht zum Einsturz bringen, weil er die Demütigung der anderen zu befürchten hat, hadert Rousseaus Gesellschaftsindividuum - in der Form des Bürgers, der den Untertanen kritisiert - gewissermaßen mit sich selbst.

Genauso wie die Kategorie der „Sympathie" im ‚reflective endorsement'-Argument keinen direkten Gegenstand des singulären Interesses bestimmt, sondern jenes Medium darstellt, über das sich der einzelne mit Normen des gesellschaftlichen Interesses reflexiv (darum „*reflective* endorsement") vermittelt (=C5), ist Rousseaus „Gewissens"-Begriff, verstanden als „Liebe zur Ordnung", durch V e r n u n f t und Absehen vom „persönlichen Interesse" charakterisiert.

Die systematische Verortung der Friedensfrage in der maßgeblich durch den *Contrat Social* und den *Emile* umspannten, einheitlichen Konzeption der Rousseauschen Gesellschaftsphilosophie ist - wie gezeigt wurde - nicht unproblematisch. Bezogen auf die Normativität des Friedens gelten jedoch unzweifelhaft Rousseaus dargestellte, moralische Begriffe, welche zuletzt, in systematisch-normativer Hinsicht, dem ‚reflective endorsement'-Argument verwandt sind. Erinnert sei abschließend erneut an eine der wenigen direkten normativen Aussagen, die Rousseau für den Frieden grundsätzlich formuliert hat. Diese schließt unmittelbar an den zuletzt erörterten Begriff an: Für den Frieden würde es, nach Rousseau, vor allem anderen nötig sein, „daß die Summe der persönlichen Interessen nicht den Sieg über das gemeinsame Interesse davontrüge, und daß jeder in dem Wohlergehen aller selbst den größten Vorteil zu sehen glaubte, den er für sich erhoffen kann."

ZWEITER TEIL

‚Reine Praktische Vernunft'
Kategorischer Imperativ · Autonomie
Transzendentalität

4.

Einführung in Kants praktische Philosophie und zeitgeschichtliche Herausforderungen

4.1 EINLEITUNG

a. Einteilung der Untersuchung

Zentrales Anliegen dieses zweiten Teils ist - in Abgrenzung zu der durch die vorangehenden Friedensbegriffe eröffneten Systematik -, normative Fragen auf Kants einheitliche sowohl moral- als auch rechtsphilosophische Option in der Friedensfrage zu konzentrieren und einen vierten normativen Friedensbegriff ‚reiner praktischer Vernunft' darzulegen. Ähnlich der Suche nach der Einheit in den politischen, pädagogischen und moralphilosophischen Konzeptionen Rousseaus, wird für Kants Philosophie die Annahme formuliert, daß dessen Friedensnormativität aus der Einheit seines transzendentalen Systems verstanden werden möchte.

In bezug auf Rousseaus praktische Philosophie ist aus verschiedenen Gründen davon abgesehen worden, von einem als solchem bereits einleitend einzuführenden allgemeinen Normativitätsbegriff zu dessen friedensspezifiziertem normativen Äquivalent fortzuschreiten.[318] Ein vergleichbares Problem ist im Rahmen einer Auseinandersetzung mit Kants praktischer Philosopie nicht zu befürchten. Ein allgemeiner Kantisch entworfener Normativitätsbegriff ‚reiner praktischer Vernunft' ist bereits mit dem Einleitungsteil vorgestellt worden. Bestimmte Schwierigkeiten birgt allerdings eine einheitliche Zuordnung von allgemeinem normativem Begriff und normativem Friedensbegriff in Kants Philosophie. In Kants Fall steht hinter der Suche nach der Einheit beider Begriffe dabei weniger die für den normativen

[318] Vgl. hierzu Kapitel 3.1 des Ersten Teils.

Friedensbegriff unerläßliche Frage nach dem ‚philosophischen Ort' des Friedens überhaupt, sondern die Frage einer b e s t e n Normativität. In der Fortsetzung dieser Einleitung wird dargelegt, inwiefern letztere an ein transzendentales Verständnis der normativen Friedensfrage und einen entsprechenden normativen Friedensbegriff ‚reiner praktischer Vernunft' gebunden ist. Im Hinblick auf die völkerrechtliche Realität seiner Zeit und die darin eingeschlossene, für Neuzeit und Moderne maßgebliche Verrechtlichung des Friedens bietet Kants Transzendentalphilosophie die Möglichkeit, rechtlich-politischen Anfechtungen des Friedens nicht alleine in der Form moralphilosophischer (kategorischer Imperativ), sondern zugleich rechtsphilosophischer Normativität zu begegnen. Das Anliegen, die Einheit des transzendentalen Systems zu betonen und entsprechend nachzuweisen, ist, in der normativen Friedensfrage, Teil dessen, was mit Korsgaard im ersten Einleitungskapitel das Kriterium der ‚explanatory adequacy' genannt worden ist.

Die Untersuchung von Kants normativem Friedensbegriff wird sich einerseits *systematisch* auf dessen Stellungnahmen zu Saint Pierre und Rousseau beziehen können, andererseits *historisch* auf Kants große „Kampfansage" an jene geistige Stimmung, die allgemein unter dem zeitgenössischen Begriff der „Staatsräson" zusammengefaßt worden ist. Schließlich wird eine *innere* und im engeren Sinne auf die Frage der transzendentalen Einheit in Kants Philosophie ausgerichtete Argumentationslinie verfolgt und unter Auseinandersetzung mit der Sekundärliteratur geführt werden. Letztere Argumentationslinie wird die Grundlage bilden, um den gegen die transzendentale Einheit philosophierenden Autoren des späten zwanzigsten Jahrhunderts im dritten Teil begegnen zu können. Den philosophiegeschichtlichen Hintergrund zur „Staatsräson"-Debatte bilden die bereits von Saint Pierre in seinen *Reflexions* kommentierten Schriften Machiavellis und Friedrichs des Großen; sprich, *Der Fürst*[319] hier und der *Antimachiavel*[320] dort. Für Kant sind direkter Bezugspunkt allerdings die

[319] *Machiavelli, Niccolò:* Der Fürst, übers. u. hersg. v. P. Rippel, Stuttgart 1986.
[320] *Friedrich II. von Preußen, gen. der Große:* Anti-Machiavel, oder Versuch einer Kritik über Nic. Machiavels Regierungskunst eines Fürsten [1740], Frankfurt/ Leipzig 1745; Nachdr. Dortmund 1982.

Schriften des damals maßgeblichen, heute allerdings annähernd vergessenen Friedrich-Apologeten Christian Garve.

Die genauere Vorgehensweise dieses zweiten Teils wird so aussehen, daß sowohl der zeitgeschichtlichen als auch der systematischen Argumentationslinie der methodisch-propädeutische Rahmen einiger wichtiger begrifflicher Mittel in der praktischen Philosophie Kants vorangestellt wird. Alle späteren Argumentationsstränge werden in verschiedentlicher Form auf diese Begriffe rückreflektieren und jene als gliederndes Koordinatensystem verwenden. Im einzelnen handelt es sich hierbei um Kants „Einteilung der Grundformen der Praxis", wie sie in der *Grundlegung zur Metaphysik der Sitten* (B 39ff) dargelegt worden sind. Einer ausschließlich systematischen und in diesem Sinne an Saint Pierre und Rousseau unmittelbar anschließenden Betrachtung des normativen Fundamentes in der Friedensfrage bei Kant werden die normativen Herausforderungen vorangestellt, die jener in seiner Zeit durch Christian Garve erfährt (Kapitel 4.2). Damit wird dem angekündigten Ziel - im Gegensatz zur Vorgehensweise des Erasmus-Kapitels -, im engeren Sinne systematische Arbeit zu leisten, nicht widersprochen. Aus folgendem Grund: Systematische und philosophiegeschichtliche Thematik zeigen sich als miteinander verknüpft: Kants Reaktion auf die ideengeschichtlichen Grundlagen der Staatsräson im achtzehnten Jahrhundert trifft besonders in Garve auf einen Denker, der realistische und im Sinne eines empirischen Utilitarismus entworfene Normativität in der Friedensfrage viel systematischer vertreten hat, als Saint Pierres empirische Detailsucht diese zu repräsentierten vermag. (Zugleich macht die utilitaristische Argumentation, wie gesehen, nur eines von zwei realistischen Elementen in Saint Pierres Philosophie aus). Insofern sich nicht nur Kant auf Garve, sondern Garve sich umgekehrt umfassend auf Kant bezogen hat, werden normativer Realismus und normativer ‚authority of reflection'-Standpunkt darüber hinaus in eine philosophiegeschichtliche Diskussion gebracht.

Kants Zurückweisung aller empirischen Normativitätsbegriffe (Kapitel 5 dieses Teils) findet in Garve eine grundsätzlichere Grundlage. Gleichwohl wird mit Kapitel 4.2 eine auf Saint Pierre (teilweise auch auf Rousseau) beziehbare Systematik parallel geführt und in Kapitel 5 schließlich auf Saint Pierre und Rousseau bezogen werden. Das anschließende umfängliche Kapitel 6 realisiert die innere und auf die Einheit von Kants transzendentalem System gerichtete Argumentationslinie.

b. Kernfrage: Die Einheit des transzendentalen Systems

Im Hinblick auf einen normativen Friedensbegriff ‚reiner praktischer Vernunft' ist unter anderem Kants 1795 publizierter, berühmter Traktat *Zum ewigen Frieden* in Betracht zu ziehen. *Zum ewigen Frieden* wird vor und unabhängig der Frage nach der transzendentalen Einheit seines Systems im Umfang eines nur negativen Normativitätsbegriffs behandelt werden. Kants p o s i t i v e r Normativitätsbegriff wird schließlich entscheidend von der Frage der transzendentalen Einheit des Systems abhängen. Als maßgebliches normatives Betrachtungsfeld für eine Untersuchung von Kants *Zum ewigen Frieden* ist der Teil der Friedensschrift anzusehen, dem Kant den Ort eines „Anhanges" zur eigentlichen Schrift gegeben hat. Thema dieses Anhanges sind die rivalisierenden Theoreme einer, in Kants Sicht der Dinge, vermeintlichen ‚Mißhelligkeit' bzw. ‚Einhelligkeit zwischen der Moral und der Politik'. Beide Theoreme werden in eigenen Unterkapiteln als Thesen erörtert. Die vermeintliche Mißhelligkeit „in Absicht auf den ewigen Frieden" wird schließlich in Richtung auf eine Einhelligkeit „nach dem transzendentalen Begriffe des öffentlichen Rechts" korrigiert. Die Frage der Einheit des transzendentalen Systems wird in *Zum ewigen Frieden* damit zumindest berührt. Und in der Tat lenkt der Anhang zur Friedensschrift die Perspektive auf die Gesamtheit der praktisch-philosophischen Schriften Kants: auf die *Grundlegung zur Metaphysik der Sitten* (1785) und die *Kritik der praktischen Vernunft* (1788) einerseits und die *Metaphysik der Sitten* (1797) andererseits; schließlich auf die kurzen politischen Abhandlungen des *Gemeinspruchs* (1793), die *Idee zu einer allgemeinen Geschichte in weltbürgerlicher Absicht* (1784), den Traktat *Beantwortung der Frage: Was ist Aufklärung* (1784), den *Streit der Fakultäten* (1798) und nicht zuletzt auf *Die Religion innerhalb der Grenzen der bloßer Vernunft* (1793).

Warum wird der Ausblick auf die Frage nach der transzendentalen Einheit des Kantischen Systems im Friedenstraktat bereits an dieser frühen Stelle betont? Aus folgendem Grund: Die Literatur hat sich gelegentlich den Kopf darüber zerbrochen, warum Kant den erwähnten Anhang in *Zum ewigen Frieden* überhaupt angefügt hat. Die Frage zielt in diesen und ähnlichen Fällen nicht etwa auf kompositionstechnische Gereimt- und Ungereimtheiten der Schrift, sondern auf eine, in philosophischer Hinsicht, scheinbar völlige oder zumindest tendenzielle Überflüssigkeit des die ‚Einhelligkeit' von Moral, Politik und Recht konsultierenden Anhangs. Die Sicherheit, von der aus diese Überflüssigkeit konstatiert worden ist, bezieht sich - wo nicht auf eine grundsätzliche Ablehnung des einheitlichen Transzendentalsystems - genau auf deren Gegenteil, d.i. die selbstverständliche Annahme, daß Kants Transzendentalsystem durch die oben zusammengerafften Schriften *per se* garantiert sei. Cavallar schreibt: „Kants systematische Unterordnung der Politik unter die Rechtslehre läßt einen eigenen Anhang über die ‚Mißhelligkeit zwischen der Moral und der Politik, in Ansicht auf den ewigen Frieden' überflüssig erscheinen."[321]

Im Hinblick auf die Tatsache, daß bereits Schopenhauer auf den rechtsphilosophischen Teil von Kants Transzendentalsystem mit Verächtlichkeit geblickt hat und feststellen konnte, die *Rechtsphilosophie* in der *Metaphysik der Sitten* mute an, „als wäre sie nicht das Werk dieses großen Mannes, sondern das Erzeugnis eines gewöhnlichen Erdensohnes",[322] scheinen *a priori* ‚unproblematische' Positionen der rezeptionsgeschichtlichen Einheit von Kants Transzendentalsystem eher zu schaden.[323] Unter anderem Hannah Arendt wird sich in

[321] *Cavallar, Georg:* Pax Kantiana. Systematisch-historische Untersuchung des Entwurfs „Zum ewigen Frieden" (1795) von Immanuel Kant, Wien 1992, S. 345.

[322] *Schopenhauer, Arthur:* Der handschriftliche Nachlaß. Zweiter Band: Kritische Auseinandersetzungen (1809-1818), hrsg. v. A. Hübscher, Frankfurt 1967. Zu Schopenhauers darüber hinausgehender Kritik der Kantischen Ethik insgesamt und der *Grundlegung zur Metaphysik der Sitten* sowie der *Kritik der praktischen Vernunft* im speziellen vgl.: *Tsanoff, Radoslav A.:* Schopenhauer's Criticism of Kant's Theory of Ethics, in: The Philosophical Review, Vol. 19, No. 5 (Sep., 1910), S. 512-534. Zu einer kritischen Auseinandersetzung mit Schopenhauers Kritik an Kants System als Ganzem vgl.: *Caldwell, William:* Schopenhauer's Criticism of Kant, in: Mind, Vol. 16, No. 63 (Jul., 1891), S. 355-374.

[323] Einer ausführlichen Kritik der Kantischen *Rechtslehre* widmet sich u.a.: *Deggau, Hans-Georg:* Die Aporien der Rechtslehre Kants, Stuttgart-Bad Cannstatt 1983.

ihrem Versuch über die „erweiterte Denkungsart" in der *Kritik der Urteilskraft* als genuin politischer Kraft auf Schopenhauer berufen.[324] Der Eindruck notwendiger Schadensbegrenzungen verstärkt sich, wenn auf die Tatsache geblickt wird, daß sowohl der Anhang in *Zum ewigen Frieden* als auch Kants moralphilosophische Schriften (insbesondere die *Metaphysik der Sitten*) im Zuge derselben transzendentalen Gewissheiten und vermeintlichen Überflüssigkeiten gelegentlich auf s u b j e k t i v e Zielsetzungen Kants reduziert worden sind. Im „Anhang" ist an einer Stelle - ganz im Sinne der *Religionsschrift* - von dem „lügenhaften und verräterischen, aber doch vernünftelnden, die Schwäche der menschlichen Natur zur Rechtfertigung aller Übertretung vorspiegelnden bösen Prinzip in uns selbst" (A 89) die Rede. Gleichzeitig wird darauf verwiesen, daß Kant gerade im Anhang - im Sinne der transzendentalen Einheit - feststellt „es [gäbe ...] objektiv (in der Theorie) gar keinen Streit zwischen der Moral und der Politik" (A 88). Nicht nur in bezug auf diese verhältnismäßig geringfügigen Auslassungen in *Zum ewigen Frieden* ist für Kants moralphilosophische Schriften hieraus unter anderem der weitgehende Schluß gezogen worden: „Kants moralphilosophische Schriften erfüllen auch die Funktion, die Hindernisse zu beseitigen, die der theoretische Verstand der Stimme der Vernunft entgegenstellt, indem er seine Grenzen überschreitet. ‚Kritik der praktischen Vernunft' bedeutet unter anderem Kritik an dem empirisch bedingten, heteronomen Verstand, an der ‚instrumentellen Vernunft', deren Ansprüche im Interesse der Sittlichkeit zugunsten der ‚reinen' praktischen Vernunft zurückgewiesen werden."[325]

Es ist bereits gesagt worden, daß dem „Anhang" von *Zum ewigen Frieden* nicht die Aufgabe zugemessen werden kann, die Einheit von Kants transzendentalem System *en detail* und zugleich in der Friedensfrage auszubreiten. *Zum ewigen Frieden* wird in diesem Abschnitt als Kants Versuch vorgestellt werden, sein Projekt einer „r e i n e n Moralphilosophie" in Friedensfragen gegenüber den Zeitgenossen zu bekräftigen und als solcher im folgenden Kapitel 5 im Umfang eines negativen, alle empirischen Ethiken abwehrenden

---

[324] Siehe dazu: Kapitel 7.2 des Dritten Teils.

[325] Cavallar 1992, S. 345.

Normativitätsbegriffs untersucht.[326] In bezug auf Kants moralphilosophische Schriften - die *Grundlegung zur Metaphysik der Sitten* und die *Metaphysik der Sitten* - ist der „subjektiven" oder anthropologischen Dimension in Kants Zielsetzungen entschiedenst entgegenzutreten.[327] Die *Metaphysik der Sitten* wird - in Kapitel 6 - gegen seine Kritiker zuallererst objektiv b e w e i s e n müssen, daß sie das transzendentale System in der Frage der Rechtslehre weiterführt.[328] Nur dann wird der angedeutete positive Normativitätsbegriff im Sinne eines ‚besten' Normativitätsbegriffs in Kants Friedensfrage ausweisbar.[329] Im Falle der *Grundlegung der Metaphysik der Sitten* werden

[326] Teilweise ist in diesem Sinne auch Max Adlers Verständnis von ‚Zum ewigen Frieden' entgegenzutreten. Adler weist die Schrift primär als Teil von Kants Geschichtsphilosophie aus. Vgl. dazu: *Adler, Max:* Kant und der ewige Friede [1924], in: Kopper, J./Malter, R. (Hrsgg.), Immanuel Kant zu Ehren, Frankfurt a.M. 1974, S. 269-289. Adler schreibt: „wichtig für die richtige Erkenntnis der Kantischen Friedensidee ist, daß sie bei ihm in erster Linie gar nicht in einer ethischen oder auch nur rechtlichen Begründung auftritt, sondern daß sie ein Stück seiner theoretischen Philosophie ist, nämlich ein Stück seiner Geschichtsauffassung" (S. 272).

[327] Kant selbst hat Spekulationen über die systematische Stellung der ‚Metaphysik der Sitten' im Transzendentalsystem in gewisser Hinsicht Vorschub geleistet. M. J. Gregor hat richtig festgestellt, daß Kant es verpaßt hat, sein Konzept einer Metaphysik der Sitten abschließend zu klären. Zu den Gründen für dieses Vorgehen Kants vgl.: *Gregor, Mary J.:* Kant's Conception of a „Metaphysic of Morals", in: Philosophical Quarterly, Vol. 10, No. 40 (Jul., 1960), S. 241ff.

[328] Neben den gezeichneten Anzweiflungen der Rechtsphilosophie ist richtig festgestellt worden, daß Kants ‚Rechtslehre' der Friedensproblematik in bestimmter, allerdings nur in bestimmter Hinsicht *per se* entspricht: „Rechtslehre (als Lehre von einer möglichen Gemeinschaft freier Wesen) ist (Rechts-) Friedenslehre und in ihrer systematisch geschlossenen Summe allgemeine (Welt-) Friedenslehre. Generell ist daher Kants Rechtslehre vom Weltfrieden identisch mit seiner Rechtsphilosophie insgesamt. Speziell aber und insbesondere in der Schrift ‚Zum ewigen Frieden' von 1795 ist sie Lehre vom Völkerfrieden und daher vor allem Lehre vom Völkerrecht und Weltbürgerrecht", in: *Geismann, Georg:* Kants Rechtslehre vom Weltfrieden, in: Zeitschrift für philosophische Forschung 37 (1983), S. 363.

[329] Zu einer Kritik, die sich gegen die Möglichkeit einer Fortsetzung des Transzendentalsystems in einer Rechtslehre gerichtet hat, vgl.: *Brown, Stuart M., Jr.:* Has Kant a Philosophy of Law?, in: The Philosophical Review, Vol. 71, No. 1 (Jan., 1962), S. 33-48. Brown schreibt: Kant „attempts, that is, to apply the principles of his moral philosophy to positive law in order to distinguish between

„subjektive“ Konstanten am ehesten dadurch abgewehrt werden können, daß nachvollzogen wird, was sie bekundetermaßen sein möchte: eine Propädeutik, die Kants Sittenlehre ihre begrifflichen Mittel zur Verfügung stellt.

c. *Begriffliche Mittel: Die Grundformen der Praxis*

Kants Einteilung der Grundformen menschlicher Praxis - menschlichen Handelns also - hebt mit dem berühmten Satz zu Beginn des ersten Abschnitts der *Grundlegung zur Metaphysik der Sitten* über den ‚Übergang von der Gemeinen Sittlichen Vernunftserkenntnis zur Philosophischen‘ an: „Es ist überall nichts in der Welt, ja überhaupt auch außer derselben zu denken möglich, was ohne Einschränkung für gut könnte gehalten werden, als allein ein g u t e r W i l l e“ (BA 1). Kants gesamte Einteilung der Grundformen menschlicher Praxis bezieht sich auf den vom „gut“ zunächst isoliert genommenen Begriff des „Willens“ alleine. Bereits der Begriff des „Willens“ erreicht den Präzisionsgrad eines spezifischen Handelns, dem der Begriff einer im allgemeinsten Sinne verstandenen Praxis gegenübersteht.

Eine Praxis im allgemeinsten Sinne wird bei Kant dadurch konstituiert, daß der Begriff „allgemeine[r] Bestimmungsregeln“ (BA 36) Anwendung findet. Zu einem nach „Naturanlagen eines organisierten, d.i. zweckmäßig zum Leben eingerichteten Wesens“ (BA 4) gehört, daß dieses sich immer schon *de facto* nach Zwecken richtet und diese namentlich in einer „Befriedigung aller unserer Bedürfnisse“ (BA 6) bestehen. Für Kant ist - wie er im zweiten Abschnitt der *Grundlegung zur Metaphysik der Sitten* verallgemeinernd feststellt - eine solche Umschreibung identisch mit dem Satz: „Ein jedes Ding der Natur wirkt nach Gesetzen“ (BA 36). Wichtig an diesen Bemerkungen ist, daß die Entfaltung eines Bereiches der Praxis von Kant im Vorfeld akzeptiert ist und dieser Bereich - bezogen auf das eine Ding der Natur, den Menschen - nach anthropologischen Prämissen

---

what is just or dutiful or right and what may be merely lawful, a legal right or a legal duty. But Kant fails in this attempt. He fails, not because he was careless or inept in stating his principles and applying them to positive law, but because his principles have no application to positive law.“

entworfen wird. Daß innere Bestimmungsgründe des Handelns für die gesamte lebende Natur existieren, steht für Kant von vornherein fest.

Die systematische Stellung des Begriffs der Anthropologie zeigt indessen, daß das Überhaupt-Handeln in einer Sphäre der Praxis für Kant, im Falle des Menschen, nur einen Teil des Handelns ausmachen soll. Anthropologie stellt bei Kant - wie er in der Vorrede zur *Grundlegung zur Metaphysik der Sitten* erörtert - den zweiten, und nur den zweiten Teil aller Ethik dar. Während die Anthropologie den „empirischen Teil" (BA VI) der Ethik bildet, wird ihr wichtigerer und für Kant ausschlaggebender „rationaler" Teil von der Moral gebildet. Das Vorhaben, zu dem die *Grundlegung zur Metaphysik der Sitten* die intendierte „Grundlage" (BA XIV) darstellen soll, lautet entsprechend, „einmal eine reine Moralphilosophie zu bearbeiten, die von allem, was nur empirisch sein mag und zur Anthropologie gehört, völlig gesäubert wäre" (BA VIII/IX). Mit seinem Versuch über eine „reine Moralphilosophie" hat sich Kant direkt gegen Christian Wolffs Propädeutik zu dessen Moralphilosophie als dem Projekt einer „allgemeinen praktischen Weltweisheit" gerichtet. Im Rahmen von Wolffs Propädeutik war von den „empirischen Beweggründen" menschlichen Handelns gerade nicht abstrahiert worden. Gegenüber einem Willen, der „keinen Willen von irgendeiner besonderen Art" (BA XI) ausmacht, geht es Kant um folgendes: „Die Metaphysik der Sitten soll die Idee und die Prinzipien eines möglichen reinen Willens untersuchen, und nicht die Handlungen und Bedingungen des menschlichen Wollens überhaupt" (BA XI).

Der Begriff eines „reinen Willens" erreicht einen Präzisionsgrad, der oberhalb von jenem - vom „gut" isolierten - „Willen" alleine liegt. Guter Wille und reiner Wille sind für Kant, entsprechend dem gezeichneten Programm der *Grundlegung zur Metaphysik der Sitten*, miteinander identisch. Unterhalb von diesem besonderen Willen liegt der isolierte und *per se* genommene menschliche Wille, der empirische Beweggründe des Handelns zwar nicht ausschließt und dennoch eine besondere Praxis darstellt, die von einer im allgemeinsten Sinne verstandenen Praxis der gesamten lebenden Natur bereits abgrenzbar ist. Anthropologische Praxis zeichnet sich dadurch aus, daß sie nicht nur „nach Gesetzen" erfolgt - wie dies im übrigen Bereich der lebenden Natur der Fall ist - sondern „nach der Vorstellung der

Gesetze“ (BA 36). Nach dieser Vorstellung zu handeln wird von Kant definiert als nach einem Willen handeln (BA 36). Eine Einteilung der Grundformen menschlicher Praxis bezieht sich genauerweise auf die möglichen Formen, die der menschliche Wille als ein solcher, der im Handeln eine Vorstellung von den dieses Handeln leitenden Gesetzen realisiert, annehmen kann.

Die Bindung von Handlungen an die gleichzeitige Vorstellung von Gesetzen hat bei Kant bekanntlich zwei grundlegende Optionen: vollkommener vernünftiger Wille oder unvollkommener vernünftiger (menschlicher) Wille zu sein. Die Unterscheidung beider Willensformen geschieht mittels einer in dieser Bindung mitzudenkenden oder nicht mitzudenkenden „Nötigung“ des vernünftigen Wesens. Nötigung entsteht dort, wo zwischen „objektiv als notwendig erkannten“ (BA 37) Handlungen und „subjektiver Unvollkommenheit des Willens“ (BA 39) bei deren Ausführung differenziert werden kann. Nach Kant gilt bezogen auf einen vollkommenen Willen: ein solcher „würde [...] unter objektiven Gesetzen [...] stehen, aber nicht dadurch als zu gesetzmäßigen Handlungen genötigt vorgestellt werden können, weil er von selbst, nach seiner subjektiven Beschaffenheit, nur durch die Vorstellung des Guten bestimmt werden kann“ (BA 39). Kant nennt diesen Willen auch einen göttlichen oder einen heiligen Willen. Anders mit dem menschlichen Willen: objektive und subjektive Bestimmung stimmen hier nicht von vorneherein miteinander überein. Menschlicher Wille sein bedeutet daher, in der Bindung an die Vorstellung von Gesetzen genötigt zu werden, und letztere Gesetze treten diesem Willen insofern im Zeichen eines „Sollens“ gegenüber. Die Benennung der verschiedenen nötigenden Gesetze bei Kant leitet schließlich zu dessen Einteilung der Grundformen der menschlichen Praxis über: „Die Vorstellung eines objektiven Prinzips [oder Gesetzes], sofern es für einen Willen nötigend ist, heißt Gebot der Vernunft und die Formel des Gebotes heißt I m p e r a t i v“ (BA 37).

Die Redeweise von der „Formel des Gebotes“ bedeutet bei Kant gleichviel wie die ‚Form des Gebotes‘. Entsprechend der im Begriff der Form nahegelegten Unterscheidung unterschiedlicher Formen, differenziert Kant verschiedene Formen des Gebotes oder der Imperative, die im Rahmen verschiedener Grundformen der Praxis wirksam sind. In der Einteilung dieser Grundformen sind unterschiedliche G r a d e der Verpflichtung in der Bindung des menschlichen

Handelns an die gleichzeitige Vorstellung von Gesetzen ausschlaggebend. Kant spricht von einer „Ungleichheit der Nötigung des Willens" (BA 43).

Kant unterscheidet zunächst zwei grundsätzliche Formen von Imperativen: „Alle Imperative nun gebieten entweder h y p o t h e t i s c h, oder k a t e g o r i s c h" (BA 39). Alle Imperative sagen unterschiedslos, „welche durch mich mögliche Handlung g u t wäre" (BA 40). Der Unterschied zwischen beiden Formen von Imperativen hat, wie erwähnt, mit dem Grad meiner gleichzeitigen Verpflichtung zum Handeln zu tun. Während (*i*) im Falle von hypothetischen Imperativen für Kant nur die „praktische Notwendigkeit einer möglichen Handlung als Mittel, zu etwas anderem, was man will [...], zu gelangen" (BA 39), angegeben ist, gilt, daß die Verpflichtung zum Handeln (*ii*) im Falle von kategorischen Imperativen weit stärker ist. Letzteres Handeln ist nicht nur praktisch notwendig, sondern „objektiv-notwendig" und das genau deshalb, weil „eine Handlung als für sich selbst, ohne Beziehung auf einen anderen Zweck" (BA 39) geboten ist. Mit anderen Worten, die davor liegende Frage, ob ich diese oder jene Absicht überhaupt habe oder haben möchte, schließt sich von vornherein aus. Die Möglichkeit, sich „problematisch" (BA 40) im Sinne der geeigneten Mittelsuche zu verhalten und „analytisch" (BA 45) im Sinne der Mittelfindung, (da im Entschluß *zu* bereits gewisse Mittel eingegrenzt sind), entfällt. Kants Einteilung der Grundformen der Praxis - in denen unterschiedliche Grade der Verpflichtung in der Bindung des menschlichen Handelns an hypothetische und kategorische Imperative realisiert werden - ist, wie gesehen, anhand des jeweils vorgesetzten Zweckes darzustellen. Die Grobunterscheidung des Hypothetischen und Kategorischen verfeinert sich hierbei um einen letzten Schritt.

(a) Wird davon ausgegangen, daß „irgend ein Zweck für uns [schlicht] möglich sei", und besteht die Aufgabe in nicht mehr, als „wie er [prinzipiell] erreicht werden könne" (BA 41), so sind hypothetische Imperative eingeschlossen, die Imperative der G e s c h i c k l i c h k e i t zu nennen sind. Die diesen rein „technischen" Imperativen (BA 44) korrespondierende Grundform oder Sphäre der Praxis ist eine Sphäre des Technischen.

(b) Kant sondert innerhalb der bloß möglichen Zwecke einen einzigen aus, der für die Menschen als unbedingt wirklich vorauszusetzen ist: „[...] also eine Absicht, die sie nicht etwa bloß haben können, sondern von der man sicher voraussetzen kann, daß sie solche insgesamt nach einer Naturnotwendigkeit haben." Für Kant ist jene Absicht die „Absicht auf Glückseligkeit" (BA 42), die, weil „sicher", *a priori* ist. Die besondere Geschicklichkeit, zum eigenen „größten Wohlsein" zu gelangen, nennt Kant „Klugheit". Die Wahl der Mittel zur eigenen Glückseligkeit setzt Imperative der Klugheit voraus. Gleichwohl diese sich auf einen notwendigen Zweck im Menschen beziehen, sind sie insofern „noch immer" hypothetische Imperative, als sie immer noch einem „anderen Zweck" als der Handlung selbst dienen. Die korrespondierende Grundform oder Sphäre dieser Imperative stellt eine Sphäre des Pragmatischen dar.

(c) Kant bezeichnet kategorische Imperative gegenüber hypothetischen Imperativen, die - wie bereits erwähnt - bloß „problematisch" sind, als „apodiktisch" und faßt darin das „ohne irgend einen anderen Zweck für sich als objektiv notwendig" (BA 40) zusammen. Die genaue Formulierung in der *Grundlegung zur Metaphysik der Sitten* zu diesem Charakter des kategorischen Imperativs lautet bekanntermaßen: „Er betrifft nicht die Materie der Handlung und das, was aus ihr erfolgen soll, sondern die Form und das Prinzip, woraus sie selbst folgt, und das Wesentlich-Gute derselben besteht in der Gesinnung, der Erfolg mag sein, welcher er wolle" (BA 43). Zu fragen ist, wie das ‚keinen anderen Zweck haben' und der Begriff der „Gesinnung" zusammenpassen bzw. was diese Gesinnung konstituiert, wenn nicht die Absicht auf Zwecke. Gleichwohl Kants kategorischer Imperativ formal ist, ist er darum nicht leer. Das wird deutlich, wenn die Übersetzung für das ‚keine anderen Zwecke haben' angesehen wird, mit der sich in der Tat überhaupt erst eine weitere Sphäre der Praxis konstituieren läßt.

Kant spricht von seinem berühmten „Zweck an sich selbst"-Sein (BA 66), das exklusiv an „die Menschheit", in diesem Fall an den anderen Menschen, gebunden wird. In den Handlungen bezüglich dieses besonderen Zweckes schließt sich eine Bedienung des anderen Menschen aus, welche diesen bloß als Mittel betrachtet und von daher die Notwendigkeit bestimmter Handlungen entsprechend einer „Gesinnung", die frei von „anderen Zwecken" ist, konstituiert. Die der Notwendigkeit solcher Handlungen entsprechenden Imperative hat Kant schon früh in der *Grundlegung zur Metaphysik der Sitten* als

Imperative der Sittlichkeit tituliert, die entsprechende Grundform oder Sphäre der Praxis als Sphäre der Moral. Der logische Schritt, der die Zuordnung der kategorischen Imperative zur Sphäre der Moral rechtfertigt, ist in der *Grundlegung zur Metaphysik der Sitten* an vorgerückter Stelle formuliert worden: „Nun ist Moralität die Bedingung, unter der allein ein vernünftiges Wesen Zweck an sich selbst sein kann; weil nur durch sie es möglich ist, ein gesetzgebend Glied im Reiche der Zwecke zu sein" (BA 77).

(*i*) Es muß an dieser Stelle dahingestellt werden, inwiefern Kant in der Tat beanspruchen kann, daß Handeln, welches nach der Vorstellung von ‚Zwecken an sich selbst' erfolgt, unbedingt moralisches Handeln darstellt. (*ii*) Auch die davorliegende Frage, ob es so etwas wie ‚Zwecke an sich selbst' überhaupt gibt, könnte gestellt werden. Letztere Frage ist insofern legitim, als bei Kant aus einer theoretischen Unterscheidung verschiedener Zwecke tatsächliche Grundformen der Praxis resultieren können sollen. Letzteres Problem hat Kant in der *Grundlegung zur Metaphysik der Sitten* schließlich selbst diskutiert, indem er nach der Wirklichkeit einer „objektiv-vorgestellte[n] Notwendigkeit" fragt, die „sich auf keine Voraussetzung [wie z.B. das Glücksstreben] stützen kann, wie bei den hypothetischen Imperativen" (BA 48). Für Kant gilt, „daß es durch kein Beispiel, mithin empirisch auszumachen sei, ob es überall irgend einen dergleichen [kategorischen] Imperative gebe, sondern zu besorgen, daß alle, die kategorisch scheinen, doch versteckter Weise hypothetisch sein mögen" (BA 48). Der Mangel solcher Beispiele liegt einerseits in ihrer bloß induktiven Allgemeinheit und folglichen Unfähigkeit der Verfikation, andererseits in einem prinzipiellen Erkenntnisdilemma begründet. Denn „[w]er kann das Nichtsein einer [empirischen Ursache der Handlungsmotivation] durch Erfahrung beweisen, da diese nichts weiter lehrt, als daß wir jene nicht wahrnehmen?" (BA 49).

Cavallar hat richtig festgestellt: „Generell lautet Kants Forderung, menschliche Praxis dürfe nicht auf die Ebene des Technischen und Pragmatischen reduziert werden."[330] Als implizite Wendung gegen die empirischen Selbstverständlichkeiten des *homo faber* der Neuzeit bringt eine solche Beantwortung von Frage (*ii*) allerdings die genaue

[330] Cavallar 1992, S. 344.

Gegenfrage zur zuerst gestellten Frage (*i*) auf: Kann - mit Blick auf die empirischen Selbstverständlichkeiten der Neuzeit - nicht nur angenommen werden, daß ein Reich der ‚Zwecke an sich selbst' unbedingt moralische Sphäre und Praxis ausdrückt, sondern darüber hinaus, daß Moral unbedingt und ausschließlich in Begriffen von ‚Zwecken an sich selbst' beschreibbar ist? Welches moralisch normative Potential bleibt möglicherweise den „anderen Zwecken" und anderen Imperativen erhalten? Kants im Zeichen einer „reinen Moralphilosophie" stehende Kritik an allen empirischen Moralphilosophien hat in der Tat vehemente Gegnerschaft hervorgerufen. Die unmittelbar auf jene bezogene, zeitgenössische Gegenposition zu Kants Projekt einer „reinen Moralphilosophie" wird durch Christian Garve formuliert.

4.2 RADIKALISIERUNG IN DER ‚PRÄVALENZ DES GLÜCKSELIGKEITSBEGRIFFS'

a. Vorüberlegung: Christian Garves moralische Imperative der Klugheit

Mit den ersten Sätzen des *Anhanges* von *Zum ewigen Frieden* - über die ‚Mißhelligkeit von Moral und Politik' - hat Kant seinen Standpunkt in der Frage der Mißhelligkeit deutlich zu machen gesucht, indem er die vermeintlichen Koordinaten aufnimmt, innerhalb derer sich die angenommene Mißhelligkeit bewegen soll. Seinen Gegnern stellt sich letztere, in diesem Sinne, als „Streit der Praxis mit der [Kantischen] Theorie" dar. Für Kant „kann es keinen Streit der Politik, als ausübender Rechtslehre, mit der Moral, als einer solchen, aber theoretischen [Praxis ...] geben." Die Kantische Moral(philosophie) wird als eine „Praxis in objektiver Bedeutung" bestimmt, die festlegt, nach welchen Gesetzen wir handeln sollen, und deren praktische Ansprüche gegen uns irreduzibel sind. Gegenüber der ausgangs des letzten Kapitels gestellten, kritischen Frage an Kants „reine Moralphilosophie" ist es zunächst nicht die Exklusivität solcher Ansprüche der Kantischen Moral im Bereich der Praxis, sondern die Möglichkeit ihrer „Autorität" ü b e r h a u p t mit der Kant ringt.

Verständlich wird die Bekräftigung letzterer Autoritätsforderung, wenn der mehrfach andeutungsweise berührte, philosophische Kontext mitverfolgt wird, gegen den sich Kant wendet. Im Sinne eines zeitgenössischen Trends zielt dieser, Kants Projekt einer „reinen Moralphilosophie" umgebende, philosophische Kontext darauf, die Moralphilosophie ausschließlich als „Theorie aus Erfahrung" gelten lassen zu wollen. Ein mögliches Problem der Theorie mit der Praxis soll hierdurch erst gar nicht aufkommen. Während die entsprechende Position unter anderem die Namen Friedrich Gentzs und August Wilhelm Rehbergs auf ihrer Seite verzeichnet, ist Kants direkter Kontrahent in der Autoritätsfrage der Moral der bereits erwähnte Christian Garve. Im Hinblick auf Friedrich von Preußen, auch als „Apologet des Königs"[331] bezeichnet, ist es Garves mit dem Vorzeichen einer Frage versehene *Abhandlung über die Verbindung der Moral mit der Politik, oder einige Betrachtungen über die Frage, inwiefern es möglich sei, die Moral des Privatlebens bei der Regierung der Staaten zu beobachten*, die Kants Autoritätsfrage den Boden bereitet hat.

Die Auseinandersetzung Garve-Kant hat allgemein gesprochen die Form einer Fortsetzungsgeschichte gehabt. Noch 1798 wird Garve sein zehn Jahre später publiziertes Werk *Übersicht der vornehmsten Prinzipien der Sittenlehre, von dem Zeitalter des Aristoteles an bis auf unsere Zeit* dem „Herrn Immanuel Kant" widmen und diese Widmung damit begründen, Kant in Hinsicht auf seine, Garves, Position anzeigen zu wollen, für „wie fähig ich Sie halte, ein freimütiges Urteil [...] [über] Ihre Schriften, von Seiten eines Mannes, an welchem Sie Wahrheitsliebe und Unparteilichkeit erkennen, nicht nur zu ertragen, sondern auch gerne zu sehen und zu schätzen."[332] Erwähnenswert ist, daß Kant bereits 1794 vom Herausgeber der ‚Berlinischen Monatsschrift' Johann Erich Biester dazu eingeladen worden war, zu einem Aufsatz Rehbergs Stellung zu nehmen, der Garves *Abhandlung* ganz offensichtlich stützen sollte. Kant hatte damals abgelehnt, weshalb der *Anhang* von *Zum ewigen Frieden* mit gutem Grund als Kants offizielle Antwort auf Garve, Rehberg und Gentz eingeschätzt worden ist.[333] Die systematische Bedeutung Garves für den Anhang steht, so gesehen, fest. Eine schließliche Bestimmung von Kants Position in der Frage der normativen Friedensbegründung hat

[331] Cavallar 1992, S. 349.
[332] *Garve, Christian:* Übersicht der vornehmsten Prinzipien der Sittenlehre, von dem Zeitalter des Aristoteles an bis auf unsere Zeit, in: Gesammelte Werke, Zweite Abteilung, Bd. VIII, Hildesheim/Zürich /New York 1987.
[333] Cavallar 1992, S. 354.

vorab dessen philosophische Bezugsgröße darzustellen. Bereits erwähnt wurde, daß Garve Kant als systematischer, zugleich analytisch ‚komplexer Saint Pierre' gegenübertritt und die Erörterungen insofern an den Ersten Teil anschließen läßt.

Die Frage, inwiefern die Moral ihre Autorität über die Politik auszuüben hat, ist in Garves *Abhandlung* - dem Titel entsprechend - über die spezielle Frage entworfen, ob es möglich sei, die Moral des Privatlebens bei der Regierung der Staaten zu beobachten. Garve argumentiert dafür, daß gerade letzteres nicht möglich sei. Kants philosophischer Ansatz wird abgelehnt. Systematisch betrachtet, ist es zunächst die Argumentation selbst, die Garve empirisch entwirft. Darin erreicht Garve zwar nicht die an Saint Pierre konstatierte ‚Detailsucht', begründet aber seinen Ruf als Friedrich-Apologet. Als Leitfaden für die weitere Argumentation soll vorab Garves systematisch-philosophisches Ziel angedeutet werden. Kurz gesagt, geht es Garve um folgendes und entsprechend wird zu zeigen sein: (b) Die empirisch entworfene Negation seiner speziellen Fragestellung in der *Abhandlung*, die Regierungskunst betreffend, basiert bei Garve auf nichts anderem als einer diese Negation bedingenden, a l l g e m e i n empirischen Auffassung der Philosophie. (c) Hinter der scheinbar nur partiellen Entautorisierung der (Kantischen) Moral des Privatlebens in der Politik, wird die Moralphilosophie insgesamt als u t i l i t a r i s t i s c h e autorisiert. Hinter den Fragen der fallweisen Geltung der Moralphilosophie steht Garves grundsätzliche Frage nach den Geltungen in der Moralphilosophie. Auch der Friede ist in normativer Hinsicht utilitaristisch entworfen. Dies wird bereits in der *Abhandlung* deutlich. In systematisierter Form bringen Garves *Prinzipien der Sittenlehre* dessen moralphilosophischen Ansatz zur Darstellung.

b. Empirische Entautorisierung der Moral des Privatlebens in der Politik

Im Zusammenhang der empirischen Negation der Geltung (Kantischer) Moral in der Politik können in der *Abhandlung* zwei Argumentationen unterschieden werden. Die erste Argumentation darf für sich in Anspruch nehmen, q u a l i t a t i v e empirische Kriterien geltend zu machen. Die zweite Argumentation ist rein q u a n t i t a t i v empirisch begründet. In Hinsicht auf die qualitative Argumentation

(1) lautet die Ausgangsthese wie folgt: „Der Souverän eines Staates ist gegen den Souverän eines anderen Staates in dem Stande der Natur, wo jeder nur sich selbst zu seinem Beschützer hat, und beide, wenn sie in Streit geraten, nur sich selbst zu ihren Richtern haben."[334] Garves quantitatives Argument (2) lautet wie folgt: „Der Souverän hat für die Erhaltung und das Wohl einer ganzen Gesellschaft zu sorgen." Er ist insofern zugleich „Depositarius einer fremden Macht" und „Geschäftsträger eines ansehnlichen Corporis." [335] Allgemein gesagt: Während Garve zu Beginn der *Abhandlung* die Überlegung voranstellt, daß, sobald die moralischen Regeln „nicht auch im öffentlichen Leben für unverletzlich gehalten werden, sich gar keine bestimmten Schranken mehr setzen lassen, um der Willkür und den Leidenschaften der Regenten Einhalt zu thun",[336] wird die gänzliche Rhetorik solcher Mahnungen deutlich, wenn Garve im gleichen Kontext das Paradigma seiner zwei Argumentationsstränge formuliert: Es sei in diesem Sinne „Vorschrift reiner Vernunft, nichts Unmögliches zu fordern, weil sonst auch [die ...] der Anwendung fähigen Lehren, von den Personen, welche den Geschäften vorstehen, verachtet werden."[337]

(1) Die bereits in ihrer Generalthese dargestellte naturrechtliche Argumentation Garves darf sich vorerst in guter Tradition wissen. Ähnlich Rousseaus Ansatz im *Contrat Social* reklamiert die *Abhandlung* für die Untersuchung des Naturzustandes - und das Ziel, jene auf die in ihm vorhandenen Rechte und Pflichten zu führen - den Standpunkt einer „hypothetischen Untersuchung".[338] Daß die, in diesem Sinne, konzeptionelle oder qualitative Untersuchung Garve nicht von seinen empirischen Intentionen wegführt, wird bereits mit der

---

[334] *Garve, Christian:* Abhandlung über die Verbindung der Moral mit der Politik oder einige Betrachtungen über die Frage, inwiefern es möglich sei, die Moral des Privatlebens bei der Regierung der Staaten zu beobachten, in: Gesammelte Werke, Zweite Abteilung, Bd. VI, Hildesheim/Zürich/New York 1987, S. 4.
[335] Ebd.
[336] Ebd.
[337] A.a.O., S. 3.
[338] A.a.O., S. 5.

Bemerkung von der „Schwierigkeit, daß wir hierbei nicht die Erfahrung zu Rathe ziehen können“[339] deutlich.

Seinem Rousseauschen Ansatz einer Naturzustandsbetrachtung entsprechend, sieht sich Garve - wie er feststellt - genötigt, zunächst auf die „Handlungen moralischer Personen“ einzugehen, „mit welchem Namen die Staaten [danach allererst] zu belegen sind.“ Das Problem, das Garve für sein Verfahren selbst anzeigt, ist deutlich beschrieben, wenn die „Gefahr eine[s] Zirkel[s]“ zu Bedenken gegeben wird: In die Fiktion eines Naturzustandes zurückversetzt, wird leicht übersehen werden, daß der Bereich des Zwischenstaatlichen einen s e k u n d ä r e n Naturzustand bedeutet, der weit von Rousseaus ursprünglichem Naturzustand ohne jegliche Rechtsbildung entfernt ist. Eine bedingungslose Übertragung der Rechtslosigkeit und Pflichtfreiheit würde die Gefahr bedeuten, im zwischenstaatlichen Bereich theoretisch und praktisch alles akzeptieren zu müssen. In Garves Worten: „[...] indem wir zuerst das Wesentliche des Standes der Natur aus den Beispielen vielleicht schon verdorbener und ungerecht handelnder Staaten abstrahieren, alsdann nach jenen Begriffen hinwiederum diese Verderbnisse und diese Ungerechtigkeiten [...] entschuldigen.“[340]

Wie die Erörterungen von Rousseaus Gesellschaftskonzept gezeigt haben, hat jenes gelegentlich mit der Möglichkeit gerechnet, die Völker als internationale Bürger aufzufassen, die im Sinne eines vertraglichen „Gemeinschaftsinteresses“ agieren. Die Übertragung des gesellschaftlichen Naturzustandes auf die völkerrechtliche Ebene hat Rousseau nicht erwogen. Für Garves *Abhandlung* ist klar, daß im fiktiven Rückgriff auf den Naturzustand der notwendig mitvollzogene Rückgang auf die Handlungen einzelner Personen nicht nur nebenbei geschieht, sondern Garves Definition staatlichen Handelns *per se* trifft. Staatsmoral und Friedensmoral sind für den pro-preußischen Garve ineinszusetzen mit R e g e n t e n m o r a l. Auf der Ebene staatlichen und zwischenstaatlichen Handelns findet bei Garve kein repräsentierendes, sondern individuelles Handeln statt.

Von den drei in der *Abhandlung* konstatierten „Eigentümlichkeiten“ eines ersten, gesellschaftlichen Naturzustandes - wie ihn auch

[339] Ebd.

[340] A.a.O., S. 6.

Rousseau mitvertreten hätte - sei nur die wichtigste erörtert. Als einen zweiten Punkt solcher Eigentümlichkeiten definiert Garve: „Die Gewissens- und die Zwangspflichten sind, in Absicht des wirksamen Grundes ihrer Verbindlichkeit, nicht unterschieden: oder mit anderen Worten, der unabhängige Mensch hat keine andere[n] Beweggründe, gerecht zu handeln, als die er auch hat, wohltätig zu seyn."[341] Garves Einschränkung gegen die Folgerung einer t o t a l e n Bindungslosigkeit im Handeln der Naturmenschen, betrifft den Begriff der Pflicht selbst. In einer gedanklich zwingenden Überlegung kann die *Abhandlung* feststellen: „Diejenigen welche gesagt haben, daß vor Errichtung einer bürgerlichen Gesellschaft die Menschen gar keine Pflichten gegeneinander hatten, haben ohne Zweifel den Grund der bürgerlichen Pflichten selbst aufgehoben. Denn wenn in der Natur der Menschen und in ihren natürlichen Verhältnissen keine solchen Beweggründe zu Handlungen liegen, die wir als Verbindlichkeiten ansehen können: woher soll dann das Verbindliche des ersten Actus kommen, durch welchen die bürgerliche Gesellschaft errichtet worden ist?"[342] Zwar ist nicht in vollem Umfang - wie Garve dies seiner empirischen Einstellung entsprechend macht - anzunehmen, daß Pflicht vorgesellschaftliche, tatsächliche Pflicht voraussetzt; genauerweise ist es der B e g r i f f der Pflicht der letztlich irreduzibel ist.

Problematisch ist nicht (*i*) Garves empirische Auskleidung dieser Einschränkung von Unverbindlichkeit im Naturzustand, da die empirische Variante theoretisch lediglich eine Überbedingung formuliert. Problematisch ist (*ii*) gleichfalls nicht, daß Garve seiner Einschränkung schließlich keine Kraft zugesteht, tatsächliche Einschränkung von Handeln im Naturzustand zu ermöglichen. Wie ausgangs dieser Etappe in der *Abhandlung* formuliert wird, ist „[a]ber dies [...] noch nicht genug um Zwangs- von Gewissenspflichten, so wie sie jetzt im Verhältnisse stehen, abzusondern."[343] Genauer gesprochen: Es ist Garves Feststellung mit gutem Grund zu folgen. Ein Verständnis von Pflicht, das sich alleine auf der Grundlage eines vorhandenen Begriffs von Pflicht zur Festlegung von Zwangsbefugnissen verdichtet, würde genau genommen nicht aus einem Naturzustand herausführen

[341] A.a.O., S. 7.
[342] A.a.O., S. 11f.
[343] A.a.O., S. 13.

können, insofern sich auch das einzelne Individuum darin eines unkündbaren Rechts auf selbstvorgesetzte, egoistische Pflichten versichern dürfte. Entsprechend gibt es auch in Rousseaus Naturzustand keine Pflichten. Die „bonté naturelle" und die „commisération" sind dem Naturmenschen nicht Pflicht, sondern angeboren. Allerdings besteht in Rousseaus Naturzustand auch *kein Grund*, Pflichten anzunehmen: die Naturmenschen leben vereinzelt.

Problematisch ist an Garves Ausführungen, daß in der *Abhandlung* der Eindruck entsteht, daß (*i*) die negative Bedingung des Noch-nicht-Einforderbaren im theoretischen Naturzustand dazu benutzt wird, unmittelbar in positive Bedingungen des praktisch Zu-Erlaubenden übersetzt zu werden, sofern die zeitgenössische zwischenstaatliche Sphäre zur Frage steht. Daß Garve seine folgenreiche Analogie von gesellschaftlichem und zwischengesellschaftlichem Naturzustand behaupten kann, hängt entscheidend von der Tatsache ab, daß er letzteren Zustand gerade nicht im Sinne einer „hypothetischen Konstruktion" auffaßt, sondern zeitgenössisch empirisch wahrnimmt. (*ii*) Gänzlich zu vermissen ist in der *Abhandlung* eine Haltung, der die empirische Konstatierung des zeitgenössisch internationalen Naturzustandes Anlaß genug wäre, Forderungen nach entsprechend einschränkenden Verträgen verlauten zu lassen. Im Rahmen des ersten Argumentes ist die Frage einer von der Moral des Privatlebens zu unterscheidenden Moral des Regenten zunächst offengelassen worden. Die Unausgesprochenheit hinsichtlich ihrer eigenen Zielsetzungen, die Garves *Abhandlung* bei der Behandlung ihres qualitativ-empirischen Argumentes wahrt, ändert sich schlagartig mit der Erörterung des quantitativ-empirischen Argumentes.

(2) Daß Garve dem Naturzustand im Nationenleben Beständigkeit zuzugestehen bereit ist, muß nicht lange auf Argumente hin abgesucht werden. Die zweite Generalthese der *Abhandlung* - jene, „[d]aß der Souverän im Namen einer ganzen Nation"[344] handelt - schließt an das Paradigma des Naturzustandes an. Im Sinne eines Vergleiches von gesellschaftlichem und zwischengesellschaftlichem Naturzustand entbindet die Stellvertreterschaft des Souveräns für eine ganze Na-

[344] A.a.O., S. 39.

tion jenen ungleich mehr von moralischen Pflichten: „Gesetzt auch der einzelne Mensch lebte im Naturzustande mit seines Gleichen: so könnten ihm doch dieselben Freiheiten nicht zu gestanden werden, die man jetzt einem Souverän gegen andere Souveräne erlaubt."[345] Garves Begründung für die besonderen Freiheiten des Souveräns baut auf einem scheinheiligen Axiom auf: „Das höchste erdenkliche Gesetz aller menschlichen Handlungen ist, zu thun, was dem Menschengeschlecht im Ganzen genommen am nützlichsten ist."[346] Garve argumentiert empirisch-utilitaristisch und bezieht den utilitaristischen Nutzen vermeintlicherweise auf die Benthamsche Regel des ‚größtmöglichen Glücks der größtmöglichen Zahl'. Nur vermeintlich kommt letztere Regel zur Anwendung, zugleich scheinheilig ist Garves Axiom, weil die empirische Paradigmatik die Implikationen des ‚größtmöglichen Glücks der größtmöglichen Zahl' nicht stützt, sondern zweifach unterminiert:

(*i*) Sein empirischer Blick auf moralische und politische Fragen erlaubt es Garve - in gesellschaftlicher Hinsicht -, das Nützliche in einer Weise an das Gößere zu binden, daß die moralische Prävalenz der N a t i o n gegenüber dem Individuum beinahe total wird. Bereits hier erweist sich die Relativität des „im Ganzen genommen".[347] „Also eine zahlreiche Gesellschaft von Menschen hat einen Vorzug vor einem einzelnen Menschen; die Erhaltung von jener ist etwas Wichtigeres als die Erhaltung von diesem, ihr Wohl ist ein größeres Stück von der gesamten Glückseligkeit, welche den Endzweck des Schöpfers ausmacht."[348]

(*ii*) Der empirische Ansatz erlaubt es Garve darüber hinaus - in zwischengesellschaftlicher Hinsicht -, das „Ganze" oder die „Menschheit" ausschließlich im Sinne von Nationen zu quantifizieren. In mo-

---

[345] Ebd.

[346] A.a.O., S. 40.

[347] J. Ebbinghaus hat Kants Abwehr in diesem Punkt gelegentlich als Kritik an einem Denken tituliert, das den „staatlichen Charakter" der „civitas" im Völkerrecht betont hat. Dem Völkerrecht kommt in jenem Denken die Funktion zu, den Staat „mit einem von der Gesamtheit über die einzelnen ausgeübten Imperium aus[zustatten]". Vgl.: *Ebbinghaus, Julius:* Kants Lehre vom ewigen Frieden und die Kriegsschuldfrage [1929], in: Ders., Gesammelte Schriften, Bd. 1, Bonn 1986, S. 17.

[348] Garve, Abhandlung, S. 40.

ralischer Hinsicht kommen nur noch Nationen in Betracht und im selben Zuge wird das konstituiert, was die *Abhandlung* die „Ungleichheit der Staaten“ nennt. „Eine große Monarchie von 25 Millionen Menschen, und eine Stadt von tausend Einwohnern, sind, wenn beide unabhängig sind, einander den Rechten nach gleich. Aber ist das Wohl von 25 Millionen Menschen nicht mehr werth, als das von tausend Menschen. Und wenn also die Erhaltung oder ein wesentliches Interesse des größern Staats von dem kleinern einige Aufopferungen seiner Rechte und Besitzungen fordert, ist es nicht dem Administrator des erstern erlaubt, den zweyten dazu auch mit Gewalt zu nöthigen?“[349] Für Garve folgt daraus als „unstreitig wahr“, daß das Übergewicht großer Nationen über kleine „nicht bloß physisch sondern auch moralisch“[350] ist. In bezug auf Kants intendiertermaßen einheitliches Transzendentalsystem ist bereits hier zu sehen, wie sehr die einander ausschließende Redeweise Garves von „den Rechten nach“ einerseits und „der Moral nach“ andererseits auf einen Streit der Positionen hinauslaufen mußte.

Die unter Punkt (b) formulierte Annahme, daß Garves empirisch entworfene Negation einer Regentenmoral, die jener des (Kantischen) Privatmannes gleicht, auf der Basis eines bedingenden allgemein empirischen Ansatzes in der Philosophie entworfen ist, bestätigt sich. Die Implikationen der Punkte (*i*) und (*ii*) dienen in Garves *Abhandlung* dem Zweck, dem moralischen Subjekt der Nation bzw. der großen Nation einen Souverän legitimieren zu können, der im Handlungsraum des Politischen deren ausgezeichneter, mit besonderen moralischen „Freiheiten“ versehener Verwalter ist.

Die moralischen „Freiheiten“ des Souveräns sieht Garve darin, daß jener, genauerweise, „eine doppelte Rolle“ zu spielen verlangt „als [zugleich] vornehmster Privatmann in seinem Staate, und als Vorsteher desselben.“ In der *Abhandlung* läuft die zweite Subjektivität des Souveräns auf eine Entbindung von Kantischen Regeln der Moral hinaus. Garves Erklärung für diese Entbindung adaptiert die Begrif-

---

[349] A.a.O., S. 47f.

[350] A.a.O., S. 48. Der Zusammenhang beider dargestellten Punkte ist für Garve schließlich sogar ein logischer: „Wenn ganze Gesellschaften von Menschen Vorrechte vor einzelnen Menschen haben: so haben auch große Gesellschaften Vorrechte vor kleinen“ (A.a.O., S. 53).

fe seines großen Widersachers und gibt diesen eine andere Bedeutung. So wird vermeintlich Kantisch erklärt: „Alle Regeln aber müssen der Absicht der Regel untergeordnet seyn."[351] Während Kants Begriff der moralischen „Absicht" gänzliche Identität mit der Regel (dem Gesetz) bekunden möchte und ein Handeln „aus Pflicht" von zugrundeliegenden empirischen Intentionen abgrenzt, gibt Garves „Absicht" die Bedeutung eines Zweiten, dem die Regel unterliegt und von der sie fallweise Abänderungen erfährt. Garve nennt absichtsvolles Handeln entsprechend ein Handeln, das „auf den höheren Grund der Regeln" sieht, und nennt als solchen Grund, „das allgemeine Beste der Menschen [Nation] unmittelbar zu sehen."[352]

c. Utilitaristische Moralphilosophie

Es wurde im Rahmen der Vorüberlegung die Annahme formuliert, daß die scheinbar nur partielle Entautorisierung der (Kantischen) Moral des Privatlebens in der Politik bei Garve letztlich darauf hinausläuft, die Moralphilosophie insgesamt als utilitaristische zu autorisieren. Das „Beste" oder das „Nützliche" sind in der *Abhandlung* in der Tat austauschbare Begriffe. Saint Pierres, in normativer Hinsicht, utilitaristischer Ansatz rückt an diesen Stellen in greifbare Nähe. Soweit Garves utilitaristischer Moralbegriff allerdings dem Souverän vorbehalten bleiben soll, stellt die *Abhandlung* eher eine ‚Pervertierung' von Saint Pierres realistischem Ansatz dar. Der monarchischen Gesinnung Garves wird zugute gehalten werden müssen, daß in der *Abhandlung* in der Tat der frühneuzeitlich absolutistische Fürst des Erasmus seine bedingte Wiederauferstehung feiert - jener Fürst, der sich gegen die Untertanen in der „Rolle eines Vaters gegen seine Kinder" befunden hatte, dem das „allgemeine Beste der Menschen"/Nation anvertraut war.

Unabhängig, ob im Sinne des Souveräns (Friedrichs) oder der Untertanen, ist Garves utilitaristisch motiviertes „alle Regeln aber müssen der Absicht der Regel untergeordnet seyn" in der Friedensfrage leitend. Die *Abhandlung* behandelt - wie Machiavelli und Friedrich -

[351] A.a.O., S. 56.
[352] A.a.O., S. 59.

den Fall des internationalen Vertragsbruchs: „Hier ist also das Große und Wichtige, welches National-Angelegenheiten vor Privatgeschäften voraus haben, ein ungezweifelter Grund [das allgemeine Beste der Menschen], warum dort ein aus Unklugheit oder Leidenschaft gegebenes Wort, wenn die Folge den daraus entstehenden Schaden lehrt, zurückgenommen werden darf, - hier nicht."[353]

Bevor dazu übergegangen wird, Garves insgesamt - in der Tat auch in der Sphäre des Privatlebens - utilitaristische Moralphilosophie anhand der *Prinzipien der Sittenlehre* nachzuzeichnen, zwei kritische Anmerkungen zur *Abhandlung*: (*i*) In Hinsicht auf die Tatsache, daß National-Angelegenheiten in der *Abhandlung* als das „Große und Wichtige" bestimmt worden sind, ist zu fragen, wie die Rede von der Nationalgesellschaft mit Blick auf Garves oberste Prämisse zu rechtfertigen ist. Mit dieser obersten Prämisse hatte die *Abhandlung*, wie wir gesehen haben, die Dignität des „Menschengeschlecht[s] im Ganzen" etabliert. Zu rechtfertigen ist die in der Nationalgesellschaft vollzogene, empirisch-quantitative Restriktion nur dann, wenn, wie Garve dies an einem Punkt der *Abhandlung* geschehen läßt, die National-Souveräne zumindest auch in einer dritten Funktion als „die großen Vorsteher der Menschheit" erfaßt werden. Garve vollzieht diesen Schritt, indem er, an einer weiteren Stelle, im Souverän ein Hegelsches Mediales walten läßt: „Wenn sie [die Souveräne] auf der einen Seite Stellvertreter der Nationen sind: so sind sie auf der anderen die ersten Werkzeuge der Vorsehung. Sie helfen unter ihr den Plan derselben entwickeln. Sie sind die ersten Triebfedern in der großen Maschine der moralischen Welt, wodurch der höchste Regierer derselben die übrigen Räder in Bewegung setzt."[354]

(*ii*) Die Wahrnehmung des Souveräns als eines „Werkzeugs" noch größerer Subjektivität und die Einordnung des Begriffs der Nation in den größeren Begriff der Menschheit hat keinen systematisch geschichtsphilosophischen Sinn. Garve ist dort auf Rechtfertigung bedacht, wo sich moralischer Widerspruch gegen das souveräne, autoritäre „Aus Pflichten entstehen Rechte!"[355] erheben könnte. Rechtfertigung soll ganz offensichtlich in unter anderem transzendenter Ge-

---

[353] A.a.O., S. 43f.

[354] A.a.O., S. 56.

[355] A.a.O., S. 60.

stalt übermittelt werden. Um so mehr, als in der *Abhandlung* von keinem Abstandnehmen von souveräner Gewalt gesprochen werden kann („War unser großer Friedrich bundbrüchig gegen die Franzosen, da er nach der Chotusitzer Schlacht sich den Besitz Schlesiens, durch den Breslauer Frieden sicherte?"[356]), muß sich die kritische Frage stellen, ob Garve die Existenz einer exklusiven Moral „bey der Regierung der Staaten" wirklich bewiesen hat. Ist unter dem Begriff eines die Regel beugenden, ‚absichtsvollen Handelns' zum „allgemeinen Besten der Menschen" schließlich nicht auch die von Regeln absehende Willkür des Privatmannes riskiert? Garve gibt immerhin keine zwingenden Gründe für eine ‚absichtsvollere' Handlungsparadigmatik der Souveräne an, es sei denn, daß schon genügen sollte, daß diese „wirklich auf einer Höhe"[357] stehen und sie „wirklich diesen Beruf"[358] haben. Garve bewegt sich zumindest hier im Bereich empirischer Begründungen, die *wirkliche* empirische Aporien sind.

Das oberste Axiom des zweiten empirischen Argumentes in der *Abhandlung* hatte das „Nützlichste" des „Menschengeschlechts als Ganzem" zum Inhalt. Damit ist die vergleichsweise neutrale Formulierung des „allgemein Besten der Menschen" bereits in zweifacher Form präzisiert worden: Zum einen hat die Redeweise vom Menschengeschlecht im Ganzen jede, im Sinne moralischer Zwecke, in Frage kommende Subjektivität als Kollektivsubjektivität definiert. Dieser Punkt ist hinlänglich berührt worden. Zum anderen ist mit der normativen Kategorie des „Nützlichsten" Garves empirischer Ansatz im Bereich der Moralphilosophie als utilitaristischer Ansatz bestimmt worden. Daß die Zuschreibung eines utilitaristischen Normativitätsbegriffs keine unbegründete Vereinnahmung der *Abhandlung* darstellt, kann deutlich gemacht werden, indem Garves Auseinanderlegung seiner *Prinzipien der Sittenlehre* gefolgt wird. Letztere ist von Garve, unter anderem, als direkte Kritik an Kant formuliert worden. Die Punkte, die gegen Kant geltend gemacht werden, sind dieselben

[356] *Garve, Christian:* Fragmente zur Schilderung des Geistes, des Charakters und der Regierung Friedrichs des Zweyten, in: Gesammelte Werke, Zweite Abteilung, Bd. VII, Hildesheim/Zürich/New York 1987, S. 46f.
[357] A.a.O., S. 59.
[358] A.a.O., S. 60.

Punkte, an denen sich umgekehrt Kants eigene Kritik von Garves Moralphilosophie entfalten wird. Eine Darstellung dieser Punkte dient insofern dem zweifachen Zweck einer gleichzeitigen Vorbereitung von Kants späterer Kritik.

Die Behandlung des „Kantischen Systems“ im neunten und letzten Kapitel der *Prinzipien der Sittenlehre* nimmt annähernd die Hälfte des gesamten Werkes ein. Den abschließenden Punkt einer „Beurteilung desselben“ hat sich Garve wie folgt zurecht gelegt: „Ich werde meine gelegentlich schon geäußerten Ideen zusammenstellen. Ich werde zuerst das System selbst, - und sodann die Form beurteilen, in welche es gleichsam zusammengedrängt ist: Ich werde von dem Systeme, zuerst dessen Vorzüge, d.h. was ich darin für vorzüglich halte, - und dann die Seiten, welche mir weniger genug gethan haben, anzeigen.“[359] Die sehr allgemein, dabei eher ironisch vorgetragenen „V o r z ü g e“ des Kantischen Systems untermauern Garves empirische Grundhaltung. Der „dritte Vorzug“ behandelt die Tatsache, daß, „so abstrakt auch seine [Kants] Prinzipien, und so wenig sie Empfindung zu erregen geschickt sind, einige herzerhebende und das Tugendgefühl des Menschen lebhaft rührende Theile“[360] in diesem dennoch zu finden seien. Der „vierte Vorzug“ stellt die auf den Autor Kant selbst bezogene Variante von Garves Sensualismus und Empirismus dar und widmet sich der Tatsache, „daß aus seinen [Kants] Spekulationen die Fühlbarkeit seines Herzens hervorleuchtet [...]“[361] u.s.w.

Als, im Hinblick auf Garves utilitaristischen Normativitätsbegriff, ergiebiger erweisen sich die angeschlossenenen „M ä n g e l“. Einen nicht auf die Materie von Kants Moraltheorie, sondern auf die Theorie als ganzer bezogenen Nützlichkeitsstandpunkt hatte bereits der „erste Vorzug“ geltend gemacht: in diesem Sinne seien „durch die Kantische Kritik der praktischen Vernunft einige sehr lichtvolle, unstreitig wahre und durch nützliche Folgerungen brauchbare Ideen [...] eingeführt“[362] worden. Der in Hinsicht auf die Materie aller Mo-

[359] Garve, Prinzipien der Sittenlehre, S. 319.
[360] A.a.O., S. 320f.
[361] A.a.O., S. 321.
[362] A.a.O., S. 319.

ralphilosophie bei Garve veranschlagte Nützlichkeitsstandpunkt hat zwei Teile:

(*i*) Im „dritte Mangel“ der *Prinzipien der Sittenlehre* wird die Frage der Materie aller Moralphilosophie grundsätzlich behandelt. Bereits hier wird Kant kritisiert: „Es scheint mir [...] in dem Kantischen System, wenn es nach aller Strenge genommen wird, der Vernunft [...] an Stoff, woraus sie sie [die Gesetze] bilden kann“,[363] zu fehlen. Kants System nach gebotener Strenge zu beurteilen, bedeutet für Garve, zwei aus dem Selbstgesetzgebungscharakter der Kantischen Vernunft ableitbare Sätze in Betracht zu ziehen. Ein erster Satz behandelt die Tatsache, daß sich „die Vernunft ihre Gesetze ganz allein selbst und ohne fremden Einfluß gebe.“[364] Garve reflektiert hier die Gesetze als Gesetze *per se* und die Fähigkeit der Vernunft, Regeln aus eigener Kraft zu „erkennen“ bzw. zu formulieren. In dieser Hinsicht stimmt Garve Kants Darlegung des Vernunftsvermögens zu. Ein zweiter Satz bringt, nach Garve, das Vernunftsvermögen, insofern er auf dieses bezogen wird, in Probleme: Es geht hierbei um die vermeintliche Annahme, „daß die Vernunft ihre Gesetze, nicht nur als Selbsterfinderin gebe, sondern daß sie auch zu dieser Erfindung keine anderen Vorkenntnisse, als die ihres eigenen Wesens, und der ihr eigenen, sogenannten Form, nöthig habe.“[365]

Im Hinblick auf die in der Selbstgesetzgebung der Vernunft verhandelte Materie ist die Vernunft, für Garve, nicht als autonom anzusehen, da sie „nichts als das bloße Vermögen zu schließen“[366] und „in ihrem Wesen nichts eigenthümliches, als eben ihr gesetzgeberisches Ansehen selbst“[367] sei. Im Sinne einer Kennzeichnung der zeitgenössischen, Kants Projekt einer „reinen Moralphilosophie“ zurückweisenden Auffassung in der Moralphilosophie wurde einleitend von einer „Theorie aus Erfahrung“ gesprochen. Letzere wird von Garve an dieser Stelle diskursiv etabliert. In Hinsicht auf eine jegliche Materie der Moralphilosophie argumentieren die *Prinzipien* empirisch.

---

[363] A.a.O., S. 379.
[364] A.a.O., S. 380.
[365] Ebd.
[366] A.a.O., S. 382.
[367] A.a.O., S. 384.

(*ii*) Im Hinblick auf die in der Moralphilosophie verbindliche Materie verengt sich der allgemein empirische Standpunkt bei Garve zu einem utilitaristischen. Im „zweiten Mangel“ haben die *Prinzipien* den Vorwurf formuliert, daß trotz „allem, was Kant von der Achtung gegen das Gesetz, dem moralischen Gefühl und der Würde des Menschen gesagt hat, [...] es [...] dem Kantischen Vernunftgesetze an Triebfedern [...] fehle [...], wodurch es den vernünftig denkenden Menschen auch zum vernünftig handelnden bewegen könnte.“[368] Garve attestiert „der geistigen Natur des Menschen zwey ganz verschiedene Dinge“, „die auch in ihren Wirkungen ewig von einander getrennt bleiben“:[369] Denken einerseits und Begehren andererseits. Die Gegenstände, die Garve beiden Vermögen zuweist, sind im Falle des Denkens die Absicht auf „das Wahre“ und im Falle des Begehrens die Absicht auf „das Gute“.

Die beiden Absichten auf das Wahre und das Gute sind nicht weiter bemerkenswert, als sie einschränkungslos Kants Einteilung der Vernunft in reine und praktische Vernunft entsprechen. Bemerkenswert ist die Autonomie, die Garve dem Begriff des Begehrens als menschlichem Vermögen zugesteht. Während in Kants System der Begriffe (*ii1*) die *eine*, transzendental bestimmte Vernunft einmal als reine, einmal als reine praktische Vernunft gesetzgebend tätig ist, wird jene bei Garve in einem ersten Schritt zerteilt und beider Vermögen korrespondierende Absicht, auf das Wahre hier und das Gute dort, zu einem exklusiven Gegenstand ihres Vermögens erklärt. In einem zweiten Schritt (*ii2*) wird das praktische Vernunftsvermögen durch das Vermögen des Begehrens unmittelbar substituiert und das Begehren auf das „Angenehme“ restringiert. Wo Garve von den „Triebfedern“ des Handelns spricht, wird nicht eine subjektive Stellungnahme des praktischen Individuums zu einem feststehenden Gesetz erfragt, sondern dieses alleine auf der Basis dieser subjektiven Stellungnahme konstituiert. Im Sinne der in der Moralphilosophie verbindlichen Materie ist es, bei Garve, das, was angenehm oder nützlich ist, was diese Materie konstituiert.

Zum Schluß ist erneut der Bogen zur *Abhandlung* zu schlagen und Garves, auch in der Friedensfrage bereits angedeuteter, utilitaristi-

---

[368] A.a.O., S. 322f.

[369] A.a.O., S. 371.

scher Normativitätsbegriff abzurunden. Garve stellt eine „Stufenleiter von Begriffen“[370] in Aussicht, die sich ersichtlicherweise auf der Grundlage des dargestellten, normativen Nützlichkeits- oder Glückseligkeitsbegriffs der *Prinzipien der Sittenlehre* nachvollziehen lassen soll. An der Spitze dieser Stufenleiter steht der Begriff des Staatsinteresses oder der Staatsräson. Garve schreibt: „Man kann sich eine Stufenleiter von Begriffen denken, durch welche das, was man gemeinhin Staatsinteresse und Staatsräson nennt, aus der natürlichen und ersten Vorstellung von Glückseligkeit einer Nation entstand.“[371] Garves Ziel ist es, seinem preußischen Begriff der Staatsräson eine Genealogie zu unterlegen, die jenen auf eine aus dem Begehren entsprungene Glückseligkeitsforderung der Nation zurückführt.

Über seinem Paradigma der glücklichen Nation verliert Garve sein ursprüngliches Axiom, d.i. die Forderung nach dem dem „Menschengeschlecht im Ganzen“ Nützlichsten, in einer Weise, daß nicht nur ein entsprechender Subjektwechsel vollzogen wird, sondern die in ethisch-materieller Hinsicht auf Nutzen und Vorteil gesonnene Nation letzterer Forderung bereits grundsätzlich widersprechen muß. In der *Abhandlung* wird die Frage der Glückseligkeit der Nation in diesem Sinne schließlich aus der Perspektive seiner Gegensubjekte behandelt. Das - unter gleichzeitigem Blick auf seine Stufenleiter der Begriffe - „erste Moment der Glückseligkeit“ sind für Garve die „Sicherheit“ und die „Macht [die] zur Sicherheit führt“. Der Friede ist eine im Umfeld der Sicherheit und der Macht entworfene und in diesem Sinne auch in sein Gegenteil, den Krieg, variierbare Forderung in Garves Philosophie. Insbesondere Garves ausufernde *Fragmente zur Schilderung des Geistes, des Charakters und der Regierung Friedrichs des Zweyten* haben den systematischen Ort des Friedens in Garves Philosophie bestätigt.[372] Keine Frage also, daß der Friede auch bei

[370] Garve, Abhandlung, S. 50.

[371] Ebd.

[372] Beispielhaft sei aus einem der Fragmente ‚Über den Regierungs-Charakter Friedrichs des Zweyten‘ zitiert, der Schrift ‚Ob der König sich einen Widerruf erlaubte, und in wie fern dieses nöthig oder verwerflich ist‘: „Der König, das ist die allgemeine Stimme, that nie einen Widerruf, - wollte sich, besonders in den Augen seiner Diener und Unterthanen, nie dem Vorwurfe eines begangnen Irrthums aussetzen" (Garve, Fragmente zur Schilderung des Geistes, des Charakters und der Regierung Friedrichs des Zweyten, S. 151). In wieweit die Stelle

Garve eine normative, moralische Forderung darstellt. Als solche ist diese jedoch (*i*) ausschließlich an das Subjekt Nation gebunden und (*ii*) nichts anderem als einem utilitaristischen Nutzen oder, wie Garve sagt, einer „Glückseligkeit des Staates“[373] verpflichtet.

Nicht nur in anwendungsbezogenen Zusammenhängen der Staatsführung, sondern auch in normativen Begründungsfragen der Politik argumentiert Garve ausschließlich auf der Basis von „Imperativen der Klugheit“. Die „Absicht auf Glückseligkeit“, die auch in Kants System der Begriffe als „sicher“ und insofern als *a priori* in Rechnung gestellt wird, begründet diese Imperative. Wie argumentiert Kant gegen diese Verabsolutierung der politischen Sphäre als einer reinen „Sphäre des Pragmatischen“? Im Rahmen des folgenden Abschnittes, der Kants Traktat *Zum ewigen Frieden* analysiert, verläßt sich Kant nicht primär auf „Imperative der Sittlichkeit“ - die aus der Feststellung eines „Zwecks an sich selbst“- Seins folgen -, sondern argumentiert in umfassender Form gegen die Unzulänglichkeit empirischer Normativität selbst.

Garve auch zur Rechtfertigung von Friedrichs Schlesienpolitik im speziellen dient, muß ungewiß bleiben. Trotzdem zeigt sie beispielhaft nachdrücklich die Ergebenheit eines Philosophen, der sich ausschließlich als Diener und insofern als rechtfertigender Apologet seines Königs verstand.

[373] Garve, Abhandlung, S. 52.

5.

‚Reine Praktische Vernunft‘ Negativer Normativer Begriff

5.0 EINLEITUNG

Vier Systematische Einwände, nachvollzogen in ‚Zum ewigen Frieden‘

In der Vorüberlegung zum Garve-Kapitel wurde angedeutet, daß Kant bereits 1794 vom Herausgeber der ‚Berlinischen Monatsschrift‘[373] Johann Erich Biester dazu eingeladen worden war, zu einem Aufsatz Rehbergs Stellung zu nehmen, der Garves *Abhandlung* ganz offensichtlich stützen sollte, und Kant diese Stellungnahme seinerzeit abgelehnt hatte. *Zum ewigen Frieden* erschien 1795 und ist als Kants offizielle Antwort auf Garve, Rehberg, Gentz und andere eingeschätzt worden.[374] Zwar führt Kant im Traktat keine na-

---

[373] *Biester, Johann Erich (Hrsg.):* Berlinische Monatsschrift, Berlin 1.1783 - 28.1796.

[374] Vgl. Cavallar 1992, S. 349. Die Einschätzung läßt sich durch eine Bemerkung bei J. Ebbinghaus stützen. Ebbinghaus hält fest, daß bereits der ‚Gemeinspruch‘ - in dem Kant erstmals in grundlegenderweise das Verhältnis von Moral und Politik thematisiert hat - teilweise als Antwort auf Garves Schrift ‚Versuche über verschiedene Gegenstände aus der Moral und Literatur‘ formuliert ist. Garve hatte dort, gegen Kant, abgestritten, daß die Unterscheidung von Glückswürdigkeit und Glücksteilhaftigkeit zwar in der Theorie gelte, in der Praxis jedoch gegenstandslos sei. Vgl.: *Ebbinghaus, Julius:* Immanuel Kant, Über den Gemeinspruch: Das mag in der Theorie richtig sein, taugt aber nicht für die Praxis [1946], in: Ders. 1986, S. 96.
Daneben hat der Traktat seinen nicht unterschlagbaren, historischen Anlaß, den Basler Sonderfrieden vom 5. April 1795: „Das Königreich Preußen, das unter einer leeren Staatskasse und einer Wirtschaftskrise litt und Handlungsfreiheit in Polen gewinnen wollte, kehrte zur Neutralität zurück und verzichtete auf das linke, von französischen Truppen besetzte Rheinufer gegen Entschädigung auf dem rechten. Eine Demarkationslinie sicherte die Neutralität Norddeutschlands

mentliche Auseinandersetzung mit den erwähnten Autoren, die Möglichkeit, einen systematisch-normativen Zusammenhang herzustellen, wird jedoch durch die Art und Weise erleichtert, in der *Zum ewigen Frieden* verfaßt worden ist. Eine enthistorisierende Bearbeitung des Traktates ist in geringerem Maße notwendig, als dies im Falle von Garves *Abhandlung* und teilweise im Falle von dessen *Prinzipien der Sittenlehre* geschehen mußte. Das ergibt sich unter anderem aus der vergleichsweise revolutionären Idee, in deren Zeichen *Zum ewigen Frieden* geschrieben worden ist: Der transzendentale Ansatz Kants ist in gewissem Umfang auch im Traktat nachweisbar. Kant erörtert die Bedingungen der Möglichkeit des Friedens entsprechend den Bedingungen der Möglichkeit der Erfahrung in der *Kritik der reinen Vernunft*. Cavallar spricht von einem „fundamentalen Unterschied zu anderen Friedensschriften": „Der Begründer der Transzendentalphilosophie versucht [...], die Frage des ewigen Friedens und seiner Möglichkeit ‚experimentalwissenschaftlich' allgemein und prinzipiell zu beantworten [...]. Die Verfassung einer möglichen Konföderation ist das Thema einer ‚empirischen' Politik, nicht der Kantischen ‚Grundlegung' zur Metaphysik des Friedens."[375]

Die mit dem transzendentalen Ansatz in *Zum ewigen Frieden* gegebene systematische Basis erleichtert, den Traktat als Teil von Kants Projekt einer „reinen Moralphilosophie" gegen die empirisch-normativen Begriffe in Garves *Abhandlung* und *Prinzipien der Sittenlehre* in Stellung zu bringen, selbst da diese Verbindung in *Zum ewigen Frieden* nicht explizit hergestellt worden ist. Umgekehrt sichert die systematische Basis dem Traktat ein zeitloses und in diesem Sinne unhistorisches normatives Verständnis. Kants Argumentation gegen die Autorität empirischer und utilitaristischer Prinzipien, sowohl im Bereich innerpolitischen Handelns als auch in der für das „äußere Staatsverhältnis" grundlegenden Praxis, kann in einer Reihe systematischer Argumentationsschritte aufgewiesen werden. Neben der Kritik, die diese Argumentation theoretisch an Garve und

bis 1806, während westlich von ihr die Alliierten den Ersten Koalitionskrieg bis zum Frieden von Campo Formio (1797) fortsetzten. Der Separatfriede von Basel wurde von seiten der gegen das revolutionäre Frankreich kriegführenden Staaten als Verrat angesehen" (Cavallar 1986, S. 22f).

[375] Cavallar 1986, S. 21.

Saint Pierre mit sich bringt, wird auch Rousseaus im Sinne des ‚reflective endorsement'-Paradigmas systematisiertes Gesellschaftskonzept einer Kritik zugänglich. Im Verlaufe des ersten Teils des *Anhanges* über die ‚Mißhelligkeit zwischen der Moral und der Politik' sind es, wie gezeigt wird, v i e r systematisch wichtige Argumente, die für Kant nachzuvollziehen sind.

5.1 DER ‚GRENZGOTT DER MORAL'

a. Garves und Saint Pierres deterministischer Irrtum und die nicht-lineare Empirie

Ein erstes systematisches Argument in *Zum ewigen Frieden* hat mit einer S c h w ä c h e, d.i. der Unübersehbarkeit des empirischen Feldes für die praktische Vernunft zu tun. Sofern es um die Frage einer „beste[n] Politik" und ihre leitenden Handlungsmaximen geht, stellt Kant fest: „Der Grenzgott der Moral weicht nicht dem Jupiter [dem Grenzgott der Gewalt]" (A 68). Kant argumentiert eine grundsätzliche Abhängigkeit menschlicher Vernunft von einem Medium der Selbstverständigung im Feld praktischen Handelns. Eine Vernunft, die sich auf dieses praktische Feld unmittelbar zu richten gedenkt und dieses im Bewußtsein ihrer Unfehlbarkeit unternimmt, geht fehl, denn menschliche Vernunft „ist nicht erleuchtet genug, die Reihe der vorherbestimmten Ursachen zu übersehen, die den glücklichen oder schlimmen Erfolg aus dem Tun und Lassen der Menschen, nach dem Mechanism der Natur, mit Sicherheit vorher verkündigen (obgleich ihn dem Wunsche gemäß hoffen) lassen" (A 68). Der „Grenzgott der Moral" dagegen stellt der Vernunft einen Richtungsweiser auf, der sicher genug anzeigt, „was man aber zu tun habe, um im Gleise der Pflicht (nach Regeln der Weisheit) zu bleiben." Einer Erkenntnis der Autorität der Moral im Bereich des Politischen, „dazu und hiermit zum Endzweck leuchtet sie [die Vernunft] uns [wenigstens] überall hell genug vor" (A 68).[376]

[376] Zur Haltlosigkeit des Vorwurfs, daß gerade Kants Apriorismus in der Moralphilosophie letztlich dem Despotismus den Weg bereite, vgl.: *Ebbinghaus, Julius:* Empirismus und Apriorismus in der Moral, (= Proceedings of the Tenth Interna-

Die große Gefahr für eine tatsächliche Autorität der Moral in der Praxis sieht Kant im Vorhandensein einer schon praktischen Praxis, mit anderen Worten in der Autorität von Handlungsmaximen, die sich an eine „Art" wenden, „wie es in der Welt [*de facto*] zugeht": „[U]nd so zerinnen nun alle Pläne der Theorie, für das Staats-, Völker- und Weltbürgerrecht, in sachleere unausführbare Ideale, dagegen eine Praxis, die auf empirische Prinzipien der menschlichen Natur gegründet ist, welche es nicht für zu niedrig hält, aus der Art, wie es in der Welt zugeht, Belehrung für ihre Maximen zu ziehen, einen sicheren Grund für ihr Gebäude der Staatsklugheit zu finden allein hoffen könne" (A 70).

In einem Anschlußargument an jenes vom autoritätsbildenden „Grenzgott der Moral" hat Kant eine Anmaßung jener Klugheit der Praktiker behandelt, welche meint, das gegebene Argument von der fehlbaren „Natur des Menschen" für ihre Zwecke ausschlachten zu können - gerade in der Frage des ewigen Friedens. Kant schreibt: „Nun gründet aber der Praktiker (dem die Moral bloße Theorie ist) seine trostlose Absprechung unserer gutmütigen Hoffnung [den ewigen Frieden betreffend ...] eigentlich darauf: daß er aus der Natur des Menschen vorher zu sehen vorgibt, er werde dasjenige nie wollen, was erfordert wird, um jenen zum ewigen Frieden hinführenden Zweck zu Stande zu bringen" (A 68).

Was das „Wollen aller e i n z e l n e n Menschen" - sofern auf jeden einzelnen Bezug genommen wird - betrifft, hat Kant sich an späterer Stelle um eine Rechtfertigung sowohl (*i*) der menschlichen Natur selbst als auch (*ii*) seines schließlich trotz allem auf diese Natur gegründeten moralischen Gesetzes bemüht. In Hinsicht auf ersteren Punkt und die Gefahr eines die menschliche Natur absolut bestimmenden Wollens steht für Kant die menschliche „Freiheit" auf dem Spiel. Zu ihrer Verteidigung wird ein logischer Dreisatz durchgeführt: „Wenn [...] alles, was geschieht oder geschehen kann, bloßer Mechanismus der Natur ist, so ist Politik [...] ein sachleerer Gedanke" (A 70/71). Indem Kant einen Begriff von Politik als Freiheitshandeln zugrundelegt und auf die *de facto* Tatsache politischen Handelns

tional Congress of Philosophy, Amsterdam August 11-18, 1948), in: Ders. 1986, S. 297-298.

verweit, ermöglicht ihm dies den Rückschluß auf die menschliche Freiheit selbst: „Findet man diesen [Mechanismus der Natur] aber doch unumgänglich nötig mit der Politik zu verbinden, ja ihn gar zur einschränkenden Bedingung der letzteren zu erheben, so muß die Vereinbarkeit beider eingeräumt werden" (A 71) und damit auch die menschliche Freiheit. In Hinsicht auf zweiteren Punkt (*ii*) erhält sich Kant schließlich die Möglichkeit der Autorität seines auf die menschliche Freiheit gegründeten moralischen Gesetzes.

Ganz abgesehen von der Stichhaltigkeit dieses logischen Dreisatzes ist es implizit wohl folgender Sachverhalt, auf den Kant indirekt hinweist: Anläßlich der Autoritätsfrage des „Grenzgottes der Moral" hat zuvor die Möglichkeit einer Erkenntnis des empirischen Feldes und die Ableitung von Handlungsmaximen aus bzw. bezüglich dieses empirischen Feldes zur Diskussion gestanden. Die Einschränkung, die der politischen Vernunft - in diesem Punkt nachvollzogen - durch Kant dabei formuliert worden ist, betrifft die Unmöglichkeit der Ableitung von unfehlbar richtigem Wollen aus der politischen Vernunft, nicht aber eine *unbedingte* Determinierung von Wollen durch einen „Mechanismus der Natur". Es ist dieser Unterschied, auf den Kant in seinem Dreisatz implizit hinweist, indem er für die Freiheit argumentiert. Die praktische Vernunft ist fehlbar, gerade das ist jedoch sinnvoll formulierbar, weil die praktische Vernunft potentiell frei ist.

Anders als bei Garve gibt es für Kant keine Entbindung der Politik von moralischen Maximen der Beurteilung. Genau genommen ist es der *Abhandlung* allerdings nicht um eine Entbindung von jeglicher Moral gegangen, sondern um eine Zurückweisung von den Implikationen der Kantischen Moral. Dem empirischen Wollen in der Form des „Begehrens" ist in den *Prinzipien der Sittenlehre* entsprechend eine exklusive „Absicht auf" das moralisch „Gute" zugestanden worden. Inwiefern leistet Kants erstes Argument also mehr, als daß es lediglich eine andere Moral in der Politik sehen möchte? Einen „moralischen Politiker" anstelle eines „politischen Moralisten"? In folgendem Sinne: Garves, ausschließlich auf sein empirisches Wollen bedachtem, politischem Moralisten vermag Kants Argument entgegenzuhalten, daß dieser - selbst wenn dessen empirisches Wollen zum moralischen Maßstab genommen würde - „nicht erleuchtet genug" sei, die „Reihe der vorherbestimmten Ursachen" zur Erreichung seines

Begehrens zu überblicken. Kants Argument trifft natürlich im gleichen Zuge Saint Pierres vermeintlich physikalistischen Fortschrittsbegriff in der Friedensfrage, der die Übel der Gesellschaft im Umfang eines einzigen, empirischen Blickes auf diese Übel deduktiv kurieren wollte.

b. Rousseaus quantitativer Irrtum

Kant hat dem deterministisch gesinnten Praktiker in *Zum ewigen Frieden* in einer zweiten Perspektive entgegnet. Es geht hierbei um ein „Wollen aller einzelnen Menschen", sofern auf dieses im Sinne eines *gemeinsamen* Wollens aller einzelnen Bezug genommen wird. Kant stellt sich die Frage, was, zusätzlich zu der moralgesetzlichen Korrektur individuell fehlbarer Vernunft im Feld des Empirischen, eine entsprechende Korrektur auf der Ebene der Gemeinschaft als Ganzer bewerkstelligen muß. Die Formel für den intendierten, ausgeglichenen Zustand nennt Kant „die kollektive Einheit des vereinigten Willens" oder einfach „ein Ganzes der bürgerlichen Gesellschaft" (A 68/69). Kant betont, daß eine solche kollektive Einheit eben nicht als „die distributive Einheit des Willens aller" verstanden werden darf, und nimmt genau hiermit Bezug auf die Fehlbarkeit und die in dieser Fehlbarkeit notwendig variierende Fixierung des empirischen Wollens durch die individuelle praktische Vernunft. Kant geht auf ein Problem ein, das Rousseauschen Charakter hat, seine Beantwortung allerdings gerade nicht.

Kant kann sich mit Rousseau einig wissen, soweit er davon ausgeht, daß „einen gemeinschaftlichen Willen herauszubringen [...] keiner von allen vermag" (A 69). Mit Rousseau müßte genauerweise gesagt werden, daß einen solchen Willen hervorzubringen zudem nie Sache eines einzelnen Willens sein darf. Die Lösung, welcher Kant sein Naturzustandsproblem schließlich zuführt, sieht wie folgt aus: „[S]o ist in der Ausführung jener Idee (in der Praxis) auf keinen anderen Anfang des rechtlichen Zustandes zu rechnen, als den durch Gewalt, auf deren Zwang nachher das öffentliche Recht gegründet wird" (A 69). Wo Rousseau seine „volonté générale" als Meinungskundgabe aller hervorgehen läßt, sieht sich Kant zu einer ‚Gewalt'-Lösung veranlaßt. Der Grund hierfür besteht in nichts anderem als den Ansprüchen des oben auf die individuelle praktische Vernunft projizierten „Grenzgottes der Moral". Dieser präfixiert die Äußerungen der intendierten „kollektiven Einheit des vereinigten Willens" und hat bei Kant nie die Option, wie bei Rousseau, zunächst als theoretisch beliebig bzw. *a priori* wertfrei verstanden zu werden. Während bei Rousseau alleine der Prozeß der Herausbildung des gemeinsamen Willens und „Gemeinschaftsinteresses" in Wertbegriffen zu erfassen ist, betreffen letztere Begriffe bei Kant auch die formale Statur des konstituierten gemeinsamen Willens selbst, der zugleich moralgesetzlicher sein muß.

Die vermeintliche „Gewalttätigkeit" in der Konstitutionsbewegung des vereinigten Willens scheint, bei Kant, auf der Ebene der Gemeinschaft und Gesellschaft Gefahr zu laufen, einen „Grenzgott der Gewalt" zu restituieren. Um von einer entsprechend radikalen Festlegung von Kants Ausführungen absehen zu können, müssen diese im Kontext des Problems gesehen werden, dem sich Kant bei seiner Nicht-Rousseauschen Lösung der Gesellschaftsbildung bewußt gewesen sein muß und dem er zugleich vorbeugen will. Der Name G a r v e scheint - ungenannterweise - erneut auf. Auch Garve hatte sich in den Ausführungen seiner *Abhandlung über die Verbindung der Moral mit der Politik* detailliert der Naturzustandsparadigmatik bedient und diese, abgesehen ihres philosophischen Ortes im Rahmen der Herausbildung einzelner Gesellschaften, zur Beschreibung der zeitgenössischen zwischenstaalichen Anarchie und gleichzeitigen Unverbindlichkeit des Friedens verwendet. Die empirische Nützlichkeitsorientierung, durch die Garve die Handlungsmaximen, gleich welchen Naturzustandes, charakterisiert, dürfte sich Kant auch in der aufbauenden Frage der Gesellschaftsbildung als potentieller Kampf der Egoismen präsentiert haben.

Die wertfreie Paradigmatik, die aus Rousseauscher Perspektive der Herausbildung der „volonté générale" grundsätzlich noch zuzubilligen ist, bedeutet für Kant - mit Blick auf Garve - die Gefahr einer konstituierbaren All-Nützlichkeitsmoral. Die ‚Gewalt', die Kant dem Anfang des rechtlichen Zustandes zuweist, ist von daher als Versuch zu verstehen, seinen „Grenzgott der Moral" neben der individuellen praktischen Vernunft auch gegen empirische Handlungsmaximen der bürgerlichen Gesellschaftsvernunft in Stellung zu bringen. Eine Lösung der Friedensfrage im Sinne eines bloßen Ausgleichs des empirischen „Wollens aller einzelnen" hat - bevor noch gesagt wird, daß diese keinen moralischen Wert hat - für Kant das Problem, daß sie als „distributive Einheit" der Schwächen keinen ewigen Frieden zu garantieren vermag.

5.2 DIE NICHT-EMPIRISCHEN BEDINGUNGEN UNBEDINGTER PRINZIPIEN

a. Absage an die Empirie des Bestehenden und eine jegliche Empirie

Kants zweites Argument gegen die normative Begründungskraft empirischer Prinzipien im Bereich des öffentlichen Lebens setzt an der bis dahin entwickelten Struktur eines „gemeinschaftlichen Willens" an und bedeutet eine eigentliche Radikalisierung des ersten Schrittes. Auf den Punkt gebracht geht es Kant darum sicherzustellen, daß gültige Prinzipien des öffentlichen Lebens nicht nur nicht aufgrund einer Schwäche der menschlichen praktischen Vernunft in der Einschätzung des empirischen Feldes, sondern g r u n d s ä t z l i c h nicht durch empirische Verweise zu begründen sind. Es ist die Frage nach den Bedingungen unbedingter Prinzipien, die Kant hier ganz allgemein stellt. Die Voraussetzung, die Kant in einer Inaussichtnahme der „Prinzipien einer Staatsverfassung" des Staates etablieren möchte, ist die, daß eine solche Staatsverfassung auf unbedingten Grundsätzen basieren muß. Kant faßt das von ihm ins Auge genommene normative Gebilde unter der Formel von „Prinzipien einer Staatsverfassung überhaupt nach Rechtsbegriffen (mithin *a priori*, nicht empirisch)" (A 75) zusammen. Von diesem Standpunkt wendet er sich gegen die unter der Voraussetzung solcher unbedingter Grundsätze bestehenden Unzulänglichkeiten herrschender Verfassungs- und Regierungspraxen; darüber hinaus gegen alle denkbaren Staatsverfassungen, die nach bedingten Prinzipien entworfen sind.

Im Hinblick auf seine Kritik der allgemein herrschenden Verfassungs- und Regierungspraxis führt Kant ein gedankliches E x p e r i m e n t durch, welches in einem theoretischen Szenario darauf abzielt, die zeitgenössischen Praktiker, „diese staatskluge[n] Männer", in die Lage zu versetzen, solche von ihm eingeklagte „Prinzipien einer Staatsverfassung überhaupt nach Rechtsbegriffen (mithin *a priori*, nicht empirisch)" einmal in Aussicht zu nehmen. Ganz allgemein beklagt Kant den Umstand, daß es leider nicht des Politikers Aufgabe sei, „über Gesetzgebung selbst zu vernünfteln, sondern die gegenwärtigen Gebote des Landsrechts zu vollziehen" (A 75). In der Konsequenz dieser schlechten Praxis muß „jede, jetzt vorhandene, gesetzliche Verfassung" jenem „immer die beste sein"; was für Kant im Endeffekt nichts anderes bedeutet, als auf eine „Geschicklichkeit" zu bauen, „für alle Sättel recht zu sein" (A 75). Angesichts dieser herrschenden Praxis sei es eine nur als „Wahn" zu befindende Unternehmung des Politikers, sollte dieser es doch einmal grundsätzlicher versuchen, könnte er „diesen Überschritt [ja] nicht anders, als mit dem Geist der Schikane tun" (A 76). Kants theoretische Korrektur der Praxis eines immer bloß vollzogenen Landsrechts zielt mitnichten darauf, den momentanen, staatsklugen Politiker in die Lage einer solchen gedanklichen Korrektur zu versetzen, sondern reflektiert in der Darstellung von dessen Unvermögen Grundsätzliches.

Ihrem intendierten Ziel nach möchte Kants Kritik des ‚vernünftelnden' Verfassungsdenkens folgendes aufweisen: Die Ansprüche einer Staatsverfassung „nach Rechtsbegriffen" - in Kants später zu sehendem Verständnis dieser Redewendung - erzwingen, zuletzt nicht nur all die Prinzipien zu suspendieren, welche in Begründungsfragen auf einer bloßen Empirie des Bestehenden, sondern auf empirischen Fundierungen überhaupt aufbauen. Nach Kants eigener Auffassung müssen an die gleiche Stelle Begründungen des positives Rechts treten, die diesem unbedingte Geltung ermöglichen. Klar ist für Kant, daß sich in diesem Prozeß eher die Verfassungen selbst verändern werden, als daß die angenommenen, unbedingten Prinzipien variabel wären. Entsprechend dominierend ist in *Zum ewigen Frieden* die Rede vom „Gebrechen in der Staatsverfassung" (A 71) oder auch von der „schlechten Verfassung" selbst (A 72/73). Vor der Substitution der empirischen Begriffe durch deren Kantisches Äquivalent soll der impliziten Struktur der anti-empirischen Argumentation in *Zum ewigen Frieden* weiter gefolgt werden.

Die zeitgenössische Normativität der Empirie des Bestehenden hat bei Kant, neben (*i*) der geschilderten Sorglosigkeit oder dem Kalkül der Staatsklugen in Hinsicht auf eine „Staatsverfassung überhaupt", (*ii*) zusätzlich die Dimension der scheinbaren Unbedenklichkeit des Bestehenden. Kant hadert mit den Zumutungen, wie sie die „Erfahrung" aufstellt. In ihr sieht Kant noch viel mehr eine Gefahr, eine auf falschen Prinzipien aufgebaute, „schlechte Verfassung" davonzutragen, als im eigennützigen Kalkül der politischen Moralisten: Die Aufgabe, eine „zu Recht beständige Staatsverfassung“ zu entwerfen, löst der Praktiker „empirisch, aus Erfahrung, wie die bisher noch am besten bestandenen, mehrteils aber rechtswidrigen, Staatsverfassungen eingerichtet waren“ (A 76). Im Hinblick auf entsprechende Erfahrungen nennt Kant expliziterweise drei Grundsätze, oder - wie er selbst sagt - „sophistische Maximen“, die den Verfassungen als Prinzipien bis dahin unterlegt worden sind. Ohne jene genauer zu erörtern, sind diese: 1. *Fac et excusa*, 2. *Si fecisti nega* und 3. *Divide et impera* (A 76/77/78). Das Übel bezüglich dieser Maximen aus Erfahrung sieht Kant in Hinsicht auf unsere obige Kennzeichnung darin, wie diese tatsächlich erfahren werden: „Durch diese politischen Maximen wird nun zwar niemand hintergangen; denn sie sind insgesamt schon allgemein bekannt“ (A 78). Mehr noch reicht deren Bekanntheit und Anerkennung dahin, daß „nicht das Offenbarwerden, sondern nur das Misslingen derselben sie [die Mächte] beschämt machen kann (denn in Ansehung der Moralität der Maximen kommen sie alle unter einander überein)“ (A 78/79). Mit seiner Kritik an einer Empirie, die - wie gesehen - eine ‚Empirie des Bestehenden‘ genannt werden könnte, wendet sich Kant gegen eine allein aufgrund der Tatsache, „allgemein bekannt“ zu sein, als normativ erfaßte, bestehende Empirie.

Der Schritt zu einer Absage an eine j e g l i c h e - theoretisch denkbare - Normativität der Empirie wird in *Zum ewigen Frieden* ineins mit der Darlegung des Prinzips vollzogen, das für Kant allein der Garant für eine „Staatsverfassung überhaupt nach Rechtsbegriffen (mithin *a priori*, nicht empirisch)“ sein soll. Aufgabe jenes Prinzips ist es, die Bedingung zu erfüllen, unbedingt zu sein und von daher unbedingte Geltung zu haben. Kant spricht von einem „Überschritt“, in dem nichts anderes als „die Begriffe der Vernunft [...] begründ[en]“ (A 76). Indem Kant weiter von einem „nur nach Freiheitsprinzipien gesetzmäßigen Zwang“ dieser Begriffe auf die Vernunft schreibt, soll in genau dieser Formel einer jeglichen Vereinnahmung und möglichen Irreführung der Vernunft durch die Empirie vorgebeugt werden.

Kants „Überschritt“ darf nicht in der Form verstanden werden, als daß der Vernunft von neuem ihre eigene Unfehlbarkeit vorgeführt würde. Gegenüber den ersten Kapiteln dieses Abschnitts argumentiert Kant nicht im Umfeld einer konkreten Schwäche der menschlichen Vernunft, sondern sucht in grundsätzlicher Hinsicht nach den

Bedingungen, welche eine zwar „gesetzmäßige", aber freie Wahl oder Wahl aus Freiheit ermöglichen. Kants Fragestellung ist im Sinne einer Suche nach der *conditio sine qua non* abgefaßt. Diese Mindestbedingung lautet: Nicht nur in politischer und in Friedenshinsichten wird die Frage einer Handhabung der potentiell kontingenten Empirie und einzelner, potentiell kontingenter empirischer Gegenstände (hier der Verfassung) nicht nur gegebenenfalls nicht, sondern nie aus Verweisen auf ihrerseits potentiell kontingente Empirie beantwortet werden können.

Gegenüber Garve - der auch in diesem Fall die Stellvertreterschaft Saint Pierres übernehmen kann - differenziert Kant die Frage der „besten Politik", besten Verfassung, des besten Friedens [...] etc. Garves Diktum: „Es scheint mir [...] in dem Kantischen System, wenn es nach aller Strenge genommen wird, der Vernunft [...] an Stoff, woraus sie [die Gesetze] bilden kann", zu fehlen, ist letztlich oberflächlich, weil sie den zu begründenden Gegenstand nicht von seiner normativen Begründung unterscheidet: Für Garve ist, im Hinblick auf die in der Selbstgesetzgebung der Vernunft verhandelte Materie, die Vernunft gänzlich abhängig, da sie „nichts als das bloße Vermögen zu schließen"[377] und „in ihrem Wesen nichts eigenthümliches, als eben ihr gesetzgeberisches Ansehen selbst" ist. Auch für Kant ist unbezweifelbar, daß die reine Vernunft, in Hinsicht auf die praktischen Gesetze, als „praktisches Vermögen" gefragt ist.[378] Sie hat es mit einem empirischen Gegenstand zu tun. In der Frage der normativen Begründungen, in bezug auf diesen Gegenstand, darf sich die praktische Vernunft allerdings nicht auf die Empirie verlassen. Im Rahmen des Saint Pierre-Kapitels hatte sich letztere Forderung aus der Gefahr ‚empirischer Fehlschlüsse' ergeben.[379] Zuletzt ist der Realist - mangels einer seiner normativen Begründung absolut korrespondierenden Entdeckung - auf ein bloßes „Vertrauen" in seine Prinzipien angewiesen.

Kants Argumentation der Bedingungen unbedingter Prinzipien ist auch gegen Rousseau in Stellung zu bringen. Das empirische „An-

---

[377] Garve, Prinzipien der Sittenlehre, S. 382.

[378] Vgl. diesbezüglich die Aufgabenstellung, die die ‚Kritik der praktischen Vernunft' für die reine Vernunft in der ‚Vorrede' formuliert hat: A 3ff.

[379] Vgl. Kapitel 2.7 des zweiten Teils.

gezogenwerden von der ‚Schönheit' einer von der Vernunft erkannten Ordnung" durch den „amour de l'ordre" des Gewissens ist bei Kant „nicht als sittliche Motivation"[380] und entsprechend nicht als normative Begründung im Bereich des Sittlichen (der Politik, der Verfassung, des Friedens) anzusehen. Rousseau orientiert sich in Begründungsfragen insofern nicht an einer reinen praktischen, sondern an einer empirischen „substantiellen Vernunft",[381] als das vernünftige Erkennen des Guten nur einen Teil seiner Identifikation ausmacht. Das Gute muß bei Rousseau zuerst auch ‚geliebt' werden können, um das Gute zu sein („Das Gute kennen heißt nicht (schon) es lieben [...]"). Fetscher hat entsprechend festgestellt, daß bei Rousseau normative Fragen - der Gesetze, des Friedens - „nicht wie bei Kant an einer reinen Sollensforderung (der ‚Pflicht'), sondern [...] einer Seinsordnung"[382] mit empirischen Implikationen gemessen werden.

b. *Die praktischen Aporien des empirischen Prinzips*

Die „sophistischen Maximen", die den Verfassungen als Prinzipien unterlegt werden (*fac et excusa*, etc.), und deren empirische Begründungen verdichten sich für Kant in ihrer Anwendung zu einer „unmoralischen Klugheitslehre", die sich schließlich selbst ad absurdum führt. In bezug auf angewandte, empirische Begründungen spricht Kant von den „Schlangenwendungen" (A 80) solcher Begründungen. Wen Kant im Blick hat, ist verständlicherweise klar: die philosophischen Verfechter des empirischen Prinzips in der Kunst der Staatsführung, namentlich den implizit behandelten Christian Garve.

Kants anwendungsbezogenes Argument gegen Imperative der Klugheit in der Staatsführung besteht im Hinweis auf eine A p o r i e: Während der empirische Philosoph auf die Bedingtheit und daher gänzliche Zufälligkeit empirischer Handlungsmaximen setzen zu können glaubt, „erhellt wenigstens so viel: daß die Menschen, eben so wenig in ihren Privatverhältnissen, als in ihren öffentlichen, dem

---

[380] *Fetscher, Iring:* Jean Jacques Rousseau: Ethik und Politik, in: Neue Hefte für Philosophie, Heft 29, Rousseau und die Folgen, Göttingen 1989, S. 14.
[381] Ebd.
[382] A.a.O., S. 15.

Rechtsbegriff entgehen können, und sich nicht getrauen, die Politik öffentlich bloß auf Handlungsgriffe der Klugheit zu gründen, mithin dem Begriffe eines öffentlichen Rechts allen Gehorsam aufzukündigen [...], sondern ihm an sich alle gebührende Ehre widerfahren lassen, wenn sie auch hundert Ausflüchte und Bemäntelungen aussinnen sollten, um ihm in der Praxis auszuweichen" (A 80/81). An dem Punkt, an dem der Empirist gewissermaßen auf den *sensus communis* unbedenklicher und anerkannter Maximen hinzuweisen zu können glaubt, entgegnet ihm Kant vermeintlich in der Weise eines anderen notwendigen *sensus communis*: d.i. die implizite, je schon wirksame Anerkennung einer Ordnung nach Rechtsbegriffen durch die Privatmenschen.

Ein Aporie konstituiert der zweite *sensus communis* - Kants vermeintlicher Einwand gegen die Argumentation des Gegners - nicht, sondern nur den Aufweis eines *zweiten* gültigen Satzes über die „Erfahrung". Vorerst wird die Auffassung des staatsklugen Empiristen durch die Tatsache, daß dieser beliebig eine zweite gültige gegenübertreten kann, ihr eigener, nur bedingt gültiger Charakter auf- und diese zugleich als Spiegelfechterei ausgewiesen. Kants eigentliches (Aporie-konstitutives) Argument sieht anders aus: Der vermeintlich auf Tatsachen referierenden Sprache des obigen Zitates geht es nicht um dasjenige, was der einzelne *de facto* nicht will, sondern um dasjenige, was dieser eigentlich nicht w o l l e n kann. In verdeckter Formulierung wird hier erstmals der kategorische Imperativ erkennbar. Kants Verweis auf die „Privatverhältnisse" macht deutlich, wie der einzelne, in seinem eigenen Handeln, immer schon eine Handlungsvermutung und Handlungserwartung an die anderen mitformuliert und beides einer Regel unterstellt. Das Nichteintreten der Erwartung und ein einhergehender Bruch der Regel können nur im Einzelfall, nicht jedoch „an sich" (A 81) gewollt sein. Das eigene Handeln bindet sich darum selbst an Bedingungen, die das Eintreten der Erwartungen unterstützen und zur Forderung erheben: es bindet sich an „allgemeine Gesetze".

Eine Übersetzung dessen, was Kant für die Privatverhältnisse schildert als Geschehen des kategorischen Imperativs, wird durch die Tatsache gestützt, daß G a r v e s *Abhandlung* bereits im Titel nach der Gültigkeit der Kantischen Moral als der „Moral des Privatlebens" in der Politik gefragt hatte. Es läßt sich vermuten, daß Kant auf die

Privatverhältnisse rekurriert, um an Garve anzuschließen. Kant argumentiert nicht ausschließlich im Bereich der Moral des Privatmannes, sondern der allgemeinen Gültigkeit des kategorischen Imperativs und schließt den Souverän oder „politischen Moralisten" in seine potentielle Aporie mit ein. Hier sei daran erinnert, daß - vergleichbar der gezeichneten potentiellen Aporie - die zweite von zwei kritischen Anmerkungen zur *Abhandlung* im Garve-Kapitel das gleiche Problem schon einmal berührt hat. Dort wurde die kritische Frage gestellt, wo die praktische Grenze zwischen einem „auf den höheren Grund der Regel Sehen" durch die „Absicht" des Souveräns und der potentiellen, von Regeln absehenden Willkür des Privatmannes liegt.

5.3 KANTS BEHANDLUNG DES BEGRIFFS DES ‚ZWECKS'

Ein impliziertes drittes Argument gegen empirische Handlungsmaximen in den öffentlichen Verhältnissen einer Gesellschaft vollzieht eine Wendung ins Gegenständliche *und* Allgemeine. Von einer Wendung ins Gegenständliche kann in folgender Hinsicht gesprochen werden: Im Verlauf der vorangehenden Erörterungen wurde Kant als Philosoph analysiert, der Sätze, die moralisch-politische Handlungsmaximen formulieren, auf ihre normative Gültigkeit untersucht. Normative Gültigkeit wurde dabei an das Vermögen dieser Sätze gebunden, entweder bedingt oder unbedingt zu gelten. Allein aus der Empirie abgeleiteten Sätzen wurde ein Anspruch auf unbedingte normative Gültigkeit versagt. Gegenüber dieser Absicht auf normative Sätze nimmt ein drittes, für Kant rekonstruiertes Argument in *Zum ewigen Frieden* die normativen Gegenstände in den Blick, die in bedingten oder unbedingten Sätzen vorkommen und durch diese zu normativen Gegenständen erhoben werden.

Von einer Wendung ins Allgemeine kann gesprochen werden, als die Fixierung des Satzgegenstandes im Verlaufe des dritten Argumentes von einer Hinsicht auf *bestimmte* normative Gegenstände (z.B. das Glück) endgültig abstrahiert und der systematische Ort normativer Gegenstände in normativen Angelegenheiten überhaupt Erörterung findet. Bis dahin wurde beispielsweise gefragt: warum ist der Gegenstand Friede normativ? Empirische Antwort: weil die Menschen nach Glückseligkeit streben und der Friede zur Glückseligkeit beiträgt (Garve). Vernunfts-Antwort, bis dahin negativ: jedenfalls nicht, weil die Menschen nach Glückseligkeit streben, auch wenn der Friede die Glückseligkeit befördern sollte (Kant). Wenn nicht vom Frieden, so wurde dennoch vom normativen Gegenstand ausgegangen. Der allgemeine normative Gegenstand wird von Kant durch den Begriff des „Z w e c k s“ bezeichnet. Kant nennt den Zweck auch, gleich allgemein, den „Gegenstand der Willkür“ (A 83).

Kants Behandlung des Begriffs des Zwecks intendiert zu zeigen, daß in der Politik gewonnene normative Sätze oder „Grundsätze“, die moralische Gültigkeit haben sollen, von jeglichen Zwecken frei zu machen sind. Kants Argument für eine Trennung von Zweck und Grundsatz besteht in der potentiellen Gefahr, daß „die Grundsätze dem Zweck unter[ge]ordnet“ werden (A 83). Mit Blick auf seine eigene Zeit und die Frage des ewigen Friedens befindet Kant, „daß alles Böse, was ihm im Wege ist, davon herrühre: daß der politische Moralist da anfängt, wo der moralische Politiker billigerweise endigt“ (A 83) - vor einer Unterordnung der Grundsätze unter empirische Zwekke. Der systematische Ort normativer Gegenstände oder Zwecke ist für Kant der einer Nichteinbringung, zumindest jedoch eine Unterordnung unter die Grundsätze. In dem Versuch, „die politische Philosophie mit sich selbst einig zu machen“ und die Trennung von politischen Moralisten und moralischen Politikern zu beenden, formuliert Kant diese Unterordnung im Vollzug normativer Angelegenheiten: Es sei in diesem Sinne „nötig, zuvörderst die Frage zu entscheiden: ob in Aufgaben der praktischen Vernunft vom m a t e r i a l e n Prinzip derselben, dem Zweck (als Gegenstand der Willkür) der Anfang gemacht werden müsse, oder vom f o r m a l e n, d.i. demjenigen (bloß auf Freiheit im äußern Verhältnis gestellten), darnach es heißt: handle so, daß du wollen kannst, deine Maxime solle ein allgemeines Gesetz werden (der Zweck mag sein welcher er wolle)“ (A 83).

Die Formulierung des formalen Prinzips gibt Kants Formulierung des kategorischen Imperativs in der *Grundlegung zur Metaphysik der Sitten* (BA 52) wieder. Im Gegensatz zu seiner bloßen Andeutung am Ende des zweiten Arguments baut das dritte Argument unmittelbar auf dem kategorischen Imperativ auf. Anläßlich des zweiten Arguments in *Zum ewigen Frieden* (A 81) hatte abschließend die Frage des Maximen- und Gesetzesbruches zur Behandlung gestanden (Garves

„auf den höheren Grund der Regel Sehen"). Im Rahmen des dritten Arguments (*Friede* A 83) ist die dem kategorischen Imperativ eigentümliche Frage der Maximen- und Gesetzeskonstitution tangiert. Entsprechend der Konstitutionsproblematik geht Kants Intention auf ein Prinzip dieser Konstitution: materiales oder formales Prinzip.

Der systematische Ort normativer Gegenstände, bzw. der Zwecke in der Konstitution der Grundsätze oder Gesetze, wird durch folgende Feststellung Kants in *Zum ewigen Frieden* zusammengefaßt: Da „das erstere [materielle Prinzip] nur unter Voraussetzung empirischer Bedingungen des vorgesetzten Zwecks, nämlich der Ausführung desselben, nötigend ist, und wenn dieser Zweck (z.B. der ewige Friede) auch Pflicht wäre, so müßte doch diese [Pflicht] selbst aus dem formalen Prinzip der Maximen, äußerlich zu handeln, abgeleitet worden sein" (A 83). Bezogen auf eine Gesetzeserkenntnis, die - wie im Falle der Empiristen G a r v e und S a i n t P i e r r e - die Zwecke systematisch voranstellt, wiederholt Kant sein Argument der Bedingtheit aller Sätze und entsprechenden Zwecke: „Zur Auflösung des [...] Staats-Klugheitsproblems, wird viel Kenntnis der Natur erfordert [...] und doch ist alle diese ungewiß in Ansehung ihres Resultats, den ewigen Frieden betreffend." Als Schlußpunkt seiner Polemik gegen die vom materialen Prinzip ausgehenden Empiriker spricht Kant letzteren nicht nur ab, die praktische Philosophie mit sich selbst einig machen zu können, sondern das Problem der ‚Einhelligkeit der Politik mit der Moral' überhaupt zu tangieren. Das materiale Prinzip sei hiernach „eine bloße Kunstaufgabe (problema technicum)", während erst das formale Prinzip als „sittliche Aufgabe (problema morale)" gelten könne (A 83).

Wie schon in den Argumenten zuvor, bezogen auf (*i*) die Freiheit und (*ii*) die Unbedingtheit der menschlichen praktischen Vernunft, bietet sich Kants eigene Argumentation für die ihre Handlungsmaximen (*iii*) formal bestimmende Vernunft - antipodisch oder negativ - als durch eine Unzulänglichkeit der empirischen Argumentation bewiesen an. Auch da Kant erstmals die „Sphäre des Sittlichen" durch die ihr entsprechenden kategorischen Imperative berührt, sind es nicht die für diese Sphäre konstitutiven „Zweck an sich selbst", die eine Unterordnung aller (empirischen) Zwecke unter die Grundsätze positiv begründen. Der Friede ist in *Zum ewigen Frieden* kein inhaltlich moralisches Problem, sondern ein Problem, das ‚kein empirisches' ist.[383]

5.4 ZWECKORIENTIERUNG UND ZWECKDIENLICHKEIT

am Beispiel des Glückseligkeitsbegriffs

Mit dem Glückseligkeitsbegriff läßt sich zum Schluß der maßgebliche empirische Zweck aller utilitaristischen Ethiken untersuchen, dem Kant - wie Kapitel 4.1c gezeigt hat - in der *Grundlegung zur Metaphysik der Sitten* selbst den Rang einer „Naturnotwendigkeit" im Menschen und imperativischen Charakter (Imperative der Klugheit) zugestanden hat. Auch hier ist Kants Position im *Anhang* von *Zum ewigen Frieden* eindeutig: „[P]olitische Maximen müssen nicht von der, aus ihrer Befolgung zu erwartenden, Wohlfahrt und Glückseligkeit eines jeden Staates, also nicht vom Zweck [...] ausgehen" u.s.w. (A 87/88). Kants argumentatives Ziel ist es nachzuweisen, daß ein zweckfreies und nicht auf Glückseligkeit absehendes Bestimmen politischer Maximen schließlich gerade der Glückseligkeit dienlich ist. Im Bewußtsein der bereits geleisteten Argumentation hat Kant den Rechtsgrundsatz *fiat iustitia* aufgegriffen. Sowohl ein negatives als auch ein positives Argument Kants sind zu unterscheiden, wenn es um die Annahme geht, daß die Befolgung des Rechtsgrundsatzes eine Glücksintention zwar aus- eine Glückserwartung jedoch einschließt. In negativer Hinsicht hat Kant (*i*) auf die besondere Eigenschaft des „moralisch Böse[n]" hingewiesen, sich selbst zu zerstören. In positiver Hinsicht verweist Kant (*ii*) auf die Tatsache der im Recht realisierten „Vereinigung des Willens aller". Abgerundet wird die Argumentation dadurch, daß beiden Punkten (*iii*) die evolutionäre Perspektive einer allgemeinen Entwicklung vom „moralisch Bösen"

[383] Zu einer neueren, angelsächsischen Diskussion der Frage, ob Kantisch verstandenes Handeln „aus Pflicht" die Präsenz *begleitender*, aber nicht leitender positiver Gründe des Handelns ausschließt, vgl.: *Herman, Barbara:* On the Value of Acting from the Motive of Duty, in: The Philosophical Review, Vol. 90, No. 3 (Jul., 1981), S. 359-382; *Latham, Noa:* Causally Irrelevant Reasons and Action Solely from the Motive of Duty, in: The Journal of Philosophy, Vol. 91, No. 11 (Nov., 1994), S. 599-618.

zur *de facto* Geltung des Rechtsgrundsatzes des *fiat iustitia* bescheinigt wird.

(*i*) Am Ende seiner Ausführungen über die Unzulänglichkeit eines politischen Handelns, das allein auf Zwecke und „physische Folgen" absieht, hat Kant die ‚Folgen' charakterisiert, die für den Fall einer Abkehr von der bloßen „Staatsweisheit" (A 88) bevorstehen: „die Welt wird keineswegs dadurch untergehen, daß der bösen Menschen weniger wird" (A 88). Die Boshaftigkeit, die Kant der *conditio humana* tendenziell bestätigt, richtet sich nicht auf den Bruch bestimmter Gesetze, sondern auf alle Rechtfertigung des zweckorientierten Handelns in den Staatsverhältnissen überhaupt. Im Auge hat Kant jene Rechtfertigung zweckorientierten Handelns, die sich bei der normativen Begründung des „Wollens" auf eine „Schwäche der menschlichen Natur" beruft und aus dieser Schwäche die Absicht auf „Wohlfahrt und Glückseligkeit" in den politischen Handlungsmaximen *per se* legitimiert. Genau hier fällt in *Zum ewigen Frieden* der - in Abschnitt 4.1b - berührte Begriff des „bösen Prinzip[s] in uns selbst". Kants Behandlung des Begriffs ist, wie vermutet wurde, nicht auf subjektive Hindernisse gerichtet, die das Prinzip dem *fiat iustitia* in der menschlichen Natur entgegenstellt, sondern diskutiert jenes im Umfang einer philosophischen Norm, die der Empiriker vertritt.

Kants Argument gegen den Empiriker und seine Absicht auf das „moralisch Böse" des utilitaristischen Glücksprinzips lautet: „Das moralisch Böse hat die von seiner Natur unabtrennliche Eigenschaft, daß es in seinen Absichten (vornehmlich im Verhältnis gegen andere Gleichgesinnte) sich selbst zuwider und zerstörend ist, und so dem (moralischen) Prinzip des Guten, wenn gleich durch langsame Fortschritte, Platz macht" (A 88). Kants Argument für diese besondere Eigenschaft des „moralisch Bösen" ist, genauerweise, in dem enthalten, was dem Satz als Klammerung hinzugefügt worden ist: Das moralisch Böse zerstört sich selbst, insofern es vom umgebenden moralisch Bösen zerstört wird. Selbstzerstörungscharakter kann Kant für solche Zerstörung reklamieren, als das umgebende Böse auf ein Lernen von den eigenen egoistischen Maximen zurückgeführt werden muß. Für Kant ist letztere Handlungslogik als die antizipierte Konsequenz einer Nichtbefolgung des kategorischen Imperativs definiert und begründet dessen eigene Formulierung. Kants negatives Argument für sein von der eigenen Glücksabsicht abstrahierendes *fiat iustitia* ist als Gegen-Satz zu dem Satz ‚aus nicht-intendiertem Absehen auf Glückseligkeit folgt Glückseligkeit' formuliert; d.i.: ‚aus intendiertem Absehen auf die (eigene) Glückseligkeit folgen Unglückseligkeit und Zerstörung'.

(*ii*) Kants positive Begründung seiner These, daß die auf dem Rechtsstandpunkt beharrende Nicht-Absicht auf Glückseligkeit diese gerade hervorzubringen vermag, baut auf den Vorleistungen auf, die die anderen Argumente erbracht haben. Zwei Beispiele für Formulierungen, in die Kant seine These gebunden hat, vorab. In spezieller Hinsicht auf den ewigen Frieden schreibt Kant: „Da heißt es denn: trachtet allererst nach dem Reiche der reinen praktischen Vernunft und nach seiner Gerechtigkeit, so wird euch euer Zweck (die Wohltat des ewigen Friedens) von selbst zufallen" (A 85). In allgemeiner Hinsicht heißt es wenig später „daß, je weniger sie [die Moral] das Verhalten von dem vorgesetzten Zweck, dem beabsichtigten, es sei physischem oder sittlichem Vorteil, abhängig macht, desto mehr sie dennoch zu diesem im allgemeinen zusammenstimmt" (A 85).

Bei der positiven Begründung letzterer Thesen nimmt Kant konkret seine Behandlung der „Vereinigung des Willens aller" auf. Unter Bezugnahme auf diese Vereinigung im Rechtsbegriff schreibt Kant, daß die Zweckdienlichkeit einer im Handeln nicht-intendierten Zweckerfüllung „daher kömmt, weil es gerade der *a priori* gegebene Wille [...] ist, der allein, was unter Menschen Rechtens ist, bestimmt" (A 85). Zunächst klingt das wie eine bloße Wiederholung von Kants These bzw. tautologisch: Der im Recht vorkommende allgemeine Wille fördert die Glückseligkeit in seiner Intentionslosigkeit, weil er „a priori", d.i. intentionslos ist. Deutlicher wird Kants positives Argument, wenn erneut von seiner Nicht-Rousseauschen Lösung des Rechtsbildungsproblems als nicht distributiver, sondern „kollektiver Einheit des vereinigten Willens" (A 69) ausgegangen wird.

In der Bemerkung, daß „diese Vereinigung des Willens aller aber, wenn nur in der Ausübung konsequent verfahren wird, auch nach dem Mechanism der Natur, zugleich die Ursache sein kann, die abgezweckte Wirkung hervorzubringen" (A 85), bringt Kant - neben der Nicht-Rousseauschen Bedingung, daß allgemeiner Wille mehr als nur gemeinsam ausgeglichener empirischer Wille ist - einen neuen Gesichtspunkt ins Spiel. Kants positives Argument macht aus dem ‚auch nach dem Mechanism der Natur' unter der Hand ein ‚trotz dem

Mechanism der Natur‘. Die Fähigkeit, Glück zu verwirklichen, wird der Natur gänzlich abgesprochen, damit entledigt sich Kant des Problems, begründen zu müssen, inwiefern die Befolgung des *fiat iustitia* ein Glück eher erreicht, das die utilitaristische Lösung des Staats- und Friedensproblems auch erreichen möchte. Dem Utilitaristen wird implizit attestiert, daß ihm die Glückseligkeit p r i n z i p i e l l unerreichbar gewesen wäre. Kants allgemeine Voraussetzung in diesen rekonstruierten Ausführungen ist, daß der empirisch-utilitaristisch Denkende „den elendsten unter allen Weltwesen" ausmacht, als er - aufgrund seiner empirischen Einstellung - das „f r e i e Wesen" des Menschen nicht verwirklicht. Frei (von empirischen Zwecken) ist der Mensch, der dem *fiat iustitia* Folge leistet und sich darum nicht „mit den übrigen lebenden Maschinen in eine Klasse geworfen" (A 86) hat. Letzterer ist, nach Kant, nicht nur nicht glückswürdig, sondern auch nicht glücksfähig. Genau in dieser ungleich radikaleren Form vermag Kant in positivem Sinne festzustellen, daß *gerade* der Rechtsstandpunkt der Glückseligkeit dienlich ist.

(*iii*) Der Teil über die vermeintliche ‚Mißhelligkeit‘ im *Anhang* von *Zum ewigen Frieden* endet, indem er die Perspektive einer allgemeinen Entwicklung vom „moralisch Bösen" zur *de facto* Geltung des Rechtsgrundsatzes des *fiat iustitia* evolutionär bescheinigt. Die Art und Weise, in der Kant seine Argumente an dieser Stelle eingebracht hat, ist davon getragen, daß es bereits diese Entwicklung selbst, und nicht erst die im Rechtshandeln der praktischen Vernunft realisierte, unintendierte Glückseligkeit sei, die glückselig zu nennen ist. Kant schreibt: „Die Vorsehung im Laufe der Welt ist gerechtfertigt; denn das moralische Prinzip im Menschen erlöscht nie, die, pragmatisch, zur Ausführung der rechtlichen Ideen nach jenem Prinzip tüchtige Vernunft wächst noch dazu ständig durch immer fortschreitende Kultur, mit ihr aber auch die Schuld jener Übertretungen." (A 90). Hinter dem emphatischen Ausklang des ‚Mißhelligkeits‘-Teils ist spürbar, wie Kant seinen Ausführungen - im Anschluß an seine beiden theoretischen Argumente (*i*) (*ii*) - einen letzten Halt in der Realität geben möchte.

Kants negative und positive Argumentation des Glückseligkeitsbegriffs bringt sich gegen Garve, Saint Pierre und Rousseau zugleich in Stellung. Neben der Chance, die Glückseligkeit zu realisieren, ist allen empirischen Ethiken zuletzt der Anspruch, eine „Absicht auf

Glückseligkeit“ zu verwirklichen, abgesprochen worden. Garves Vermögensbegriff des „Begehrens“ hatte eine exklusive „Absicht auf das Gute“ beansprucht. Das dem „Angenehmen“ oder der Glückseligkeit Nützliche sollte entsprechend die in der Moralphilosophie verbindliche Materie konstituieren. Der „Vernunft“ ist lediglich eine „Absicht auf das Wahre“ zugestanden worden. Indem Kants positive Argumentation in der Weise verfährt, daß dem Vermögen des Begehrens nicht einfach rundweg eine Absicht auf das Gute versagt wird (was für sich genommen aus allen vorherigen Punkten und der Insuffizienz empirischer Begründungen in der Moralphilosophie folgt), sondern das Begehren bereits theoretisch von der Glückseligkeit getrennt wird, verliert zugleich das dem nur vermeintlich begehrensgeleitetem Glückseligkeitsbegriff empirisch Nützliche um so grundsätzlicher den Anspruch, als Materie aller Moralphilosophie auftreten zu können.

Saint Pierres - dem ‚prozeduralen Realisten‘ gleicher - empirischer Standpunkt hatte sich, vom Kriterium der „bienfaisance“ ausgehend, über einen extrem praktischen und im kleinen operierenden Philosophieansatz zum utilitaristischen „Grundgesetz der natürlichen Billigkeit“ entwickelt. Saint Pierres normativer Friedensbegriff ist in diesem Umfang als „pazifistischer Utilitarismus“ bezeichnet worden. Kants negative Argumentation hat das egoistische Streben nach Glückseligkeit in der Moralphilosophie als das Wirken des „moralisch Bösen“ tituliert, insofern es zur direkten Zerstörung der öffentlichen Sphäre sowie seiner selbst beiträgt. Saint Pierres „pazifistischer Utilitarismus“ ist durch Kants negatives Argument nicht nur als die Defizitärerscheinung eines unegoistischen, ‚moralischen Pazifismus‘ vorführbar, sondern als ein vom Pazifismus *per se* zu trennender Utilitarismus. Alle utilitaristische Normativität in der Friedensfrage widerspricht letzterer aufgrund des inhärenten Selbstzerstörungscharakters solcher Normativität von vornherein.

Philosophisch gesehen am bedeutendsten ist die Grenzlinie, die Kants Argumentation gegen Rousseaus - dem „reflective endorsement“-Paradigma identifizierte - Gefühls- und Gewissensethik aufwirft. Die liebende Hinwendung zur Ordnung der Gesellschaft durch das Gewissen hatte bei Rousseau den „amour propre“ nicht ausgeschlossen. Die moralische Entscheidung „besteht nicht, wie bei Kant, in der Option für den Primat der ‚Achtung vorm Sittengesetz‘, sondern in der richtigen Rangordnung der beiden Arten der Selbstliebe"[384] - „amour propre" hier und „amour de l'ordre" dort. Letztere Rangordnung ist bei Rousseau graduell und nicht wie bei Kant prinzipiell. In der Liebe zur Ordnung und unter anderem zum Frieden sind empirische Momente sowohl in der Form bestimmter Triebfedern („amour propre") als auch in der Form des moralisch beurteilenden Vermögens („conscience morale") eingeschlossen. Gegen die empirischen Triebfedern wird - gleich wie im Falle Saint Pierres - Kants negative Argumentation, gegen das empirisch-moralische Beurteilungsvermögen - gleich wie im Falle Garves - Kants positive Argumentation wirksam.

Den systematischen Argumenten, die in diesem Abschnitt anhand von Kants *Zum ewigen Frieden* gegen alle Formen empirischer Begründungsversuche in der Ethik und der Friedensfrage nachvollzogen worden sind, voran stand am Beginn des Garve-Kapitels die von Kant im *Anhang* rhetorisch gestellte Frage, ob die Kantische Moral „eine Praxis in objektiver Bedeutung" (A 66) sei. Am Ende des ‚Mißhelligkeits'-Teils des *Anhanges* resümiert Kant: „Die wahre Politik kann also keinen Schritt tun, ohne vorher der [Kantischen] Moral gehuldigt zu haben" (A 91). Die nach „rechtlichen Ideen" tätige praktische Vernunft ist nicht nur praxisfähig, sondern für Kant die unumgängliche Praxis von morgen.

[384] Fetscher 1989, S. 13.

6.

‚Reine praktische Vernunft' Positiver normativer Begriff

6.0 EINLEITUNG

Die schrittweise Symbiose von Recht und Moral in Kants praktischer Philosophie

Bis zu diesem Punkt ist gezeigt worden, daß - wenn Kants Prämissen Folge geleistet wird - empirische Ethiken keinen Boden im Bereich des Staats- und Staatenrechts beanspruchen dürfen oder eigentlich: daß sich ein Handeln nach Maximen der „Staatsklugheit" (pro oder gegen den Frieden gerichtet) nicht wird als ethisches Handeln tarnen können. Allen empirisch ausgerichteten Ethiken ist folglich der Anspruch, Normativität in der Begründung von Politik und Frieden zu reklamieren, untersagt worden. Kants eigene normative Konzeption hat die systematische Rekonstruktion der Gegenargumente in *Zum ewigen Frieden* im Bereich der Politik und der Frage des Friedens soweit n e g a t i v begründet. Die teilweise Ineinssetzung von Sprache, die der moralischen Tätigkeit der praktischen Vernunft zuzurechnen ist, und solcher, die in den Kontext politischer und rechtlicher Praxis fällt, hat die ausschließlich negative Beweisführung teilweise verschleiert und den Anschein erweckt, daß Kants Zurückweisung der ‚Mißhelligkeit' von (transzendentalphilosophischer) Moral und Politik automatisch deren normative ‚Einhelligkeit' beweist. Ein Beispiel solcher Verschleierung stellt die zuletzt verwendete Rede von der „nach rechtlichen Ideen" tätigen praktischen Vernunft dar. Schon vorher wurde unter anderem in voraussetzungsreicher Form vom „Rechtsbegriff" gesprochen.

Gleichwohl eine p o s i t i v e normative Begründungsleistung der Kantischen Moralphilosophie im Bereich der Politik und der Frage des Friedens aussteht, hat der ‚Mißhelligkeits'-Teil von *Zum ewigen*

Frieden in den zitierten Begriffen die Richtung vorgezeichnet, in der die normative ‚Einhelligkeit' von (transzendentalphilosophischer) Moral und Politik zu suchen ist: Letztere stellt sich nicht als die Frage der direkten ‚Einhelligkeit' von Moral und Politik und nicht als die Frage, wie sittliche Imperative und deren korrespondierende „Sphäre der Moral" übergangslos ihre postulierten „Zwecke an sich selbst" auf politisches Handeln zu übertragen vermögen. Kants, in Kapitel 4.1c gezeichnete, dritte Grundform der Praxis ist nicht *per se* die Grundform der politischen Praxis überhaupt. Die Einhelligkeitsfrage ist bei Kant in der Form einer unmittelbaren Einheit von Moral und Recht und m i t t e l b a r e n Einheit von Moral und Politik zu beantworten. Der an den ‚Mißhelligkeits'-Teil anschließende ‚Einhelligkeits'-Teil in *Zum ewigen Frieden* formuliert letztere Einheit entsprechend über bzw. „nach dem transzendentalen Begriffe des öffentlichen Rechts" (A 92ff).

In der Einhelligkeitsfrage von Moral und Politik stellt sich demnach zugleich die Frage der Einheit des transzendentalen Systems in umfassender Form. Wer Kants normative Begründung des ewigen Friedens bestimmen möchte, muß diese Einheit erörtern. Im Einleitungskapitel 4.1b ist die transzendentale Einheit des Kantischen Systems unter dem Aspekt einer vermeintlichen „Überflüssigkeit" des *Anhanges* von *Zum ewigen Frieden* berührt worden. Die Ablehnung dieser vermeintlichen Überflüssigkeit hat sich unter anderem auf Schopenhauers vernichtendes Diktum über Kants *Metaphysik der Sitten* bezogen. Zugleich wurde, in vorerst allgemeiner From, gesagt, daß *Zum ewigen Frieden* die Frage der transzendentalen Einheit lediglich berührt.

Letztere Redeweise kann im Anschluß an den vorangehenden Abschnitt präzisiert werden: Gerade der wichtige, jedoch ausschließlich negative Normativitätsbegriff, der für *Zum ewigen Frieden* rekonstruierbar ist, stellt - im Sinne eines diesbezüglich positiven Normativitätsbegriffs - die Aufgabe, zuerst die Einheit von Kants Transzendentalsystem, die Einheit von Moralphilosophie und Rechtsphilosophie zu untersuchen. Der ‚Einhelligkeits'-Teil von *Zum ewigen Frieden* selbst leistet in dieser Hinsicht wenig, sondern verweist auf jene

Schrift, die Schopenhauer so radikal kritisiert hat: die *Metaphysik der Sitten.*[385]

Die Schritte, die in diesem Abschnitt - in enger Auseinandersetzung mit der *Metaphysik der Sitten* - zur Untersuchung der transzendentalen Einheitsfrage und Kants positivem Normativitätsbegriff des Friedens unternommen werden, sind die folgenden: Mit Kapitel 6.1 wird gezeigt, wie Kant, anhand der Begriffe „Moralität" und „Legalität", Gesetzgebungen nicht in Hinsicht auf den Inhalt des in ihnen Gebotenen unterschieden hat, sondern durch die in ihnen jeweils wirksamen „T r i e b f e d e r n". Zu verdeutlichen sein wird, welche erste Konsequenzen diese Neubestimmung auf die herkömmliche Unterscheidung von juridischer Gesetzgebung einerseits und ethischer Gesetzgebung andererseits ausübt. Kapitel 6.2 erarbeitet, aufbauend, den zwischen moralischer und rechtlicher Sphäre verbleibenden Unterschied am Begriff des in beiden Sphären je wirksamen normativen „Zwanges". Ziel dieser Erörterungen wird es sein, die S t r u k t u r a n a l o g i e von Moral- und Rechtssphäre bei Kant zu verdeutlichen. Das abschließende Kapitel 6.3 wird letztere, analoge Verhältnisbestimmung endlich auf die Einheit von moralischer und rechtlicher Sphäre führen, indem die i d e n t i s c h e W u r z e l von Moral- und Rechtsgesetzgebung im Begriff, „Gesetze der Freiheit" zu sein, analysiert wird. Zuletzt wird damit die transzendentale Geschlossenheit der *Metaphysik der Sitten* bewiesen und Kants positiver Normativitätsbegriff in der Friedensfrage formulierbar.

---

[385] Kant hat die ‚Rechtslehre' 1797, zeitlich gesehen also nach ‚Zum ewigen Frieden' geschrieben. Im Zusammenhang der Unterscheidung eines in der ‚Metaphysik der Sitten' intendiertermaßen identifizierten, positiven Begriffs der Normativität, der im Anschluß an einen negativen Begriff in ‚Zum ewigen Frieden' aufgenommen wird, soll auf die zeitliche Entsprechung wenigstens hingewiesen werden. Gleichzeitig ist eindeutig nachweisbar, daß Kants Beschäftigung mit Fragen des Friedens nicht nur in der Spätphase seines Lebens datiert. A.C. Armstrong hat entsprechend festgestellt: „Kant was thinking on the question [of war and peace] as early as 1755/56. If this was so, his reflection extendend over more than forty years; and ‚Zum ewigen Frieden' is the culmination of long continued study, much influenced in its later stages by the events of the Revolution in France, in which as is known from many sources, he took an active and sympathetic interest." Vgl.: *Armstrong, A. C.:* Kant's Philosophy of Peace and War, in: The Journal of Philosophy, Vol. 28, No. 8 (Apr. 1931), S. 197.

6.1 ERSTE VERHÄLTNISBESTIMMUNG

'Moralität' und 'Legalität' - Kants Begriff der 'inneren Gesetzgebung' und erste Konsequenzen für die Unterscheidung von Recht und Moral

In der 'Einleitung' zur *Metaphysik der Sitten* hat Kant die grundlegende Frage der „Einteilung einer Metaphysik der Sitten" behandelt. Die Eröffnung wird dort wie folgt gemacht: „Zu aller Gesetzgebung (sie mag nun innere oder äußere Handlungen, und diese entweder *a priori* durch bloße Vernunft oder durch die Willkür eines anderen vorschreiben) gehören z w e i Stücke."[386] Beide Stücke sind nach Kant die Folgenden: (*i*) „erstlich ein Gesetz, welches die Handlung, die geschehen soll, objektiv als notwendig vorstellt." Durch dieses Gesetz wird die Handlung in der äußeren gesellschaftlichen Wirklichkeit als „Pflicht" gesetzt. Dazu kommt (*ii*) „zweitens eine Triebfeder, welche den Bestimmungsgrund der Willkür zu dieser Handlung subjektiv mit der Vorstellung des Gesetzes verknüpft." Mit Kaulbach gesprochen, geht es Kant hinsichtlich letzterem um eine „innere Verfassung" des Subjektes, „in welcher dieses zum gegebenen Gesetz Stellung nimmt."[387]

Die Verknüpfung von Bestimmungsgrund der Willkür und Pflicht des Gesetzes hat, nach Kant, die Möglichkeit, auf zwei Weisen zu geschehen. Alle Gesetzgebung unterscheidet sich daher „in Ansehung der Triebfedern",[388] die auf der Seite des einzelnen Subjektes zur Pflicht des Gesetzes hinzukommen: (*i*) „Diejenige [Triebfeder], welche eine Handlung zur Pflicht und diese Pflicht zugleich zur Triebfeder macht, ist ethisch." In der *Grundlegung zur Metaphysik der Sitten* hat Kant Handeln, das in dieser Form geschieht, bekanntermaßen als Handeln „aus Pflicht" (A 8) bestimmt. (*ii*) „Diejenige [Triebfeder] aber, welche das letztere nicht im Gesetz mit einschließt, mithin auch

---

[386] *Kant, Immanuel:* Die Metaphysik der Sitten [1797], Kant's Gesammelte Schriften, hrsg. v. d. Königlich Preußischen Akademie der Wissenschaften, Erste Abteilung: Werke, Bd. VI, Berlin 1907, S. 218.

[387] *Kaulbach, Friedrich:* Studien zur späten Rechtsphilosophie Kants und ihrer transzendentalen Methode, Würzburg 1982, S. 56.

[388] Kant, Metaphysik der Sitten, S. 219.

eine andere Triebfeder als die Idee der Pflicht selbst zuläßt, ist juridisch." Handeln, das als Handeln in dieser Form geschieht, nennt Kant bekanntlich auch „pflichtgemäß".[389] Schließlich resultiert aus den verschiedenen Arten der inneren Stellungnahme des Subjektes zur Pflicht des Gesetzes und dem der Stellungnahme entsprechenden Handeln eine distinkte Stellung des Subjektes gegenüber dem Gesetz: „Man nennt die bloße Übereinstimmung oder Nichtübereinstimmung einer Handlung mit dem Gesetze, ohne Rücksicht auf die [ethische] Triebfeder derselben, die Legalität (Gesetzmäßigkeit); diejenige aber, in welcher die Idee der Pflicht aus dem Gesetze zugleich die Triebfeder der Handlung ist, die Moralität (Sittlichkeit) derselben."[390]

Bevor erörtert wird, inwieweit die bei Kant zuletzt getroffenen Unterscheidungen mit jener trennbarer, moralischer und rechtlicher Sphären korrespondiert, sei ein Punkt betrachtet, der sich in unmittelbarem Anschluß an Kants Charakterisierung von ethischer und juridischer Triebfeder aufnehmen läßt. Mit Abschluß der Untersuchungen des vorangehenden Abschnittes steht fest, daß Kants ethischer Begründungsversuch im Bereich der Politik und in bezug auf die Frage des Friedens ein solcher sein muß, der, obwohl selbst nicht empirisch entworfen, der gesellschaftlichen Empirie in moral- und rechtsphilosophischer Gestalt normative Vorschriften machen können soll. Im Hinblick auf dieses Ziel sei an dieser Stelle bezeichnet, wo e m p i r i s c h e Triebfedern, nachdem diese für die (Kantische) Moralphilosophie ausgeschlossen worden sind, im System von Kants Philosophie, systematisch gesehen, ihren berechtigten Ort haben:

---

389 J. Hardwig hat an dieser Stelle auf eine Einschränkung in der Kantischen Philosophie hingewiesen, die Tatsache nämlich, daß Kant genau drei Fälle möglicher Kombinationen der Begriffe „aus Pflicht" und „pflichtgemäß" behandelt, eine vierte Möglichkeit jedoch nicht: „(1) actions which are both in accord with duty and from duty; (2) actions which are neither from duty nor in accord with duty; (3) actions which are in accord with duty but not from duty [...], (4) actions which are from duty but not in accord with duty." Die Tatsache, daß Kant letzteren Fall nicht bedenkt, hat damit zu tun, daß für Kant universell festgelegt ist und nicht kontextuell variiert, was moralisch richtig und moralisch falsch ist. Vgl.: *Hardwig, John:* Action from Duty But Not in Accord with Duty, in: Ethics, Vol. 93, No. 2 (Jan., 1983), S. 283.

390 Kant, Metaphysik der Sitten, S. 219.

Im Anschluß an die Kennzeichnung seiner „juridischen" Triebfeder hat Kant zu den dabei affirmativ erwähnten „anderen Triebfedern" in der inneren Kondition des Subjektes Stellung genommen: „Man sieht in Ansehung der letzteren [juridischen Triebfeder] leicht ein, daß diese von der Idee der Pflicht unterschiedene Triebfeder von den pathologischen Bestimmungsgründen der Willkür der Neigungen und Abneigungen und unter diesen von denen der letzteren Art hergenommen sein müsse, weil es eine Gesetzgebung, welche nötigend ist, nicht Anlockung, die einladend ist, sein soll."[391] Kant geht hier auf die Frage ein, was dem äußeren Gesetz - sofern ethisch-moralische Motive ausgeschlossen sein sollen - seine Geltungskraft, also die Kraft, Befolgung zu bewirken, verschafft. Ohne Kants Begriff des ‚Zwanges' an dieser Stelle vorzugreifen, kann gesagt werden, daß es sich um Triebfedern im Subjekt handeln muß, die diesem Zwang abgeneigt sind. Im ersten Abschnitt der Einleitung in die *Metaphysik der Sitten* hat Kant die ‚Verhältnisse der Vermögen des menschlichen Gemüts zu den Sittengesetzen' behandelt. Anläßlich der Definition dieser Vermögen des menschlichen Gemüts ist der Begriff der Neigung, (*per negationem* zugleich derjenige der Abneigung), wie folgt bestimmt worden: „Was aber die praktische Lust betrifft, so wird die Bestimmung des Begehrungsvermögens, vor welcher diese Lust als Ursache notwendig vorhergehen muß, im engen Verstande Begierde, die habituelle Begierde aber Neigung heissen."[392] Die erfragte „andere" Triebfeder, die auf der Seite des Subjektes in die juridische Triebfeder eingehen wird, ist bei Kant in entsprechendem Sinne auf die „Lust als Ursache" zurückführbar. Da diese Lust, in Kants Definition des Begriffs, „praktische Lust" und nicht „intellektuelle Lust"[393] ist, breitet sie ein Feld aus, in dem das Empirische normativ wirksam ist und wichtiger: nach Kant auch wirksam sein darf. Als innere Bestimmungsgründe des Subjektes haben empirische Triebfedern bei Kant ihren berechtigten Platz ausschließlich auf jener Seite, wo die Pflicht in der Form der juridischen Triebfeder nachvollzogen wird.

Die Frage, inwieweit ethische und juridische Triebfeder zwei Arten der Gesetzgebung konstituieren, die schließlich mit der herkömmli-

---

[391] Ebd.

[392] A.a.O., S. 212.

[393] Ebd.

chen Unterscheidung einer äußeren Sphäre des Moralischen einerseits und einer äußeren Sphäre des Rechts andererseits zu identifizieren sind, läßt sich auf der erarbeiteten Grundlage zu Ende denken. In bezug auf das Phänomen ethischer Gesetzgebung hat Kant definiert: „Die ethische Gesetzgebung [...] macht [...] innere Handlungen zu Pflichten.“[394] In Fortsetzung des bis dahin Erörterten ist die Betonung (*i*) nicht auf den Begriff ausschließlich innerer Handlungen zu legen. Wie gezeigt wurde, korrespondiert auch der juridischen Gesetzgebung eine Innerlichkeit, die allerdings in empirischen Triebfedern besteht. Die Betonung ist im Zitat statt dessen (*ii*) auf den Begriff der inneren Pflicht zu legen. Die Pflicht wird in der ethischen Gesetzgebung zur subjektiven Triebfeder. Der Punkt, auf den Kant im weiteren hinaus möchte, ist jener, daß es nicht nur ausschließlich die ethische Triebfeder mit innerer Pflicht zu tun hat, sondern daß es für die ethische Triebfeder ausschließlich diese innere Pflicht ist, mit der sie zu versehen ist. Kant wird schließlich den Begriff einer „i n n e r e n Gesetzgebung“[395] verwenden.

Systematisch gesehen hat die *Metaphysik der Sitten* in diesem Sinne (*i*) von der Ethik aus das Feld, zu dem diese Zugang hat, erweitert: Kant hält fest, „daß alle Pflichten bloß darum, weil sie Pflichten sind, mit zur Ethik gehören.“[396] Unter Berufung auf den zuvor ausgebreiteten Begriff der ethischen Triebfeder, die nichts als einen Bestimmungsgrund der Willkür, nämlich „die Idee der Pflicht“, darstellt, kann Kant dies mit gutem Grund behaupten. An zweiter Stelle werden (*ii*) die Tatsache, daß „die ethische Gesetzgebung die innere Triebfeder der Handlung (die Idee der Pflicht) in ihr Gesetz mit einschließt“, und die Tatsache, daß diese „Bestimmung durchaus nicht in die äußere Gesetzgebung einfließen muß“, zum weitreichenden (freilich unlogischen) Schluß verwendet: „so kann die ethische Gesetzgebung keine äußere [...] sein, ob sie zwar die Pflichten, die auf einer anderen, nämlich äußeren Gesetzgebung beruhen, als Pflichten in ihre Gesetzgebung zu Triebfedern aufnimmt.“[397] Der Begriff der inneren Pflicht ist der ethischen Gesetzgebung exklusiv.

---

[394] A.a.O., S. 219

[395] A.a.O., S. 220.

[396] A.a.O., S. 219.

[397] Ebd.

Das Folgekapitel 6.2 wird zeigen, daß Kant seiner ethischen Gesetzgebung mit ihrer Festlegung auf „innere Gesetzgebung“ keineswegs den Boden für die Möglichkeit gewisser, aus dieser inneren Gesetzgebung ableitbarer äußerer Verpflichtungen entzogen hat. Die Tatsache, daß ethische Gesetzgebung dennoch nicht als äußere Gesetzgebung aufzufassen ist, wird dort als auf der Fähigkeit gründend vorgestellt werden, äußere Gesetzgebung zu sanktionieren. Dem entspricht und so macht es auch Sinn, wenn Kant ganz zuletzt des Abschnittes *Von der Einteilung einer Metaphysik der Sitten* die Restriktion ethischer Gesetzgebung auf innere Gesetzgebung als Positivum ausbreitet und zugleich von einer Sphäre „direkt ethischer Pflichten“ ausgeht: „So gibt es zwar viele direkt ethische Pflichten, aber die innere Gesetzgebung macht auch die übrigen alle und insgesamt zu indirekt-ethischen.“[398]

Für den Abschluß dieses Kapitels ist von direkt ethischen Pflichten abzusehen. Mit Blick auf die getroffene Unterscheidung von innerer Gesetzgebung einerseits und äußerer Gesetzgebung andererseits und die Einschränkung innerer Gesetzgebung auf ethische Gesetzgebung kann Kant schließlich konstatieren: „Rechtslehre und Tugendlehre unterscheiden sich also nicht sowohl durch ihre Pflichten, als vielmehr durch die Verschiedenheit der Gesetzgebung, welche die eine oder die andere Triebfeder mit dem Gesetze verbindet.“[399] Die Unterscheidung einer äußeren Sphäre des Moralischen einerseits und einer äußeren Sphäre des Rechts andererseits, welche in dem einfachen Sinne zu trennen wären, daß die Gesamtsphäre des gesellschaftlich Äußeren unter ihnen schlicht aufzuteilen wäre und diese Aufteilung gleichzeitig das Gesellschaftssubjekt in ethische und juridische Person trennt, existiert in Kants praktischer Philosophie nicht. Eine Differenzierung zwischen ethisch und juridisch Gebotenem referiert (*i*) nicht auf Gesetze unterscheidbaren Inhalts und (*ii*) nicht auf verschiedene Formen oder Gestalten des Gesetzes (Geschriebenes und Ungeschriebenes). Kant unterscheidet mit den Begriffen „Moralität“ und „Legalität“ Arten der Selbst-Gesetzgebung, das sind innere Verhaltensformen des gesellschaftlichen Subjektes gegenüber jeglichen Gesetzen. In direkter Konsequenz existiert - wie Kaulbach richtig

[398] A.a.O., S. 221.
[399] A.a.O., S. 220.

feststellt - bei Kant „auch ein legales Verhalten gegenüber einer vom Sittengesetz befohlenen Pflicht."[400] Umgekehrt ist in diesem Sinne „[n]icht nur m o r a l i s c h e Legalität [...] denkmöglich, sondern auch j u r i d i s c h e Moralität." Und: „am nächsten kommt er [Kant einer solchen ...] in den Überlegungen, in denen er die Übernahme rechtlicher Pflichten in die Ethik erörtert."[401]

Der genaue Punkt, an dem die Diskussion zur Klärung der Frage, wie genau Kants Philosophie eine einheitliche moral- und rechtsphilosophische Option in der Begründung des Friedens geltend macht, mit dem bisher Gesagten steht, ist folgender: Bezogen auf die zuletzt gegebenen Zwischenformen des praktischen Handelns - moralische Legalität und juridische Moralität - muß festgehalten werden, daß in allen diesen Fällen jeweils gesetzlicher Inhalt auf innere Gesinnung trifft. So wird zum Beispiel nach rechtlichen Gesetzen normativ Gebotenes einer ethischen Stellungnahme des Subjektes zugeführt. Der Schlußpunkt, der in der gegebenen Frage nach Kantischer Normativität des Friedens erreicht werden muß, betrifft den systematischen Fall, daß gesetzlicher I n h a l t auf gesetzlichen I n h a l t trifft; den Fall also, daß ethische Gesetze und ethische Normativität zu rechtlichen Gesetzen und rechtlicher Normativität werden. Erst dann wird, genaugenommen, von einer im Sinne des transzendentalen Systems einheitlichen moral- und rechtsphilosophischen Option in der Begründungsfrage des Friedens bei Kant gesprochen werden können. Bis dahin wurde mit der Kantischen Projektion der Begriffe „ethisch" und „juridisch" auf Gesetzgebungen *im* Subjekt eine Suspendierung herkömmlicher Stereotype erreicht, die eine radikale Trennung von moralischer und rechtlicher Sphäre aussagen.

Abschließend dieses Kapitels und ersten Teilschrittes zumindest die Andeutung einer Antwort auf eine Frage, die im Anschluß an die gerade geschehenen Präzisierungen naheliegen muß: die Frage, ob die Redeweise von einer einheitlich moral- und rechtsphilosophischen Option in der Friedensfrage nicht eine bloße Benennungsfrage der bei Kant genauerweise vorliegenden Normativität des Friedens darstellt? Die Antwort hierauf ist ‚nein' und zwar aus folgendem Grund: Indem

[400] Kaulbach 1982, S. 58.
[401] A.a.O., S. 59.

Kants Begründung des Friedens als einheitlich moral- und rechtsphilosophische Begründung erarbeitet wird, soll deutlich gemacht werden, daß dessen Begründung zwar letztendlich auf der moralischen Aufforderung des kategorischen Imperativs in Kants „Sphäre des Sittlichen" fußt, darum jedoch nicht auf einen rein moralischen Appell zu reduzieren ist. Diese Feststellung ist wichtig, weil mit der Zurückweisung einer rein bzw. bloß moralischen Kategorisierung der Kantischen Friedensnormativität zugleich die im Begriff des Rechts liegende Praxisfähigkeit und Praxisverbindlichkeit von Kants Begründung im Bereich des Politischen pointiert werden soll. Indem einleitend festgestellt wurde, daß - im Sinne der Einhelligkeitsfrage von Moral und Politik - die unmittelbare Einheit von Moral und Recht und mittelbare Einheit von Moral und Politik nachzuweisen ist, ist nicht nur die *per se* präzise Nachzeichnung des genauen philosophischen Weges, der durch das einheitliche Transzendentalsystem zu nehmen ist, zur Aufgabe gestellt worden. Im Hintergrund stand und steht die ganz zu Beginn des Kant-Teiles gestellte Frage einer besten Normativität des Friedens, die durch Korsgaards Kriterium der ‚explanatory adequacy' vorgezeichnet ist: Welche normative Theorie ist zugleich praktikabel und in diesem Sinne die Beste?

In Hinsicht auf Kants eigene Motive schreibt Cavallar vermutlich völlig zurecht: „Man könnte den Grund der Vernachläßigung der [rein] moralischen Begründung darin suchen, daß sie für Kant erstens selbstverständlich war und er zweitens um die Wirkungslosigkeit der seit Jahrhunderten gehaltenen Moralpredigten gegen den Krieg wußte. Lassen sich moralische Appelle leicht mit Hinweisen auf die Staatsräson und ähnliches umgehen, muß die Staatsgewalt zumindest den Schein aufrechterhalten, die Sache des Rechts zu vertreten, da darauf ihre Anerkennung beruht."[402] Wird darüber hinaus auf die Tatsache gedeutet, daß Kant und seine Vorgänger unter der allgemeinen Bedingung des klassischen Völkerrechts philosophieren, wird im Begriff einer auch rechtsphilosophischen Friedensoption nicht nur nach dessen grundsätzlicher Praxisfähigkeit gefragt, sondern auf die historische Gegebenheit einer spezifisch rechtlichen Praxis verwiesen. Unter Hinweis auf die im Einleitungsteil erörterte

[402] Cavallar 1992, S. 45.

Problematik des klassischen *ius pacis et belli* des neuzeitlich-souveränen Staates und die letztlich genau darum wirkungslos gebliebene *Querela Pacis* des Erasmus erhält die Pointierung eines einheitlich moral- *und* rechtsphilosophischen Normativitätsbegriffs in der Friedensfrage zusätzliche Tragweite.

6.2 ZWEITE VERHÄLTNISBESTIMMUNG

Der Begriff des ‚Zwanges' und die Strukturanalogie von Recht und Moral mit Blick auf ihre Sanktionierbarkeit

6.2.0 EINLEITUNG

a. Vorüberlegung

Mit Blick auf eine gelingende rechtsphilosophische Option in der Frage der Friedensnormativitäten ist von den beiden Zwischenformen des praktischen Handelns - die als juridische Moralität einerseits und moralische Legalität andererseits bezeichnet worden sind - die der juridischen Moralität mit Einschränkung die wichtigere. In der Sphäre des äußeren Rechts - in die Kant bereits mit der Frage über die bloß vermeintliche ‚Mißhelligkeit' der Moral und der Politik in *Zum ewigen Frieden* eindringen wollte - wird mit ihr der Buchstabe moralischer Begriffe etabliert. Die erwähnte Einschränkung bezieht sich auf den zuvor betonten Hinweis, daß in beiden Zwischenformen des praktischen Handelns vorerst nur gesetzlicher Inhalt auf Gesinnung trifft.

Im Hinblick auf den Begriff der juridischen Moralität hat Kaulbach auf eine „gedankliche und praktische Schwierigkeit" gedeutet: „Die als juridische Moralität bezeichnete Zwischenform zwischen ethischer Moralität und juridischer Legalität führt deshalb zu gedanklichen und praktischen Schwierigkeiten, weil sie einerseits der Rechtssphäre und dem dieser eigentümlichen Prinzip des äußeren Zwanges und der Sanktionen angehört, andererseits aber den Charakter von Gesinnung hat, in deren Bereich das praktische Individuum alleiniger Souverän ist, und auf die Gewalt auszuüben keiner Instanz das Recht zusteht."[403]

Die inhaltlichen Voraussetzungen, auf denen das Zitat beruht - Sanktionierbarkeit hier und deren Gegenteil dort -, werden im weiteren anhand der *Metaphysik der Sitten* rekonstruiert. Als Einleitung

---

[403] Kaulbach 1982, S. 59.

dieser Rekonstruktion - und gleichzeitig im Sinne einer Festlegung des Rahmens, innerhalb dessen jene von Bedeutung ist (für eine weitere Verfolgung der Frage, wie Kants Ethik rechtlich zu gebieten vermag) - eine klärende Überlegung zu Kaulbach: Zu fragen ist, worauf bezieht sich die Feststellung, daß das praktische Individuum im Bereich der ethischen Gesinnung alleiniger Souverän ist? Bezieht sich die Feststellung (*i*) alleine auf die Tatsache, daß Gesinnung nicht eigentlich feststellbar ist, und folgt die Unmöglichkeit äußerer Sanktionierung von Gesinnung nur aus dieser Nicht-Feststellbarkeit? Es müßte dann auch gesagt werden, daß dieses Dem-äußeren-Zwang-Enthobensein nicht nur auf die ethische Gesinnung, sondern zugleich auf alle als legal zu bezeichnenden Gesinnungen zutrifft und nicht der ethischen Gesinnung exklusiv zukommt. Zumindest was Kant selbst betrifft ist es legitim, diese Überlegung anzustellen. Zur Erinnerung sei gesagt, daß in Kapitel 4.1c, mit dem Kants Einteilung der Grundformen der Praxis behandelt wurde, - im Anschluß an die Einteilung und die dieser Einteilung entsprechenden Formen der Imperative (hypothetische/kategorische) in der *Grundlegung zur Metaphysik der Sitten* - gemeinsam mit Kant die Frage der „Möglichkeit eines kategorischen Imperativs" (A 49) gestellt worden ist. Auch hier ging es um die Möglichkeit der Feststellbarkeit des kategorischen Imperativs im praktischen Einzelfalle. Kants Feststellung an dieser Stelle: es sei „immer hierbei nicht außer Acht zu lassen, daß es durch kein Beispiel, mithin empirisch auszumachen sei, ob es überall irgend einen dergleichen [kategorischen] Imperativ gebe, sondern zu besorgen, daß alle, die kategorisch scheinen, doch versteckter Weise hypothetisch sein mögen." (A 48).[404] Was von Kant, in der *Grundlegung zur Metaphysik der Sitten*, als nicht empirisch auszumachen bezeichnet wird, bezieht sich gleichfalls auf die Ebene der Gesinnungen, und Kant nennt auch hier den äquivalenten Begriff der je leitenden „Triebfeder" (A 49).

[404] Das Beispiel, das Kant in der Folge anführt ist dieses: „Z.B. wenn es heißt: du sollst nichts betrügerlich versprechen, und man nimmt an, daß die Notwendigkeit dieser Unterlassung [...] etwa bloße Ratgebung zur Vermeidung irgend eines anderen Übels sei, so daß es etwa hieße: du sollst nicht lügenhaft versprechen, damit du nicht, wenn es offenbar wird, dich um den Kredit bringest" (A 48/49).

Eine zweite Möglichkeit ist, daß sich die Souveränität des praktischen Individuums im Bereich der Gesinnung (*ii*) auf ein generelles Nicht-Gebotensein von äußerem Zwang in diesem Bereich bezieht und dieses Nicht-Gebotensein auch für den Fall gelten würde, daß Gesinnung tatsächlich feststellbar wäre. Ethische und legale Gesinnung gleicht dies nicht nur in der Konsequenz, sondern sogar in grundsätzlicherer Hinsicht aneinander an.

Sowohl in Kants als auch in über Kant hinausgehender Perspektive, ist ersterer Punkt abzulehnen und zweiterem Punkt zuzustimmen. In Kants spezieller Perspektive wird bei dieser Zuschreibung allerdings nicht stehen geblieben werden können. Das hat exemplarisch die in beiden Punkten geschilderte Konsequenz für eine Trennbarkeit bzw. *de facto* Untrennbarkeit, von ethischer und legaler Gesinnung angedeutet. Für Kant regiert auch auf der Ebene der Gesinnungen und dort alleine für die als ethisch bezeichnete Gesinnung oder Triebfeder ein bestimmter Zwangsbegriff. In der weiter oben mit Kant nachvollzogenen Unterscheidung eines legalen Handelns, das „pflichtgemäß" zu nennen ist einerseits und eines moralischen Handelns „aus Pflicht" andererseits, weist letzteres „aus Pflicht" auf einen Pflichtbegriff hin, der - neben der äußeren, rechtlichen Sanktionierbarkeit von Handlungen - einen nicht-identischen inneren Zwang des praktischen Individuums mitumfaßt. Bereits in diesem „aus Pflicht" wird mehr als der rein negative Sachverhalt kundgegeben, daß das praktische Individuum im entsprechenden Moment keinen „anderen" subjektiv-empirischen Verpflichtungen als den äußeren, rechtlichen verbunden ist. Genau an dieser Stelle ist Kants Begriff des „Selbstzwanges"[405] zu entwickeln.

Im Hinblick auf eine Beantwortung der Frage, warum Kants praktische Philosophie auch moralischen und ethischen Zwang kennt, die sich letztlich ein Imperium der Strukturanalogie zum äußeren Zwang der Rechtssphäre schaffen, ist vor allem anderen auf der Gegenseite zu rekonstruieren, warum, in Kants Sicht der Dinge, das äußere Recht als „mit der Befugnis zu zwingen verbunden" zu denken ist.

[405] Kant, Metaphysik der Sitten, S. 380.

b. Die Zwangsbefugnis des Rechts und der Imperativ der Freiheit als eines einzigen ‚angeborenen Rechts'

Die Beantwortung der Frage, warum das Recht „mit der Befugnis zu zwingen verbunden ist", unternimmt Kant in den Paragraphen § D und § E seiner ‚Einleitung' in die *Rechtslehre* und baut auf die Vorarbeit seiner Paragraphen § B und § C zu den Themen ‚Was ist Recht' und ‚Allgemeines Prinzip des Rechts' auf. Die systematische Rekonstruktion rechtlicher Zwangsbefugnis bei Kant wird sich allerdings - sofern die Erörterungen auf die *Metaphysik der Sitten* beschränkt bleibt - auch auf die an die ‚Einleitung' angeschlossene ‚Einteilung der Rechtslehre' beziehen müssen. Aus folgendem Grund: Am Ende von Paragraph § B der ‚Einleitung' ist die Frage ‚Was ist Recht' beantwortet und der Begriff Recht wie folgt d e f i n i e r t worden: „Das Recht ist also der Inbegriff der Bedingungen, unter denen die Willkür des einen mit der Willkür des anderen nach einem allgemeinen Gesetze der Freiheit zusammen vereinigt werden kann."[406] Für eine konkrete Rechtsordnung, die auf diesem Begriff des Rechts aufbauen soll, bedeutet das, daß sie in ihrer Beurteilung von Handlungen von folgendem, „allgemeinen Prinzip des Rechts" des Paragraphen § C ausgehen muß: „Eine jede Handlung ist recht, die oder nach deren Maxime die Freiheit der Willkür eines jeden mit jedermanns Freiheit nach einem allgemeinen Gesetze zusammen bestehen kann."[407] Nach Kant hat es eine Rechtsordnung mit der „Freiheit der Willkür" der in ihr lebenden Individuen zu tun und mit den Bedingungen, wie diese Freiheit des einzelnen, unter der Voraussetzung, daß die Handlungen anderer jene potentiell beeinträchtigen, garantiert werden kann.

Um von hier aus dazu überzuleiten, *daß* bzw. *wie* das Recht in Paragraph § D der ‚Einleitung' schließlich mit der Befugnis zu zwingen verbunden zu denken ist, muß bereits hergeleitet oder zumindest definiert sein, warum der Begriff des Rechts, dessen allgemeines Prinzip und schließlich die Rechtsordnung selbst es gerade mit der „Freiheit der Willkür" der Individuen zu tun haben. Kant äußert sich hierzu in der auf die ‚Einleitung' folgenden ‚Einteilung der Rechtslehre'.

[406] A.a.O., S. 230.
[407] Ebd.

In der ‚Allgemeinen Einteilung der Rechte' hat Kant zunächst zwischen „Naturrecht" und „angeborenen Rechten" einerseits sowie „positivem Recht" und „erworbenen Rechten"[408] andererseits unterschieden. Die genaue Unterscheidung beider Begriffspaare und ihrer Begriffe untereinander ist an diesem Punkt uninteressant. Im Sinne der Stringenz und Einheitlichkeit wichtig ist vorerst Kants Behandlung der Freiheit als eines „a n g e b o r e n e n Rechts", welches letzteres darüber hinaus „nur ein einziges"[409] sein soll.

Unfraglich ist es diese Formel der Freiheit als eines angeborenen Rechts, das nur ein einziges ist, die Kant die Definition seines Begriffs des Rechts, als auf die Freiheit der Willkür des einzelnen absehend, systematisch ermöglicht. Eine weitere Überlegung zum Begriff der Freiheit an dieser Stelle. Genau genommen steht der Begriff der Freiheit bei der Herleitung des Rechts bei Kant für zwei komplementäre Tatsachen: (*i*) ist die Freiheit als V e r m ö g e n bestimmt; (*ii*) als angeborenes R e c h t definiert die äußere Freiheit - in gezeigter Form - Kants Begriff des Rechts und die im „allgemeinen Prinzip des Rechts" implizierten Imperative der Freiheit des Individuums in der Gesellschaft. Während erstere Frage auf die Freiheit als eine Qualität der eigenen Willkür absieht, geht es zweiterer Frage um die Freiheit als „Unabhängigkeit von eines *anderen* nötigender Willkür".[410]

(Ad *i*) Die Tatsache der Freiheit als Vermögen dient dazu, in Kants eigenem System theoretisch sicherzustellen, daß das einzelne Individuum überhaupt fähig ist, dem Imperativ der Freiheit der anderen autonom Folge zu leisten. Die Freiheit als Vermögen tritt zuallererst in der Form einer B e f ä h i g u n g zu „Rechtspflichten" des praktischen Individuums auf, wie Kant letztere noch vor der *Allgemeinen* ‚Einteilung der Rechte' in der ‚Allgemeinen Einteilung der Rechtspflichten' aufgeführt hat.[411] Die Frage der Freiheit der Willkür als Vermögen selbst behandelt Kant nicht in der ‚Einteilung der Rechtslehre', sondern, vor der Rechtslehre, in der allgemeinen ‚Einleitung in

[408] A.a.O., S. 237.
[409] Ebd.
[410] Ebd.
[411] Als diese Rechtspflichten nennt Kant im einzelnen: 1. „Sei ein rechtlicher Mensch"; 2. „Tue niemandem Unrecht"; 3. „Tritt [...] in eine Gesellschaft mit anderen" (A.a.O., S. 236f).

die Metaphysik der Sitten'. Konzeptionell gesehen ist der Begriff der Willkür überhaupt als Freiheitsvermögen bestimmt worden: „Das Begehrungsvermögen nach Begriffen, sofern der Bestimmungsgrund desselben zur Handlung in ihm selbst, nicht in dem Objekte, angetroffen wird, heißt ein Vermögen, nach Belieben zu tun oder zu lassen. Sofern es mit dem Bewußtsein des Vermögens seiner Handlung zur Hervorbringung des Objektes verbunden ist, heißt es Willkür."[412] Später heißt es gleichlautend: „Nur die Willkür also kann frei genannt werden."[413]

In engem Zusammenhang mit der folgenden Rechtslehre erörtert Kant das Problem, diese „Freiheit der Willkür" dingfest zu machen. Die Argumentation ist ähnlich jener, die die Frage der Feststellung von Gesinnung ausgemacht hat: „Die Freiheit der Willkür aber kann nicht durch das Vermögen der Wahl, für oder wider das Gesetz zu handeln (*libertas indifferentiae*), definiert werden [...]. Denn die Freiheit kennen wir nur als negative Eigenschaft in uns, nämlich durch keine sinnlichen Bestimmungsgründe zum Handeln genötigt zu werden."[414] Als „Noumen" jedoch, „d.i. nach dem Vermögen des Menschen bloß als Intelligenz betrachtet", ist die Freiheit der Willkür nicht darstellbar, „weil Erscheinungen kein übersinnliches Objekt (dergleichen doch die freie Willkür ist) verständlich machen können."[415] Die problemorientierten Ausführungen machen deutlich, wie sehr Kant an diesen Stellen bemüht ist, seine eigenen Begriffe unempirisch, gerade darum aber in ständiger Abgrenzung zu möglichen empirischen Zumutungen zu entwickeln.

(Ad *ii*) Nicht nur der Begriff des Rechts, sondern die im „allgemeinen Prinzip des Rechts" implizierten Imperative ergeben sich aus Kants erwähnter Formel des einen einzigen „angeborenen Rechts" der äußeren Freiheit. Kant schreibt: „Freiheit [...], sofern sie mit jedes anderen Freiheit nach einem allgemeinen Gesetz zusammen bestehen kann, ist dieses einzige, ursprüngliche, jedem Menschen kraft seiner Menschheit zustehende Recht."[416] Für eine hinreichende Plau-

[412] A.a.O., S. 213.
[413] A.a.O., S. 226.
[414] Ebd.
[415] Ebd.
[416] A.a.O., S. 237.

sibilität der Paragraphen § B und § C der ‚Einteilung der Rechtslehre' ist der von Kant an diesen Stellen vorausgesetzte äußere Freiheitsbegriff als eines einzigen angeborenen Rechts unerläßlich. Die wichtigste, aus dem menschlichen Freiheitsbegriff in Verbindung mit den Paragraphen § B und § C herleitbare Tatsache ist die in Paragraph § D und § E der ‚Einleitung' behandelte Befugnis des Rechts zu zwingen. Eine gebündelte Darstellung von Kants Argumentation dieser Befugnis rundet die Zielsetzungen dieses Kapitels ab.

Die Rechtfertigung für das Recht, Zwangsbefugnis zu haben, besteht laut Paragraph § D darin, „Verhinderung eines Hindernisses der Freiheit"[417] zu sein. Die Befähigung, tatsächliche Verhinderung dieses Hindernisses zu sein, sieht Kant durch den Satz begründet an, daß „[d]er Widerstand, der dem Hindernisse einer Wirkung entgegengesetzt wird, eine Beförderung dieser Wirkung" ist. Der Zwang, den das Recht ausübt, und die durch ihn zu schützende Freiheit „stimmen", wie Kant sagt, „zusammen". Eingedenk der erwähnten Tatsache, daß die menschliche Freiheit nicht nur das Recht - und, wie jetzt gesagt werden kann, dessen Zwang ermöglicht -, sondern auch die Möglichkeit bereitstellt, überhaupt rechtlich und unrechtlich handeln zu können, bringt Kant seine Zwangsbefugnis des Rechts auf einen durchgängig anhand der Freiheit formulierten Nenner: „Wenn ein gewisser Gebrauch der Freiheit selbst ein Hindernis der Freiheit nach allgemeinen Gesetzen (d.i. unrecht) ist, so ist der Zwang, der diesem entgegengesetzt wird, als Verhinderung eines Hindernisses [...]" etc.

Auf der Seite der Sphäre des Rechts ist soweit beschrieben worden, wie äußerer Zwang in Kants *Rechtslehre* als herleitbare Folge der Normativität des „angeborenen Rechts" der Freiheit wirksam wird. Zugleich ist damit die Grundlage für einen Strukturvergleich von „Zwang" in Kants Moral- und Rechtssphäre einseitig sichergestellt.

---

[417] A.a.O., S. 231.

6.2.1 ERSTE GESTALT DER STRUKTURANALOGIE

Das ‚Bewußtsein des Gesetzes als Triebfeder'

Der an Paragraph § D in der ‚Einteilung der Rechtslehre' sich anschließende Paragraph § E kann - systematisch gesehen - in der Funktion einer ersten, beinah ausschließlich l o g i s c h e n Gestalt in die Entfaltung der in bestimmtem Ausmaße strukturanalogen Zwangsstruktur der ethischen Sphäre bei Kant wahrgenommen werden. In zweifacher Hinsicht trägt der Paragraph § E zu einem solchen logischen Verständnis der Analogie bei: Erstens wird von Kant im Begriff des „strikten Rechts" eine im Sinne eines ‚wenn ..., dann ...'-Konditionals definierte Abgrenzung von rechtlicher und ethischer Sphäre vorgenommen. Zweitens wird in dem Begriff eines Rechts, das mit seiner Befugnis zu zwingen als gewissermaßen *identisch* zu betrachten ist, die Rechtfertigung gegeben, ethische Sphäre und rechtliche Sphäre, im singulären Begriff des in ihnen je wirksamen Zwanges, grundlegenderweise als strukturanalog behandeln zu können.

Der Begriff eines „s t r i k t e n Rechts" in Paragraph § E hat die Bedeutung eines „engen" oder - wie Kant auch sagt - „reinen" Rechts.[418] Striktes Recht ist definiert als „dasjenige, welches keine anderen Bestimmungsgründe der Willkür als bloß die äußeren fordert." Soweit befindet es sich - wie im Anschluß an Kapitel 6.1 klar ist - bereits im Gegensatz zu ethischer Gesetzgebung. Indem Kant in Paragraph § E weitergehend bestimmt, daß Recht genau insofern „rein" ist, als es „sich auf [...] Bewußtsein [oder Gesinnung] als Triebfeder nicht berufen" kann und genau „deshalb auf dem Prinzip der Möglichkeit eines äußeren Zwanges" fußt, ist es darüber hinausgehend positiv definierbar als das Recht, das nicht nur nicht ethisch, sondern ‚nicht-ethisch' ist. In bezug auf den in ihnen wirksamen Zwang - zugleich im Sinne einer durch diesen Zwang definierten Abgrenzung beider Sphären - verhalten sich rechtliche und ethische Sphäre, zumindest einseitig, v e r w e i s e n d aufeinander. Bereits diese Überlegungen machen das Vorhandensein ethischen Zwanges und ethischer Sanktion bei Kant deutlich und führen diese Begriffe erstmals philosophisch ein. Die

[418] A.a.O., S. 232.

kontradiktorische Ableitung rechtlichen Zwanges aus einem selber bis dahin unidentifizierten ethischen Gegenspieler erfassen den ethischen Zwang noch nicht in konkreter Gestalt, zumindest jedoch im Umfang seiner (sichergestellten) *Existenz.*

Der andere erwähnte Begriff eines Rechts, das mit seiner Möglichkeit zu zwingen gewissermaßen identisch ist, leitet in die nicht nur verweisende, sondern grundlegendste Bedeutung des Begriffs des Zwanges für eine, rechtliche und moralische Sphäre in Beziehung setzende, Betrachtung ein. Kant schreibt in Paragraph § E in Hinsicht auf die Identität im Rechtsbegriff: „Das Recht darf nicht als aus zwei Stücken, nämlich der Verbindlichkeit nach einem Gesetze und der Befugnis dessen, der durch seine Willkür den anderen verbindet, diesen dazu zu zwingen, zusammengesetzt gedacht werden, sondern man kann den Begriff des Rechts in der Möglichkeit der Verknüpfung des allgemeinen wechselseitigen Zwanges mit jedermanns Freiheit unmittelbar setzen."[419] Der Begriff und eine bestimmte, ihm entsprechende Form des Zwanges alleine entwerfen eine Sphäre des Rechts. Wo dieser Zwang weggedacht wird, ist zwar nicht das Gesetz *qua* Inhalt eliminiert. (Auch bei der Unterscheidung von Moralität und Legalität in Kapitel 6.1 wurden ethische und juridische Triebfeder in Gemeinschaft mit einem von ihnen unterschiedenen, einheitlichen Gesetz definiert, auf das sie sich als Gesinnungen beziehen). Wo der Begriff des Zwanges jedoch nicht in der Form *äußeren* Zwanges vorzustellen ist, ist auch der ihn ermöglichende Gesetzesinhalt nicht mit dem Begriff des Rechts verbindbar.

Mit dem zuletzt Gesagten sind insgesamt drei Punkte zusammengekommen: Mit Kapitel 6.1 wurde (*i*), in der durch Moralität und Legalität abgesteckten Paradigmatik, die nicht auf den Gesetzesinhalt gerichtete Dichotomie ethischer und juridischer Begriffe betrachtet, wenn Handeln in der gesellschaftlichen Sphäre beschrieben werden soll. Am Begriff eines „strikten Rechts" wurde anfangs dieses Kapitels (*ii*) die Tatsache, daß äußerer Zwang das ethische „Bewußtsein des Gesetzes als Triebfeder" unter Umständen ersetzt, der einseitige Verweisungscharakter von ethischem Zwang auf rechtlichen Zwang festgestellt. Die zuletzt (*iii*) ermittelte Identitätsbestimmung von

[419] Ebd.

Recht und äußerem Zwang, die sich nicht auf das Gesetz *qua* Inhalt bezieht, hat umgekehrt - in grundlegender Weise - zumindest die Möglichkeit offengelassen, daß - wo Recht und äußerer Zwang nicht existieren - der freie Gesetzesinhalt in den Rahmen ethischer Gesetzgebung und ethischen Zwanges gebunden oder in diesem Rahmen belassen wird.

Von einer umgekehrten Verweisung des Rechts auf die Moral wird bei Kant in letzterem Fall nur eingeschränkt gesprochen werden können. Die Moral ist in der anthropologischen und geschichtsphilosophischen Perspektive der *Religionsschrift* dem Recht zwar sekundär. In transzendentalphilosophischer Perspektive ist sie jedoch kein Substitut des Rechts. Entsprechend wurde gesagt, daß der Gesetzesinhalt unter Umständen im Rahmen ethischer Gesetzgebung und ethischen Zwanges belassen wird. Das stellt insofern keinen Widerspruch zur anderen Verweisung der Ethik auf das Recht im Punkt *(ii)* dar, als, bei Kant, unter den Bedingungen der Gesellschaft, Zwang nicht ausschließlich im Rahmen ethischer Sanktion verbleiben kann und darum zusätzlich auf den äußeren Zwang des Rechts verweist. Einer umfassenden Beschreibung des Verhältnisses von Recht und Moral in Koordinaten des Zwangsbegriffs gibt die Möglichkeit, den freien Gesetzesinhalt in ethischen Begriffen zu erfassen, eine erste, gewissermaßen logische Gestalt. Dieser ersten Gestalt sollen in der Folge zwei weitere anschließen. Alle drei werden unter dem Oberbegriff einer Strukturanalogie von Rechtssphäre und Moralsphäre in Hinsicht auf den in ihnen vorhandenen Zwang angestellt. Auf den Punkt gebracht könnte erstere Gestalt wie folgt formuliert werden: Die „Verbindlichkeit nach einem Gesetze“,[420] wo diese nicht rechtliche und also mit äußerem Zwang verbunden ist, hat bei Kant die grundsätzliche Möglichkeit, in den Rahmen ethischen Zwanges und also in ein „Bewußtsein des Gesetzes als Triebfeder“[421] und umgekehrt einzugehen oder zu verbleiben.

Abschließend dieses Kapitels lassen sich zwei Einschränkungen auf die getroffene Formulierung beziehen. Zusammen weisen sie auf eine zweite und eine dritte Gestalt der in Recht und Moral vorhandenen Zwangsanalogie hin: *(i)* Es ist mit Kants äquivalenten Begriffen

[420] Ebd.
[421] Ebd.

eines „strikten", „engen" und „reinen" Rechts und dem verweisenden Verhältnis des in ihm wirksamen Zwanges auf den Zwang einer moralischen Sphäre nur festgestellt worden, d a ß in letzterer Sphäre die Triebfeder als Zwang regiert. Insofern Triebfedern und Gesinnungen auf die subjektive und innere Dimension des praktischen Individuums Bezug nehmen, muß hierbei - in Kants eigenen Worten - die Form eines „Selbstzwanges" vorliegen. In einem ganzen Satz ausgedrückt: Es „kann der Pflichtbegriff keinen anderen als den Selbstzwang (durch die Vorstellung des Gesetzes allein) enthalten, wenn es auf die innere Willensbestimmung (die Triebfeder) angesehen ist."[422] Um ein in der Tat strukturanaloges Reich des Zwanges im Bereich der moralischen Sphäre behaupten zu können, muß mit Kant nicht nur aufgewiesen werden können, daß die Triebfeder in dieser Sphäre als Zwang des praktischen Individuums wirksam ist, sondern es muß der Sachverhalt eines analogen Zwanges zur W i r k s a m k e i t der Triebfeder gezeigt werden. (*ii*) Darüber hinaus ist die einschränkende Frage zu stellen, inwieweit die aus einem solchen Zwang zur Wirksamkeit der Triebfeder ermittelten Verbindlichkeiten ein beständiges und dem Recht vergleichbares, u n v a r i a b l e s Reich der Pflichten und Zwänge errichten können. Wie gezeigt soll der im Selbstzwang wirksame Pflichtbegriff kein anderer als ein „durch die Vorstellung des Gesetzes allein" entworfener sein.

Insofern Kant - wie dieses Kapitel verdeutlicht hat - das Vorhandensein von Recht gänzlich von der Struktur einer bestimmten Form des äußeren Zwanges abhängig gemacht hat, ist auch eine ethische Sphäre über die Möglichkeit der Existenz einer genuinen Form des Zwanges bestimmt. Bevor daher an die Behandlung eines sogar unvariablen Reiches ethisch zwingender Setzungen gegangen wird, ist, systematisch gesehen, die Frage eines Zwanges zur Wirksamkeit der ethischenTriebfeder zuerst zu stellen.

---

[422] A.a.O., S. 380.

6.2.2 ZWEITE GESTALT DER STRUKTURANALOGIE

‚Selbstzwang‘ als Selbstbestimmung

In der ‚Einleitung zur Tugendlehre‘ der *Metaphysik der Sitten* hat Kant den auf die Moralsphäre anzuwendenden Begriff einer Tugendlehre erarbeitet. In Übereinstimmung mit seinen bisherigen Definitionen des Rechts und im Bewußtsein der bisherigen Tradition schreibt Kant: „Ethik bedeutete in den alten Zeiten die Sittenlehre (*philosophia moralis*) überhaupt, welche man auch die Lehre von den Pflichten benannte. In der Folge hat man es ratsam befunden, diesen Namen auf einen Teil der Sittenlehre, nämlich auf die Lehre von den Pflichten, die nicht unter äußeren Gesetzen stehen, alleine zu übertragen.“[423] Der Begriff der Tugendlehre entwickelt sich, bei Kant, aus der Frage, warum überhaupt ein Handeln anzunehmen ist, das, über rechtliches Handeln hinaus, ebenfalls mit dem Begriff des Zwanges oder der Pflicht zu versehen ist.

Kant begreift Mensch-Sein in diesem Sinne als das Sein eines „vernünftigen Naturwesens“.[424] Doch der unter dem Begriff der Natur anzusprechende Teil der *conditio humana* ist „unheilig genug“, daß ihn, wie Kant sagt, „die Lust wohl anwandeln kann“. Mit Kapitel 5 ist deutlich gemacht worden, inwiefern utilitaristische und empirische Bestimmungsgründe, in Kants Sicht der Dinge, allgemeine Handlungsnormen nicht begründen können. Der Begriff und die Notwendigkeit einer Tugendlehre ergeben sich aus der dennoch empirisch gesinnten menschlichen Natur und als deren Folge: „Nun ist das Vermögen und der überlegte Vorsatz einem starken, aber ungerechten Gegner Widerstand zu tun, die Tapferkeit (*fortitudo*), und in Ansehung des Gegners der sittlichen Gesinnung in uns Tugend (*virtus, fortitudo moralis*) [...]“[425] u.s.w.

Die normative Abwehr aller empirischen Elemente und des utilitaristisch gesinnten Teils der *conditio humana* bei der Begründung von gesellschaftlichem Handeln begründet die Notwendigkeit allgemein-

[423] A.a.O., S. 379.
[424] Ebd.
[425] A.a.O., S. 380.

gültigen Handelns, nicht jedoch die Notwendigkeit sphärenspezifischer Handlungen, die zwingenderweise in den Bereich moralischer Tugendhandlungen fallen. Kant muß daher die Lust über ihre Kurzsichtigkeit hinaus als „Hindernisse einer [bestimmten] Pflichtvollziehung“ vorstellen können. Genau diesem Ziel dient der Begriff von einem „Zweck, der an sich selbst Pflicht ist“.[426] Die Koordinaten, die Kant um diesen Begriff entworfen hat, führen zuletzt auf die zweite Gestalt der strukturellen Zwangsanalogie von rechtlicher und moralischer Sphäre. Mit dem Begriff eines „Zweckes, der an sich selbst Pflicht ist“, wird - nach dem wiederholten Hinweis, daß alle bis dahin nachgezeichneten, (negativ) normativen Betrachtungen unabhängig von Kants dritter Grundform der Praxis unternommen worden sind - die „Sphäre des Sittlichen“ in die normative Diskussion eingeführt.

Die Funktion, die der Kantische Begriff von einem „Zweck, der an sich selbst Pflicht ist“ erfüllen soll, ist leicht beschrieben. Entsprechend der Aufgabenstellung einer Tugendlehre, soll er (*i*) den „sinnlichen Neigungen zu Zwecken“, d.i. der Lust, in der Form eines „entgegengesetzten moralischen Zweck[s]“ engegentreten und dies (*ii*) - sofern bloß äußerer Rechtszwang dies gerade nicht vermag - nach Art eines Selbstzwanges tun, der nicht nur mein Handeln bezüglich eines Gegenstandes bestimmt, sondern bewirkt, daß ich diesen Gegenstand „mir zum Zweck mache“,[427] also auch und gerade meine Gesinnung betrifft. Nicht die theoretische Funktion, sondern die praktische Annahme von einem „Zweck, der an sich selbst Pflicht ist“ führt - wie Kant selbst in Rechnung stellt - zu einem Problem: Dieses Problem besteht (*i*) nicht in der Tatsache, daß das praktische Vorhandensein von Selbstzwang angenommen wird. Die selbstverpflichtende Setzung eines Zweckes ist - wie Kant etwas kryptisch formuliert hat - nicht „ein Akt der Freiheit [d.h. von außen unerzwungener Akt], der doch zugleich nicht frei ist.“ Denn - wie Kant feststellt - kann die Tatsache, daß ich „mich selbst zwinge, [...] mit der Freiheit gar wohl zusammen besteh[en].“[428] Ein Problem tritt (*ii*) dann auf, wenn der Begriff von einem „Zweck, der an sich selbst Pflicht ist“ übergangslos als

[426] A.a.O., S. 381.
[427] Ebd.
[428] Ebd.

praktisch existent angenommen werden soll. In Kants eigenen Worten: „[D]ie Möglichkeit des Begriffs von einer Sache (daß er sich nicht widerspricht) ist noch nicht hinreichend dazu, um die Möglichkeit der Sache selbst (die objektive Realität des Begriffs) anzunehmen.“[429] Beispiel dieser notwendigen Unterscheidung ist die von der ersten Auflage der *Metaphysik der Sitten* zur zweiten Auflage, im Umfeld dieser Erörterungen, vorgenommene Korrektur jenes „Daß ich aber auch verbunden bin, mir irgend etwas, [...], zum Zweck zu machen“, in ein „Wenn ich aber auch [...]“[430] u.s.w.

Die faktische Möglichkeit eines „Zweckes, der an sich selbst Pflicht ist“ bringt, ersichtlicherweise, die Möglichkeit des oben erfragten Zwanges zur Wirksamkeit der ethischen Triebfeder in Kants praktischem Individuum unter eine andere Formulierung. Letzterer Zwang ist, mittels der voranstehenden Bemerkungen, nicht nur als das Problem eines Zwanges eingeführt, der analog zum äußeren Zwang des Rechts wirken soll, sondern als Problem, das sich auch dann ergibt, wenn Kants Tugendlehre für sich betrachtet wird.

Dem in Frage stehenden Problem ist in der Tugendlehre nicht geholfen, indem Kant das Verhältnis seines „objektiv notwendigen Zwecks [an sich]“ zum Begriff der Pflicht und zum Begriff des Zwanges generisch bestimmt und schreibt, daß „das Verhältnis des Zwecks zur Pflicht auf zweierlei Art denk[bar]“ sei. Während die Rechtslehre Pflichten (und Zwänge) entsprechend empirisch gewählten Zwecken festlege, sei es in der Ethik „der Pflichtbegriff, [der] auf Zwecke leiten“[431] soll. Die generische Perspektive ermöglicht ebenfalls nur ein ‚wenn ..., dann ...‘ und verwirrt und trennt voneinander zunächst eher, was untrennbar zusammengebracht werden soll. Um in Hinsicht auf den Begriff von einem „Zweck, der an sich selbst Pflicht ist“ Existenzbehauptungen aufstellen zu können, hat Kant in der *Tugendlehre* schließlich die Frage ‚Von dem Grund, sich einen Zweck, der zugleich Pflicht ist, zu denken‘ gestellt. Existenzkraft erhält Kants Nachweis von einem „Zweck, der an sich selbst Pflicht ist“ oder moralischen Zweck dort, indem dessen Lehre - eine „moralische (objektive) Zwecklehre“ - von einer empirisch „technischen (subjektiven)

[429] A.a.O., S. 382.
[430] A.a.O., S. 381.
[431] A.a.O., S. 382.

Zwecklehre“ getrennt und auf „*a priori* in der praktischen Vernunft gegebene [...] Prinzipien“ bezogen worden ist. Die Zugrundelegung letzterer Prinzipien ermöglicht es Kant zu zeigen, daß moralische Zwecke im praktischen Individuum genau deshalb vorfindbar sind, weil zur Freiheit der praktischen Vernunft untrennbar deren Selbstbestimmung oder Autonomie und zu dieser wiederum ein bestimmter Begriff der Pflicht und des Selbstzwanges gehört.

Die von Kant, im Sinne des Prinzips der Selbstbestimmung der praktischen Vernunft, angenommenen Vermögen und Prinzipien sind folgende: (a) vergleichbar der Rechtslehre, das Vermögen der freien Willkür selbst; (b) das „Bewußtsein des Vermögens“[432] der Freiheit, welches zumindest garantiert, daß das praktische Individuum und dessen praktische Vernunft zwar nicht „autonom“ (das hieße „heilig“), aber „autokrat“ sind und darum moralischen Fortschritt theoretisch ermöglichen; (c) ungleich der Rechtslehre schließlich ein Begriff der Pflicht der praktischen Vernunft, verstanden als ein sich selber „unbedingt [G]ebieten“.[433] Selbstzwang, als ein sich nach dem Pflichtbegriff selbst „unbedingt [G]ebieten“, ist Teil der sich verwirklichenden Selbstbestimmung des Kantischen praktischen Individuums. Selbstverpflichtung geschieht nur dort, wo das praktische Individuum seine Zwecke frei und d.h. freie Zwecke an sich selbst wählt. Wo nur die Mittel zu einem von der eigenen „Natur“ diktierten Zweck gewählt werden, gebietet letzterer Zweck nach Kant bloß „bedingt“. Die moralische Sphäre mit ihren freien Zwecken des praktischen Individuums ist mithin die Sphäre, wo Selbstbestimmung sich, nach Kant, realisiert. Auf der Basis eines „unbedingten [G]ebietens“ geschieht diese Selbstbestimmung bei Kant als Selbstzwang.

Die rein theoretische (generische) Existenzbehauptung wird durch letzteren Schritt mit der Notwendigkeit versehen, vom in der Selbstbestimmung mitgegebenen Pflichtbegriff zur *de facto* freien Wahl moralischer Zwecke voranzuschreiten. Kant kann letztere Zwecke in dieser Hinsicht als „Zwecke, die an sich selbst Pflicht sind“ vorstellen und die *de facto* Möglichkeit letzterer als begründet behaupten. Insofern diese Untersuchung weiter oben als Übersetzung der leitenden Frage nach einem Zwang zur Wirksamkeit der ethischen Triebfeder

---

[432] A.a.O., S. 383.
[433] A.a.O., S. 385.

bei Kant definiert und im Sinne ihrer Beantwortung angestellt worden ist, ermöglicht letztere eine zweite Gestalt des Verhältnisses von Zwang des Rechts und Zwang in der Moral. Diese läßt sich wie folgt formulieren: Die „*a priori* in der reinen praktischen Vernunft gegebenen Prinzipien" ermöglichen in der Form eines zur Selbstbestimmung notwendigen, sich vom praktischen Individuum selbst aufgegebenen, „unbedingten [G]ebietens" einen Selbstzwang zur Wirksamkeit der ethischen Triebfeder im Individuum, den jeder äußere Zwang des Rechts nicht zu ersetzen vermag und der ebenso notwendig ist.

6.23 DRITTE GESTALT DER STRUKTURANALOGIE

Moralisches Sollen als ‚praktisches Sein' und Kants ‚moralischer Weltherrscher'

Die angegebenen Gründe für die Selbstzwangsstruktur von Kants ethischer Triebfeder sprechen für die Notwendigkeit von Verbindlichkeit im moralischen Vernunftsvollzug des Individuums *überhaupt*. Von dieser Verbindlichkeit aus ein beständiges und dem Recht vergleichbares, unvariables Reich der selbstgegebenen Pflichten und Zwänge errichten zu können, stellt eine ungleich weitreichendere Aufgabe für Kants Tugendlehre dar. Eine Bemerkung Kants in der *Einleitung zur Tugendlehre* könnte in dem Sinne interpretiert werden, daß Kant so verstandene Verbindlichkeit gerade nicht als erwünscht angesehen hat: „Tugend ist aber auch nicht bloß Fertigkeit und [...] für eine lange, durch Übung erworbene Gewohnheit moralisch-guter Handlungen zu erklären und zu würdigen. Denn wenn diese nicht eine Wirkung überlegter, fester und immer mehr geläuterter Grundsätze ist, so ist sie, wie ein jeder andere Mechanismus aus technisch-praktischer Vernunft, weder auf alle Fälle gerüstet noch vor der Veränderung, die neue Anlockungen bewirken können, hinreichend gesichert."[434]

Kaulbach hat zwei theoretische Modelle aufgezeichnet, die durch Bemerkungen, wie die wiedergegebene bezüglich der *Metaphysik der*

[434] A.a.O., S. 383f.

Sitten, motiviert worden sind: „Das Bild der Kantischen Moralphilosophie wurde durch solche Interpreten einseitig schon von früh an bestimmt, die in ihm den Exponenten einer Auffassung sahen, die man als Nullpunkt-Theorie bezeichnen kann. Darunter werde die Behauptung verstanden, daß die moralische Geschichte eines Menschen in jedem Augenblick von vorne anfange; daß sie eine Abfolge von vielen einzelnen Handlungsaugenblicken ist, in deren jedem immer aufs neue moralische Reflexion gefordert wird, um das Sollen erkennbar zu machen."[435] Als kritische Antwort auf die Nullpunkt-theoretische Auffassung ist ein Standpunkt formuliert worden, den Kaulbach als den des „praktischen Seins" bezeichnet: „Man hat gegen das Primat des Kantischen ‚Sollens' argumentiert, daß die einsame Erkenntnis des Sollens zu ohnmächtig sei, um im Subjekt selbst und außerhalb seiner verwirklicht werden und sich durchsetzen zu können."[436]

Die Frage eines unvariablen Reiches der selbstgegebenen, moralischen Pflichten und Zwänge hat zwei Teile. Der eine Teil besteht darin zu erörtern, inwiefern Kants Tugendlehre in der Tat in Richtung einer Nullpunkt-Theorie oder in Richtung einer Theorie des praktischen Seins verfolgt werden soll. Das schließt an die gerade dargelegten Überlegungen an. Zuletzt wird sich dabei zweitere Option als die, in Kants Sinne, richtige ergeben. Der andere Teil besteht darin zu fragen, in welches konkretere Verhältnis ein unvariables Reich praktischen ethischen Seins mit der Sphäre des äußeren Rechts zu setzen ist. Zum Abschluß dieses Kapitels 6.2 wird zunächst der erste Teil der Frage verfolgt. Der zweite Teil der Frage ist Gegenstand von Kapitel 6.3. Wenn bereits am Ende dieses Kapitels eine dritte Gestalt des Verhältnisses von Rechts- und Moralsphäre angegeben wird, geschieht dies, wie zuvor, im Umfang ihrer Analogie. Erst im Folgekapitel wird die Frage des Verhältnisses von Rechts- und Moralsphäre im Sinne ihrer Interaktion oder gemeinsamen Wurzel gestellt werden und damit jener Schlußpunkt gesetzt, der es erlaubt, von der Einheit des Transzendentalsystems und von Kants Friedensnormativität als moralisch-rechtlicher Normativität zu sprechen.

---

[435] Kaulbach 1982, S. 65.
[436] A.a.O., S. 66.

Zur Klärung der Frage, ob Kants Tugendlehre als Nullpunkt-Theorie oder als Theorie des praktischen Seins zu betrachten ist, wird zuerst ein Abstecher in die *Religionsschrift* unternommen. In *Die Religion innerhalb der Grenzen der bloßen Vernunft* hat Kant ethische Gesetze[437] in Relation zum „rechtlich-bürgerlichen (politischen) Zustand" behandelt. Der Ansatz ist der einer verallgemeinerten geschichtsphilosophischen Analyse. Da nicht aus der gefilterten Empirie des in der *Religionsschrift* gezeichneten Verhältnisses von Rechts- und Moralsphäre auf ein entsprechendes, transzendental-theoretisches Verhältnis geschlossen werden soll, sondern alleine Kants Perspektive bezüglich einer Theorie des praktischen Seins in der Tugendlehre interessiert, muß keine Vermengung empirischer und apriorischer Erkenntnismittel befürchtet werden (die Kant selbst abgelehnt haben würde). Kant zeichnet die Ausgangssituation eines e t h i s c h e n Naturzustandes, in dem eine „öffentliche wechselseitige Befehdung der Tugendprinzipien und ein Zustand der inneren Sittenlosigkeit, aus welchem der natürliche Mensch, so bald wie möglich herauszukommen sich befleißigen soll",[438] herrschen. Dem Ansatz in der *Metaphysik der Sitten* entsprechend kommen bei der Herausbildung einer „auf ethische Zwecke gerichteten Verfassung" dem „politischen gemeinschaftlichen Wesen" - welches Kant als vorgängig annimmt - keine Zwangskompetenzen zu: „ob er [der politische Bürger] mit anderen Mitbürgern überdem auch in eine ethische Vereinigung treten oder lieber im Naturzustande dieser Art bleiben wolle", darin sei er, der politische Bürger - wie Kant kurz vorher sagt - „völlig frei".[439]

Die wichtigen Begriffe innerhalb der wiedergegebenen Textstellen sind, (a) der implizierte Begriff des „ethischen Fortschritts", (b) der auf diesen Fortschritt bezogene Begriff einer „ethischen Verfassung"

[437] Der Begriff des ethischen Gesetzes präkonkludiert an dieser Stelle nicht die Frage eines unvariablen Reiches nicht-äußerlicher ethischer Gesetze. Wie Kant in der *Metaphysik der Sitten* feststellt, steht ganz allgemein „der Pflichtbegriff [...] unmittelbar in Beziehung auf ein Gesetz". Und um alle inhaltlichen Ambitionen aus diesem quasi formalen Begriff vorerst auszuschließen, setzt Kant in Klammerung fort: „[...] (wenn ich gleich noch von allem [konkreten] Zweck, als der Materie desselben, abstrahiere)" (Kant, Metaphysik der Sitten, S. 388f).

[438] *Kant, Immanuel:* Die Religion innerhalb der Grenzen der bloßen Vernunft [1793], (A 127).

[439] A.a.O., (A 124).

und (c) der letzteren Begriff wiederum weiterbestimmende Begriff einer „ethischen Vereinigung“ mit anderen. Einen Begriff des „ethischen Fortschritts“ hat auch die *Metaphysik der Sitten* formuliert, indem sie von dem „Vermögen“ des praktischen Individuums spricht, „über seine dem Gesetz widerspenstigen Neigungen Meister zu werden: sodaß die menschliche Moralität in ihrer höchsten Stufe doch nichts mehr als Tugend sein kann.“[440] Um von einem unvariablen Reich ethischer Gesetze und Zwänge in Kants Philosophie sprechen zu können - das der ethische Fortschrittsgedanke zwar andeutet, jedoch auf der Seite der einzelnen tugendsuchenden Subjektivität hält - müssen die anderen beiden Begriffe dazugedacht werden. Der Begriff der „ethischen Verfassung“ beinhaltet in spezieller Hinsicht ethische Entsubjektivierung; der Begriff einer „ethischen Vereinigung“ mit anderen in spezifischer Hinsicht Intersubjektivität.

Entsubjektivierung und Intersubjektivität sind auf das zu beziehen, was Kant in der *Religionsschrift* in vergegenständlichender Rede seinen „moralischen Weltherrscher“ nennt. Dessen Sein ist es, „das Innere der Gesinnungen eines jeden zu durchschauen und, wie es in jedem Wesen sein muß, jedem, was seine Taten wert sind, zukommen zu lassen.“ Den ethischen Fortschritt zu e n t s u b j e k t i v i e r e n, bringt in Kants System der Begriffe keine Rousseausche Doppellösung zur Geltung: Weder ersetzt das Kantische Subjekt einen „amour propre“ durch jenen aufgeklärten ethischen Gefühlszustand eines „amour de l'ordre“; noch verhandelt das Kantische Subjekt eine ethische „volonté générale“. Die Subjektivität der einzelnen praktischen Vernunft entwirft ihre ethischen Zwecke, obzwar nicht „autonom“, so doch „autokrat“. Im Sinne eines moralischen Welt*herrschers* vermag der einzelne sich selbst jedoch als richterliche praktische Vernunft entgegenzutreten. Auf der höchsten Stufe menschlicher Moralität sind die ethischen Gesetze, im Sinne einer ethischen Verfassung, für den einzelnen sich selbst gegenüber invariabel.

Kants ethischer Fortschritt ist insofern i n t e r s u b j e k t i v zu gestalten, als die „autokrate“ praktische Vernunft - gleichwohl sie jenen nicht als Rousseausche „volonté générale“ generiert - dennoch für die gesellschaftliche Adaptation und *Welt*herrschaft des ethischen Fort-

[440] Kant, Metaphysik der Sitten, S. 383.

schritts votieren *kann*. Zwei grundsätzliche Möglichkeiten haben die Kantischen Subjekte: ethische Vereinigung ‚ja', oder ethische Vereinigung ‚nein'. Der politische Bürger der *Religionsschrift* ist in seiner diesbezüglichen Entscheidung „völlig frei". Die praktische Vernunft der *Metaphysik der Sitten* ist letzteres - im Sinne ihrer gezeigten Selbstbestimmung - nicht. Für beide jedoch gilt, daß die Frage, welcher ethischen Vereinigung, gegenstandslos ist. Auf der höchsten Stufe menschlicher Moralität sind die ethischen Gesetze auch unter den einzelnen und gegen jeden anderen invariabel. Im Gegensatz zu Rousseau beruht die Invariabilität der ethischen Verfassung und Vereinigung nicht auf dem bloßen Akt der Entscheidung, sondern dem vernünftigen Inhalt der Gesetze.

Ethischer Fortschritt, wie diesen sowohl die *Metaphysik der Sitten* als auch die *Religionsschrift* in Kants Tugendlehre einschließen, wird durch die Begriffe der „ethischen Verfassung" und der „ethischen Vereinigung" auf seiner höchsten Stufe in der Form eines „moralischen Weltherrschers" etabliert. Mit der begrifflichen Wahl eines „moralischen Weltherrschers" werden ethische Gesetzlichkeit und ethischer Zwang in gleich zweifacher Perspektive für invariabel erklärt: invariabel dem praktischen Individuum sich selbst gegenüber und invariabel in der Vereinigung mit anderen. Kants Zwang zur ethischen Triebfeder und die mit ihr ausgebreiteten Zwänge erweisen sich als vom Standpunkt eines p r a k t i s c h e n S e i n s aus gedacht.[441] Kaulbach schreibt entsprechend: „ Ist [... die ethische] Verfassung hergestellt, so befindet sich der Mensch nicht mehr am Nullpunkt der Geschichte seiner Handlung, sondern denkt und handelt vom Fundament eines praktischen Seins aus."[442] Nicht alles Nullpunkt-Theoretische ist damit in Kants Tugendlehre notwendig aus-

[441] Insbesondere unter Verweis auf die unter dem Begriff der Intersubjektivität entwickelte Konstante praktischen Seins in Kants Ethik ist hier zu betonen, daß solches praktische Sein nicht in dem Sinne verstanden werden soll, wie John Rawls im Rahmen eines ‚ethischen Konstruktivismus' der Kantischen Moralphilosophie vorgeschlagen hat. Die gesellschaftliche Adaptation bedeutet keine Einschränkung der Allgemeinheit moralischer Gesetze durch Inbezugsetzung zu dem, was Rawls die konkrete, zugleich normative „public culture" und „social institutions" genannt hat. Vgl. dazu: *Rawls, John:* Kantian Constructivism in Moral Theory, in: The Journal of Philosophy, Vol. 77, No. 9 (Sep. 1980), S. 517.

[442] Kaulbach 1982, S. 67.

geschlossen. Genaugenommen wird dieses jedoch auf das: „auf alle Fälle“ eingestellt Sein und das „vor der Veränderung“ gerüstet Sein, mit anderen Worten, auf die nicht ausgeschlossene *neue* ethische Situation restringiert.

Zum Abschluß des Kapitels wird die angekündigte, d r i t t e Gestalt des analogen Verhältnisses von Rechts- und Moralsphäre formuliert. Diese könnte lauten: In Kants Begriff eines auf der höchsten Stufe ethischen Fortschritts erreichbaren, „moralischen Weltherrschers“ ist die Grundlage für ein invariables Reich ethischer Gesetze angelegt, das, in Hinsicht auf den in ihm wirksamen Zwang auf das praktische Individuum, der rechtlichen Gesetzgebung und deren äußerem Zwang analog ist. Die Strukturanalogie von rechtlichem Zwang und moralischem Zwang ist damit Schritt für Schritt verdichtet worden. Übriggeblieben ist die angekündigte Frage ihrer Interaktion in der Form einer gemeinsamen Wurzel.

6.3 DRITTE VERHÄLTNISBESTIMMUNG

Die identische Wurzel von Recht und Moral in ihrer Eigenschaft, ‚Gesetze der Freiheit' zu sein

6.3.1 EINLEITUNG

a. Vorüberlegung

Ein ausformulierter Normativitätsbegriff des Friedens hat einerseits eine Begründungsstruktur aufzuweisen, die aus gegebenen ersten Prämissen folgert. Die Verbindlichkeit und ein ‚zwingender Charakter' der Begründungsstruktur werden andererseits in entscheidendem Maße von einer Akzeptanz der gewählten Prämissen abhängen. Ein philosophisches Sich-gegebenenfalls-zwingen-Lassen ist gänzlich zu unterscheiden von dem, was eine normative Theorie unter dem Begriff bestimmter Zwangsgestalten behandelt, die immanenter Teil der Argumentation sind. In Kants Fall stellt die letzte solcher immanenter Zwangsgestalten das ethische, sich selbst „unbedingt [G]ebieten" des seine freie Selbstbestimmung verwirklichenden praktischen Individuums dar. Im Hinblick auf den zwingenden Charakter der Begründungsstruktur von Kants Friedensnormativität stellt der „Zwangsbegriff" nur einen zweiten Schritt der Untersuchung dar. Das gilt insbesondere dann, wenn Kants Normativität schließlich als in der Tat einheitlich moral- und rechtsphilosophische Option des Transzendentalsystems aufgewiesen werden soll. Die Analogie bestimmter Zwangsbegriffe in *Rechtslehre* und *Tugendlehre* der *Metaphysik der Sitten* rechtfertigt bis dahin nur eine Ersetzung oder eine Ergänzung normativer Pflichtbegriffe in der praktischen Sphäre, jedoch keine systematische Einheit dieser Pflichtbegriffe.

Ziel dieses dritten Schrittes ist es zu zeigen, daß es die identische Wurzel von Rechtsgesetzen und ethischen Gesetzen im transzendentalen System ist, die eine letztlich einheitliche Bestimmung von Kants Normativitätsbegriff in der Friedensfrage ermöglicht. Die weiteren, argumentativen Teilschritte weisen dies in abschließend aufeinander aufbauender Reihenfolge nach. Die zentrale Rolle spielt dabei Kants Begriff der „Gesetze der Freiheit".

b. Vergleich von ‚allgemeinem Prinzip des Rechts' und kategorischem Imperativ in Hinsicht auf den jeweiligen Begründungscharakter eingeschlossener Gesetze der Freiheit

Zu Beginn des vorangehenden Kapitels wurde die Frage gestellt, warum das Recht, nach Kant, als mit der Befugnis zu zwingen verbunden zu denken ist. Die Beantwortung der Frage ist dadurch unternommen worden, daß ein systematischer Gang durch die Begriffe „was ist Recht",[443] „allgemeines Rechtsprinzip",[444] „angeborenes Recht"[445] und „angeborenes Recht, das nur ein einziges, die Freiheit, ist"[446] durchgeführt wurde. Die Aufgabe des angeborenen oder Naturrechts der Freiheit - wie Kant auch sagt - die „Absicht" dieses Rechts ist, daß, „wenn über ein erworbenes Recht [und dessen Verbindlichkeit von Fall zu Fall] ein Streit entsteht", ein jeder, bezüglich eines jeden dieser erworbenen Rechte, es unternehmen kann, sich „methodisch" auf sein angeborenes Recht der Freiheit zu „berufen". Der Freiheit als eines einzigen angeborenen Rechts kommt im Bereich des gesamten Rechts die Aufgabe zu, alle erworbenen Rechte zu begründen. Die Freiheit wirkt bei Kant demnach nicht nur in dem mit Kapitel 6.2 gezeichneten, engeren Raum der Frage, warum das Recht allgemein mit der Befugnis zu zwingen verbunden zu denken ist, begründend, sondern im gesamten Bereich der Gewalt der positiven Gesetze. Sie begründet letzterer „Autorität" und nicht nur ein allgemeines Sanktionsrecht des Begriffs des Rechts. Kaulbach stellt richtig fest, daß „positives Recht, insofern es Gesetz genannt werden darf, den für Kants Systemgedanken maßgebenden strukturellen Typus der Gesetzlichkeit überhaupt an sich tragen [...] muß."[447] Dieser strukturelle Typus besteht in der Darlegung eines obersten, „allgemeinen Prinzips des

[443] Kant, Metaphysik der Sitten, S. 229f.
[444] A.a.O., S. 230f.
[445] A.a.O., S. 237.
[446] Ebd.
[447] Kaulbach 1982, S. 142.

Rechts", das - wie bereits dargelegt wurde - in der Sphäre des Rechts auf das einzige Naturrecht der Freiheit formuliert ist.[448]

Zeitgleich der Betonung des allgemein begründenden Charakters der Freiheit in der Sphäre des Rechts soll auf folgendes hingearbeitet werden: Kaulbach hat darauf hingewiesen, daß Kants „allgemeines Prinzip des Rechts", in seiner weiter oben wiedergegebenen Form, eine „strukturelle Analogie zum kategorischen Imperativ sichtbar"[449] macht: „Handle so, daß die Maxime deines Willens jederzeit zugleich als Prinzip einer allgemeinen Gesetzgebung gelten könne" (*KpV* A 54). Kaulbachs Ziel ist es zu zeigen, inwieweit Kants Rechtsidee „zuletzt ihre Wurzel im Moralgesetz hat."[450] Soll diese gemeinsame Wurzel nachgewiesen werden, genügt es nicht, von dem oben bezeichneten begründenden Charakter der Freiheit für alles Recht ausgehend in der diffusen Form einer Formulierungsähnlichkeit von Rechtsprinzip und kategorischem Imperativ zu sprechen. Der Nachweis der gemeinsamen Wurzel von Recht und Moral verlangt eine genau Feststellung dessen, um was es Kant in beiden, analog formulierten Sätzen jeweils geht:

(*i*) Insoweit, in bezug auf Kants allgemeinem Rechtsprinzip, davon gesprochen wird, daß im Begriff der Freiheit eine naturrechtliche Begründung allen positiven Rechts vorgenommen wird, ist die Freiheit G e g e n s t a n d des Rechtsprinzips. Als dieser Gegenstand bewirkt es in der Form der äußeren Freiheit des einen eine Korrektur der Freiheitsäußerungen der anderen. Entsprechend zugrundegelegte rechtliche Gesetze der Freiheit umfassen den Begriff im Sinn eines *genitivus objectivus*. (*ii*) In der bekannten Formulierung des kategorischen Imperativs in der *Grundlegung zur Metaphysik der Sitten*[451] begreift Kant demgegenüber ein „Grundgesetz der reinen praktischen Vernunft", mit dessen Feststellung es um die Freiheit als V e r m ö -

[448] Nach dem „allgemeinen Prinzip des Rechts" ist für Kant eine jede Handlung recht, „die oder nach deren Maxime die Freiheit der Willkür eines jeden mit jedermanns Freiheit nach einem allgemeinen Gesetze zusammen bestehen kann" (Kant, Metaphysik der Sitten, S. 230).

[449] Kaulbach 1982, S. 142.

[450] Ebd.

[451] „Der kategorische Imperativ ist also nur ein einziger, und zwar dieser: handle nach derjenigen Maxime, durch die du zugleich wollen kannst, daß sie ein allgemeines Gesetz werde" (*GMS* BA 52).

g e n des Willens - die „Freiheit der Willkür“ - geht. Ethische und Tugendgesetze der Freiheit umfassen den Begriff im Sinne eines *genitivus subjectivus*.

Die Freiheitsbegriffe von „allgemeinem Prinzip des Rechts“ und katgorischem Imperativ zeigen sich zunächst als in grundlegender Weise verschieden. Bei der Darlegung des rechtlichen Freiheitsbegriffs wurde zu Beginn des vorangehenden Kapitels darauf hingewiesen, daß auch in jenem ein bestimmter Vermögensbegriff der Freiheit eingeschlossen ist: Die Freiheit als Vermögen trat dort in der Form einer Befähigung zu „Rechtspflichten“ des praktischen Individuums auf. Um zu verstehen, inwiefern Kants moralisches Freiheitsvermögen gegenüber letzterer Befähigung, im Sinne eines Grundgesetzes der reinen praktischen Vernunft, als ungleich grundsätzlichere Frage entworfen ist, ist an jenen Punkt in Kants Transzendentalsystem zurückzugehen, der durch den Beginn der *Kritik der praktischen Vernunft* bezeichnet ist.

6.3.2 DAS MORALISCHE GESETZ ALS ‚RATIO COGNOSCENDI‘
des Vermögens der Freiheit der reinen Vernunft

In der Vorrede zur *Kritik der praktischen Vernunft* hat Kant bekanntlich über die Tatsache Auskunft gegeben, woher sich der Titel einer Kritik der praktischen Vernunft leitet, der - im Sinne der Geschlossenheit des ganzen transzendentalen Systems - eigentlich eine „Kritik der r e i n e n praktischen Vernunft“ erwarten läßt. Denn Kants angekündigtes Ziel ist es zu zeigen, daß sich die reine Vernunft mit der „Anmaßung“ eines „praktischen Vermögen[s] [...] nicht übersteige (wie es wohl mit der spekulativen geschieht)“ (A 3). Um der reinen Vernunft ein praktisches Vermögen zu sichern, muß diese den Begriff der Freiheit als ein ihr in der Praxis gegebenes Vermögen realisieren können. Die spekulative Vernunft in der *Kritik der reinen Vernunft* hat es vorerst nur vermocht, die transzendentale Freiheit „in der absoluten [...] Bedeutung“ nachzuweisen, wie sie letzterer „beim Gebrauch des Begriffs der Kausalität bedurfte, um sich wider die Antinomie zu retten, darin sie unvermeidlich gerät, wenn sie in der Reihe der Kausalverbindung sich das Unbedingte denken will“ (A 4). Die Freiheit der reinen Vernunft existiert ausgangs der *Kritik der reinen Vernunft* - neben jenen von Gott und der Unsterblichkeit - als bloße „Idee".

Der Begriff der Freiheit wird in der *Kritik der praktischen Vernunft* als solcher vorgestellt, der „nicht unmöglich" ist und darum von Kant als „problematisch" bezeichnet wird. Sache der *Kritik der praktischen Vernunft* ist es, der reinen Vernunft einen Begriff der Freiheit nachzuweisen, der dieser ihr praktisches Vermögen garantiert.[452] Kants Prämisse an diesem Punkt ist eine zweifache: (*i*) soll der Vermögensbegriff der praktischen Freiheit in der P r a x i s selbst nachgewiesen werden. Kant schreibt: „wenn sie, die reine Vernunft, wirklich praktisch ist, so beweiset sie ihre und ihrer Begriffe Realität durch die Tat" (A 3). Genau deshalb ist die *Kritik der praktischen Vernunft* eine Kritik der praktischen und nicht eine Kritik der reinen praktischen Vernunft. Die schon hinlänglich wiederholten Versicherungen Kants, daß die Freiheit nicht als „Noumen" aufweisbar sei, gilt der beständigen Abwehr des Verdachts, daß Kant die Freiheit, im Sinne dieses Programmes, empirisch zu beweisen gedenkt. Hiergegen sind Aussagen wie die folgende gerichtet: „Alleine die Freiheit einer wirklichen Ursache, vornehmlich in der Sinnenwelt, kann ihrer Möglichkeit nach keineswegs eingesehen werden, glücklich! wenn wir nur, daß kein Beweis ihrer Unmöglichkeit stattfindet, hinreichend versichert werden können" (A 168).

Kants zweite Prämisse ist die, daß (*ii*) die bis dahin bloße „Idee" der Freiheit, die in der Praxis nachgewiesen werden soll, sich „offenbaret [...] durchs m o r a l i s c h e Gesetz" (A 5). Für Kant ist das moralische Gesetz die *ratio cognoscendi* des Vermögens der Freiheit. Die Begründung hierfür lautet lapidar: „Denn wäre nicht das moralische Gesetz in unserer Vernunft eher deutlich gedacht, so würden wir uns niemals berechtigt halten, so etwas, als Freiheit ist [...] anzunehmen" (A 5). Im Rahmen der ‚zweiten Gestalt' von Kapitel 6.2 ist ausführlich behandelt worden, daß für Kant die Moral insofern der Ort ist, wo ein praktisches Vermögen der Freiheit sich realisiert, als genau hier nicht nur eine Verpflichtung des praktischen Individuums auf Handlungen zu empirisch gewählten Zwecken, sondern auf die Zwecke

[452] Zur Einheit der Vernunftsvermögen bei Kant vgl. u.a.: *Gauthier, David:* The Unity of Reason: A Subversive Reinterpretation of Kant, in: Ethics, Vol. 96, No. 1 (Oct., 1985), S. 74-88.

selbst geschieht. Freiheit ist die Möglichkeit eines „Zweckes, der an sich Pflicht ist".

Entscheidend ist es festzuhalten, daß Kants Untersuchung der moralischen Gesetze „in unserer Vernunft" - im Sinne der transzendentalen Einheit - auf ein praktisches Vermögen der Freiheit zielt. Es geht der *Kritik der praktischen Vernunft* nicht oder nicht primär um einen Begriff der Freiheit als Gegenstand der moralischen Gesetze. Das macht den maßgeblichen Unterschied zum Begriff der Freiheit aus, der im allgemeinen Rechtsprinzip der *Metaphysik der Sitten* vorerst als Naturrecht des praktischen Individuums zu behandeln ist. Die Deutlichkeit dieses Ansinnens in der *Kritik der praktischen Vernunft* ist zuletzt explizit auf die bekannte Formulierung des kategorischen Imperativs beziehbar. In einem als „Folgerung" kenntlich gemachten Satz schließt Kant aus dem kategorischen Imperativ: „Reine Vernunft ist für sich allein praktisch, und gibt (dem Menschen) ein allgemeines Gesetz, welches wir das Sittengesetz nennen" (A 57). Genau im Hinblick auf dieses Ansinnen, das praktische Vermögen der reinen Vernunft aus einem im moralischen Gesetz auffindbaren Vermögen der Freiheit zu beweisen, hat Kant den kategorische Imperativ in der *Kritik der praktischen Vernunft* als „Grundgesetz der reinen praktischen Vernunft" tituliert.

6.33 DAS VERMÖGEN DER FREIHEIT ALS ‚RATIO ESSENDI'

der vom Rechtsprinzip abgeleiteten Gesetze und
Kants Begriff der ‚positiven' Freiheit

Vom Standpunkt der Frage nach der Geschlossenheit des transzendentalen Systems und dem Vermögen der reinen Vernunft, reine praktische Vernunft zu sein, ist das Verhältnis von moralischem Gesetz und Freiheit, wie erwähnt wurde, folgendes: Das moralische Gesetz ist die ratio cognoscendi des Vermögens der Freiheit. Einer erkenntnistheoretischen Perspektive „offenbaret" sich die Freiheit im moralischen Gesetz. Die Möglichkeit, moralisches Gesetz und Vermögen der Freiheit in diesem Verhältnis zu betrachten, muß verständlicherweise auf der Tatsache beruhen, daß beide Begriffe bereits in einem primären, handlungstheoretischen Zusammenhang stehen. Im Vollzug der (reinen) praktischen Vernunft gedacht, ist Kants Vermögen der Freiheit „die Bedingung des moralischen Gesetzes“, indem es dieses entwirft. Die Verhältnisbeschreibung von moralischem Gesetz und Vermögen der Freiheit hat zugleich eine notwendige zweite Form: Die Freiheit ist in diesem Sinne die r a t i o e s s e n d i des moralischen Gesetzes.

Der Rückgang auf letztere Verhältnisbestimmung bereitet jenen Punkt, an dem auf das Ausgangs-Dilemma der zuletzt durchgeführten Betrachtungen zurückzukommen ist: Im Sinne einer intendierten gemeinsamen Wurzel von allgemeinem Rechtsprinzip und kategorischem Imperativ darf nicht auf eine bloße Formulierungsähnlichkeit beider Sätze hingewiesen werden.[453] In fortgesetzter Betrachtung ist die Freiheit in Kants Rechtsprinzip als *Gegenstand* bestimmt worden. Im Anschluß ist gezeigt worden, inwiefern Kants kategorischer Imperativ die Freiheit als *Vermögen* und als dessen *ratio essendi* einschließt. Die aus dieser Differenz ableitbare Folgerung ist eindeutig: (*i*) Sollen Rechtsgesetze und moralisches Gesetz zuletzt auf eine identische, transzendentale Wurzel zurückführbar sein, darf die Freiheit

---

[453] Vgl. dazu: *Höffe, Otfried:* Kategorische Rechtsprinzipien. Ein Kontrapunkt der Moderne, Frankfurt a.M. 1990. Höffe hat sich um eine Verhältnissetzung von kategorischem Imperativ und allgemeinem Rechtsprinzip bemüht, indem die Frage eines dem kategorischen Imperativ entsprechenden „kategorischen Rechtsimperativs im Singular“ erörtert wird: „[...] der Ausdruck selbst, ein kategorischer Rechtsimperativ, taucht in den einschlägigen Texten nicht auf. Daß in den ethischen Grundlegungsschriften von ihm keine Rede ist, könnte man mit der Verpflichtung auf die Moralität erklären und mit dem Umstand, daß der Rechtsbegriff von der Moralität abstrahiert [...]. Erstaunlicherweise fehlt aber der Begriff auch im allgemeinen Teil der *Rechtsethik*, in der ‚Einleitung in die Tugendlehre‘. Die analoge ‚Einleitung in die Tugendlehre‘ dagegen bezeichnet ihren obersten Grundsatz als kategorischen Imperativ [...]. Von einem klaren Negativbefund zu sprechen, wäre trotzdem verfrüht. Denn abgesehen vom *modus imperandi* ist der kategorische Imperativ dem moralischen Gesetz äquivalent [...]. In der Tat enthält für das Recht die ‚Einleitung in die Rechtslehre‘ verschiedene moralische Bestimmungen, und in jeder von ihnen hat die Moral eine kategorische Bedeutung. Der gesuchte kategorische Rechtsimperativ findet sich in dreierlei Gestalt; zunächst, allerdings im Indikativ formuliert, als allgemeiner Rechtsbegriff (§ B), ferner als allgemeines Rechtsprinzip (§ C [...]), am Ende, als allgemeines Rechtsgesetz, sogar in der Imperativ-Form (§ C)” (S. 126). Leider verpaßt Höffe, eine weitergehende, genauere - hier erfragte - Bestimmung der Verhältnissetzung der Imperative durchzuführen .

als begründendes „angeborenes Recht" nicht nur die „Autorität" der Rechtsgesetze ermöglichen, sondern muß Teil derselben *ratio essendi* der positiven Gesetze sein. Das allgemeine Rechtsprinzip muß Gesetze der Freiheit im Sinne eines *genitivus subjectivus* repräsentieren. (*ii*) Hierbei vorausgesetzt ist, daß die Möglichkeit einer identischen Wurzel nicht auf der Gegenseite - in beiden Sphären eventuell geteilter Gesetze der Freiheit im Sinne eines *genitivus objectivus* - zu behandeln ist. Kants Begründung für letzteres ist einfach und genauso kurz angebbar: Der *reinen* Vernunft, die sich als praktische Vernunft erweisen soll, müssen ihre Begriffe, im Sinne dieses Aufweises, an Subjekt-statt entwickelt werden.

Die entscheidende Stelle, Rechtssphäre und ethische Sphäre in einer identischen Wurzel zusammenzuführen, die den gerade beschriebenen Bedingungen folgt, findet sich in der ‚Einleitung' zur *Metaphysik der Sitten.* Unabhängig und vorgängig der Zuordnung zu bestimmten Sphären der Praxis (Rechtslehre und Tugendlehre) hat Kant an dieser Stelle das Freiheitsvermögen allgemein definiert. Einem negativen Begriff der Freiheit wird ein positiver Begriff der Freiheit gegenübergestellt: Der „n e g a t i v e Begriff" der Freiheit reformuliert die Koordinaten, in denen das Freiheitsvermögen, zu Beginn von Kapitel 6.2, als „freie Willkür" erörtert worden ist. In genauer Enstprechung zum dortigen „nach Belieben zu tun oder zu lassen", das zugleich „mit dem Bewußtsein des Vermögens seiner Handlungen zur Hervorbringung des Objektes verbunden ist", wird freie Willkür als „jene Unabhängigkeit [von] ihrer Bestimmung durch sinnliche Antriebe"[454] bestimmt.

Gemessen an dem in der *Kritik der praktischen Vernunft* gesuchten „Vermögen der reinen Vernunft, für sich selbst praktisch zu sein",[455] reicht dieser negative Begriff der Freiheit, nach Kant, jedoch nicht aus. Im Sinne dieses Für-sich-selbst-praktisch-Seins hat die reine Vernunft mehr bzw. gerade nicht ein bloßes „affiziert- aber nicht bestimmt"-Werden zu leisten. Kants Suche geht auf einen „p o s i t i v e n Begriff" der Freiheit. Die anschließende Formulierung des positiven Begriffs in der *Metaphysik der Sitten* schließt den Kreis zu den für die ethische Sphäre des kategorischen Imperativs einerseits und die

[454] Kant, Metaphysik der Sitten, S. 213.
[455] A.a.O., S. 214.

rechtliche Sphäre des Rechtsprinzips andererseits repräsentativen Sätzen. Kant formuliert: Der positive Begriff des Freiheitsvermögens der reinen praktischen Vernunft erfüllt sich dort, wo „die Unterwerfung der Maxime einer jeden Handlung unter die Bedingung der Tauglichkeit der ersteren zum allgemeinen Gesetze“[456] geschieht.

Die Begründung für exakt diesen Begriff positiver Freiheit, der wie die *Kritik der praktischen Vernunft* festhält in einem „praktischen Gesetz“ besteht, welche beide „wechselweise aufeinander zurück-[weisen]“ (A 52), hat Kant wie folgt gegeben: (*i*) Die reine Vernunft ist das „Vermögen der Prinzipien“ oder Gesetze. (*ii*) Da der reinen Vernunft als *reiner* Vernunft ein Wissen um die „Materie des Gesetzes abgeht“, kann sie „nichts mehr als die Form der Tauglichkeit der Maxime der Willkür zum allgemeinen Gesetze selbst zum obersten Gesetze und Bestimmungsgrund der Willkür machen.“[457] Damit ist schließlich definiertermaßen angegeben, warum bereits weiter oben der *Begriff* des Freiheitsvermögens auf den *Satz* des kategorischen Imperativs projiziert werden konnte.

Kant erspart es einer Untersuchung, an dieser Stelle zu analysieren, wie auch der Satz, der das Rechtsprinzip ausgedrückt hat, auf den positiven Begriff des Freiheitsvermögens zu projizieren ist: Im Anschluß an die wiedergegebene Bestimmung der Freiheit als Vermögen der Gesetze hat die *Metaphysik der Sitten* die möglichen Formen, in denen „Gesetze der Freiheit“ sich realisieren, konkretisiert bzw. kategorisiert: (*i*) Alle Gesetze der Freiheit heißen „zum Unterschied von Naturgesetzen m o r a l i s c h.“ Sofern sie (*ii*) „nur auf bloße äußere Handlungen und deren Gesetzmäßigkeit gehen, heißen sie j u r i d i s c h.“ Sofern sie (*iii*) zugleich „fordern [...], daß sie [die Gesetze] selbst die Bestimmungsgründe der Handlungen sein sollen, so sind sie e t h i s c h.“[458] Kaulbach hat, in bezug auf die identische Wurzel von Rechts- und ethischen Gesetzen resümierend, festgestellt:

---

[456] Ebd.

[457] Ebd.

[458] Ebd. Zu einer kritischen Untersuchung der Frage, wie kategorischer Imperativ einerseits und Freiheit bzw. Autonomie des Willens andererseits miteinander vereinbar sind bzw. sich nicht vielmehr ausschließen vgl.: *Blake, Ralph M.:* The Ground of Moral Obligation, in: International Journal of Ethics, Vol. 38, No. 2 (Jan., 1928), S. 129-140.

„Der Ursprung des Naturrechts [das durch das allgemeine Rechtsprinzip ausgedrückt wird] liegt in der reinen praktischen Vernunft, sodaß es ‚auch ohne äußere Gesetzgebung *a priori* durch die Vernunft erkannt werden kann'. Im Hinblick auf diese Apriorität zeigt es sich als gleichgeartet mit dem moralischen Gesetz."[459] Da Kants reine praktische Vernunft nichts anderes sein soll als das praktische Vermögen der Freiheit, ist die Redeweise von der ‚Gleichartigkeit' stimmig. Entsprechend ist dargestellt worden, daß Kant letztlich alle Gesetze der Freiheit als moralische auffaßt.

[459] Kaulbach 1982, S. 141.

6.4 DER EINHEITLICHE ZUSAMMENHANG

der Verhältnisbestimmungen von Recht und Moral

6.4.1 VORBEMERKUNG

Die gemeinsame, transzendentalphilosophische Wurzel von Rechtsgesetzen und ethischen Gesetzen ist bei Kant enger formulierbar als Kaulbachs Begriff der ‚Gleichartigkeit' dies möglicherweise suggeriert. Bei der abschließenden Bestimmung der transzendentalen Einheit von Rechts- und Moralsphäre kommen alle drei Verhältnisbestimmungen der Kapitel 6.1, 6.2 und 6.3 zum Zuge. Jede der drei Verhältnisbestimmungen beschreibt einen distinkten Teil von Kants praktischer Gesetzeslehre und wird in diesem Sinne durch die letzte Verhältnisbestimmung nicht ersetzt. Der philosophische Ort der Friedensfrage im Transzendentalsystem ist im Anschluß bestimmbar. Ähnlich wie bei der Untersuchung von Rousseaus einheitlich politisch-moralphilosophisch-pädagogischer Gesellschaftskonzeption löst sich die Frage des philosophischen Ortes des Friedens bei der Rekonstruktion von Kants positivem Normativitätsbegriff zuletzt.

6.4.2 ZUSAMMENHÄNGE

a. Der einheitlich transzendentale Gesetzgebungszusammenhang der dritten Verhältnisbestimmung

Die reine praktische Vernunft realisiert einen „positiven" Begriff der Freiheit, wenn sie als „Vermögen der Prinzipien" oder „gesetzgebendes Vermögen" tätig ist. Gesetze gibt die reine praktische Vernunft, indem sie Maximen von Handlungen beurteilt. Die Beurteilung von Maximen geschieht in der Weise, daß die praktische Vernunft auf die Willkür „unangesehen dieser ihres Objektes [nach] angewandt" wird. Darin entspricht die praktische Vernunft ihrer Tätigkeit als *reine* praktische Vernunft. Bei ihrer Arbeit der Gesetzgebung hat die reine praktische Vernunft entsprechend k e i n Selektionskriterium der Zuordnung bestimmter Gesetze zu verschiedenen praktischen Sphären (rechtliche/ethische).

b. *Der einheitlich transzendentale Zusammenhang der Gesetzesbefolgung der ersten Verhältnisbestimmung*

Die Unterscheidung der Gesetze in juridische und ethische bildet einen anderen Zusammenhang. In diesem Zusammenhang ist festgelegt, wie *gegebene* Gesetze unterschiedliche Handlungsmomente (innere/äußere) im Rahmen der Gesetzesbefolgung ansprechen können. Dem Befolgungszusammenhang entsprechend, kommt es auch hier zu keiner Selektion der einheitlichen Gesetze in solche, die *per se* und ausschließlich in die rechtliche und solche, die *per se* und ausschließlich in die moralische Sphäre gehören. Dennoch kann das praktische Individuum bezogen auf bestimmte Gesetze vom Muß einer bestimmten subjektiven Stellungnahme oder Triebfeder befreit werden (legales Verhalten), welche vorsieht, daß das Gesetz auch innerlich „aus Pflicht" zu befolgen ist (moralisches Verhalten). Das praktische Individuum handelt in diesen Fällen in der rechtlichen Sphäre. Der Buchstabe der gebotenen Handlung ändert sich hierdurch nicht.

c. *Der einheitlich transzendentale Zusammenhang der Gesetzesbefolgung als (Selbst-)Gesetzgebung der zweiten Verhältnisbestimmung*

Obwohl das Kantische praktische Individuum im Falle der Gesetze, die in die Rechtssphäre eingehen, beim Handeln vom Muß der ethischen Triebfeder befreit werden kann, ist für das praktische Individuum auch hier ein Selbstzwang zur inneren Selbstgesetzgebung wirksam. Dieser Selbstzwang ist Teil der freien Selbstbestimmung des praktischen Individuums und zielt im Gesetzeshandeln auf eine Suspendierung von empirischen Zwecken, die keine „Zwecke an sich selbst" sind. Kant nennt den Zwang zur grundsätzlichen Wirksamkeit der ethischen Triebfeder als Teil einer Verwirklichung der „Freiheit im inneren Gebrauche" (*MS* S 214). Letztere These stellt - insofern sie ethische Motive in die rechtliche Sphäre einbringt - sowohl eine strenge Interpretation der zweiten Verhältnisbestimmung als auch eine rigorose Interpretation der transzendentalen Einheit von Kants praktischer Philosophie insgesamt dar. Anhand der *Metaphysik der Sitten* läßt sie sich gleichwohl argumentieren. Im Rahmen der gerade erwähnten „Gebräuche" der Freiheit schreibt Kant: Es „mag die Freiheit im äußeren oder inneren Gebrauche der

Willkür betrachtet werden, so müssen doch ihre Gesetze, als reine praktische Vernunftgesetze für die freie Willkür überhaupt zugleich innere Bestimmungsgründe derselben sein; obgleich sie nicht immer in dieser Beziehung betrachtet werden dürfen."[460] Letzteres Nicht-immer-in-dieser-Beziehung-betrachtet-werden-Dürfen ist eine andere Formulierung für den „legalen" Praxisbegriff der Rechtssphäre. Zumindest in theoretischer Hinsicht möchte Kant die Beziehung der rechtlichen Gesetze auf „moralische" Bestimmungsgründe (Selbstgesetzgebung, Selbstzwang und Selbstbestimmung) allerdings als geboten sehen.[461]

6.4.3 DER PHILOSOPHISCHE ORT DER NORMATIVEN FRIEDENSFRAGE

a. Der Friede als Gegenstand eines freien Willens

Die zuletzt beschriebenen Punkte sind von ausschlaggebender Bedeutung für den philosophischen Ort der Friedensfrage in Kants Transzendentalsystem und eine angeschlossene Bestimmung des positiven Normativitätsbegriffs. Mit der Verhältnisbestimmung des Kapitels 6.42a ist deutlich, daß auf dem Standpunkt der gesetzgebenden reinen praktischen Vernunft nicht festgelegt ist, welche Gegenstände (Eigentumsrecht, etc.) und daß der ewige Friede exklusiver Gegen-

---

[460] Kant, Metaphysik der Sitten, S. 214.

[461] In dieselbe Richtung scheint W. E. Schallers Kennzeichnung des Verhältnisses der Pflichtbegriffe in der *Grundlegung zur Metaphysik* im Verhältnis zu jener in der *Metaphysik der Sitten* zu deuten: „In the *Metaphysical Elements of Virtue* (*MEV*) another distinction appears, that between juridical duties (*Rechtspflicht*) and duties of virtue (*Tugendpflicht*). Although it may appear initially that Kant has simply given new name to the earlier distinction between perfect and imperfect duties, a closer look reveals that the classification of duties in the ***MEV*** is far more complex than the relatively simple one advanced in the *Groundwork*. The contrast between perfect and imperfect duties does not so much get replaced by the distinction between juridical duties and duties of virtue as supplement, thereby threatening to thwart anyone endeavoring to classify - systematically and coherently - the moral duties catalogued by Kant in the ***Metaphysics of Morals***." Vgl.: *Schaller, Walter E.:* Kant's Architecture of Duties, in: Philosophy and Phenomenological Research, Vol. 48, No. 2 (Dec., 1987), S. 299.

stand einer rechtlichen Gesetzgebung ist. Gesetze des Friedens repräsentieren vorerst reine Gesetze der Freiheit (*genitivus subjectivus*). Mit der Verhältnisbestimmung in Kapitel 6.42b ist deutlich, daß dieselben Gesetze des Friedens grundsätzlich sowohl rein legalem als auch moralischem Verhalten zugänglich sind; abhängig davon, ob den Gesetzen nur „pflichtgemäße" Folge oder Folge „aus Pflicht" geleistet wird. Mit der Verhältnisbestimmung in Kapitel 6.42c ist betont worden, daß Kant dennoch - im Sinne der Selbstbestimmung und eines „inneren Gebrauchs" der Freiheit des Individuums - auf einen Selbstzwang des praktischen Individuums verweisen kann, Friedenshandeln nicht nur äußerlich legal, sondern der ethischen Triebfeder entsprechend zu gestalten.[462]

Der philosophische Ort der normativen Friedensfrage befindet sich sowohl in generischen Zusammenhängen der Gesetzgebung als auch in Zusammenhängen der Gesetzesbefolgung an der Wurzel von Moral- und Rechtsphilosophie. Als Gesetzesgegenstand ist er der Gegenstand eines freien Willens und nicht Gegenstand der Freiheit (*genitivus objectivus*). Diese Tatsache ist nicht banal. Kant hat den ewigen Frieden im Völkerrechtsabschnitt der Rechtslehre in der *Metaphysik der Sitten*, d.h. gerade als vermeintlichen Gegenstand der Freiheit (*genitivus objectivus*) behandelt. Zwei Punkte verbleiben: Erstens ist zu zeigen, daß der faktische philosophische Ort der Friedensfrage in Kants *Rechtslehre* den vorangehenden Feststellungen nicht widerspricht. Zweitens ist - in teilweiser Abgrenzung zu Korsgaards ‚authority of reflection'-Begriff - der positive Normativitätsbegriff Kants zu formulieren, der mit dem Begriff des „freien Willen" vorgegeben ist.

b. Der ‚ewige Friede' im Völkerrechtsabschnitt der ‚Rechtslehre'

Der Friedenstradition seiner Zeit entsprechend hat Kant die Beantwortung der Friedensfrage über die Bedingungen und Aussichten eines völkerrechtlichen Vertrags entworfen. Im Abschnitt ‚Das Völker-

[462] Zur Moralisierung der staatlichen Politik und des internationalen Völkerrechts bei Kant vgl.: *Castillo, Monique:* Moral und Politik: Mißhelligkeit und Einhelligkeit, in: Höffe 1995, S. 196ff.

recht' des zweiten Teils der *Rechtslehre* ist als Ziel eines solchen Vertrages die Schaffung eines „allgemeinen Staatenvereins" oder „permanenten Staatenkongresses"[463] proklamiert worden. Interessant für unseren Kontext ist, daß Kant - ganz im Sinne der frühen Kritiker Saint Pierres - den ewigen Frieden, „das letzte Ziel des ganzen Völkerrechts", als „freilich eine unausführbare Idee" tituliert. Der maßgebliche Unterschied zu Philosophen wie Erasmus und Saint Pierre wird darin deutlich, daß die pessimistische Einschätzung von Kant eingebracht werden kann, ohne daß jener Gefahr läuft, seine eigene Theorie zu diskreditieren. Die Gründe hierfür sind durch die vorangehenden Kapitel erarbeitet worden. Die wichtigsten Gründe nennt Kant im Abschnitt ‚Das Völkerrecht' implizit selbst:

(*i*) Ziel des Kapitels 6 ist es zu zeigen, daß Kants Normativität des Friedens, insofern diese durch allgemeine Gesetze der Freiheit (*genitivus subjectivus*) entworfen zu denken ist, bestimmte Limitationen unterläuft, die aus einer exklusiven Zuordnung der Friedensfrage zu rechtsphilosophischen oder moralphilosophischen Begründungen entstehen. Die *ultima ratio* für ein Verständnis bestimmter Begriffe Kants stellt die Auffassung der Freiheit als eines Vermögens der Freiheit (der reinen praktischen Vernunft) anstelle eines Gegenstandes dar, um den herum bestimmte Gesetze zu entwerfen wären. Der Völkerrechtsabschnitt in der *Metaphsik der Sitten* bestätigt diese Auffassung: Bereits der erste Satz des entscheidenden Paragraphen § 61 hat an ein - dem Vermögen der einzelnen reinen praktischen Vernunft paralleles - Vermögen der Völker appelliert und in dieser Hinsicht festgestellt, daß „der Naturzustand der Völker ebensowohl als einzelner Menschen ein Zustand [...], aus dem man heraus soll, um in einen gesetzlichen zu treten"[464] ist. (*ii*) Kant stellt fest, daß, gleichwohl die Idee des ewigen Friedens „eine unausführbare Idee" sei, sie dennoch eine „auf der Pflicht, mithin auch auf dem Rechte der Menschen und Staaten gegründete Aufgabe"[465] sei. Der philosophische Ort der Friedensfrage an der identischen Wurzel von Rechtssphäre und moralischer Sphäre bestätigt sich darin, daß Kant

[463] Kant, Metaphysik der Sitten, S. 351.
[464] A.a.O., S. 350.
[465] Ebd.

den Begriff des ewigen Friedens, vor seiner Verrechtlichung, in der Form eines „Zweckes, der an sich selbst Pflicht ist“ entwirft.

Kants Ausführungen im Völkerrechtsabschnitt der *Rechtslehre* sind auf die allgemeinen Ausführungen zum Vermögensbegriff der Freiheit bezogen. Auch in der Frage des ewigen Friedens wird eine Beförderung dieses Friedens nicht vom im allgemeinen Rechtsprinzip ausgedrückten, „angeborenen“ oder Naturrecht der Freiheit abhängig gemacht. Im Bereich der Praxis, genauso wie im Bereich der theoretischen Vernunft, verläßt sich Kant nicht auf das „An sich“ (d.i. die äußere Freiheit) jener, die von „äußeren Handlungen“ betroffen sind. Wo Gesetze und Normativität des Friedens hergestellt werden sollen, blickt Kant auf die Agenten praktischer Handlungen und deren Freiheitsvermögen *qua* Gesetzes- oder Prinzipienvermögen.

6.5 FRIEDENSNORMATIVITÄT ‚REINER PRAKTISCHER VERNUNFT'

zusammengefaßt

Gegenüber dem normativ voluntaristischen, dem normativ realistischen, dem normativ psychologistischen Friedensbegriff und den zu jedem einzelnen Begriff erörterten Philosophen rücken die Überlegungen dieses Kapitels Kant nicht nur in die Nähe des vierten Normativitätsbegriffs im zweiten Einleitungskapitel. Korsgaard hat ihr ‚authority of reflection'-Argument an und in Auseinandersetzung mit Kant selbst entworfen. Entsprechend ist eine grundsätzliche Übertragung der Erörterungen dieses Teils auf Korsgaards systematischen Normativitätsbegriff nicht notwendig. Ziel dieser abschließenden Überlegungen ist, Kants Begriff der Normativität anhand von Korsgaards ‚authority of reflection'-Argument zusammenfassend und auf den Punkt gebracht darzustellen. Einige Abweichungen, die bereits im zweiten Einleitungskapitel in bezug auf Korsgaards Verständnis von Kant konstatiert worden sind, lassen sich abschließend bekräftigen.

Kants „freier Wille" ist im zweiten Einleitungskapitel normativitätsfähig gemacht worden, indem das Vermögen der Freiheit, der *Grundlegung zur Metaphysik der Sitten* entsprechend, als „eine Kausalität nach unwandelbaren Gesetzen, aber von besonderer Art" (A 98) nachvollzogen wurde. Letztere besondere Art der Kausalität nennt Kant auch „Autonomie" oder „die Eigenschaft des Willens, sich selbst ein Gesetz zu sein" (=D2). Indem Kants „Gesetze der Freiheit" in diesem Kapitel 6 als auch der *Rechtslehre* im Sinne eines *genitivus subjectivus* zugrundeliegend erarbeitet worden sind, sind alle Begründungen innerhalb der *Rechtslehre* auf dieses Freiheitsvermögen als eines Gesetzes- und Normativitätsvermögens bezogen worden. Der Friede im Völkerrechtsabschnitt der *Rechtslehre* ist bei Kant faktisch nichts anderes als ein Gesetz der Freiheit (*genitivus subjectivus*). Im Einleitungskapitel wurde weitergehend bestimmt, daß es ausschließlich der freie Wille und die praktische Vernunft sind, die moralische Normen sowohl zu begründen als auch diesen entsprechend zu handeln vermögen (=D3). Nur sie bringen „unwandelbare [nicht natürliche] Gesetze" hervor und bestätigen diese. Sofern der

Friede als normativer Gegenstand vorausgesetzt wird, ist er bei Kant auch zwingend als ein Gesetz der Freiheit (*genitivus subjectivus*) begründet.

Im Rahmen negativer Bestimmungen von Kants Friedensnormativität schließt das zuletzt Gesagte aus, daß der Friede empirische Motive an sich geltend machen kann. Anhand von Kapitel 5 ist eine Systematik empirischer Unzulänglichkeiten entwickelt worden, die in Kants *Zum ewigen Frieden* rekonstruierbar sind. Vier Hauptargumente sind unterschieden worden. Diese treffen sowohl Garve, Saint Pierre als auch Rousseau. An der Spitze der im Zeichen der freien, gleich reinen praktischen Vernunft getroffenen negativen Bestimmungen von Kants Friedensnormativität steht eine Kritik jeglichen „moralischen Gefühls" als normativer Instanz. Kant selbst kritisiert in der *Grundlegung zur Metaphysik der Sitten* Hutchesons „moralischen Sinn"[466] (=D4). In Korsgaards Systematik ist das um Humes „Sympathie-Begriff" entworfene ‚reflective-endorsement'-Argument betroffen, im Kontext der Vorarbeiten zu Kant wird Rousseaus „moralisches Gewissen" abgelehnt.[467]

Kants positiver Begriff der Friedensnormativität ist der praktischen Vernunft, die Gesetze der Freiheit (*genitivus subjectivus*) entwirft, inhärent. Ein Gesetz des „freien Willens" aufzustellen, bedeutet, gleichzeitig der Suspendierung aller empirischen Handlungsmotive, die Möglichkeit, den Gesetzesgegenstand (Frieden) als „Zweck, der an sich selbst Pflicht ist" wahrzunehmen.[468] Bestandteil des posi-

---

[466] Vgl.: *Hutcheson, Francis:* On the Nature and Conduct of the Passions with Illustrations of the Moral Sense [1728], introduction and annotations by A. Ward, Manchester 1999; *Ders.:* Illustrations on the Moral Sense [1747], Cambridge (Mass.) 1971; *Ders.:* A System of Moral Philosophy [1755], New York 1968.

[467] Im Spannungsfeld der Tatsache, daß wir zwar ungefähr wissen, was Kant über Humes ethische Theorie dachte, umgekehrt jedoch völlig offen ist, was Hume über Kants ethische Theorie gedacht haben würde, hat A. C. Baier kürzlich die Option einer für Hume möglicherweise vertretbaren, „naturalisierten Version des kategorischen Imperativs" kritisiert. Vgl. dazu: *Baier, Annette C.:* Moralism and Cruelty: Reflections on Hume and Kant, in: Ethics, Vol. 103, No. 3 (Apr., 1993), S. 436.

[468] W. Schwarz hat Kants über „rightness, obligation, and freedom" definierte Rechts- und Friedensphilosophie gegen eine moderne völkerrechtliche Praxis ins Spiel gebracht, innerhalb der gerade der Grundsatz „to make moral philosophy a

tiven Begriffs ist, daß in Kants System der Begriffe sowohl Gesetzgebung als auch Gesetzesbefolgung im Umfeld eines „Zweckes, der an sich selbst Pflicht ist“ nicht nur als Möglichkeit, sondern als Notwendigkeit entworfen sind. Sofern er Gesetze bezüglich eines solchen Zweckes gibt, verwirklicht der freie Wille - wie Kant sagt - seine „positive Freiheit“. Sofern er Gesetze bezüglich eines solchen Zweckes *befolgt*, und diese Befolgung nicht nur „pflichtgemäß“, sondern inklusive einer inneren ethischen Triebfeder „aus Pflicht“ geschieht, übt der freie Wille Selbstverpflichtung und damit Selbstbestimmung.[469]

Korsgaard hat als Bedingung des gezeichneten, positiven Begriffs der Freiheit bei Kant auf ein notwendiges Selbstkonzept der „praktischen Identität“ hingewiesen: „The agent must think of herself as a Citizen of the Kingdom of Ends.“ Die Begründung hierfür lautete: „the Prinziple or law by which you determine your actions is one that you regard as being expressive of *yourself*.“ Korsgaards Folgerung für einen die Reflexion autorisierenden Begriff der Normativität ist entsprechend diese gewesen: „obligation springs from what [...] identity forbids“ (=D6). Für Kant war letzterer Punkt s e l b s t v e r s t ä n d - l i c h. Vor der Formulierung des kategorischen Imperativs in der *Grundlegung zur Metaphysik der Sitten* hat Kant die notwendige Existenz des kategorischen Imperativs wie folgt gekennzeichnet: „Die vernünftige Natur existiert als Zweck an sich selbst. So stellt sich notwendig der Mensch sein eigenes Dasein vor; sofern ist es also ein subjektives Prinzip menschlicher Handlungen. So stellt sich aber auch jedes andere vernünftige Wesen sein Dasein, zufolge eben desselben Vernunftgrundes, der auch für mich gilt, vor; also ist es zugleich ein objektives Prinzip, woraus, als einem obersten praktischen

nonmoral study“ gilt. Vgl.: *Schwarz, Wolfgang:* Kant's Philosophy of Law and International Peace, in: Philosophy and Phenomenological Research, Vol. 23, No. 1 (Sep., 1962), S. 71.

[469] H. Sidgwick hat für Kants Begriff des „freien Willens“ entsprechend hervorgehoben, daß sich dieser in den komplementären Zusammenhängen der urteilenden Wahl zwischen richtig und falsch einerseits (positiv) und des erfolgreichen Widerstandes gegen die Neigungen andererseits verwirklicht. Vgl.: *Sidgwick, H.:* The Kantian Conception of Free Will, in: Mind, Vol. 13, No. 51 (Jul., 1888), S. 405-412.

Grunde, alle Gesetze des Willens müssen abgeleitet werden können" (A 66) (=D9).

Im Unterschied zu Kant ist für Korsgaard die praktische Identität des einzelnen noch nicht mit dem intellektuellen Nachvollzug des kategorischen Imperativs alleine hergestellt: „[...] the categorial imperative is the law of a free will. But it does not establish that the moral law is the law of a free will. Any law is universal, but the argument I just gave doesn't settle the question of the *domain* over which the law of the free will must range". Für Korsgaard sind Gesetze der Freiheit mit keiner praktischen Identität verbindbar. Das Beharren auf zusätzlichen, unerläßlichen empirischen Bedingungen praktischer Identität führt Korsgaard von der Möglichkeit weg, Rechtssphäre und Moralsphäre im selben Zusammenhang praktischer Identität wahrzunehmen. Damit geht der Punkt verloren, auf den es Kant im Kontext einer einheitlich transzendentalphilosophischen Begründung des Friedens gerade ankommt. Dieser Punkt betrifft die Möglichkeit eines moral- *und* rechtsphilosophischen, positiven Normativitätsbegriffs des Friedens, der nicht nur vernünftige Gesetzgebung, sondern zugleich Gesetzesbefolgung im Sinne einer ständig erneuerbaren, inneren, ethischen Selbstgesetzgebung einschließt.

Kants intendierter ‚Einhelligkeit der Politik mit der Moral nach dem transzendentalen Begriffe des öffentlichen Rechts' in *Zum ewigen Frieden* geht es um letztere Möglichkeit. Kant sah die Gefahr einer politisch-rechtlichen Praxis, die sich, vom transzendentalen Begriff des Rechts abgelöst, jeglicher ethischer Motive in der Willensbildung und dem, was Kant als den „Selbstzwang" und die Selbstgesetzgebung eines „freien Willens" bezeichnet, bereits durch die kategorische Trennung von Moralsphäre einerseits und Rechts- bzw. politischer Sphäre andererseits entzieht. Die Stärke von Kants Argumentation beruht dabei - im Sinne des ‚explanatory adequacy'-Kriteriums[470] - auf der Tatsache, daß sie die Politik nicht mit einem Moralappell konfrontiert, sondern einen einheitlichen transzendentalen

---

[470] Untersuchungen bezüglich der bleibenden Bedeutung von Kants praktischer und Friedensphilosophie haben sich im Detail u.a. die folgenden Studien gewidmet: *Hinske, Norbert:* Kant als Herausforderung an die Gegenwart, Freiburg i.Br./München 1980; *Funke, Gerhard:* Von der Aktualität Kants, (=Mainzer Philosophische Forschungen Bd. 20) Bonn 1979.

Übergang von der Ethik ins Recht und vom Recht in die Politik nachzuweisen vermag.

SCHLUSSTEIL

Versuche über einen Normativ Ästhetischen Friedensbegriff bei Kant

7.

Ästhetizismus I
‚Erweiterte Denkungsart‘

7.1 Einleitung

Hannah Arendt über die ‚erweiterte Denkungsart‘ in der ‚Kritik der Urteilskraft‘. Gegen die Möglichkeit einer ‚vierten Kritik‘ der kleinen politischen Schriften

Unter normativ ästhetizistischen Friedenstheorien werden in diesem und im folgenden Kapitel nicht primär - wie etwa angenommen werden könnte - solche Theorien verstanden, die die politische Sphäre selbst als ästhetisches Phänomen verstanden wissen möchten und denen es entsprechend um die „intellektuelle Erschauung einer [Friedens-]Welt von reiner Schönheit“[471] geht. Unter normativ ästhetischen Friedenstheorien werden primär solche Theorien begriffen, die bei der Identifikation bestimmter, die Normativität gegebener Handlungen feststellender politischer Vermögen auf solche Vermögen Bezug genommen haben, die von Kant und anderen dem Bereich ästhetischer Verständigung zugerechnet worden sind. Damit wird an Kants Vermögensbegriff der Freiheit und jenes Vermögen, das diese Freiheit zu leisten hat - die reine praktische Vernunft - angeknüpft.

Unter den einflußreichen Interpretationen von Kants politischer Philosophie befindet sich Hannah Arendts im Herbstsemester 1970 an der New School for Social Research in New York gehaltener Vorlesungszyklus *Über Kants politische Philosophie*. Der Zyklus gilt als Arendts wichtigste Vorarbeit im Rahmen ihres ungeschriebenen dritten Teils von *The Life of the Mind* (Vom Leben des Geistes). Nach den Bänden ‚Das Denken‘ und ‚Das Wollen‘ hätte ein dritter Band *Das Urteilen* Arendts Erkundung selbständiger menschlicher Vermögen ab-

[471] Popper 1992, Bd. I, S. 196.

schließen sollen. Die Reflexionen über menschliches Urteilen im Vorlesungszyklus *Über Kants Politische Philosophie* sind von Ronald Beiner später, gemeinsam mit anderen Texten zum Thema, als der letzte Teil unter dem Titel „Das Urteilen" herausgegeben worden.

Bereits der Titel deutet an, daß Hannah Arendt die Erörterung ihres politischen Themas in Auseinandersetzung mit Kants *Kritik der Urteilskraft* entworfen hat. Genauer gesagt ist Arendts Versuch auf den ersten Teil über die „ästhetische Urteilskraft" der *Kritik der Urteilskraft* gerichtet. Wie Beiner feststellt, soll gezeigt werden, „daß die *Kritik der Urteilskraft* die Umrisse einer großen und wichtigen politischen Philosophie enthält - einer Philosophie, die Kant zwar selbst nicht explizit entwickelte (und deren er sich vielleicht nicht einmal voll bewußt war), die jedoch trotzdem sein bedeutendstes Vermächtnis an die politischen Philosophen darstellen mag."[472]

Neben der politischen Interpretation der „ästhetischen Urteilskraft" im allgemeinen und der von Kant darunter behandelten „erweiterten Denkungsart" im besonderen ist Arendts Vorhaben davon geleitet, die Möglichkeit einer aus der zweiten Kritik heraus entwickelten „v i e r t e n Kritik" Kants auszuschließen.[473] Gemeint ist eine „vierte Kritik", die sich als Konglomerat der originär politischen Schriften Kants - unter anderem *Zum ewigen Frieden* - verstehen könnte. Arendts Urteil bezüglich Kants Friedensschrift ist entsprechend abwertend: „[...] der ironische Ton in *Zum ewigen Frieden*, der bei weitem bedeutendsten Schrift unter ihnen, zeigt deutlich, daß Kant selbst sie nicht zu ernst nahm."[474] In den fortgesetzten Erörterungen von Arendts ‚Erster Stunde' in *Über Kants Politische Philosophie* wird schließlich Kants Bemerkung zu seinen vermeintlichen „reveries", den ewigen Frieden betreffend, im Brief an Kiesewetter vom 15. Oktober 1795 zitiert, um Arendts Urteil durch Kant selbst zu bestätigen.

---

[472] *Arendt, Hannah:* Das Urteilen. Texte zu Kants Politischer Philosophie, hrsg. u. mit einem Essay von Ronald Beiner, München/Zürich 1985, S. 7f.

[473] Arendts Wendung gegen eine ‚vierte Kritik' Kants bezieht sich auf einen Ausspruch von Kurt Borries in: *Borries, Kurt:* Kant als Politiker. Zur Staats- und Gesellschaftslehre des Kritizismus, Leipzig 1928, Nachdruck Aalen: Sciencia, 1977.

[474] Arendt 1985, S. 17.

Die Einwände, die sich gegen Arendts Bewertung von *Zum ewigen Frieden* und dessen unmittelbare Wurzel in *Rechtslehre* und zweiter Kritik erheben lassen und eigentlich erheben müssen, sollen in einer hinlänglich ausführlichen Auseinandersetzung mit dem Vorlesungszyklus erarbeitet werden. Neben der allfälligen Kritik, die Arendts Interpretation der „erweiterten Denkungsart" in bestimmtem Umfang auf sich ziehen muß, ist diese - unabhängig von den ‚Zumutungen', die sie teilweise in bezug auf Kant darstellt - im Sinne einer ersten normativ ästhetischen Alternative zu den bislang diskutierten normativen Friedensbegriffen von Interesse. Mehrere Abschnitte werden veranschlagt. Ein erster Abschnitt 7.2 wird der Tatsache gewidmet, daß Arendt ihre Erhebung der Kantischen Urteilskraft zur genuin politischen Urteilskraft aus einer Abwertung der primär als politisch zu bezeichnenden Schriften Kants heraus entwickelt. Darstellung mit dem gleichzeitigen Ziel einer Korrektur wird dieses Kapitel leiten. Ein aller Kritik vorgeordneter zweiter Abschnitt 7.3 beschäftigt sich mit den letzten „Stunden" des Vorlesungszyklus' und Arendts positiver Argumentation für die ästhetische Urteilskraft als genuin politischem Vermögen.[475]

Grundsätzlich sei gesagt, daß die Intention von Arendts *Über Kants politische Philosophie* dem gleichen systematischen Anliegen folgt, das alle Kapitel des Kant-Teils beschäftigt hat. In Arendts eigenen Worten hat sich „das moderne Denken [damit] abzuplagen", das „Problem von Theorie und Praxis" zu lösen, und als Teil dieses

[475] Hier sei darauf hingewiesen, daß die Kritik, die Arendts Theorie des Urteilens u.a. hervorgerufen hat, kürzlich in der Form zurückgewiesen worden ist, daß - ähnlich wie sich Arendt in Kants Werk auf die Suche nach dem genuin politischen Vermögen in des letzteren Philosophie begibt - der Versuch unternommen worden ist, Arendts Theorie des Urteilens um implizite Elemente von deren Gesamtwerk zu ergänzen. J. Biskowski hat in diesem Sinne die Grundkoordinaten von Arendts Theorie des Handelns und ein Konzept der „Welt" in Arendts Werken bemüht. Für den Zweck der an dieser Stelle unternommenen Behandlung von Arendts Theorie des Urteilens werden diese Elemente vernachläßigt, da Arendts Ansatz nur insoweit von Interesse ist, als er die einheitlich transzendentale Verortung von Kants politischem Vermögen im Umfeld der *Rechtslehre* zu ‚stören' vermag. Vgl. zum bezeichneten Versuch: *Biskowski, Lawrence J.*: Practical Foundations for Political Judgment: Arendt on Action and World, in: The Journal of Politics, Vol. 55, No. 4 (Nov., 1993), S. 867-887.

Problems zu sehen, wie „zu einer halbwegs einleuchtenden Theorie der Ethik zu gelangen“[476] ist, die für die Praxis von Bedeutung ist. Erinnert sei vor allem an den Anhang von *Zum ewigen Frieden* und die Frage der „Einhelligkeit“ von Moral und Politik. Die „einzige Alternative“ für Arendt ist, entweder „mit Hegel zu sagen: ‚Die Weltgeschichte ist das Weltgericht‘, und das letzte Urteil dem Erfolg [zu] überlassen; oder wir können mit Kant an der Autonomie der geistigen Kräfte des Menschen [...] festhalten.“[477] Arendts Versuch über die *Kritik der ästhetischen Urteilskraft* stellt einen eigenen Beitrag dar, der im Sinne der Kantischen Alternative plädiert.

7.2 NEGATIVE ARGUMENTATION

Schopenhauers Diktum und Systematik der politischen Abwertungen in den wichtigen Schriften Kants

Eine Verwirklichung der Kantischen Alternative im Horizont der Lösung des Problems von Theorie und Praxis hat, Arendt entsprechend, Kants genuin politischen Beitrag aus einer Fixierung auf dessen nur vermeintlich politische Schriften zu lösen. Zu diesen nur vermeintlich politischen Schriften gehört für Arendt nicht nur *Zum ewigen Frieden*, sondern auch die bis dahin *in extenso* behandelte *Metaphysik der Sitten*. In Arendts eindeutigen Worten: „Was die Rechtslehre (oder Gesetzeslehre) angeht - [...] die Sie, wenn Sie sie lesen, vermutlich recht langweilig und pedantisch finden werden -, so ist es schwer, Schopenhauer nicht beizupflichten, der über sie sagte: Es ist, „als wäre sie nicht das Werk dieses großen Mannes, sondern das Erzeugnis eines gewöhnlichen Erdensohnes“. Der Begriff des Gesetzes ist von großer Bedeutung in Kants praktischer Philosophie, wo der Mensch als gesetzgebendes Wesen verstanden wird. Doch wenn wir die Rechtsphilosophie im allgemeinen studieren wollen, werden wir uns sicherlich nicht Kant zuwenden [...].“[478] Arendts Abwertung ist

---

[476] *Arendt, Hannah:* Postscriptum, in: The Life of the Mind, Bd. 1, 1977/78, abgedruckt in: Beiner 1982, S. 15.

[477] Ebd.

[478] Zitiert nach: *Arendt, Hannah:* Über Kants politische Philosophie, in: Arendt 1985, S. 18.

allgemein und umfaßt, in Hinsicht auf dessen politische Bedeutung, annähernd Kants „Gesamtwerk". Systematisch betrachtet, werden nicht nur die kleinen politischen Schriften - u.a. *Zum ewigen Frieden* - und die *Metaphysik der Sitten* zur Zielscheibe, sondern auch die *Kritik der praktischen Vernunft* und zuletzt sogar Kants *Kritik der reinen Vernunft*. Die Zuordnung von Arendts Einwänden zu den entsprechenden Schriften Kants ermöglicht, den Einwänden von der Seite der Schriften selbst zu begegnen - in dem Sinne, wie jene in den vorangehenden Kapiteln thematisiert worden sind.

(*i*) Arendts Vorwurf an die *Metaphysik der Sitten* lautet, daß - nachdem die Amerikanische und Französische Revolution Kant aus seinem „politischen Schlummer erweckt hatten" - zu vermuten gewesen wäre, daß Kants Problem „darin bestanden hätte, wie er die Frage der Organisation des Staates mit seiner Moralphilosophie, d.h. mit dem Diktat der praktischen Vernunft, in Einklang bringt. Das trifft aber nicht zu."[479] Als Bezugspunkt für ihre Einschätzung dient Arendt Kants bekannter Satz in *Zum ewigen Frieden*, daß das „Problem der Staatserrichtung [...], so hart wie es auch klingt, selbst für ein Volk von Teufeln, (wenn sie nur Verstand haben), auflösbar" (B 61) sei. In Arendts Worten vermag bei Kant „ein böser Mann in einem guten Staat ein guter Bürger [zu] sein."

Arendts Einschätzung stimmt in der Tat in bezug auf die angegebene Stelle in *Zum ewigen Frieden*. Gleichzeitig stellt sie keinen Widerspruch zur *Metaphysik der Sitten* dar (Kants Versuch, Moral- und Rechtsphilosophie in Einklang zu bringen). Die Definition für ein Volk von Teufeln in *Zum ewigen Frieden* richtet sich exakt nach Kants Unterscheidung von „Moralität" und „Legalität": „Eine Menge von vernünftigen Wesen, die insgesamt allgemeine Gesetze für ihre Erhaltung verlangen, deren jedes aber in Geheim sich davon auszunehmen geneigt ist, so zu ordnen und ihre Verfassung einzurichten, daß, obgleich sie in ihren Privatgesinnungen einander entgegen streben, diese einander doch so aufhalten, daß in ihrem öffentlichen Verhalten der Erfolg eben derselbe ist, als ob sie keine solche böse Gesinnung hätten" (B 61). Die empirische, als „juridische Triebfeder" verstandene Gesinnung ist in Kants *Metaphysik der Sitten* als nicht

[479] A.a.O., S. 28f.

sanktionierbar aufgewiesen worden. Sie stellt die Allgemeingültigkeit der äußeren Gesetze nicht in Frage, die als Gesetze der „positiven Freiheit" durch die praktische Vernunft einen „guten Staat" errichten. Kants Moralphilosophie spricht einen „inneren Gebrauch der Freiheit" an, der sich als „ethische Triebfeder" auf dieselben äußeren Gesetze beziehen läßt, gleichwohl dieser innere Gebrauch der Freiheit für ein „legales" Verhalten des einzelnen, rein rechtlich betrachtet, nicht vorausgesetzt werden muß. Im Begriff eines „Volkes von Teufeln" ist in *Zum ewigen Frieden* weder eine getrennte Behandlung noch eine Kluft von Kants Staats- und Moralphilosophie nachweisbar. Die ausführliche Behandlung von „Einhelligkeit" und vermeintlicher „Mißhelligkeit" der Moral mit der Politik im *Anhang* von *Zum ewigen Frieden* läßt Arendts Vorwurf *per se* zweifelhaft erscheinen.

(*ii*) Arendts zweiter Einwand an die *Kritik der praktischen Vernunft* zielt auf eine Vernachlässigung des „Menschen als zoon politikon" innerhalb von Kants zweiter großer Frage: „Ein folgenschwerer Irrtum wäre es zu glauben, daß wir uns bei unserer Untersuchung in irgendeiner Weise auf die zweite Frage - Was soll ich tun? - und ihr Korrelat, die Idee der Freiheit, stützen könnten."[480] Und weiter: „So bezieht sich die Frage [...] bei Kant auf das Betragen des Selbst in seiner Unabhängigkeit von anderen - auf das gleiche Selbst, das wissen möchte, was für menschliche Wesen erkennbar ist und was unerkennbar bleibt, aber doch denkbar ist."[481] Worauf Arendt hindeutet ist die Tatsache, daß eine unpolitische Selbstisolierung des praktischen Individuums vermeintlich in dem Moment auftreten muß, wo jenes über seine moralischen Pflichten reflektiert und das Endprodukt dieser Reflexion *per se* „frei sein soll [...] von aller Neigung."[482] Eingeschlossen in solches Frei-Sein der Freiheit müsse ein unbedingter Verlust auch jener Empirie sein, die die anderen Subjekte als intendierte moralische Zwecke darstellen.

Der theoretische Ansatz zur Behandlung der praktischen Vernunft ist von Kant in der *Vorrede* zur *Kritik der praktischen Vernunft* als Kritik der praktischen und nicht der reinen praktischen Vernunft entworfen worden. Der Nachweis des „praktischen Vermögens" der

[480] A.a.O., S. 31f.
[481] A.a.O., S. 32.
[482] A.a.O., S. 33.

reinen Vernunft muß in den moralischen Gesetzen geschehen. Neben der Tatsache, daß die Freiheit die *ratio essendi* der moralischen Gesetze ist, sind jene die *ratio cognoscendi* der Freiheit. Im Sinne eines praktischen Aufweises der Freiheit würde Kant sich selbst widersprochen haben, die Freiheit in einer Sphäre der Selbstisolation des reflektierenden Individuums nachweisen zu wollen. Kants Idee der Freiheit bezieht sich nicht, wie Arendt unterstellt, auf das „Betragen des Selbst in seiner Unabhängigkeit von anderen."

(*iii*) Den vermeintlichen Standpunkt des Kantischen Individuums außerhalb aller Welt und außerhalb aller Gesellschaft wendet Arendt schließlich immer wieder auf das Vorhaben der gesamten Kritik an. Selbst der theoretischen Philosophie Kants und der *Kritik der reinen Vernunft* wird ihre Nutzlosigkeit für „unsere Untersuchung" des Menschen als „zoon politikon" attestiert. Im Umfang dessen, was die theoretische Philosophie in bezug auf ein In-der-Welt-Sein ihres Subjektes zu leisen hat, beantwortet sich Arendt ihre Skepsis gelegentlich selbst. Gegen den fiktiven Standpunkt: „Wahre Erkenntnis ist nur einem Geist möglich, der nicht von den Sinnen belästigt wird", gibt sie, in Kants Sinne, die gegenteilige Antwort: „für seine [Kants] theoretische Philosophie ist bestimmend, daß alle Erkenntnis von dem Zusammenspiel und der Zusammenarbeit von Sinnlichkeit und Verstand abhängt" - von „Begriffen" und „Anschauungen", wie hinzuzufügen ist.

7.3 POSITIVE ARGUMENTATION

Der ‚Standpunkt des Zuschauers', Arendts Begriff der ‚Mitteilbarkeit' politischer Urteile und vermeintliche Verunsicherung der praktischen Vernunft durch den ‚Standpunkt des Erhabenen'

Die Entfaltung von Arendts eigenem Standpunkt in der Frage, welcher Teil der Kantischen Philosophie als dessen politische Theorie zu gelten hat, beginnt mehr oder weniger mit der „Siebten Stunde" der *Vorlesung*. An diesem Punkt ist Kants politisches Subjekt als jenes festgelegt worden, das, wie Arendt definierend sagt, den „Standpunkt des Zuschauers" vertritt. Zwar wird Kants politischem Subjekt nicht mehr gänzlich abgesprochen, einen Bezug *auf* die Gesellschaft zu realisieren, um so mehr jedoch wird diesem versagt, einen Bezug *zur* Gesellschaft zu verwirklichen. In Arendts Worten: „Kant sagt einem, wie man andere zu berücksichtigen hat; er sagt einem nicht, wie man sich mit ihnen in Verbindung bringen soll.“[483] Ein enger thematischer Zusammenhang zwischen beiden Fragen besteht für Arendt insofern, als sie dem Paradigma folgt, daß ein beurteilender Bezug auf die Gesellschaft ohne einen kommunikativen Bezug zur Gesellschaft nicht möglich ist.

Die Frage des In-Verbindung-Tretens mit anderen wird in der *Kritik der Urteilskraft* durch Paragraph § 39 der ‚Kritik der ästhetischen Urteilskraft‘ reflektiert, der den Begriff der „Mitteilbarkeit“ behandelt. Arendts Idee ist folgende: Der zuvor kritisierte Freiheitsbegriff der praktischen Vernunft wird von Arendt thematisch aufgenommen, um einen äquivalenten, vor allem Arendtschen Begriff der Freiheit zu entwerfen, dem die vermeintlichen Mängel des Freiheitsbegriffs in der *Kritik der praktischen Vernunft* fehlen sollen. Mit ihrem Begriff der Freiheit geht es auch Arendt - genauso wie Kant - nicht um die Zugrundelegung bestimmter Ermöglichungsbedingungen interaktiven Handelns, sondern um die erkenntnisgeleitete Perspektive eines Urteilens oder Beurteilens der Praxis. Urteilen ist in Arendts Verständnis ein unabdingbar kommunikativer Akt.[484] Im Vor-

---

[483] A.a.O., S. 62.

[484] Die Beschäftigung mit Bedingungen der Möglichkeit unabhängigen Urteilens läßt sich in Arendts gesamtem Werk verfolgen. Entscheidende Weichenstellungen für die Konzeption im Spätwerk ‚Vom Leben des Geistes‘ sind an Arendts Erfahrungen während des Eichmann-Prozesses 1961/62 und ihr Buch ‚Eichmann in Jerusalem. Ein Bericht von der Banalität des Bösen‘ (1964) gebunden. Gegenüber der Tradition hat Arendt - ausformuliert in einem Brief an Gershom Scholem - an der Person Eichmanns verallgemeinert als charakteristisches Merkmal des Bösen ‚etwas rein Negatives‘ und in diesem Sinne eine Tendenz zur ‚Gedankenlosigkeit‘ begriffen, die sie als Banalität bezeichnet. Das Böse so Arendt sei, anders als bis dahin vermutet worden sei, „niemals ‚radikal‘ [... sondern] nur extrem [...]“, was impliziere „daß es weder Tiefe noch irgendeine dämonische Dimension besitz[e].“ Das Böse sei, mehr als alles andere, primär „resistent gegen den Gedanken, [...] weil der Gedanke danach streb[e] Tiefe zu erreichen“, und genau deshalb sei das Böse (Eichmanns) als Böses nichts anderes als „Banalität“. Vgl. *Arendt, Hannah:* Hannah Arendt und Gershom Scholem, Briefwechsel, in: Neue Züricher Zeitung, 20. Oktober 1963; Encounter, Januar 1964, S. 51-56.
In ‚Elemente und Ursprünge totaler Herrschaft‘ (engl. Orginal 1951, dt. 1955) hatte Arendt das totalitäre Böse wesensmäßig noch anders definiert und in von

lesungszyklus ist dieses Verständnis an eine Stelle in Kants Schrift *Was heißt: Sich im Denken orientieren* zurückgebunden worden. Kant hatte seinerzeit festgestellt: „Zwar sagt man: die Freiheit zu sprechen, oder zu schreiben, könne uns zwar durch obere Gewalt, aber die Freiheit zu denken durch sie gar nicht genommen werden. Allein, wie viel und mit welcher Richtigkeit würden wir wohl denken, wenn wir nicht gleichsam in Gemeinschaft mit anderen, denen wir unsere und die uns ihre Gedanken mitteilen, dächten! Also kann man wohl sagen, daß diejenige äußere Gewalt, welche die Freiheit, seine Gedanken öffentlich mitzuteilen, den Menschen entreißt, ihnen auch die Freiheit zu denken nehme“ (A 325).

---

seiner Bestimmung als Banalität abweichender Form als „radikal“ Böses zu analysieren versucht. Das radikal Böse wird im Totalitarismus-Buch als das „eigentliche Ziel“ (S. 701) aller totalitäter Ideologien beschrieben, welches nicht in der Umformung der äußeren Bedingungen menschlicher Existenz bestehe, sondern in der Umformung des Wesens des Menschen, der letztlich auf seine „Überflüssigkeit“ (S. 702) geführt werden soll. In dem Versuch totalitärer Ideologien nachzuweisen, daß ihnen „alles möglich“ und das „Unmögliche möglich“ (S. 701) sei, haben jene Arendt zufolge auch das radikal Böse nachgewiesen.
Im ‚Postscriptum‘ zur zweiten Auflage ihres Eichmann-Buches hat Arendt ihrem Verständnis des Bösen als Gedankenlosigkeit entsprechend die Frage aufgeworfen, „ob ein unabhängiges, von Gesetz und öffentlicher Meinung nicht gestütztes, menschliches Vermögen angenommen werden könne, das über jede Tat und Absicht aufs neue mit ungebrochener Spontaneität urteilt“? Die Ethik, zumal die Kantische, hat sich Arendt zufolge in dieser Hinsicht als unfähig erwiesen. Aus folgemdem Grund: Grundlage von Eichmanns Selbsteinschätzung - wie Pontius Pilatus „bar jeder Schuld“ (S. 231) zu sein – war während des Prozesses in Jerusalem ausgerechnet ein Verweis auf Kants kategorischen Imperativ gewesen. In Eichmanns Bezugnahme auf letzteren mutiert Kants kategorischer Imperativ zu einem kategorischen Imperativ „für den Hausgebrauch des kleinen Mannes“ (S. 233). Kants Forderung, die eigenen Maximen an ihrer Tauglichkeit zu einem „allgemeinen Gesetz“ zu prüfen, wird dem Führerwillen angepasst und darin Hans Franks Imperativ in ‚Die Technik des Staates‘ von 1942 entsprochen: „Handle so, daß der Führer, wenn er von deinem Handeln Kenntnis hätte, dieses Handeln billigen würde.“ (S. 15f.) Angesichts dieser und ähnlicher Erfahrungen lautet Arendts negativer Schluß in bezug auf Kants Ethik als Ort politischer Urteilskraft, daß Gewissen sich nicht als autonome Instanz bilde, „gleichsam im leeren Raum“ (*Arendt, Hannah:* Denktagebuch, Library of Congress, VIII, S. 15), sondern in bezug auf die Welt zwischen den Menschen zustande komme. Arendts Bestimmung des Urteilens als unabdingbar kommunikativer Akt baut auf dieser angenommenen Grundtatsache auf.

Die Voraussetzung, daß praktische Freiheitsgesetze einer bestimmten Form der Vermittlung mit anderen Freiheitssubjekten bedürfen, ist von Arendt in einem ersten Schritt dazu verwendet worden, Kants praktische Vernunft neuerlich zu erproben. Dieser Schritt wird vollzogen, bevor die Vermittlungsbegriffe des „Mitteilbarkeits"-Paragraphen in der *Kritik der Urteilskraft* selbst bestimmt worden sind. Damit entsteht ein Problem: Die Bestimmung der Vermittlungsbegriffe hätte geklärt, daß Arendts Kritik der praktischen Vernunft Vermögen der Urteilskraft in der *Kritik der Urteilskraft* heranzieht, die durch Kant von der praktischen Vernunft definiertermaßen getrennt worden sind und insofern auch keine Kritik aneinander zulassen.

Die neuerliche Erprobung von Kants Vermögen der praktischen Vernunft folgt im Rahmen von Arendts erstem Schritt dem Ziel, die praktische Vernunft über ihr moralisches Vermögen zu verunsichern, indem die ‚Zuschauerrolle' der praktischen Vernunft mit einem *abweichenden* „Standpunkt des Zuschauers" kontrastiert wird, wie er im „Erhabenen" aufscheint. Arendt wählt „eine Situation", die *per se* mit dem Leitthema identisch und von daher zur Betrachtung besonders geeignet ist: „Kants Auffassung in der Frage des Krieges".[485] Arendt schreibt: „Kant hat mehr als einmal seine Meinung über den Krieg, die er sich als Ergebnis seiner Reflexionen über die Geschichte und den Gang der Menschheit gebildet hatte, geäußert. Nirgends aber tut er das eindringlicher als in der *Kritik der Urteilskraft* [...] in dem Abschnitt über das Erhabene."[486] Von Arendt anvisiert ist der Paragraph § 28 ‚Von der Natur als einer Macht'. Kant hat über die Erhabenheit des Krieges konstatiert: „[...] was ist das, was selbst dem Wilden ein Gegenstand der größten Bewunderung ist? Ein Mensch, der nicht erschrickt, der sich nicht fürchtet, also der Gefahr nicht weicht [...]. Auch im allergesittetsten Zustande bleibt diese vorzügliche Hochachtung für den Krieger [...]: eben darum, weil [...] die Unbezwinglichkeit seines Gemüts durch Gefahr erkannt ist. Daher mag man noch so viel in der Vergleichung des Staatsmannes mit dem Feldherrn [...] streiten: das ästhetische Urteil entscheidet für den letztern. Selbst der Krieg hat etwas Erhabenes an sich [...]: da hinge-

---

[485] A.a.O., S. 72.
[486] Ebd.

gen ein langer Frieden den bloßen Handlungsgeist, mit ihm aber den niedrigen Eigennutz, Feigheit und Weichlichkeit herrschend zu machen, und die Denkungsart des Volks zu erniedrigen pflegt" (A 104f).

Arendt hat aus der Tatsache dieses zweiten möglichen „Standpunktes des Zuschauers" weitreichende Schlüsse in bezug auf die politische Untauglichkeit der praktischen Vernunft gezogen: Die „Maximen für das Handeln [der praktischen Vernunft] machen das ästhetische und reflektierende Urteil nicht zunichte. Mit anderen Worten: Obwohl Kant immer für den Frieden gehandelt hätte, kannte er sein Urteil und vergaß es nicht. Hätte er auf der Basis der Erkenntnis, die er als Zuschauer gewonnen hatte, gehandelt, so wäre er, entsprechend seinen eigenen Vorstellungen, ein Verbrecher gewesen. Hätte er, wegen seiner ‚moralischen Pflicht', seine Einsichten als Zuschauer vergessen, so wäre er ein idealistischer Narr geworden."[487]

Arendts intendierte Verunsicherung der praktischen Vernunft, auf die der erste Schritt hinzielt, ist k r i t i s c h zu kommentieren: Kant würde zustimmen, daß das Urteil der praktischen Vernunft ein ästhetisches Urteil „nicht zunichte" macht. Entscheidend ist, daß im selben Maße die Vorhandenheit des ästhetischen Urteils „nicht zunichte" macht, wie Kant „gehandelt hätte". Theoretisch gesagt müßte Arendt, um Kants Position verunsichern zu können, bereits erreicht haben, was sie erreichen möchte: daß die ästhetische Urteilskraft in der Tat Kants verbindliches politisches Vermögen darstellt.[488] Die

---

[487] A.a.O., S. 74.

[488] In den beiden ersten Teilen von ‚Vom Leben des Geistes' (1979) hat Arendt die vermeintliche politische Unfähigkeit der ‚reinen praktischen Vernunft' über dieselbe, bereits im Eichmann-Buch angedeutete Grundthese, daß ein unabhängiger Ort ethischer Selbstbetätigung nicht anzunehmen sei, zu untermauern versucht. Zur Urteilskraft als politischer Kraft hat sich Arendt im Spätwerk über die erwähnten Vermögen des „Denkens" (Teil I) und des „Wollens" (Teil II) hingearbeitet. Im Hinblick auf den Willen und dessen Urteilsvermögen wird, in Bezugnahme auf den transzendentaltechnischen Gedanken der praktischen Vernunft als „reiner praktischer Vernunft", bereits *per se* reklamiert, daß die philosophiegeschichtliche Nachzeichnung des ‚Willens' völlig unabhängig von Kant zu geschehen habe: „Der einzige große Denker in diesen Jahrhunderten, der in unserem Zusammenhang wirklich ohne Bedeutung wäre, ist Kant. Bei ihm ist der Wille keine besondere geistige Tätigkeit im Unterschied zum Denken, sondern praktische Vernunft, ein Vernunftswille" (S. 377).

Vorhandenheit möglicher abweichender Urteile unterminiert, in Kants Sicht der Dinge, nicht die praktische Kraft des moralisch richtigen Urteils. Kants Zurückweisung empirischer (als möglicher abweichender) politischer Urteile, im Rahmen seines negativen Normativitätsbegriffs (des Friedens), baut alleine auf Unzulänglichkeiten dieser Urteile in einem Koordinatensystem von richtig und falsch auf. Richtig und falsch sind nicht an Existenzaussagen bezüglich bestimmter Urteile gebunden: Das moralisch (politischen) richtige Urteil bei Kant ist nicht als das bloß oder ausschließlich existierende Urteil definierbar.

7.4 KRITIK

a. Der Begriff der ‚Mitteilbarkeit' in § 39 der ‚Kritik der Urteilskraft' und Kants systematische Vorbehalte gegen die ‚ästhetische Urteilskraft' als genuin politischer Kraft

Die Einleitungsbemerkungen zum vorigen Kapitel haben angedeutet, daß die gezeichnete Verunsicherung von Kants praktischer Vernunft, in ihrer Rolle als „Zuschauer", systematisch von Arendts Einbeziehung der freien Urteile der praktischen Vernunft in Vermittlungszusammenhänge ästhetischer Urteile mit „möglichen Urteilen" (A 155) der anderen gesellschaftlichen Subjekte abhängig ist. Eine selbstän-

---

Eine Konzentration auf die Urteilskraft als politischer Kraft ist in den ersten beiden Teilen von ‚Vom Leben des Geistes', über die vermeintliche Selbstisolierung der praktischen Vernunft, wie folgt vollzogen worden: „das gleiche Selbst, das vom Denken bei seinem Rückzug von der Welt der Erscheinungen außer acht gelassen wird, wird durch die Reflexivität des Willens [zunächst] behauptet und bestätigt. Während das Denken das Selbst auf die Rolle des Zuschauers vorbereitet, macht das Wollen [als *principium individuationis*] es zu einem ‚fortdauernden Ich'" (S. 422). Doch gerade die Individualisierung führt zu neuen u. ernsten Schwierigkeiten [...]." In seiner Individualisierung ist das Ich vor einen „Abgrund der Freiheit" (S. 421) gebracht worden. Am Ende des Buches über das Wollen steckt der Wille in einer Sackgasse. Arendts Plädoyer für die ästhetische Urteilskraft als schließliches Urteilsvermögen im Bereich des Politischen folgt der Grundthese, daß die menschliche Freiheit nur dann anzunehmen ist, wenn jenes Vermögen analysiert wird, das unseren Empfindungen des Gefallens und Mißfallens" entspricht.

dige Untersuchung des ‚Mitteilbarkeits'-Paragraphen § 39 in der *Kritik der Urteilskraft* ist unerläßlich, wenn Arendts zweitem Schritt in der Erhebung der ästhetischen Urteilskraft zur genuin politischen Kraft gefolgt wird. Dieser zielt nicht auf eine Verunsicherung, sondern auf eine E r s e t z u n g der praktischen Vernunft im Bereich politischer Urteile.[489] Die Betrachtung von Paragraph § 39 und der anschließenden Paragraphen in der *Kritik der Urteilskraft* macht deutlich, daß (*i*) Urteile der praktischen Vernunft und ästhetische Urteile des „Erhabenen" in der *Kritik der Urteilskraft* definitionsmäßig voneinander getrennt worden sind. Sie zeigt darüber hinaus, daß (*ii*) die Frage der „Vermittlung" in bezug auf die freien Urteile der praktischen Vernunft *per se* ein Mißverständnis darstellt. Schließlich wird veranschaulicht, daß (*iii*) Arendts selbstgewählte Kategorie politischer Urteile (Urteile des „Schönen"), in Kants Verständnis, als moralisch und politisch unzureichend aufgefaßt worden sind und die Urteile der praktischen Vernunft nicht zu ersetzen vermögen.

Arendts Interesse an der Öffentlichkeit von Freiheit und der Vermittlung privater politischer Urteile steht im Dienst der berechtigten Frage, wie die Allgemeinheit einer Erfahrung und die Allgemeinheit eines dieser Erfahrung anhängenden (politischen) Urteils herzustellen sind. Insofern Arendt gesellschaftliche Gegebenheiten als nichtobjektiv betrachtet und die Notwendigkeit von Vermittlung voraussetzt, läßt sich sagen: „Das nichtsubjektive Element bei den nichtob-

[489] Die Geschichte der Vernunftsskepsis im Bereich des Rechts hat Tradition. Vgl. dazu: *Höffe, Otfried:* Vernunft und Recht. Bausteine zu einem interkulturellen Rechtsdiskurs, Frankfurt a.M. 1996. Höffe wendet sich u.a. gegen Luhmanns rechtssoziologisch motivierte Vernunftsskepsis und versucht, im Sinne einer Erwiderung nachzuweisen, daß die geschichtliche Vernunftsskepsis sich nicht exklusiv aus dem totalisierten Vernunftsanspruch der Spätaufklärung ableiten läßt. Kant soll auf diesem Wege rehabiliert werden: „Nach einer Ansicht, die schon zu einem Topos geworden ist, werde auf dem Höhe- und Wendepunkt der europäischen Aufklärung, bei Kant und im Deutschen Idealismus, ein derart übersteigerter Vernunftsanspruch vertreten, daß als Reaktion eine Depotenzierung von Vernunft geradezu provoziert werde [...]. Sollte sie [diese Ansicht] zutreffen [...] dürfte [die Skepsis] im wesentlichen erst nach den einschlägigen Texten [Kants und der Deutschen Idealisten] beginnen und müßte sich danach tatsächlich durchsetzen. Beide Tatbestände treffen nicht zu" (S. 21).

jektiven Sinnen ist Intersubjektivität."[490] In bezug auf Kants praktische Vernunft, die sich in der Rolle eines „Zuschauers" befindet, entsteht die Frage, wie die vielen politischen Zuschauer „untereinander Beziehungen" haben können. Indem Arendt letztere Frage in Kants System nur als durch die *Kritik der Urteilskraft* zu beantworten darstellt, soll schließlich die ästhetische Urteilskraft die politische Urteilskraft der praktischen Vernunft ersetzen. Das widerspricht der *Kritik der Urteilskraft* in einem wichtigen Punkt: Der Paragraph § 39 behandelt das Thema der „Mitteilbarkeit" nicht als die Frage, wie sich ein allgemeines Urteil aus der Vermittlung vieler Urteile ergibt, sondern umgekehrt: Welche Empfindungen und Urteile sind allgemein und können darum intersubjektiv geteilt, mitgeteilt bzw. vermittelt werden. Kant behandelt im Paragraphen § 39 entsprechend vier Empfindungen und ihnen korrespondierende Urteile:

(1) „Sinnesempfindungen" bestätigen die Eigenschaft, allgemein und darum mitteilbar zu sein, nicht. Weder ist bei allen der „gleiche Sinn" noch „die nämliche Empfindung", wenn schließlich zwar die nämliche Empfindung, doch nicht die Tatsache, ob „Annehmlichkeit oder Unannehmlichkeit" mit letzterer verbunden sind, vorauszusetzen (A 151).

(2) Vernünftige „Handlungen [Urteile] um ihrer moralischen Beschaffenheit willen" dagegen sind, nach Kant, die einzigen, die mit einer Empfindung der „Lust [...] der Selbsttätigkeit, und deren Gemäßheit mit der Idee seiner Bestimmung", d.i. einem „Gefühl, welches das sittliche heißt", verbindbar sind. Letzteres Gefühl ist ein solches, das „Begriffe erfordert" und darum das einzige ist, das „durch sehr bestimmte praktische Vernunftsbegriffe, allgemein mitteil[bar]" (A 152) ist. An Urteilshandlungen der praktischen Vernunft und der mit ihnen verbundenen Empfindung bestätigt sich die allgemeine Mitteilbarkeit als Folge der Verwendung allgemeiner Begriffe.

(3) Bezüglich Urteilen des Erhabenen und der „Lust am Erhabenen" hat Kant unzweideutig festgestellt: Solche Urteile „bin ich nicht schlechthin vorauszusetzen berechtigt." Zwar kennzeichnet Kant die Lust am Erhabenen, neben der praktischen Vernunft, ebenfalls als „moralische Anlagen", die man darum „jedermann ansinnen" kann.

[490] Arendt, Über Kants politische Philosophie, S. 91.

Entscheidend ist der Folgesatz: Es kann dieses Ansinnen „aber nur vermittelst des moralischen Gesetzes, welches seiner Seits wiederum auf Begriffen der Vernunft gegründet ist" (A 152) geschehen. In der Tat berührt Kant hier, in Arendts Sinne, die Frage einer Vermittlung (von Urteilen) zur Allgemeinheit. Der Mechanismus der Vermittlung macht allerdings klar, daß die Vermittlung in der Form einer notwendigen Übersetzung in allgemeine, praktische Vernunftsbegriffe zu geschehen hat. Mit einem Wort: Allgemein und politisch aussagefähig sind Urteile des Erhabenen nur dann, wenn sie durch die praktische Vernunft mitteilbar sind. Soweit sichert sich die praktische Vernunft den Primat der politischen Urteilskraft. Das läßt sich auch auf die vermeintliche Verunsicherung der praktischen Vernunft durch Urteile des Erhabenen zurückbeziehen.

(4) Die vierte Kategorie der Empfindungen und Urteile, die „Lust am Schönen" und „Geschmacksurteile", hat Kant im Paragraphen § 39 in der Tat anders als durch eine Rückführung auf allgemeine Vernunftsbegriffe als allgemein mitteilbar legitimiert. Die politische Unfähigkeit jener und der Urteilskraft allgemein ist aus Kants eigenen Vorbehalten sowie aus Überlegungen zur speziellen Frage des Friedens zu entwickeln.

Kant hat den Geschmack als „Lust [...] der bloßen Reflexion" bestimmt, die ohne einen „Zweck [Sinnlichkeit] oder Grundsatz [Vernunft] zur Richtschnur zu haben, [...] die gemeine Auffassung eines Gegenstandes durch die Einbildungskraft, als Vermögen der Anschauung, in Beziehung auf den Verstand, als Vermögen der Begriffe, vermittelst eines Verfahrens der Urteilskraft" begleitet. Beide Erkenntnisvermögen, Anschauung und Verstand, bringen in diesem Fall nicht einen „empirischen objektiven Begriff" hervor, sondern einen „Vorstellungszustand", der auf ihrer „harmonischen Beschäftigung" (A 153) beruht. Arendt hat vorgeschlagen, zwei Operationen anzunehmen, die den zitierten Prozeß der Herausbildung des Geschmacksurteils charakterisieren. Beide Operationen sind schlüssig im Hinblick auf die von Kant verwendeten Begriffe: Innerhalb einer ersten „Operation der E i n b i l d u n g" wird der Gegenstand der Beurteilung sprichwörtlich „weggeräumt": „Indem man den Gegenstand wegräumt, hat man die Bedingungen für die Unparteilichkeit geschaffen."[491] In Kants Worten werden hierbei die Bedingungen geschaffen, der „Illusion zu entgehen, die aus subjektiven Privatbedingungen" entsteht und „auf das Urteil nachteilig Einfluß haben würde" (A 155). Die anschließende „Operation der Reflexion" bezieht die anderen Gesellschaftssubjekte mit ein und stellt den von Arendt reklamierten Akt der Vermittlung dar. In Kants Worten geht es hierbei um eine Reflexion, die „auf die Vorstellungsart jedes andern in Gedanken (*a priori*) Rücksicht nimmt, um gleichsam an die gesamte Menschenvernunft sein Urteil zu halten" (A 155).

Kants symbolische Redewendung von einem Vorstellungszustand der „harmonischen Beschäftigung" der Erkenntnisvermögen (Anschauung/Verstand) wird durch beide Operationen klarer. Die zuletzt zitierten Sätze Kants gehören bereits in den Zusammenhang des Folgeparagraphen § 40. Letzterer handelt ‚Vom Geschmack als einer Art von Sensus Communis', und der *sensus communis* ist von Kant als das „Beurteilungsvermögen" identifiziert worden, das die genannten Operationen durchzuführen hat. Bereits im Folgeparagraphen zu Paragraph § 39 hat Kant die herkömmlichen Erkenntnisbegriffe Anschauung und Verstand weitgehend aufgegeben und ‚operiert' mit Ersatzbegriffen, die das Geschmacksurteil und die Urteilskraft nur vage in das System von *Kritik der reinen Vernunft* und *Kritik der praktischen Vernunft* eingliedern. Darüber hinaus spricht Kant von der „kränkenden Ehre" (A 154) des „gemeinen Menschenverstandes" mit dem „Namen des Gemeinsinnes (sensus communis) belegt zu werden." Die Maximen des Menschenverstandes will er nur „zur Erläuterung" der Geschmackskritik gelten lassen, obwohl sie „zwar nicht hierher [gehören]" (A 156).[492] Arendts Versuch, Kants Geschmacksurteilen - den sich mit allen anderen Gesellschaftssubjekten vermittelnden *sensus communis* - genuine politische Urteilskraft zuzugestehen und die praktische Vernunft in dieser Funktion zu ersetzen, stößt hier auf erste Grenzen.

---

[491] A.a.O., S. 90.

[492] Jene Maximen sind die der „vorurteilsfreien" (Grundsatz des „Selbstdenkens"), der „erweiterten" (Grundsatz des „An der Stelle jedes andern [D]enken[s]") sowie der „konsequenten Denkungsart" (Grundsatz des „Jederzeit mit sich selbst einstimmig [D]enken[s]"), KdU, A 156.

b. Kants philosophische Vorbehalte gegen die ‚ästhetische Urteilskraft' als genuin politische Kraft

Wichtiger als Kants Vorbehalte gegen die Vereinnahmung des „gemeinen Menschenverstandes" durch den *sensus communis* sind jene, die er gegen Geschmacksurteile als politische Urteile *selbst* geltend gemacht hat. Arendt hat die Übertragung der Maximen des Menschenverstandes auf entsprechende Maximen im Bereich des *sensus communis* den Anlaß gegeben, weitreichende Folgerungen zu ziehen: „Genauso wie die Maxime, nach der sich jemand in moralischen Angelegenheiten verhält, über die Qualität seines Willens Auskunft gibt, so zeigen die Maximen des Urteils seine ‚Denkungsart' in den weltlichen vom gemeinschaftlichen Sinn bestimmten Angelegenheiten."[493] Arendts Schluß ist nicht banal und bezieht sich nicht alleine auf eine Analogie der Maximen. Kant selbst hat den Geschmacksurteilen zwischenzeitlich ein politisches Betätigungsfeld ausgebreitet, das den Schluß vom gemeinschaftlichen Sinn auf die gemeinschaftlichen Angelegenheiten stützt.

In Anbetracht des allgemeinen Charakters des *senus communis* hat Kant am Ende von Paragraph § 40 folgende Zwischenüberlegung angestellt: „Wenn man annehmen dürfte, daß die bloße allgemeine Mitteilbarkeit seines Gefühls [des Schönen] an sich schon ein Interesse für uns bei sich führen müsse [...]: so würde man sich erklären können, woher das Gefühl im Geschmacksurteile gleichsam als Pflicht jedermann zugemutet werde" (A 159). Der Erkundung möglicher Interessen dienen die Paragraphen § 41 und § 42 in der *Kritik der Urteilskraft*. Grundsätzlich unterscheidet Kant zwischen empirischem und intellektuellem Interesse. In bezug auf ersteres heißt es im Paragraphen § 41: „Empirisch interessiert das Schöne nur in der Gesellschaft" (A 160). Arendts *sensus communis* wird mit Paragraph § 41 ein genuin politisches Betätigungsfeld bestätigt. Das Interesse am Schönen oder am Geschmack in der Gesellschaft baut Kant im Spannungsfeld zweier Axiome auf: Wenn man (*i*) den „Trieb zur Gesellschaft als dem Menschen natürlich" ansieht - so Kant - und (*ii*) die Tauglichkeit zur Geselligkeit deshalb zur „Erfordernis" erklärt, dann

[493] Arendt, Über Kants politische Philosophie, S. 95.

sollte man „den Geschmack als ein Beurteilungsvermögen alles dessen, wodurch man sogar sein Gefühl jedem andern mitteilen kann, mithin als Beförderungsmittel dessen, was eines jeden natürliche Neigung verlangt, ansehen" (A 160/161).

Kants philosophischen Vorbehalten gegen das Geschmacksurteil in der Sphäre des Politischen bereitet die Redeweise von einem Beförderungsmittel den Ansatzpunkt für die Verwerfung von Geschmacksurteilen. Arendts Versuch, die Maximen der Urteilskraft als Denkungsart in politischen Angelegenheiten zu etablieren, stößt genau hier an seine Grenzen: Zwar hat Kant die Geschmacksurteile, im Sinne ihrer allgemeinen Mitteilbarkeit, abschließend (*i*) als „ein Mittelglied der Kette der menschlichen Vermögen" erwogen: „[...] so würde Geschmack einen Übergang unseres Beurteilungsvermögens von dem Sinnengenuß zum Sittengefühl entdecken" (A 162). Die Vorbehalte Kants gegen Geschmacksurteile und die Urteilskraft als genuin politischer Kraft beziehen sich jedoch in zweifacher Form auf den Begriff des Interesses: (*ii*) Übereinstimmend mit seiner unter anderem gegen Christian Garve gerichteten Ablehnung aller empirischen Urteile in der Sphäre des Politischen, hat Kant in der *Kritik der Urteilskraft* festgehalten: das „empirische [...] Interesse an Gegenständen des Geschmacks" mag „noch so verfeinert sein". Unter Verfeinerung versteht Kant die, von Arendt reklamierte, Vermittlung meines subjektiven Urteils zum intersubjektiven Urteil des durch die anderen vermittelten Urteils. Das „Interesse am Schönen" könne dennoch (oder gerade deshalb) „einen nur sehr zweideutigen Übergang vom Angenehmen zum Guten abgeben" (A 161/162).

Kants Urteil ist klar: Die aus dem Akt einer allgemeinen Vermittlung mit anderen Gesellschaftssubjekten herstellbare allgemeine Mitteilbarkeit von Geschmacksurteilen genügt nicht den Bedingungen jener Allgemeinheit, die unempirische Urteile (oder Gesetze) der Freiheit als Maximen einer allgemeinen Gesetzgebung widerspiegeln müssen. Arendts öffentlicher Freiheitsbegriff gewährleistet zwar Intersubjektivität, geht aber der für Kant gerade ausschlaggebenden Freiheit bei der Gesetzesbildung des Subjektes verlustig. Schließlich hat Kant, in bezug auf den Begriff des Interesses, bereits zu Beginn des Paragraphen § 41 betont, daß (*iii*) Geschmacksurteilen - sofern auch diesen Gerechtigkeit widerfahren soll - ein empirisches Interesse überhaupt nur „indirekt" angehängt werden darf: „wodurch etwas für schön erklärt wird, [darf] kein Interesse zum Bestimmungsgrunde haben“ (A 159). Auch auf der Seite der als „rein ästhetisch“ zu deduzierenden Urteile wehrt sich Kants *Kritik der Urteilskraft* genaugenommen gegen Arendts politischen Zugriff.[494]

7.5 ABSCHLIESSENDE BEWERTUNG

in normativer Hinsicht

Den, im Sinne Kants, rekonstruierten Vorbehalten müssen sich zuletzt solche anschließen, die Arendts Behandlung der ästhetischen Urteilskraft als Konsequenz für Stellenwert und Normativität der Friedensfrage in Kants Philosophie ausstrahlt. Arendt hat schließlich festgestellt: „An diesem Punkt verbindet sich die *Kritik der Urteils-*

---

[494] P. J. Steinberger hat im Hinblick auf Arendts angenommenes (politisches) Urteilsvermögen die Frage gestellt, unter welchen Bedingungen (politisches) Urteilen zugleich als (politisches) Wissen oder Wissen im Bereich des Politischen verstanden werden kann. Die Zweifel, die Steinberger Arendts (politischer) Urteilskraft in dieser Hinsicht entgegenbringt, beziehen sich exakt auf die starke Verankerung der Urteilskraft in Kants ‚Kritik der Urteilskraft‘. Die Skepsis liest sich zugleich als Feststellung des eigentlichen Auftrages der ‚Kritik der Urteilskraft‘, wie er hier, gegen Arendt, als ästhetischer Auftrag unterstrichen worden ist: „Ultimately, Arendt fails to provide a systematic account of how judgment can be a matter of knowledge. It may be thought that such an account can in fact be traced in the influence on Arendt of Kant's theory of reflective or aesthetic judgment as outlined in the Third Critique. Indeed, Arendt is quite explicite in claiming that her approach is rooted very much in Kantian notions and that Kant's philosophy of aesthetic judgment provides the basis for a powerful political theory. It is doubtful, though, that such a philosophy can give us what we want. The ‚Critique of Judgment‘ is, in part, an effort to elaborate and justify philosophically the modern theory of aesthetic taste as developed by, among others, Shaftesbury, Hutcheson, and Burke. However, Kant's discussion turns that theory on its head by concluding that taste in fact can never be a matter of knowledge [...]. Thus, while Kant does indeed offer a powerful reconstruction of the logic of aesthetic claims, the result is, in Hans-Georg Gadamer's [Gadamer 1965] words, the radical subjectivization of aesthetics. Of course, to the degree that Arendt's theory of political judgment depends on Kant, it too must be fundamentally noncognitivist; judgment cannot be a matter of knowledge.“ Vgl.: *Steinberger, Peter J.:* Hannah Arendt on Judgment, in: American Journal of Political Science, Vol. 34, No. 3 (Aug., 1990), S. 818.

kraft mühelos mit Kants Überlegungen über eine vereinte, in ewigem Frieden lebende Menschheit. Was Kant an der Abschaffung des Krieges interessiert und ihn zu einer sonderbaren Art von Pazifist werden läßt, ist nicht die Eliminierung von Konflikt, nicht einmal die Beseitigung der Grausamkeit, des Blutvergießens, der Widerwärtigkeit des Kriegführens. Die Abschaffung des Krieges ist vielmehr die notwendige Bedingung für die größtmögliche Erweiterung der erweiterten Denkungsart."[495]

Arendts grundlegende Vertauschung von Mitteln und Zwekken in Kants Philosophie - der ewige Friede wird hier zum Mittel erklärt - leistet primär eines: Indem die besondere Mitteilbarkeit der „erweiterten Denkungsart" als letzter Zweck von Kants Philosophie bestimmt worden ist, hat sich Arendt dem Problem enthoben, jene in vergleichend-kritischem Zusammenhang mit Kants praktischer Vernunft sehen zu müssen. Die praktische Vernunft schließt sowohl die allgemeine Mitteilbarkeit der Verstandesbegriffe als auch die Allgemeinheit ihrer für die Gesellschaft gesetzgebenden Tätigkeit ein.

Als mögliche Beiträge zu einer kritischen Auseinandersetzung mit Kants praktischer Vernunft in Rechnung zu stellen sind jene Versuche, die Arendt mit ihrem *Eichmann*-Buch und dem zweiten Teilen ihres Spätwerkes *Vom Leben des Geistes* unternommen hat. Der zeitgeschichtlich-empirische Anlaß, aus dem ersteres hervorgeht, und der kategorische Imperativ „für den Hausgebrauch des kleinen Mannes"[496] werden sich allerdings nur bedingt gegen die praktische Ver-

[495] Arendt, Über Kants politische Philosophie, S. 99. Hinter diesen und ähnlichen Bemerkungen Arendts scheint gelegentlich die Frage zu stehen, ‚Gibt Kant ein Programm', wie der Friede zu verwirklichen ist? An genau diesen Stellen tritt allerdings auch Karl Jaspers Betrachtung von ‚Zum ewigen Frieden' in Erinnerung. Siehe: *Jaspers, Karl:* Kants „Zum ewigen Frieden", in: *Ders.*, Philosophie und Welt. Reden und Aufsätze, München 1958, S. 97-135. Jaspers hat in seiner kurzen Abhandlung die Frage ‚Gibt Kant ein Programm' schon einmal aufgeworfen. Die negativ gedeutete Zuschauerrolle der Kantischen Vernunft bei Arendt weicht hier einem nachvollziehenden, positiven Verständnis der Vernunft: „Es ist [...] selbstverständlich, daß Kant keine sofort in die Praxis umsetzbaren Vorschläge in der konkreten Situation seiner Zeit macht [...]. Kant hält die ‚Erlaubnisgesetze der Vernunft' für unumgänglich. Sie gestatten, etwas reifen zu lassen, statt durch sofortigen Totalwillen alles zu ruinieren" (S. 124f).

[496] Arendt, Eichmann in Jerusalem, S. 233.

nunft im Transzendentalsystem ins Feld führen lassen, da sie nicht den Anspruch erheben, Kant auf philosophischer Ebene zu begegnen.[497] Bei der Nachzeichnung der Aporien des „Wollens“ und des Willens im zweiten Teil von *Vom Leben des Geistes* reklamiert Arendt überhaupt ohne Bezugnahme auf Kant vorgegangen zu sein.[498]

Wie sehr Arendts Versuch, die „erweiterte Denkungsart“ für politische Dienst- bzw. Urteilsleistungen in Anspruch zu nehmen, der Vorbehalt der intersubjektiven Vermittlung als Prämisse vorausgeht, läßt sich unter anderem an der Zentralität politischer Handlungsräume für Arendts Philosophie abschätzen, wie sie die *Vita activa* und die frühe Biographie *Rahel Varnhagen. Lebensgeschichte einer deutschen Jüdin aus der Romantik* direkt und indirekt thematisiert haben. Als „Grundbedingung unter der die Tätigkeit des Handelns steht“ hat Arendt in der *Vita Activa* die Bedingung der „Pluralität“ identifiziert und am historischen Verlust derselben den gleichzeitigen Verlust genuin politischer Räume beklagt.[499] Auch die positiv erwo-

---

[497] Vgl. hierzu die begleitende Darstellung in Anmerkung 483.

[498] Vgl. hierzu Anmerkung 487.

[499] Arendt hat in der ‚Vita Activa‘ (1960) - neben den Räumen des Privaten und Gesellschaftlich-Sozialen - für einen dritten Raum genuin politischer Tätigkeit plädiert. Um 1960 sah Arendt in diesem als einzigem die Möglichkeit, jede Form bloß instrumenteller Vernunft bei der Urteilsbildung auszuschließen. Im Vergleich zur Behandlung der Urteilskraft in ‚Vom Leben des Geistes‘ ist eine Akzentverschiebung wirksam: Während Arendts Blick im Spätwerk mehr auf die *vita contemplativa* gerichtet ist, hat sich die *Vita activa* noch primär auf die Bedingungen der Möglichkeit des Urteilens politisch Handelnder konzentriert. Entsprechend sind die konkreten Räume, in denen geurteilt wird, im Blick. Zugleich wird der traditionelle „Vorrang“ (S. 20) der Kontemplation (der *vita contemplativa*) vor dem Tätigsein (der *vita activa*) kritisiert. Ohne die Gültigkeit kontemplativer Urteile grundsätzlich in Frage zu stellen, ist Arendts „Einwand gegen die Tradition“, daß durch den „Primat“ der Kontemplation, die „Unterschiede [des Urteilens] innerhalb der [verschiedenen Räume] der Vita activa verwischt oder nicht beachtet worden sind“ (S. 22). In bezug auf die *vita activa* zeichnet Arendt die Situation einer Welt, die zunehmend in der Gefahr steht, vollständig durch die Tätigkeiten des Arbeitens und Herstellens dominiert zu werden. Eine gefährliche Situation deshalb, da in Arendts Sicht der Dinge die Realität einer „gemeinsamen Welt“ nicht auf der bloßen, allen Menschen gemeinsamen „Natur“ (S. 57) aufzubauen ist, nicht auf ihren Bedürfnissen und nicht auf dem Geld als deren „Generalnenner“ (S. 56). Der öffentlich-politische Raum sei aufgrund genau

gene „Paria“-Existenz Rahels als „jüdischer Typ“ verweist für Arendt zuletzt auf nichts anderes als verfehlte Pluralität im Politischen.[500]

Arendts an die „erweiterte Denkungsart“ und die allgemeine „Mitteilbarkeit“ gebundener politischer Versuch im *Vorlesungszyklus* hat Kant am Ende in eine sonderbare Nähe zu Rousseau gerückt. Wie gezeigt worden ist, kann Rousseaus Behandlung des Friedens in bestimmtem Ausmaß als innenpolitischen Zwecken untergeordnet angesehen werden. Im Falle Kants stellt eine Mediatisierung der Friedensfrage eine Zuschreibung bei weitem zu reduzierter Zielsetzungen der Kantischen praktischen Philosophie dar. Allgemeinheit - im Sinne allgemeiner Mitteilbarkeit verstanden - ist von Arendt zum Kernstück von Kants politischer Philosophie erhoben worden. Um letzteres Paradigma überhaupt begreiflich machen zu können, wird Kants

---

jener Tatsache wichtig, „daß ein jeder von einer anderen Position aus sieht und hört“ (S. 56), d.i. als Einigungs-, Verständigungs- und Urteilsraum.

[500] Arendts biographisches Werk ‚Rahel Varnhagen. Lebensgeschichte einer deutschen Jüdin‘ läßt sich als frühester Versuch über die Bedingungen eines unabhängigen Urteilsvermögens verstehen. Rahel ist in jener potentiellen Eigenschaft im Blick, die Arendt im Briefwechsel mit Karl Jaspers als den „jüdischen Typ“ bezeichnet hat. Durch ihre Diskussion mit Kurt Blumenfeld war Arendt auf die Idee gebracht worden, daß es, historisch betrachtet, möglicherweise zwar „eine deutsche Kultur, aber keine deutsche Zivilisation gegeben“ habe. Alle Assimilation müsse von daher im Dunstkreis autoritärer Ideologien verbleiben. Unter Zugrundelegung dieser Überlegung verweist Arendt auf die positiven Aspekte jüdischer Nicht-Assimilierung. Die Gestalt der Rahel sieht Arendt im gleichen Zusammenhang als durch das Ineinanderfließen zweier möglicher Existenzweisen bestimmt: Die Existenz als „Paria“ und/oder die Existenz als „Parvenue“. Während der Parvenue für Arendt den Verlust seiner Pariaeigenschaften durch die endgültige Unfähigkeit bezahlt, sich für anderes als für seine eigene Person zu interessieren, verwirklicht die Außenseiterexistenz des Paria politische Bedeutung: Als Resultat seiner objektiven gesellschaftlichen Randstellung eigne dem Paria als *differentia specifica* ein kritisches Verhältnis zu jeder vorgegebenen Tradition oder Norm und eröffne den Raum für ein unabhängiges Urteilsvermögen (siehe zum Vorangehenden u.a.: Nordmann, Ingeborg: Hannah Arendt, Frankfurt a.M/New York 1994, S. 22f).
Die negativen Aspekte der Paria-Konzeption dürften für Arendt in der Tatsache zu sehen zu sein, daß die weltlose Fremdheit der Rahel im Endeffekt auf nichts anderes als jene verfehlte gesellschaftliche Pluralität verweist, die Arendt in der ‚Vita Activa‘ als historischen Verlust des „Handelns“ und des diesem Handeln entsprechenden freien politischen Raumes nachgezeichnet hat.

praktische Vernunft, einschließlich ihrer allgemein mitteilbaren Verstandes- und Vernunftsbegriffe, in eine „Zuschauer"-Rolle gedrängt.

Besonders deutlich kann die Reduktion an Kants essentiellem Begriff der Pflicht veranschaulicht werden: Der Begriff der Pflicht bedeutet in der *Metaphysik der Sitten* - egal ob moralische oder rechtlich-politische Sachverhalte gefragt sind - eine Verpflichtung der praktischen Vernunft, ihrem „Gesetzesvermögen" oder „Vermögen der Prinzipien" in der Form eines „positiven Begriffs der Freiheit" durch „Gesetze der Freiheit" Ausdruck zu geben. Die Pflicht der Freiheit entwirft bei Kant einen Raum der Gesetze und der Gestaltung von Gesellschaft. In Arendts Auffassung des Begriffs der Pflicht kennzeichnet dieser primär Kants Überlegungen zu einer ästhetischen Urteilskraft und daß, „das Gefühl im Geschmacksurteil gleichsam als Pflicht jedermann zugemutet werde." Pflicht zielt bei Arendt auf die Herstellung eines *sensus communis*, dessen Grundfrage ist, wie es möglich sei, daß gesellschaftliche Individuen „untereinander Beziehungen" haben, die kommunikabel sind.

Abschließend wird deutlich, daß in Arendts Behandlung des Friedens, als Teil „allgemeiner Mitteilbarkeiten", eine eigenständige Normativität von Kants „ewigem Frieden" gar nicht mehr zur Frage stehen soll. Für den Fall, daß eine solche Normativität auf der Basis von Arendts Verständnis der Kantischen praktischen Philosophie dennoch entwickelt werden würde, könnte diese nur völlig anders ausfallen. Die Nähe, in die Kants praktische Philosophie dabei unter anderem zu Rousseaus praktischer Philosophie gerät, ist allem voran mit Kants eigener Abgrenzung zu seinem Vorgänger unvereinbar.

8.

Ästhetizismus II ‚Erhabenheit'

„Der Affekt von der schmelzenden Art aber [...] taugt gar nichts; [...] eine weiche aber zugleich schwache Seele [...] zwar phantastisch, aber nicht einmal enthusiastisch genannt werden kann. Romane, weinerliche Schauspiele, schale Sittenvorschriften, die mit [...] sogenannter edler Gesinnung tändeln, in der Tat aber das Herz welk, und für die strenge Vorschrift der Pflicht unempfindlich [...] überhaupt festen Grundsätze unfähig machen."

Immanuel Kant, KdU (A 121)

8.1 EINLEITUNG

Jean-François Lyotards Versuch, den ‚Enthusiasmus' der ‚Kritik der Urteilskraft' als analogen ‚Gerichtshof' der Vernunft im Historisch-Politischen zu etablieren

Die Frage, ob und inwiefern ästhetische Urteile ein eigentliches „Mittelglied [in] der Kette der menschlichen Vermögen" bilden und darin „einen Übergang unseres Beurteilungsvermögens von dem Sinnengenuß zum Sittengefühl" (*KdU* A 162) ermöglichen, hat Hannah Arendt nicht mehr wirklich interessiert. Die in der „erweiterten Denkungsart" gefundene allgemeine Mitteilbarkeit hat die in ihrer politischen Zuschauerrolle gefangene, Kantische praktische Vernunft ersetzt und das von Arendt intendierte politische Forum ermöglicht. Ganz anders ist Jean-François Lyotards Werk *Der Enthusiasmus* einzuschätzen. Als Vorlage für ein Referat entstanden, das der Autor am 27. April 1981 am Centre de recherches philosophiques sur le politique der Ecole Normale Supérieure gehalten hat, geht es Lyotard gerade um die Frage der „Übergänge" zwischen den Kantischen Vermögen. Die Schrift ist, im Sinne einer Suche nach dem eigentlichen politischen Vermögen in Kants Werk, dem Systemgedanken der Kritiken verbunden. Die Einheit des transzendentalen Systems im Blick, hat Lyotard seine Ausführungen dennoch im selben - von Arendt gezeichneten - Horizont einer Delegitimierung der *Rechtslehre* als politischer Philosophie entworfen. Die Feststellung „Wir beziehen uns auf die Texte Kants über das Historisch-Politische unter Vernachlässigung der Rechtslehre“[501] wird von Lyotard zur Prämisse der Untersuchung erklärt.

Um den an Hannah Arendt anschließenden Gedankengang abzurunden, sei hinzugefügt, daß Lyotard die im System der Kantischen Vermögen - neben der vertikal stellbaren Frage der „Übergänge“ der subjektiven Vermögen - intersubjektiv und eigentlich horizontal verlaufende Frage der „Mitteilbarkeiten“ nicht bewegt. Entsprechend wird die vermeintlich isolierte, politische Zuschauerrolle der reinen praktischen Vernunft nicht aufgeworfen. Entsprechend wird auch der das „Erhabene“ durchlebende Zuschauer der *Kritik der Urteilskraft* nicht im Sinne einer Verunsicherung[502] der reinen praktischen Vernunft kontaktiert, sondern dessen Enthusiasmus zum wahren Ort politischer „Satzfamilien“ (Vermögen) im Kantischen System erhoben. Wie Arendts *Das Urteilen* hat auch Lyotards *Der Enthusiasmus* schwerpunktmäßig auf die *Kritik der Urteilskraft* Bezug genommen.

Um Lyotards Ausgangsmotivation zu verstehen, einen weiten Bogen um die *Rechtslehre* in der *Metaphysik der Sitten* zu schlagen, bedarf es keines erneuten Verweises auf Schopenhauers entsprechende Worte. Lyotard hat seinen Bogenschlag begründet. Daß Lyotards *Der Enthusiasmus* keine Arendtsche Präfixierung auf die *Kritik der Urteilskraft* vorzuwerfen ist, wird auch daraus ersichtlich, daß sich Lyotard, neben der *Kritik der Urteilskraft*, ausführlich mit einer Anzahl der kleinen politischen Schriften Kants beschäftigt hat; unter anderem mit dem *Streit der Fakultäten* und der *Idee zu einer allgemeinen Geschichte in weltbürgerlicher Absicht*. Die Ablehnung der *Rechtslehre* auf der Suche nach Kants politischer Philosophie folgt Lyotards oberster Prämisse, daß politisches Urteilen in grundlegendem Sinne a n t i d o k t r i n ä r zu gestalten ist. Die Ablehnung aller Doktrin veranlaßt Lyotard dazu festzustellen, daß gerade die *Rechtslehre* dieser Forderung nicht entspreche. Kants Diktum in der *Kritik der reinen*

---

[501] *Lyotard, Jean-François:* Der Enthusiasmus. Kants Kritik der Geschichte, Wien 1988, S. 13.

[502] Vgl. Kapitel 7.3 dieses Teils.

Vernunft, die Philosophie lasse sich nicht erlernen: „Man [... könne] höchstens nur philosophieren lernen“ wird gegen die *Rechtslehre* gewendet: „Im Gegensatz dazu kann aber die Doktrin, besonders die Rechtslehre, erlernt werden. Sie benötigt nicht augenblicklich ein Urteil, weil sie ja im Gegenteil die vorherige Ausübung des Urteils im kritischen Satz voraussetzt. Das ist jedenfalls nach Kant schon prinzipiell im Titel *Rechtslehre* enthalten.“[503] Lyotards voraussetzungsreiche Bemerkung ist am besten dadurch zu kommentieren, daß der erste von insgesamt drei größeren Schritten analysiert wird, die - als Folge der doktrinären Festlegung der *Rechtslehre* - im Sinne einer Identifikation des philosophischen Ortes politischer Urteile in Kants System durch *Der Enthusiasmus* unternommen worden sind.

8.2 PHILOSOPHIE DER ‚ÜBERGÄNGE‘

a. Übergänge I: Die fragliche Analogie von politischem Vermögen und reiner Vernunft

Im Rahmen des ersten Schrittes hat Lyotard die Identifikation Kantischer politischer Urteile, im Sinne eines ersten grundsätzlichsten Überganges (zwischen bestimmten Vermögen), an das kritische Geschäft der *Kritik der reinen Vernunft* zu binden versucht. Letztere stellt, Lyotard zufolge, mit ihren transzendentalen Bedingungen „ein Analogon zur Bedingung für das Politische [Vermögen]“[504] auf. Der Begriff Übergang wird damit inhaltlich zuerst durch den der „Analogie“ ausgefüllt. Bevor die durch die Begriffe Übergang und Analogon gefundene Verhältnissetzung von reiner und intendierter politischer Vernunft wirksam werden kann, muß charakterisiert werden können, was das Geschäft beider Vermögen *für sich betrachtet* ausmacht. Lyotard hat an mehreren Stellen den wissenschaftstheoretisch geprägten Begriff der Inkommensurabilität verwendet, der primär aus Paul Feyerabends Buch *Wider den Methodenzwang*[505] be-

[503] Lyotard, Der Enthusiasmus, S. 25.
[504] Ebd.
[505] *Feyerabend, Paul:* Wider den Methodenzwang, (= stw 597), Frankfurt a.M. 1976.

kannt ist. Der Übersichtlichkeit halber werden alle drei angekündigten Schritte im Zeichen dieses Begriffs dargestellt.

Die Aufgabe der reinen Vernunft in der *Kritik der reinen Vernunft* besteht - Kants ‚Vorrede' in der ersten Auflage zur *Kritik der reinen Vernunft* folgend - darin, „das beschwerlichste aller ihrer Geschäfte, nämlich das der Selbsterkenntnis aufs neue zu übernehmen", die Vernunft „bei ihren gerechten Ansprüchen [zu] sicher[n]" und „dogmatischschwärmende Wißbegierde" (A XIff) zu unterbinden. Der Begriff der Inkommensurabilität bezeichnet in diesem Szenario „den Horror und [die ...] Angst",[506] daß „das Denken seinen Gegenständen"[507] nicht oder nur dogmatisch angemessen sein könnte. Inkommensurabilität, in bezug auf das Vermögen der reinen Vernunft für sich betrachtet, steht für ein zu bewältigendes Problem, das sich zwischen Vermögen und Gegenstand abspielt. Für Lyotard hat eine antidoktrinär verstandene politische Vernunft genau dasselbe Problem zu lösen. Um dem Problem den Rang eines Kantischen Problems zu geben, die Analogie als Kantische Analogie zu etablieren und schließlich in der Tat von einem Übergang *in* Kants System sprechen zu können, hat Lyotard zwei Punkte verfolgt. Genau in diesen Punkten werden die Ausführungen in *Der Enthusiasmus* erstmals mit einem Fragezeichen versehbar:

(*i*) Lyotard hat sich, erstens, auf die politische Sprache in der ‚Vorrede' zur ersten Auflage der *Kritik der reinen Vernunft* berufen: auf die Darstellung der Metaphysik als „Kampfplatz der ewigen Streitigkeiten", auf die „Herrschaft unter der Verwaltung der Dogmatiker", auf „innere Kriege [...] und [...] Anarchie" sowie den in Anbetracht dieser philosophischen Situation einzusetzenden „Gerichtshof" der Vernunft. (*ii*) Lyotard hat, zweitens, die philosophischen Bedingungen, denen letzterer Gerichtshof auf seiten der Vernunft gehorchen muß, in Kantischen Begriffen konsultiert. Indem Lyotard Kants vorgerücktes „Ideal des Philosophen" an den Beginn der *Kritik der reinen Vernunft* setzt und den im philosophischen Ideal repräsentierten Rückgang auf die „Regel" der Bestimmung von „Ideen" (A 569) der reinen Vernunft betont, vermag er, für sich betrachtet, richtig feststellen: „Unter dem Deckmantel dieses Ideals [...] verläßt die Philoso-

---

[506] Lyotard, Der Enthusiasmus, S. 15.

[507] A.a.O., S. 23.

phie die Schule und ist, was sie sein soll: Philosophie in der Welt."[508] Wichtiger, als den überhaupt nur in sprachlicher Hinsicht analogen ersten Punkt zu kommentieren, ist, auf die Einschränkungen hinzudeuten, denen Lyotards zweiter Punkt unterliegt: Die Formel ‚Philosophie in der Welt' nimmt verständlicherweise auf Kants „Idee der Welt" im zweiten Hauptstück der ‚Transzendentalen Dialektik' Bezug. Einschränkungen beziehen sich sowohl auf die Idee der Welt im transzendentalen System selbst (1) als auch auf Lyotards Verständnis des ‚in der Welt' (2).

(1) Während Lyotard davon spricht, daß die „Ideenfamilie [...] lediglich ein Anrecht auf indirekte Darstellungen hat", ist mit Kant hinzuzufügen: „Ideen aber sind noch weiter von objektiver Realität entfernt, als Kategorien; denn es kann keine Erscheinung gefunden werden, an der sie sich in concreto vorstellen ließen" (A 567). Das ist insofern wichtig, als damit klar wird, daß der von Kant in der *Vorrede* zur *Kritik der reinen Vernunft* angekündigte Gerichtshof nur sehr bedingt und entfernt im Umkreis des späten „Ideals der Philosophie" festzulegen ist, welches die „Regel" für die Ideen gibt. Lyotard stellt die *Kritik der reinen Vernunft* für seine Zwecke auf den Kopf. Gerade weil die reine Vernunft in ihrer Erkenntnistätigkeit nicht auf ein „Ideal" und abgeleitete „Ideen" beschränkbar bzw. durch diese nicht eigentlich zu definieren ist, behauptet sich die reine Vernunft der *Kritik der reinen Vernunft* als antidoktrinäres Vermögen im Bereich der Erkenntnis.

(2) Kant betont im Abschnitt ‚Von dem Ideal überhaupt' im dritten Hauptstück der ‚Transzendentalen Dialektik', daß „die menschliche Vernunft [...] Ideale enthalte, die zwar nicht, wie die platonischen schöpferische, aber doch praktische Kraft (als regulative Prinzipien) haben und der Möglichkeit der Vollkommenheit gewisser Handlungen zum Grunde liegen." Und weiter: „Moralische Begriffe sind nicht gänzlich reine Vernunftbegriffe, weil ihnen etwas Empirisches [...] zum Grunde liegt" (A 569). Ein direkter Weg oder „Übergang" von Kants erkenntnistheoretischen Ideen der Welt „in die Welt" führt genauerweise in die antidoktrinäre Welt der moralischen praktischen Vernunft der *Kritik der praktischen Vernunft*. In der Fortsetzung die-

---

[508] A.a.O., S. 20.

ses Weges der reinen Vernunft „in die Welt“ wird Kants reine praktische Vernunft - im Sinne der transzendentalen Einheit - auch als politische Vernunft und politisches Vermögen wirksam. In Kants Verständnis der Dinge ist allerdings klar, daß letzterer Weg über die Rechtsphilosophie und den entsprechenden Begriff der „ausübenden Rechtslehren“ führen muß und die *Rechtslehre* nicht ausklammert. Kapitel 6.3 hat entsprechend gezeigt, daß das „allgemeine Prinzip des Rechts“ in der *Rechtslehre* dem antidoktrinären kategorischen Imperativ der praktischen Vernunft äquivalent ist. Lyotard erreicht sein Ziel, die politische Vernunft als analog zur reinen Vernunft - als Anti-Doktrin und ihrem Gegenstand kommensurabel - zu denken, ohne daß, im eigentlichen Sinne, jedoch ein direkter „Übergang“, und wenn ein „Übergang“, doch keiner der die *Rechtslehre* ausschließt, aufzeigbar würde.

b. Übergänge II: ‚Lexikologie des Historisch-Politischen‘ und vermeintliche ‚Demultiplikation‘ der Erkenntnisvermögen am Beispiel von Schönem und Sittlichgutem in der Kritik der Urteilskraft

Im Rahmen eines zweiten Schrittes hat sich Lyotard weiter und in noch engerem Sinne um die Frage der „Übergänge“ bemüht. Nicht um eine Analogie der Vermögen in Hinsicht auf die antidoktrinäre und folglich kommensurable Behandlung ihrer Gegenstände geht es in *Der Enthusiasmus* hier, sondern um die Frage der (In)kommensurabilität der Vermögen untereinander. Letztere Frage stellt sich Lyotard in spezieller Weise, als zugleich eine „Demultiplikation der als Erkenntnisvermögen im weiten Sinne verstandenen Vermögen“[509] anvisiert worden ist. Bei der Demultiplikation Kantischer Erkenntnisvermögen hat Lyotard erstmals die *Kritik der Urteilskraft* im Blick. Bezogen auf diese wird eine „Derealisierung des Gegenstandes ästhetischer Gefühle und [folglich das ...] Nichtvorhandensein eines ästhetischen Erkenntnisvermögens im eigentlichen Sinne“[510] erwogen. In entsprechender Weise stellt Lyotard für ein eventuelles politisches Erkenntnisvermögen die Frage seiner unabhängigen Existenz.

---

[509] A.a.O., S. 33.
[510] A.a.O., S. 45.

Die Unabhängigkeitsformel ermöglicht Lyotard, eine „eigentümliche Heterogenität des Politischen als Satz-Gegenstand“[511] zu vermuten und diesen als Gegenstand anderer Vermögen zu untersuchen. Damit wird die Kommensurabilitätsfrage der Vermögen untereinander relevant.

Lyotard stimmt zu, daß das Politische nicht als Satz-Gegenstand des reinen Vernunftsvermögens der *Kritik der reinen Vernunft* zu identifizieren ist: „Soviel in Kürze zum kognitiven Satz [der reinen Vernunft]: Er hat zur Geschichte nicht viel zu sagen, was vom kritischen Richter für gültig erklärt werden könnte. Eigentlich weiß er nichts vom Historisch-Politischen, weil er im Bannkreis der Regel der Anschauung verharrt.“ Lyotard weiter: „Aber viele andere Satzfamilien [= Erkenntnisvermögen] bleiben möglich. Man darf damit rechnen, dort [...] den ‚Übergang‘ operieren zu sehen.“[512] Lyotards Vorhaben im Rahmen eines weiten Teiles der Ausführungen von *Der Enthusiasmus* ist in der Tat, in eigenen Worten, eine „Lexikologie des Historisch-Politischen“.[513]

Die Darstellung eines - wie im Falle des politischen Vermögens angenommenen - a b h ä n g i g e n Vermögens oder einer, wie Lyotard sagt, abhängigen Satzfamilie ist beispielhaft an der Urteilskraft vorgeführt worden. Entsprechend der in der ‚Einleitung‘ zur *Kritik der Urteilskraft* formulierten Aufgabenstellung für die Urteilskraft wählt Lyotard damit das in Kants System bedeutendste Beispiel einer „‚Übergangs‘-Kraft zwischen den Vermögen“.[514] Die Identifikation von Übergangs-Kräften ist im Hinblick auf einen Gegenstand Politik, der ebenfalls heterogen sein soll, aus Lyotards Sicht konsequent. Kants Urteilskraft, die in Anbetracht der zwei Teile der Philosophie (theoretische und praktische) - Kant zufolge - „nur zum Verknüpfen dient und daher für sich [...] keine Erkenntnis verschaff[t]“ (*KdU* XI), sieht Lyotard in der Situation eines „Archipels“. Lyotard: „Jede der Satzfamilien wäre gleichsam eine Insel; das Urteilsvermögen wäre, zumindest zum Teil, gleichsam ein Reeder oder Admiral, der von einer Insel zur anderen Expeditionen unternähme, die dazu bestimmt wä-

[511] A.a.O., S. 31.
[512] A.a.O., S. 49.
[513] Ebd.
[514] A.a.O., S. 32.

ren, der einen zu präsentieren was man auf der anderen gefunden [...] hat und das der ersteren als [...] Anschauung dienen könnte, um sie für gültig zu erklären."[515]

Kants bedeutendster Fall einer konkreten Verknüpfung verschiedener Vermögen (und Philosophie-Teile) ist der Paragraph § 59 ,Von der Schönheit als Symbol der Sittlichkeit' in der ,Dialektik der ästhetischen Urteilskraft'. Das Sittlichgute als Begriff, den nur die praktische Vernunft zu denken vermag und welchem - gegenüber empirischen und Verstandesbegriffen - genau deshalb seine Realität nicht durch eine Anschauung nachgewiesen werden kann, hat, Kant zufolge, die Möglichkeit, zur „Darstellung" zu kommen. Kant spricht von einer Versinnlichung oder „Hypotypose", bei der einem Vernunftsbegriff eine sinnliche Anschauung „unterlegt" wird. Während dieses Unterlegen im Falle von Verstandesbegriffen die bekanntlichen „Schemata" hervorbringt, wird im Falle von Vernunftsbegriffen ein „S y m b o l", eine „indirekte Darstellung" durch „Analogie" (A 250ff), realisiert. Das Schöne ist in diesem Sinne - wie Lyotard mit Kant sagen kann - Symbol des Sittlichguten.

Was erreicht Lyotard durch die Aufnahme dieses Beispiels? Mit diesem und anderen Beispielen gelingt es, Fälle von Übergangskräften und Übergangs-Verfahren darzulegen. Lyotard spricht von einem „intervenieren"-Können der Urteilskraft im Bereich der „insularische[n] Vermögen" und philosophiert damit im Bereich der Inkommensurabilität der Vermögen.[516] Hinter der Liaison von Urteilskraft und praktischer Vernunft, im gegebenen Fall des Schönen als Symbol des Sittlichguten, scheint Lyotards Intention auf, das erfragte politische Erkenntnisvermögen Kants ähnlich zu verorten: als Vermögen der praktischen Vernunft, welches durch ein Symbol der Urteilskraft nachzuweisen ist.

Insofern der Schlüsselbegriff der zitierten Passage in der *Kritik der Urteilskraft* allerdings jener der „Darstellungen", der *exhibitiones*, ist, muß der Gegenstand der zu Hilfe geholten Vermögen im Rahmen (der Symbole, Schemata, etc.) von Analogien verbleiben. Auch wenn z.B. die Urteilskraft politikfähig sein sollte, hat sie es, im Sinne der von ihr hervorgebrachten Gegenstände, lediglich mit Symbolen und

---

[515] A.a.O., S. 33.
[516] A.a.O., S. 44.

Analogien politischer Gegenstände und des dahinterstehenden politischen Vermögens zu tun. Lyotards Behandlung der *Kritik der Urteilskraft* argumentiert dennoch, gerade im Falle der Ersetzung und Ergänzung der Vermögen, präziser als Arendts absolute Bestimmung der ästhetischen Urteilskraft als genuin politischer Kraft.

c. Übergänge III: Ersetzung - Der ‚Enthusiasmus' als Affekt einer ‚gewissen Liberalität der Denkungsart'

Lyotards systematisch betrachtet dritter Schritt - der dem Buch seinen Titel verliehen hat - besteht in einem Versuch über jenen Aspekt der Urteilskraft, der, über das Vermögen der Darstellung hinaus, keine bloße „als ob"-Repräsentation des politischen Gegenstandes und des politischen Vermögens herstellen soll: den Enthusiasmus. Die analogische Suche des Politischen soll im Falle des Enthusiasmus einem völligen „Übergang" weichen und die Inkommensurabilitätsproblematik sowohl auf der Ebene der Vermögen als auch auf der Ebene der Gegenstände zusammenführen. Lyotards methodische Vorgehensweise ist in Hinsicht auf die Erreichung des gesetzten Zieles konsequent gewählt: Anders als im Rahmen der Liaison von Schönem und Sittlichgutem in der *Kritik der Urteilskraft*, soll nicht nach den Veranschaulichungen und anschaulichen Gegenständen bestimmter, angenommener Begriffe oder Vermögen gefragt werden, sondern der politische G e g e n s t a n d selbst (und nicht sein Symbol) an den Anfang der Untersuchung gestellt werden.

Letzte Zugeständnisse an die Perspektive der Veranschaulichung sind in Lyotards einleitender Behandlung des Begriffs des „Leitfadens" in Kants *Idee zu einer allgemeinen Geschichte in weltbürgerlicher Absicht* wahrnehmbar. Das Politische als Gegenstand ist bereits fest im Blick, im „Leitfaden" wird dennoch nicht mehr als ein „Symbol" erfragt, das - wie Kant sagt - „ein philosophischer Kopf" (A 410), mit anderen Worten menschliches Vernunftsvermögen, der historisch-politischen Realität überstülpt. Kants Suche in der *Idee* hat den Bedingungen, das „größte Problem der Menschengattung", die „Erreichung einer allgemein das Recht verwaltenden bürgerlichen Gesellschaft" (A 394) zu lösen, gegolten. Die eine Bedingung des das äußere Staatsverhältnis betreffenden ewigen Friedens sei an die andere Bedingung eines „verborgenen Plans der Natur“ (A 403) oder einen „Leitfaden“ der politischen Geschichte zu binden, den es im Rahmen eines diesen Leitfaden zugleich befördernden „philosophische[n] Versuch[s]“ (A 407) zu bearbeiten gelte.

Lyotard zufolge verpaßt es die *Idee*, an ihrem politischen Gegenstand (dem geschichtlichen Leitfaden) die Frage zu stellen, welches Vermögen diesen „in der Welt“ befördert. Der Schritt vom Standpunkt des betrachtenden Philosophen „in die Welt“ ist auch für Kants Sicht der Dinge konsistent und in dieser Hinsicht um eine Überlegung im *Streit der Fakultäten* ergänzbar. Kant hat dort unter dem Titel ‚Wie kann man es wissen?‘, in bezug auf einen fortschrittlichen Leitfaden der Geschichte bzw. eine „wahrsagende Geschichtserzählung“ (A 132), geschrieben: „Wie ist aber eine Geschichte *a priori* [durch den philosophischen Kopf] möglich? Antwort: wenn der Wahrsager die Begebenheiten selbst macht und veranstaltet, die er zum voraus verkündigt“ (A 132).

Die Suche nach dem politischen Vermögen in Kants System hat vom politischen Gegenstand auszugehen und ist in dieser Hinsicht radikal einzurichten. Lyotards thematische Vorgabe gilt, in Kants Worten, „natürlichen Anlagen des menschlichen Geschlechts abgezielt auf den Gebrauch der [politischen] Vernunft.“ Da der „Leitfaden“ der *Idee* als politischer Gegenstand lediglich ein „Symbol“ der politischen Wirklichkeit „darstellt“, hat Lyotard den Begriff in seinen weiteren Ausführungen konsequenterweise aufgegeben.[517] Intendiertermaßen in Kants Sinne hat Lyotard schließlich die Französische Revolution dazu auserkoren, als jener politische Gegenstand zu agieren, der die Suche nach dem politischen Vermögen in Kants System an ihr Ziel führen soll. Gemeinsam mit Kants *Streit der Fakultäten* stellt Lyotard, in bezug auf den im Symbol des Leitfadens implizierten Fortschritt der Geschichte, die Frage: Ist das allgemeine Vermögen und ist der „Urheber“ (A 141) des geschichtlich-politischen Fortschritts die revolutionäre „Heldentat“? Antwort: Nicht die revolutionäre Tat selbst, sondern, Kant zufolge, „die bloße Denkungsart der Zuschauer, welche sich bei diesem Spiel großer Umwandlungen öf-

[517] Vgl. a.a.O., S. 53.

fentlich verrät“ (A 143), soll es sein, die das wirkliche „Geschichtszeichen“ des politischen Fortschritts aufstellt.[518]

Die Französische Revolution, die Rolle des Kantischen Zuschauers und dessen Denkungsart - dieselben Begriffe, die auch Hannah Arendt in ihrem Versuch über eine genuin politische Kraft im Transzendentalsystem Kants geltend gemacht hat, dieselben Begriffe, die Arendt für Apathie und Autismus in den politischen Schriften Kants verantwortlich hält, hat auch Lyotards *Der Enthusiasmus* aufgesucht. Dennoch weicht Lyotards Deutung des Kantischen Zuschauersubjektes von Arendts Deutung der erwähnten Begriffe grundlegend ab (1). Inwieweit Lyotards Überlegungen Arendts Theorie allerdings mehr als nur kontrapunktieren und - gegenüber Arendts Schelte des Zuschauerstandpunktes - abschließende Plausibilität in Hinsicht auf die Feststellung von Kants politischer Vernunft beanspruchen dürfen, ist Teil eines zweiten Aspektes (2).

(1) Vorderhand kann Lyotard auf Kant verweisen. Im *Streit der Fakultäten* hat die „Denkungsart der Zuschauer“ folgende Charakterisierung gefunden: deren Anwesenheit beim „Spiele großer Umwandlungen“ lasse „eine so allgemeine und doch uneigennützige Teilnehmung der Spielenden auf einer Seite, gegen die auf der andern, selbst mit der Gefahr, diese Parteilichkeit könne ihnen sehr nachteilig werden, dennoch laut werden [...], so aber (der Allgemeinheit wegen) einen Charakter des Menschengeschlechts im ganzen, und zugleich (der Uneigennützigkeit wegen) einen moralischen Charakter desselben, wenigstens in der A n l a g e, beweiset“ (A 143). Die Tatsache einer „Teilnehmung dem Wunsche nach“, die zugleich „uneigennützige Teilnehmung“ ist, hat Kant ermöglicht, deren moralischen Charakter festzustellen. Entsprechend Kants allgemeinem Moralbegriff (der praktischen Vernunft) ist politische Teilnehmung darin nicht ausgeschlossen. Insofern Kant die uneigennützige Teilnehmung

[518] Mit der Redeweise von einem „Geschichtszeichen“ bleibt Kant seiner grundlegenden Einschränkung aller Geschichtsphilosophie treu, dergemäß wir „es mit freihandelnden Wesen zu tun [haben], denen sich zwar vorher diktieren läßt, was sie tun sollen, aber nicht vorhersagen läßt, was sie tun werden“ (Streit der Fakultäten *A* 139). Das „Geschichtszeichen“ ist reines „signum rememorativum, demonstrativum, prognosticon“ (Streit der Fakultäten A 142) und stellt keine Erkenntnis dar.

des Zuschauers dem Wunsche nach - im Sinne eines weiteren Beschreibungsmerkmals - „nahe an Enthusiasmus grenz[en]“ läßt, ist diese, Kant zufolge, zuletzt als „Teilnehmung am Guten mit Affekt“ definierbar.

(2) Lyotards Ermächtigung des Enthusiasmus als *dem* politischen Vermögen in Kants System baut auf letzteren Ausführungen auf. Der „Übergang“ zu einem - neben Arendt - weiteren politischen Versuch über die *Kritik der Urteilskraft* ist von Lyotard auf der Basis des Enthusiasmus als „eine[r] Modalität des erhabenen Gefühls“[519] vollzogen worden. Zwischen zwei Dingen sollte hierbei differenziert werden: Auf der einen Seite stehen die Bemerkungen, die Kant in der *Kritik der Urteilskraft* an den Enthusiasmus bindet (a), auf der anderen jene Bemerkungen, die er bezüglich des Erhabenen findet (b). Die Tatsache, daß Lyotard zwischen Bemerkungen über den Enthusiasmus und über das Erhabene nur unklar differenziert, läßt *Der Enthusiasmus* angreifbarer erscheinen, als dies sein müßte: Lyotards Versuch ist auf beiden Ebenen, in der Tat jedoch vor allem auf jener des Enthusiasmus, kritisierbar.

(a) Auch in der *Kritik der Urteilskraft* hat Kant am Ende der ‚Analytik des Erhabenen‘ den Enthusiasmus als die „Idee des Guten mit Affekt“ bezeichnet. Allerdings lautet Kants relativierende Anschlußbemerkung hier: „Dieser Gemütszustand scheint erhaben zu sein, dermaßen, daß man gemeiniglich vorgibt: ohne ihn könne nichts Großes ausgerichtet werden“ (A 119). Die Vorbehalte, die die *Kritik der Urteilskraft* weiterhin gegen den Enthusiasmus formuliert hat, sind solche, die nicht nur gegen den Enthusiasmus gerichtet sind, sondern gelten in Kants praktischer Philosophie für Affekte allgemein: Insofern Affekte „blind“ entweder bereits in der Wahl ihres Zweckes oder aber in der Ausführung eines von der Vernunft gesetzten Zweckes seien, „kann er [der Enthusiasmus] auf keinerlei Weise ein Wohlgefallen der Vernunft verdienen“ (A 120). Gleichwohl nicht in moralisch-politischer Hinsicht, ist der Enthusiasmus für Kant dennoch in ästhetischer Hinsicht erhaben und zählt insofern zu dem, was Kant als „Affekt von der wackeren Art“ (A 120) bezeichnet.[520]

[519] Lyotard, Der Enthusiasmus, S. 58.

[520] Abseits der größeren Argumentationslinie Kants abschließende Bemerkung zum ‚Enthusiasmus‘: „[...] da, wo nun die Sinne nichts mehr vor sich sehen, und

(b) Lyotard hat sein Schlüsselargument für den Kantischen Zuschauer als Subjekt, das im Sinne eines genuin politischen Vermögens wirkt, nur undeutlich auf das ästhetisch Erhabene (die eigentliche „Denkungsart des Zuschauers") angewendet: „Auf den Bühnen, bei den Schauspielern selbst, sind die Interessen, die gewöhnlichen Leidenschaften und das ganze Pathos der empirischen (psychischen, soziologischen) Kausalität für immer unentwirrbar mit dem Interesse der reinen moralischen Vernunft und dem Appell an die Idee des republikanischen Rechts verquickt. Die Zuschauer [...] können dagegen nicht verdächtigt werden, ein empirisches Interesse daran zu haben."[521]

Lyotards Schlüsselargument läßt sich auf das ästhetisch Erhabene im Umfang eines richtigen und eines falschen Teils beziehen. (*i*) Ohne daß Lyotard diesen Zusammenhang explizit herstellt, besteht der r i c h t i g e Teil seines Schlüsselargumentes darin, daß Kant die das erhabene Gefühl hervorbringende Einbildungskraft in der Tat als ein „Werkzeug , [...] unsere Unabhängigkeit gegen Natureinflüsse zu behaupten" (A 116) bestimmt hat. Das unempirische Interesse von Lyotards Theater-Zuschauern läßt sich als Metapher oder Bild solcher Unabhängigkeit lesen. In ähnlicher Weise wie Lyotards Theater-Zuschauer vermag wohl der Zuschauer jenes Schauspiels, wie es die menschliche Natur im Krieg und die Französische Revolution aufführen, eine Selbstdistanzierung vom „Pathos der empirischen Kausalität" hervorbringen. Lyotards Ausführungen werden an genau diesen Stellen in mehr als nur kontrapunktierender und in stichhaltiger Form gegen Hannah Arendts Argumentation wirksam. Der Wahrnehmung der ästhetischen Urteilskraft als solcher, die aus dem partiellen Vermögen der „erweiterten Denkungsart" einen pronunziert aktiv-politisch verstandenen *sensus communis* realisiert, setzt Lyotard eine politisch verstandene, ästhetische Urteilskraft entgegen, die im

die unverkenntliche und unauslöschliche Idee der Sittlichkeit dennoch übrig bleibt, würde es eher nötig sein, den Schwung einer unbegrenzten Einbildungskraft zu mäßigen, um ihn nicht bis zum Enthusiasm steigen zu lassen, als, aus Furcht vor Kraftlosigkeit dieser Ideen, für sie in Bildern und kindischem Apparat Hülfe zu suchen" (KdU A 123/124).

[521] Lyotard, Der Enthusiasmus, S. 66.

erhabenen Urteil vor allem eine Form der Unabhängigkeit von politischen Natureinflüssen zustandebringt.

(*ii*) Der f a l s c h e Teil in Lyotards Schlüsselargument kommt darin zum Ausdruck, daß in Kants Verständnis die Einbildungskraft als ein Werkzeug aufzufassen ist, das nicht gegen, sondern als „Werkzeug der Vernunft" *für* diese agiert. Lyotards Schlüsselargument verliert genau dort seine Überzeugungskraft, wo es dazu verwendet wird, die reine praktische Vernunft in einen empirischen Konflikt zu verwickeln. Für Kant hat „eine gewisse Liberalität der Denkungsart" wie sie sich im Urteil des Erhabenen präsentiert den Zweck, dort „wo die Vernunft der Sinnlichkeit Gewalt antun muß, [...] diese Gewalt durch die Einbildungskraft selbst, als [von] einem W e r k z e u g der Vernunft, ausgeübt vorgestellt wird" (A 115). In jeder darüber hinausgehenden Hinsicht ist für Kant klar, daß der Versuch, das ästhetische Urteilen des Erhabenen „zur Angemessenheit mit der Vernunft" zu erheben", durch „objektive Unangemessenheit der Einbildungskraft" gekennzeichnet bleibt. Schließlich und endlich hat Kant die Vernunft selbst als solche charakterisiert, die, in ihrer „Affektlosigkeit" und Freiheit, eine „weit vorzüglichere [...] Art" (A 120) der Erhabenheit zur Darstellung bringt.

8.3 ABSCHLIESSENDE BEWERTUNG

in normativer Hinsicht

Im Sinne einer Bewertung von Lyotards Enthusiasmus sei erneut *Der Streit der Fakultäten* zitiert. Die Fähigkeit, „moralische Anlage" und zugleich politisches Vermögen zu reklamieren, wie sie dem Enthusiasmus als erhabenem Gefühl im *Streit* in Aussicht gestellt worden sind, hat Kant schließlich auch dort mit entscheidenden Einschränkungen versehen. Die euphorische Rede im *Streit*, daß „wahrer Enthusiasmus nur immer aufs I d e a l i s t i s c h e und zwar Moralische geht, dergleichen der Rechtsbegriff ist, und nicht auf den Eigennutz gepfropft werden kann" (A 146), stellt begriffliche Kriterien auf, an denen auch der Enthusiasmus als Affekt zu messen ist, insofern er moralisch-politisches Vermögen beansprucht. Was die Denkungsart des Zuschauers als moralisch-politisches Vermögen „in der Anlage beweiset", deutet, Kant zufolge, im Sinne eines „Geschichtszeichens" lediglich auf eine eigene Ursache hin; eine „moralische einfließende Ursache“ (A 144), die letztlich „zwiefach“ definiert ist: zum einen durch den Begriff des „Rechts“ und zweitens durch den Begriff eines „Zwecks (der zugleich Pflicht) ist“.

Der grundlegende Stellenwert beider Begriffe bei dem in Kapitel 6 angesetzten Ziel, Kants *Rechtslehre* aus der reinen praktischen Vernunft abzuleiten und gleichzeitig die Einheit des transzendentalen Systems in diesem Aspekt zu beweisen, dürfte in Erinnerung geblieben sein. Abschließend lädt die von Lyotard anvisierte Passage im *Streit der Fakultäten* dazu ein, zuvor wichtige Bestimmungen kurz zu wiederholen: Während der Begriff des Rechts die gesellschaftspolitische Verwirklichung der äußeren Freiheit der einzelnen Willkür betroffen hat, bezog sich der Begriff eines Zweckes, der zugleich oder an sich Pflicht ist, auf die, unter anderem gesellschaftspolitische, Verwirklichung der inneren Freiheit des praktischen Individuums durch ethische Selbstverpflichtung. Beide Begriffe gemeinsam bilden Kants „Gesetze der Freiheit“, die die praktische Vernunft im Sinne eines „positiven“ Begriffs der Freiheit zu entwerfen hat. Eine „gewisse Liberalität der Denkungsart“, wie sie das Urteil des Erhabenen und dessen Affekt, der Enthusiasmus, ausdrücken, partizipiert an Kants System der praktischen Freiheit als „Werkzeug“ der Vernunft, während umgekehrt die Vernunft und ihre Begriffe „Ursache“ der Möglichkeit dieser Teilhabe sind. Sein Ziel, den Enthusiasmus der *Kritik der Urteilskraft* als eigentliches politisches Vermögen in Kants System nachzuweisen, verfehlt Lyotard.

Sowohl Lyotards als auch Arendts Versuche über die politische Vernunft im transzendentalen System bauen auf den potentiellen ‚Freiheiten‘ auf, durch welche die Urteilskraft von Kant in der ‚Einleitung‘ zur *Kritik der Urteilskraft per se,* d.h. systemtechnisch definiert worden ist. Als „Übergangs“-Vermögen, das „nur zum Verknüpfen dient und [...] für sich keine Erkenntnis verschafft“, schöpft die Urteilskraft zugleich aus den „Substraten“ (Kap. XI) der reinen und der praktischen Vernunft. Für Kant läßt das „keine Mißdeutung besorgen“, daß die Urteilskraft, so sie denn als politische angesehen werden soll - als Denkungsart des *sensus communis* hier (Arendt) und Denkungsart des enthusiastischen Zuschauers der Revolution dort (Lyotard) -, kein politisches Erkenntnisvermögen beanspruchen läßt. Lyotards Ziel einer „Demultiplikation“ politischer Vermögen durch die Festlegung des Enthusiasmus als eigentliches politisches Vermögen bei Kant verfehlt die Inkommensurabilitätsproblematik der Vermögen letztlich, weil sie es auf der Seite des Enthusiasmus lediglich mit einem, in Kants Worten, „wackeren Affekt" zu tun hat. Schließlich: Die Doktrin bei Kant ist das Nicht-Doktrinäre. Zur „Doktrin irgend einen Beitrag" zu liefern, ist die *Kritik der Urteilskraft* nicht verfaßt worden. Den von Arendt und Lyotard intendierten politischen Beitrag zur Doktrin leistet - insbesondere in der Frage des Friedens - die *Rechtsphilosophie*. Ein normativer Begriff des „ewigen Friedens" bleibt aus denselben Gründen auf die in der *Rechtsphilosophie* ausgedrückte Einheit des transzendentalen Systems verwiesen.

Schlußbetrachtung

„Wenn es nicht gelang, den Krieg zu ächten, so gab es vielleicht die Möglichkeit, ihn dadurch überflüssig zu machen, daß man den Frieden organisierte.“[522]

Wie läßt sich eine spezifische Praxis völkerrechtlichen Friedens normativ begründen? Wie ist das Ziel einer *Systematik* möglicher normativer Begründungen oder Begriffe völkerrechtlichen Friedens erreichbar?

Vier allgemeine normative Begriffe hat die Untersuchung bei der Beantwortung ihrer Leitfrage mit dem Einleitungsteil zur Voraussetzung gemacht. Einschließlich einer Anzahl differenzierender normativer Unterbegriffe sind, unter der Bedingung der allgemeinen normativen Begriffe, vier Gruppen normativer Friedensbegriffe durch den Ersten und Zweiten Teil für die neuzeitliche Rechtsphilosophie schließlich erarbeitet worden: voluntaristische, realistische und psychologistische Friedensbegriffe, zuletzt ein normativer Friedensbegriff ‚reiner praktischer Vernunft‘. Mit der normativen Kraft der reinen praktischen Vernunft hat die Problematik völkerrechtlicher Friedensbegründungen eine in den anderen normativen Theorien, wie gezeigt, bereits sukzessive leistungsfähiger gewordene, herausragende Gestalt erhalten. Eine fünfte Gruppe normativ-ästheti-scher Friedensbegriffe, die in der zweiten Hälfte des 20. Jahrhunderts mit ebenfalls Kantischem Anspruch angetreten ist, ist durch den Dritten Teil abschließend kritisch erwogen worden.

Historisch betrachtet hat der neuzeitlich-souveräne Staat mit dem Aufkommen des neuzeitlich-klassischen Völkerrechts erstmals eine international legalisierte Variante des „gerechten Krieges“ reklamiert. Die neuzeitlichen Friedensentwürfe Saint Pierres, Rousseaus und Kants sind unter diesen Umständen als Traktate entstanden, die, um ihre eigene Wirkmächtigkeit zu fördern, selbst völkerrechtli-

[522] *Dickmann, Fritz:* Friedensrecht und Friedenssicherung. Studien zum Friedensproblem in der Geschichte, Göttingen 1971, S. 131.

che Gestalt angenommen haben. Implizität ist das allgemeine Charakteristikum einer neuzeitlichen Friedensnormativität, die sich gerade aufgrund der paragraphenhaften Behandlung ihres Gegenstandes gleichsam verschlüsselt hat und als solche innerhalb jeder normativ orientierten Untersuchung den neuzeitlichen Friedensentwürfen zuallererst nachgewiesen werden muß. Nicht nur mit Blick auf die Tatsache, daß sich das neuzeitlich-klassische Völkerrecht im heutigen modernen Völkerrecht, formal betrachtet, als verbindliche Praxis fortgesetzt hat, sondern zugleich mit Blick auf bestimmte grundlegende Bedingungen eines umfassenden Begriffs der Normativität sollte verdeutlicht worden sein, daß es gerade neuzeitliche - und nicht ältere, antike - Entwürfe des Friedens sind, die es heute auf ihre inwendige normative Leistung zu untersuchen gilt. Die Selektion der Entwürfe Saint Pierres, Rousseaus und Kants aus der beinah endlosen Flut neuzeitlich-völkerrechtlicher Friedensschriften rechtfertigt sich als Folge ihres Vermögens, die nachgezeichneten allgemeinen normativen Begriffe *friedensspezifisch* zu repräsentieren.

Den ersten neuzeitlichen Friedensentwurf überhaupt formulierend, hat sich, lange vor Saint Pierre, Rousseau und Kant, die *Querela Pacis* des Erasmus ihrer anbrechenden völkerrechtlichen Realität als weitgehend assoziativ-kontemplativ verfaßter Moralappell angeboten. An der Schnittstelle von Mittelalter und Neuzeit stehend, hat der Entwurf des Erasmus einen durch (ältere) Autorität und (fortschrittliche) Vernunft zugleich definierten Ansatz vermittelt, der in normativer Hinsicht - trotz seiner nicht-völkerrechtlichen Gestalt - dazu beiträgt, eine Grenzlinie zum Mittelalter aufzuwerfen. Die Einheit der Neuzeit, in ihrem Vermögen normativen Friedensphilosophierens gegenüber Antike und Mittelalter, ist durch Erasmus' *Querela Pacis* mit ihrer ersten, voluntaristischen Gestalt versehen worden.

Eine eigentliche ‚Demokratisierung' der Friedensfrage hat die neuzeitliche Rechtsphilosophie in der Folge von Saint Pierres *Projet* hervorgebracht: Mit Beginn des 18. Jahrhunderts sind beinah gleichzeitig unzählige Friedensentwürfe entstanden. In normativer Hinsicht ist es gerade das viel verhöhnte *Projet*, das, wie kein anderer Entwurf, eine gleich doppelt realistische Position in der normativen Friedensfrage zu verdeutlichen vermag: (1) Den völkerrechtlichen Frieden intendierte der Traktat primär aus empirisch-utilitaristischen

Erwägungen. (2) Die Verwirklichung des Friedens hat der frühaufklärerische Saint Pierre an der von ihm euphorisch proklamierten „perfectibilité" des Menschen gemessen. Wo Erasmus' *Querela Pacis* den Menschen „nicht wie er ist, sondern wie er sein soll" zugrundelegte, hat das *Projet* beansprucht, von den Menschen annähernd, „wie sie sind, und nicht wie sie sein sollen", ausgehen zu können.

Der psychologistische Normativitätsbegriff des Friedens hat sich in Rousseaus Philosophie - und hier konkret über Akte aufbauender Vergesellschaftung - nachweisen lassen. Über die Kritik, die Saint Pierres *Projet* durch Rousseaus *Jugement* erfahren hat, sind *Régence*-Denker und Revolutionszeit-Theoretiker in philosophiegeschichtlicher Einheit erfaßbar. Rousseaus spätaufklärerische „Selbstbescheidung in der analytischen Weltsicht" hat mit der „raison perfectionnée" gleichwohl radikal gebrochen und der simplen Herstellbarkeit des Friedens eine - dem ersten Vergesellschaftungsakt (*contrat social*) folgende - zweite Vergesellschaftung der Erziehung zur Gesellschaft gegenübergestellt. Rousseaus politische, pädagogische und moralphilosophische Schriften sind intendiertermaßen als in einem einheitlichen Bezugszusammenhang stehend nachgewiesen worden. Die letzte Bedingung in der spezifischen Frage einer Vergesellschaftung zum völkerrechtlichen Frieden diktiert, wie gezeigt, der *Emile*: Mit dem moralischen Gewissen als dem „amour de l'ordre" (der „Liebe zur Ordnung") bringt sich der Friede über normativ-psychologistische Motive zur Geltung.

Die Progression in Hinsicht auf die normative Leistungsfähigkeit der neuzeitlichen Friedensentwürfe gipfelt in einem schließlich herausragenden Normativitätsbegriff der Kantischen Philosophie. Kant hat seinem normativen Friedensproblem, wie gesehen, die Form einer normativen „Einhelligkeit der Moral mit der Politik nach dem transzendentalen Begriffe des öffentlichen Rechts" gegeben. Der Königsberger sah vor allem die Gefahr einer politisch-rechtlichen Praxis, die sich, vom transzendentalen Begriff des Rechts abgelöst, jeglicher ethischer Motive in der Willensbildung bereits durch die theoretische Trennung von Moralsphäre einerseits und Rechts- bzw. politischer Sphäre andererseits zu entziehen vermag.

Im Rahmen negativer Bestimmungen der normativen ‚Einhelligkeit' von Moral und Politik ist ausschließbar, daß der Friede empirische Motive an sich geltend zu machen vermag. In diesem Sinne inhäriert

Kants *Zum ewigen Frieden* eine rekonstruierbare Systematik abgewehrter empirischer Unzulänglichkeiten, die Erasmus, Saint Pierre, Rousseau bzw. die diesen nachgewiesenen Normativitätsbegriffe des Friedens, in unterschiedlicher Form betreffen. Kants positiver Normativitätsbegriff des Friedens ist jener der reinen praktischen Vernunft und als solcher aus der Gesamtheit des transzendentalen Systems zu entwickeln. Sowohl Gesetzgebung als auch Gesetzesbefolgung sind von Kant im Umfeld eines „Zweckes, der an sich selbst Pflicht ist" entworfen worden, der nicht nur Möglichkeit, sondern Notwendigkeit darstellt. Nur insofern der freie Wille Gesetze bezüglich eines solchen Zweckes *gibt*, verwirklicht der freie Wille seine „positive Freiheit". Nur insofern der freie Wille Gesetze bezüglich eines solchen Zweckes *befolgt*, und diese Befolgung nicht nur „pflichtgemäß", sondern inklusive einer inneren ethischen Triebfeder „aus Pflicht" geschieht, übt der freie Wille Selbstverpflichtung und Selbstbestimmung.

Mit gutem Grund kann Kants normativer Begriff des Friedens auch heute b l e i b e n d e Gültigkeit beanspruchen. Mit dem Schlußteil der Untersuchung sollte in diesem Sinne verdeutlicht worden sein, inwiefern die zeitgenössischen ästhetischen und geschichtsphilosophischen Alternativen von Hannah Arendts Versuch über die „erweiterte Denkungsart" und Jean-François Lyotards Versuch über den „Enthusiasmus" in der *Kritik der Urteilskraft* zwar ergänzende, jedoch nicht die eigentlichen Koordinaten berühren, die Kants einheitliches Transzendentalsystem für eine umfassend normative Begründung des völkerrechtlichen Friedens angegeben hat.

ANHANG

LITERATURVERZEICHNIS

ADLER, Max: Kant und der ewige Friede [1924], in: Kopper, J./Malter, R. (Hrsgg.), Immanuel Kant zu Ehren, Frankfurt a.M. 1974, S. 269-289.

AIKEN, Henry David: Definitions of Value and the Moral Ideal, in: The Journal of Philosophy, Vol. 42, No. 13 (Jun., 1945), S. 337-352.

DERS.: An Interpretation of Hume's Theory of the Place of Reason in Ethics and Politics, in: Ethics, Vol. 90, No. 1 (Oct., 1979), S. 66-80.

AMIG, Margaret C.: Kant's ‚Empty' Moral Law, in: International Journal of Ethics, Vol. 37, No. 1 (Oct., 1926), S. 94-100.

ARENDT, Hannah: Elemente und Ursprünge totaler Herrschaft [1955], München 1986.

DIES.: Vita Activa oder Vom Tätigen Leben, Stuttgart 1960.

DIES.: Rahel Varnhagen. Lebensgeschichte einer Deutschen Jüdin aus der Romantik [1959], München 1975.

DIES.: Hannah Arendt und Gershom Scholem, Briefwechsel, in: Neue Züricher Zeitung, 20. Oktober 1963; Encounter, Januar 1964, S. 51-56.

DIES.: Denktagebuch, Library of Congress.

DIES.: Eichmann in Jerusalem. Ein Bericht von der Banalität des Bösen [1964], München 1986.

DIES.: Vom Leben des Geistes, Das Denken, Das Wollen, hrsg. v. Mary McCarthy, übers. v. Hermann Vetter, München 1979.

DIES.: Das Urteilen. Texte zu Kants politischer Philosophie, hrsg. und mit einem Essay von Ronald Beiner, München 1985.

DIES.: Hannah Arendt und Kurt Blumenfeld, Briefwechsel, Literaturarchiv Marbach.

ARISTOTELES: Politik, Stuttgart 1998.

ARMSTRONG, A. C.: Kant's Philosophy of Peace and War, in: The Journal of Philosophy, Vol. 28, No. 8 (Apr., 1931), S. 197-204.

BAIER, Annette C.: Moralism and Cruelty: Reflections on Hume and Kant, in: Ethics, Vol. 103, No. 3 (Apr., 1993), S. 436-452.

BAIER, Friedrich J.: Das Recht auf Frieden im Rahmen der Menschenrechte, in: Wiener Blätter zur Friedensforschung 53 (1987), S. 64-65.

BENTHAM, Jeremy: Grundsätze für Völkerrecht und Frieden [1786/89], in: Raumer, Kurt von: Ewiger Friede. Friedensrufe und Friedenspläne seit der Renaissance, Freiburg i.B. 1953.

BIESTER, Johann Erich (Hrsg.): Berlinische Monatsschrift, Berlin 1/1783 - 28/ 1796.

BISKOWSKI, Lawrence J.: Practical Foundations for Political Judgment: Arendt on Action and World, in: The Journal of Politics, Vol. 55, No. 4 (Nov., 1993), S. 867-887.

BLAKE, Ralph M.: The Ground of Moral Obligation, in: International Journal of Ethics, Vol. 38, No. 2 (Jan., 1928), S. 129-140.

BORN, Lester K.: Erasmus on Political Ethics: The Institutio Principis Christiani, in: Political Science Quarterly, Vol. 43, No. 4 (Dec., 1928), S. 520-543.

DERS.: Some Notes on the Political Theories of Erasmus, in: The Journal of Modern History, Vol. 2, No. 2 (Jun., 1930), S. 226-236.

BORRIES, Kurt: Kant als Politiker. Zur Staats- und Gesellschaftslehre des Kritizismus, Leipzig 1928, Nachdruck Aalen: Sciencia, 1977.

BRANDOM, Robert B.: http://www.ditext.com/brandom/brandom.html, (= Beitrag im Rahmen der Diskussionsgruppe ‚Problems from Sellars' des University of Chicago Philosophy Project), 1999.

BROWN JR., Stuart M.: Has Kant a Philosophy of Law? in: The Philosophical Review, Vol. 71, No. 1 (Jan., 1962), S. 33-48.

CALDWELL, William: Schopenhauer's Criticism of Kant, in: Mind, Vol. 16, No. 63 (Jul., 1891), S. 355-374.

CANOVAN, Margaret: Arendt, Rousseau, and Human Plurality in Politics, in: The Journal of Politics, Vol. 45, No. 2 (May, 1983), S. 286-302.

CASPARI, Fritz: Erasmus on the Social Functions of Christian Humanism, in: Journal of the History of Ideas, Vol. 8, No. 1 (Jan., 1947), S. 78-106.

CASSIRER, Ernst: Das Problem Rousseau, in: Archiv für Geschichte und Philosophie, Bd. XLI.

CASTILLO, Monique: Moral und Politik: Mißhelligkeit und Einhelligkeit, in: Höffe 1995, S. 195-220.

CAVALLAR, Georg: Pax Kantiana. Systematisch-historische Untersuchung des Entwurfs ‚Zum ewigen Frieden' (1795) von Immanuel Kant, Wien 1992.

DERS.: ‚Zum Ewigen Frieden': Immanuel Kants philosophischer Entwurf im Zusammenhang mit seiner Transzendentalphilosophie, den Friedensideen Saint-Pierres und Rousseaus und dem zeitgeschichtlichen Hintergrund, Diplomarbeit Wien 1986.

CERVANTES SAAVEDRA, Miguel de: Leben und Taten des scharfsinnigen Ritters Don Quixote de la Mancha, Berlin/Darmstadt 1952.

CLARK, John A.: The Definition of the General Will, in: Ethics, Vol. 53, No. 2 (Jan., 1943), S. 79-88.

CLAUDE JR, Inis L.: Just Wars: Doctrines and Institutions, in: Political Science Quarterly, Vol. 95, No. 1 (Spring, 1980), S. 83-96.

COHEN, Hermann: Kants Begründung der Ethik nebst ihren Anwendungen auf Recht, Religion und Geschichte [1877], 2. Aufl., Berlin 1910.

COLEMAN, Patrick: Characterizing Rousseau's Emile, in: MLN, Vol. 92, No. 4, French Issue (May, 1977), S. 761-778.

COMPTON, John J.: Towards an Ontology of Value, in: Philosophical Quarterly, Vol. 8, No. 31 (Apr., 1958), S. 157-170.

COOK, Terrence E.: Rousseau: Education and Politics, in: The Journal of Politics, Vol. 37, No. 1 (Feb., 1975), S. 108-128.

COPP, David: The ‚Possibility' of a Categorical Imperative: Kant's Groundwork, Part III, in: Philosophical Perspectives, Vol. 6, Ethics (1992), S. 261-284.

DEGGAU, Hans-Georg: Die Aporien der Rechtslehre Kants, Stuttgart-Bad Cannstatt 1983.

DEMOLEN, Richard L.: Erasmus' Commitment to the Canons Regular of St. Augustine, in: Renaissance Quarterly, Vol. 26, No. 4 (Winter, 1973), S. 437-443.

DEMOS, Raphael: Plato's Idea of the Good, in: The Philosophical Review, Vol. 46, No. 3 (May, 1937), S. 245-275.

DERS.: Moral Value as Irreducible, Objective, and Cognizable, in: Philosophy and Phenomenological Research, Vol. 6, No. 2 (Dec., 1945), S. 163-194.

DESCARTES, René: Die Prinzipien der Philosophie, Übers., erläutert u. mit einer Lebensbeschreibung versehen v. J. H. v. Kirchmann, Leipzig 1887 (= Philosophische Bibliothek Bd. 28).

DICKMANN, Fritz: Friedensrecht und Friedenssicherung. Studien zum Friedensproblem in der Geschichte, Göttingen 1971.

DUGUIT, Léon: Rousseau, Kant et Hegel, Paris 1918.

DURKHEIM, Emil: Erziehung, Moral und Gesellschaft, (= Soz. Texte Nr. 86), Neuwied 1973.

DYKE, C.: Collective Decision Making in Rousseau, Kant, Hegel, and Mill, in: Ethics, Vol. 80, No. 1 (Oct., 1969), S. 21-37.

EBBINGHAUS, Julius: Kants Lehre vom ewigen Frieden und die Kriegsschuldfrage [1929], in: Ders., Gesammelte Schriften, Bd. 1, Bonn 1986, S. 1-34.

DERS.: Immanuel Kant, Über den Gemeinspruch: Das mag in der Theorie richtig sein, taugt aber nicht für die Praxis [1946], in: Ders. 1986, S. 95-116.

ELBE, Joachim von: The Evolution of the Concept of the Just War in International Law, in: American Journal of International Law, Vol. 33, No. 4 (Oct., 1939), S. 665-688.

ERASMUS von Rotterdam: Klage des Friedens, der bei allen Völkern verworfen und niedergeschlagen wurde [1517], in: Raumer 1953.

FERGUSON, Frances: Reading Morals: Locke and Rousseau on Education and Inequality, in: Representations, No. 6 (Spring, 1984), S. 66-84.

FERNANDEZ, José A.: Erasmus on the Just War, in: Journal of the History of Ideas, Vol. 34, No. 2 (Apr. - Jun., 1973), S. 209-226.

FETSCHER, Iring: Jean Jacques Rousseau: Ethik und Politik, in: Neue Hefte für Philosophie, Heft 29, Rousseau und die Folgen, Göttingen 1989.

FEYERABEND, Paul: Wider den Methodenzwang, (= stw 597), Frankfurt a.M. 1976.

FINK, Eugen: Alles oder Nichts. Ein Umweg zur Philosophie, Den Haag 1959.

FRANK, Hans: Die Technik des Staates, München 1942.

FRIED, Alfred H.: Handbuch der Friedensbewegung, 2 Teile, 2. gänzl. umgearb. u. erw. Aufl., Berlin/Leipzig 1911.

FRIEDRICH II. von Preußen, gen. der Große: Anti-Machiavel, oder Versuch einer Kritik über Nic. Machiavels Regierungskunst eines Fürsten [1740], Frankfurt/Leipzig 1745; Nachdr. Dortmund 1982.

FUNKE, Gerhard: Von der Aktualität Kants, (= Mainzer Philosophische Forschungen Bd. 20) Bonn 1979.

GADAMER, Hans-Georg: Wahrheit und Methode, Tübingen 1965.

GARBER, Klaus: Die Friedens-Utopie im europäischen Humanismus: Versuch einer geschichtlichen Rekonstruktion in: MLN, Vol. 101, No. 3, German Issue (Apr., 1986), S. 516-552.

GARVE, Christian: Abhandlung über die Verbindung der Moral mit der Politik oder einige Betrachtungen über die Frage, inwiefern es möglich sei, die Moral des Privatlebens bei der Regierung der Staaten zu beobachten, in: Gesammelte Werke, Zweite Abteilung, Bd. VI, Hildesheim/Zürich/New York 1987.

DERS.: Übersicht der vornehmsten Prinzipien der Sittenlehre, von dem Zeitalter des Aristoteles an bis auf unsere Zeit, in: Gesammelte Werke, Zweite Abteilung, Bd. VIII, Hildesheim/Zürich/New York 1987.

DERS.: Fragmente zur Schilderung des Geistes, des Charakters und der Regierung Friedrichs des Zweyten, in: Gesammelte Werke, Zweite Abteilung, Bd. VII, Hildesheim/Zürich/New York 1987.

DERS.: Versuche über verschiedene Gegenstände aus der Moral, derLiteratur und dem gesellschaftlichen Leben, in: Gesammelte Werke, Erste Abteilung, Bde. I,II,III, Hildesheim/Zürich/New York 1987.

GAUTHIER, David: The Unity of Reason: A Subversive Reinterpretation of Kant, in: Ethics, Vol. 96, No. 1 (Oct., 1985), S. 74-88.

GEISMANN, Georg: Kants Rechtslehre vom Weltfrieden, in: Zeitschrift für philosophische Forschung 37 (1983), S. 383-388.

GILBERT, Felix: The Humanist Concept of the Prince and the Prince of Machiavelli, in: The Journal of Modern History, Vol. 11, No. 4 (Dec., 1939), S. 449-483.

GLÜER, Kathrin: Bedeutung zwischen Norm und Naturgesetz, in: Deutsche Zeitschrift für Philosophie, 48/3 (2000), S. 449-468.

GOODMAN, Dena: The Hume-Rousseau Affair: From Private Querelle to Public Process, in: Eighteenth-Century Studies, Vol. 25, No. 2 (Winter, 1991-1992), S. 171-201.

GREGOR, Mary J.: Kant's Conception of a ‚Metaphysic of Morals', in: Philosophical Quarterly, Vol. 10, No. 40 (Jul., 1960), S. 238-251.

GUYER, Paul: The Possibility of the Categorical Imperative, in: The Philosophical Review, Vol. 104, No. 3 (Jul., 1995), S. 353-385.

HALTMAYER, Stephan: Zur ‚Konkretisierung der Transzendentalität'. Versuch eines Einschritts in eine anstehende Problematik, in: Klein/Reikerstorfer (Hrsgg.) 1993, S. 42-55.

HARARI, Josue V.: Therapeutic Pedagogy: Rousseau's Emile, in: MLN, Vol. 97, No. 4, French Issue (May, 1982), S. 787-809.

HARDWIG, John: Action from Duty But Not in Accord with Duty, in: Ethics, Vol. 93, No. 2 (Jan., 1983), S. 283-290.

HEINTEL, Erich: Das Problem der Konkretisierung der Transzendentalität. Ein Beitrag zur Aporetik der ‚daseienden Vermittlung', in: Gesammelte Abhandlungen, Bd. 2, Zur Fundamentalphilosophie II, Stuttgart-Bad Cannstatt 1988.

HERMAN, Barbara: On the Value of Acting from the Motive of Duty, in: The Philosophical Review, Vol. 90, No. 3 (Jul., 1981), S. 359-382.

HILL JR, Thomas E.: Humanity as an End in Itself, in: Ethics, Vol. 91, No. 1 (Oct., 1980), S. 84-99.

HINSKE, Norbert: Kant als Herausforderung an die Gegenwart, Freiburg i.Br./ München 1980.

HOBBES, Thomas: Leviathan [1651], edited by R. Truck, Cambridge 1991.

HÖFFE, Otfried: Ethik und Politik. Grundmodelle und -probleme der praktischen Philosophie, Frankfurt a.M. 1979.

DERS.: Recht und Moral: Ein kantischer Problemaufriß, in: Neue Hefte für Philosophie 17 (1979), S. 1-36.

DERS.: Kategorische Rechtsprinzipien. Ein Kontrapunkt der Moderne, Frankfurt a.M. 1990.

DERS.: Eine entmoralisierte Politik: Zur Ethik der modernen Politik, in: Politische Vierteljahresschrift, 32/2, 1991, S. 302-316.

DERS.: Immanuel Kant. Zum Ewigen Frieden, (= Klassiker Auslegen Bd. 1), Berlin 1995.

DERS.: Vernunft und Recht. Bausteine zu einem interkulturellen Rechtsdiskurs, Frankfurt a.M. 1996.

HOFFMANN, Stanley: Rousseau on War and Peace, in: The American Political Science Review, Vol. 57, No. 2 (Jun., 1963), S. 317-333.

HÖMIG, H./MEIßNER, F.-J. (Hrsgg.): Kritik des Absolutismus, München 1988.

HUFF, Thomas: Self-Interest and Benevolence in Hume's Account of Moral Obligation, in: Ethics, Vol. 83, No. 1 (Oct., 1972), S. 58-70.

HUME, David: A Treatise of Human Nature [1739-1740], edited by L. A. Selby-Bigge and P. H. Nidditch, Oxford 1978.

HUTCHESON, Francis: On the Nature and Conduct of the Passions with Illustrations of the Moral Sense [1728], introduction and annotations by A. Ward, Manchester 1999.

DERS.: Illustrations on the Moral Sense [1747], Cambridge (Mass.) 1971.

DERS.: A System of Moral Philosophy [1755], New York 1968.

JANSSEN, Wilhelm: Friede. Zur Geschichte einer Idee in Europa, in: Senghaas 1995, S. 227-275.

JESSUP, Bertram E.: Relation of Hobbes' Metaphysics to His Theory of Value, in: Ethics, Vol. 58, No. 3, Part 1 (Apr., 1948), S. 209-217.

JIMACK, P. D.: La Genèse et la rédaction de l'Emile de Jean-Jacques Rousseau, in: Studies on Voltaire and the Eighteenth Century, Bd. XIII, Genf 1960.

JOHNSON, Curtis: The Hobbesian Conception of Sovereignty and Aristotle's Politics, in: Journal of the History of Ideas, Vol. 46, No. 3 (Jul. - Sep., 1985), S. 327-347.

JOUVENEL, Bertrand de: Rousseau the Pessimistic Evolutionist, in: Yale French Studies, No. 28, Jean-Jacques Rousseau (1961), S. 83-96.

KAISER, Thomas E.: The Abbé de Saint-Pierre, Public Opinion, and the Reconstitution of the French Monarchy, in: The Journal of Modern History, Vol. 55, No. 4 (Dec., 1983), S. 618-643.

KANT, Immanuel: Kritik der reinen Vernunft [1781/1787], 2 Bde., (= stw 55), Frankfurt a.M. 1974.

DERS.: Idee zu einer allgemeinen Geschichte in weltbürgerlicher Absicht [1784], Werke in sechs Bänden, hrsg. v. W. Weischedel, Bd. VI: Schriften zur Anthropologie, Geschichtsphilosophie, Politik und Pädagogik, Darmstadt 1956, S. 31-50.

DERS.: Beantwortung der Frage: Was ist Aufklärung [1784], Werke in sechs Bänden, hrsg. v. W. Weischedel, Bd. VI: Schriften zur Anthropologie, Geschichtsphilosophie, Politik und Pädagogik, Darmstadt 1956, S. 51-61.

DERS.: Grundlegung zur Metaphysik der Sitten [1785], (= stw 56), Frankfurt a.M. 1974.

DERS.: Kritik der praktischen Vernunft [1788], (= stw 56), Frankfurt a.M. 1974.

DERS.: Kritik der Urteilskraft [1790], (= stw 57), Frankfurt a.M. 1974.

DERS.: Die Religion innerhalb der Grenzen der bloßen Vernunft [1793], Werke in sechs Bänden, hrsg. v. W. Weischedel, Bd. IV: Schriften zur Ethik und Religionsphilosophie, Darmstadt 1956, S. 645-879.

DERS.: Über den Gemeinspruch: Das mag in der Theorie richtig sein, taugt aber nicht für die Praxis [1793], Werke in sechs Bänden, hrsg. v. W. Weischedel, Bd. VI: Schriften zur Anthropologie, Geschichtsphilosophie, Politik und Pädagogik, Darmstadt 1956, S. 125-172.

DERS.: Zum ewigen Frieden [1795], Werke in sechs Bänden, hrsg. v. W. Weischedel, Bd. VI: Schriften zur Anthropologie, Geschichtsphilosophie, Politik und Pädagogik, Darmstadt 1956, S. 191-251.

DERS.: Die Metaphysik der Sitten [1797], Kants Gesammelte Schriften, hrsg. v. d. Königlich Preußischen Akademie der Wissenschaften, Erste Abteilung: Werke, Bd. VI, Berlin 1907.

DERS.: Der Streit der Fakultäten [1798], Werke in sechs Bänden, hrsg. v. W. Weischedel, Bd. VI: Schriften zur Anthropologie, Geschichtsphilosophie, Politik und Pädagogik, Darmstadt 1956, S. 261-393.

KAULBACH, Friedrich: Studien zur späten Rechtsphilosophie Kants und ihrer transzendentalen Methode, Würzburg 1982.

KELLY, George Armstrong: Rousseau, Kant, and History, in: Journal of the History of Ideas, Vol. 29, No. 3 (Jul. - Sep., 1968), S. 347-364.

KERNIC, Franz: Anmerkungen zu einer Ideengeschichte des Friedens, in: Wiener Blätter zur Friedensforschung 40/41 (1984), S. 88-101.

KLEIN, Hans-Dieter/Reikerstorfer, Johann (Hrsgg.): Philosophia perennis. Erich Heintel zum 80. Geburtstag, Frankfurt a.M./Berlin/Bern/New York/Paris/ Wien 1993.

KNIPPENBERG, Joseph M.: Moving Beyond Fear: Rousseau and Kant on Cosmopolitan Education, in: The Journal of Politics, Vol. 51, No. 4 (Nov., 1989), S. 809-827.

KOPPER, J./MALTER, R. (Hrsgg.): Immanuel Kant zu Ehren, Frankfurt a.M. 1974.

KORSGAARD, Christine M.: The Sources of Normativity, (with G. A. Cohen, Raymond Geuss, Thomas Nagel, Bernard Williams), Cambridge 1996.

DIES.: Aristotle and Kant on the Source of Value, in: Ethics, Vol. 96, No. 3 (Apr., 1986), S. 486-505.

DIES.: Skepticism about Practical Reason, in: The Journal of Philosophy, Vol. 83, No. 1 (Jan., 1986), S. 5-25.

KRIEGER, Leonard: History and Law in the Seventeenth Century: Pufendorf, in: Journal of the History of Ideas, Vol. 21, No. 2 (Apr. - Jun., 1960), S. 198-210.

LAMARTINE, Alphonse de: J.-J. Rousseau, son Faux Contrat Social et le Vrai Contrat Social, Paris 1926.

LATHAM, Noa: Causally Irrelevant Reasons and Action Solely from the Motive of Duty, in: The Journal of Philosophy, Vol. 91, No. 11 (Nov., 1994), S. 599-618.

LO, Ping-Cheung: A Critical Reevaluation of the Alleged ‚Empty Formalism' of Kantian Ethics, in: Ethics, Vol. 91, No. 2 (Jan., 1981), S. 181-201.

LOCKE, John: Some Thoughts Concerning Education, edited with introduction, notes, and critical apparatus by John W. and Jean S. Yolton, Oxford 2000.

LUHMANN, Niklas: Politik und Moral. Zum Beitrag von Otfried Höffe, in: Politische Vierteljahresschrift, 32:3, 1991, S. 497-500.

LYOTARD, Jean-François: Der Enthusiasmus. Kants Kritik der Geschichte, Wien 1988.

MACHIAVELLI, Niccolò: Der Fürst, übers. u. hersg. v. P. Rippel, Stuttgart 1986.

MACKIE, John L.: Ethics: Inventing Right and Wrong, New York, 1977.

MANDELSTAM, Ossip: Tristia. Gedichte 1916-1925, a. d. Russischen übertr. und hrsg. v. Ralph Dutli, Zürich 1993.

MARKUS, R. I.: Hume: Reason and Moral Sense, in: Philosophy and Phenomenological Research, Vol. 13, No. 2 (Dec., 1952), S. 139-158.

MATZENBERGER, Stefan: Von der Friedensethik zur Friedenspolitik, Wien 1989.

MCADAM, James I.: Rousseau and the Friends of Despotism, in: Ethics, Vol. 74, No. 1 (Oct., 1963), S. 34-43.

MCKENZIE, Lionel A.: Rousseau's Debate with Machiavelli in the Social Contract, in: Journal of the History of Ideas, Vol. 43, No. 2 (Apr. - Jun., 1982), S. 209-228.

MCNEIL, Gordon H.: The Anti-Revolutionary Rousseau, in: The American Historical Review, Vol. 58, No. 4 (Jul., 1953), S. 808-823.

MELZER, Arthur M.: Rousseau's Moral Realism: Replacing Natural Law with the General Will, in: The American Political Science Review, Vol. 77, No. 3 (Sep., 1983), S. 633-651.

MENDOLA, Joseph: Objective Value and Subjective States, in: Philosophy and Phenomenological Research, Vol. 50, No. 4 (Jun., 1990), S. 695-713.

MICHAEL, Wolfgang: Einleitung, in: Saint Pierre 1922.

MILL, John Stuart: Der Utilitarismus, durchges. Ausg., Stuttgart 1985.

MOORE, George Edward: Principia Ethica [1903], Cambridge 1971.

NAGEL, Thomas: Hobbes' Concept of Obligation, in: The Philosophical Review, Vol. 68, No. 1 (Jan., 1959), S. 68-83.

NATORP, Paul: Gesammelte Abhandlungen zur Sozialpädagogik, Stuttgart 1907.

NEUMANN, Ingeborg: Hannah Arendt, Frankfurt a.M./New York 1994.

NISBET, Robert A.: Rousseau and Totalitarianism, in: The Journal of Politics, Vol. 5, No. 2 (May, 1943), S. 93-114.

NORDMANN, Ingeborg: Hannah Arendt, Frankfurt a.M./New York 1994.

PACKER, Mark: Kant on Desire and Moral Pleasure, in: Journal of the History of Ideas, Vol. 50, No. 3 (Jul. - Sep., 1989), S. 429-442.

PANGLE, Thomas L.: Justice Among Nations in Platonic and Aristotelian Political Philosophy, in: American Journal of Political Science, Vol. 42, No. 2 (Apr., 1998), S. 377-397.

PASQUALUCCI, Paolo: Hobbes and the Myth of ‚Final War', in: Journal of the History of Ideas, Vol. 51, No. 4 (Oct. - Dec., 1990), S. 647-657.

PERKINS, Merle L.: The Moral and Political Philosophy of the Abbé de Saint-Pierre, Genève 1959.

DIES.: Civil Theology in the Writings of the Abbé De Saint-Pierre, in: Journal of the History of Ideas, Vol. 18, No. 2 (Apr., 1957), S. 242-253.

DIES.: An Unpublished Letter from Saint-Pierre to Daguesseau, in: Modern Language Notes, Vol. 70, No. 2 (Feb., 1955), S. 110-113.

PERRY, Ralph Barton: The Definition of Value, in: The Journal of Philosophy, Psychology and Scientific Methods, Vol. 11, No. 6 (Mar., 1914), S. 141-162.

PLATON: Menon, in: Sämtliche Werke in zehn Bänden (griechisch und deutsch), nach der Übers. Friedrich Schleiermachers, erg. durch Übers. von Franz Susemihl u.a., hrsg. von Karlheinz Hülser, Bd. 3, Frankfurt a.M. 1991.

DERS.: Phaidon, in: Sämtliche Werke in zehn Bänden (griechisch und deutsch), nach der Übers. Friedrich Schleiermachers, erg. durch Übers. von Franz Susemihl u.a., hrsg. von Karlheinz Hülser, Bd. 4, Frankfurt a.M. 1991.

DERS.: Theaitetos, in: Sämtliche Werke in zehn Bänden (griechisch und deutsch), nach der Übers. Friedrich Schleiermachers, erg. durch Übers. von Franz Susemihl u.a., hrsg. von Karlheinz Hülser, Bd. 6, Frankfurt a.M. 1991.

POPPER, Karl R.: Das Elend des Historizismus, (= Die Einheit der Gesellschaftswissenschaften, Studien in den Grenzbereichen der Wirtschafts- und Sozialwissenschaften, Bd. 3), Tübingen 1987.

DERS.: Die offene Gesellschaft und ihre Feinde, Bd. I: Der Zauber Platons, Bd. II: Falsche Propheten. Hegel, Marx und die Folgen, Tübingen 1992.

PRICHARD, Harold A.: Does Moral Philosophy Rest on a Mistake?, in: Moral Obligation and Duty and Interest. Essays and Lectures, edited by W. D. Ross and J. O. Urmson, Oxford 1968.

PUFENDORF, Samuel: On the Law of Nature and of Nations [1672], Transl. by C. H. Oldfather and W. A. Oldfather, Oxford 1934.

DERS.: On the Duty of Man and Citizen According to Natural Law [1673], edited by J. Tully, transl. by M. Silverthorne, Cambridge 1991.

RAUMER, Kurt von: Ewiger Friede. Friedensrufe und Friedenspläne seit der Renaissance, Freiburg i. B./München 1953.

RAWLS, John: Kantian Constructivism in Moral Theory, in: The Journal of Philosophy, Vol. 77, No. 9 (Sep., 1980), S. 515-572.

REIBSTEIN, Ernst: Völkerrecht. Eine Geschichte seiner Ideen in Lehre und Praxis, 2 Bde, Freiburg/München 1963.

RICE JR, Eugene F.: Erasmus and the Religious Tradition, 1495-1499, in: Journal of the History of Ideas, Vol. 11, No. 4 (Oct., 1950), S. 387-411.

RINGIER, J. E.: Der Abbé de Saint-Pierre: Ein Nationalökonom des 18. Jahrhunderts, Karlsruhe 1905.

RISSE, W.: Die Logik der Neuzeit, 2.Bde, Stuttgart-Bad Cannstatt 1970.

ROUSSEAU, Jean Jacques: Auszug aus dem Plan des Ewigen Friedens des Herrn Abbé Saint-Pierre [1761], in: Raumer 1953.

DERS.: Urteil über den ewigen Frieden [1782], in: Raumer 1953.

DERS.: Vom Gesellschaftsvertrag oder Prinzipien des Staatsrechtes, in: Politische Schriften, Bd. 1, Übers. u. Einf. v. Ludwig Schmidts, Paderborn 1977.

DERS.: Emile oder Über die Erziehung, neue dt. Fassung v. Ludwig Schmidts, Paderborn 1971.

DERS.: Diskurs über den Ursprung und die Grundlagen der Ungleichheit unter den Menschen, neu ed., übers. u. komment. v. Heinrich Meier, Paderborn 1984.

SAINT PIERRE, Charles Irénée Castel de: Der Traktat vom ewigen Frieden [1713], hrsg. u. mit einer Einl. vers. v. Wolfgang Michael, dt. Bearb. v. Friedrich v. Oppeln-Bronikowski, (= Klassiker der Politik Bd. 4), Berlin 1922.

DERS.: Betrachtungen zum Antimachiavel von 1740 [1741], in: Hömig, H./ Meißner, F.-J (Hrsgg.), 1988.

DERS.: Diskurs über die Polysinodie. In der aufgezeigt wird, daß die Polysinodie, oder das Conseilsystem, die vorteilhafteste Regierungsform für König und Königreich ist [1718], in: Hömig, H./Meißner, F.-J (Hrsgg.) 1988.

SCHALLER, Walter E.: Kant's Architecture of Duties, in: Philosophy and Phenomenological Research, Vol. 48, No. 2 (Dec., 1987), S. 299-314.

SCHMIDTS, Ludwig: Jean Jacques Rousseau, der Philosoph und Pädagoge, in: Rousseau 1971.

SCHMITT, Carl: Der Nomos der Erde im Völkerrecht des Ius Publicum Europaeum, Köln 1950.

SCHNEEWIND, J. B. (Hrsg.): Moral Philosophy from Montaigne to Kant, 2 Vol., Cambridge 1990.

SCHNEIDER, Heinrich: Probleme eines Menschenrechts auf Frieden und seiner Verwirklichung, in: Wiener Blätter zur Friedensforschung 58 (1989), S. 19-41.

SCHOPENHAUER, Arthur: Der handschriftliche Nachlaß. Zweiter Band: Kritische Auseinandersetzungen (1809-1818), hrsg. v. A. Hübscher, Frankfurt 1967.

DERS.: Die Grundlage der Moral, in: Die beiden Grundprobleme der Ethik: behandelt in 2 akademischen Preisschriften [1840], Hamburg 1978.

SCHWARZ, Jürgen: Durchsetzung und Schutz von Menschenrechten im Internationalen System als Grundlage universaler Friedenssicherung, in: Wiener Blätter zur Friedensforschung 60 (1989), S. 8-22.

SCHWARZ, Wolfgang: Kant's Philosophy of Law and International Peace, in: Philosophy and Phenomenological Research, Vol. 23, No. 1 (Sep., 1962), S. 71-80.

SCHWARZENBERGER, Georg: Ius Pacis Ac Belli? Prolegomena to a Sociology of International Law, in: American Journal of International Law, Vol. 37, No. 3 (Jul., 1943), S. 460-479.

SENGHAAS, Dieter (Hrsg.): Den Frieden Denken, Si vis pacem, para pacem, Frankfurt a.M. 1995.

SHAW, Charles Gray: The Theory of Value and Its Place in the History of Ethics, in: International Journal of Ethics, Vol. 11, No. 3 (Apr., 1901), S. 306-320.

SIDGWICK, H.: The Kantian Conception of Free Will, in: Mind, Vol. 13, No. 51 (Jul., 1888), S. 405-412.

SPINOZA, Baruch de: Descartes' Prinzipien der Philosophie auf geometrische Weise begründet, Anhang, enthaltend Metaphysische Gedanken, Übers. u. hrsg. v. Arthur Buchenau, Leipzig 1922 (= Philosophische Bibliothek Bd. 94).

STAROBINSKI, Jean: The Illness of Rousseau, in: Yale French Studies, No. 28, Jean-Jacques Rousseau (1961), S. 64-74.

DERS.: Eine Welt von Widerständen, München 1988.

STEINBERGER, Peter J.: Hannah Arendt on Judgment, in: American Journal of Political Science, Vol. 34, No. 3 (Aug., 1990), S. 803-821.

STERNBERGER, Dolf: Über die verschiedenen Begriffe des Friedens, in: Senghaas 1995, S. 91-105.

STEVENSON, Robert C.: The Evolution of Pacifism, in: International Journal of Ethics, Vol. 44, No. 4 (Jul., 1934), S. 437-451.

SULLY, Maximilien de Béthune de: Mémoires: Principal Ministre de Henrice-Grand/Maximilien de Béthune de Sully [1638/1662], Paris 1788.

SUTHERLAND, Stewart R.: Hume on Morality and the Emotions, in: Philosophical Quarterly, Vol. 26, No. 102, Hume Bicentenary Issue (Jan., 1976), S. 14-23.

SWAIN, Corliss G.: Passionate Objectivity, in: Nous, Vol. 26, No. 4 (Dec., 1992), S. 465-490.

TSANOFF, Radoslav A.: Schopenhauer's Criticism of Kant's Theory of Ethics, in: The Philosophical Review, Vol. 19, No. 5 (Sep., 1910), S. 512-534.

VOLTAIRE: Oeuvre Complètes, Paris 1877-85.

DERS./FRIEDRICH der Große: Aus dem Briefwechsel, hrsg., vorgest. u. übers. v. Hans Pleschinski, Zürich 1992.

WADE, Ira O.: The Abbé de Saint-Pierre and Dubois, in: The Journal of Modern History, Vol. 2, No. 3 (Sep., 1930), S. 430-447.

WALTHER, Christian: Sollen ‚Werte' in den Internationalen Beziehungen eine Rolle spielen? in: Wiener Blätter zur Friedensforschung 44/45 (1985), S. 29-36.

WAND, Bernard: Hume's Account of Obligation, in: Philosophical Quarterly, Vol. 6, No. 23 (Apr., 1956), S. 155-168.

WEILER, Rudolf: Grundwerte der Internationalen Ordnung, in: Wiener Blätter zur Friedensforschung 44/45 (1985), S. 17-29.

WILDE, Norman: Kant's Relation to Utilitarianism, in: The Philosophical Review, Vol. 3, No. 3 (May, 1894), S. 289-304.

PERSONENREGISTER

SACHREGISTER

Wiener Arbeiten zur Philosophie
Reihe C: Beiträge zur Sozialphilosophie

Herausgegeben von Stephan Haltmayer

Band 1 Hermann Böhm: Die Tragödie des Austromarxismus am Beispiel von Otto Bauer. Ein Beitrag zur Geschichte des österreichischen Sozialismus. 2000.

Band 2 Ralf Bredel: Systematisch-normative Begriffe des völkerrechtlichen Friedens in der neuzeitlichen Philosophie des Rechts. 2002.